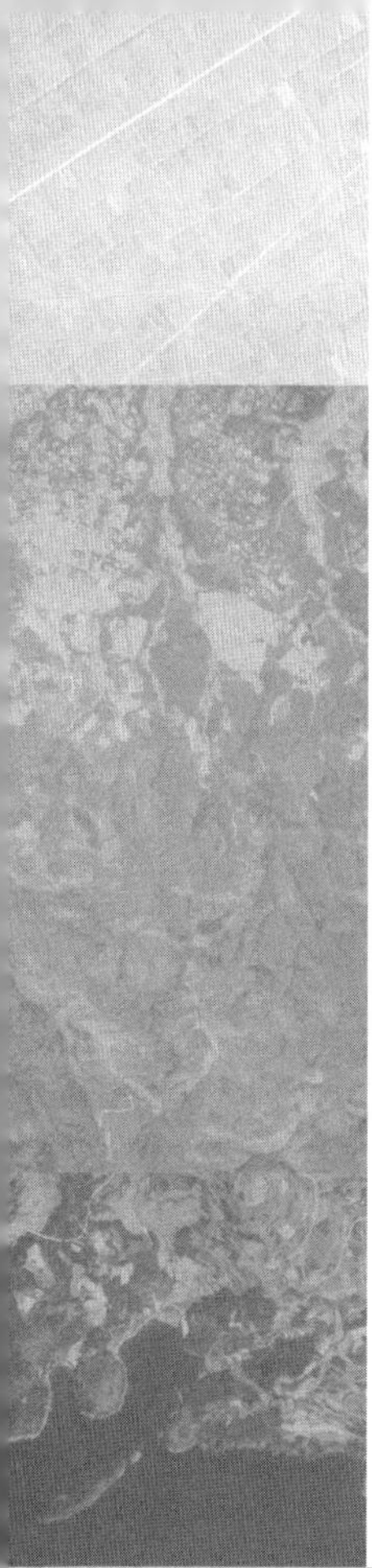

方言漢字事典

笹原宏之 編著

研究社

はじめに

この『方言漢字事典』は、日本で濃い地域性を有する漢字一二〇字余りについて、その字体、読み方に加えて、地理的な分布、各地域の社会的、文化的な背景や歴史などについて記述した事典です。北海道から沖縄までの都道府県ごとに主要な字を複数選び、見出しに据えました。本文中にも関連する字とその情報を盛り込むように努め、それらに対して多角的に考察を加えました。地名の語源の研究は、発音によるべきとされますが、ここでは、柳田国男も『地名の研究』で述べている、あえて漢字に焦点を当てることで見えてくることを中心に紹介しています。

本書の刊行までの経緯を記すと、コロナ禍が深刻になってきた二〇二〇年の七月に、研究社の高橋麻古さんがこの書籍の企画について相談してくださったことが契機となりました。即座にこれまで方言漢字サミットに参集してきた方々十一名に項目とコラムの分担執筆を依頼し、作成した項目例と要項に従い、先行研究を踏まえた執筆と編纂が始まりました。当初は「小辞典」をイメージしていましたが、字誌や表記誌としての記述に各自が熱心に個性を発揮しながら取り組んだことから、内容が多岐にわたって学際色が強まったため、書名も「事典」と改めてここに結実しました。

また、個々の字が生活の中で使われてきたことを図版で示すよう心掛けました。そのために執筆者と有志の方々が各地で撮った看板や文献などの写真を快く提供してくださいました。それぞれのお名前は、本書の「写真提供者一覧」に明記させていただきました。

本事典は、方言漢字やそれと関連をもつ文字、方言、地名や姓名などの伝統ある文化を守り、さらに発展させていくための、また、まち興し、マーケティング、学校・社会での教育や各種の政策にも活かしていくことができる内容を含んでいます。それは、山海、河川、湖沼、気候、植生から農林水産業そして衣食住に及んでいて、そこには日本を支える底力とその源泉が見つかるはずです。一読すれば、巷間で聞かれる「氵《さんずい》」の付く地名は水害があったというような話が短絡にすぎることにも気づくはずです。この小さな一冊を起点として、たくさんの情報が凝縮された方言漢字に関する多彩な事実が世に広まり、方言漢字に対する関心が随所でさらに高まっていくことを期しています。

　これからも個々の地方に伝わる文献資料の探究と、実地での取材・調査などを進め、記述のさらなる充実と対象の拡張をしていくために、知と情報のさらなる結集を願っています。本事典においては、現時点で力を尽くして集められた事実と根拠を伴った考察を簡潔に記述するよう努めましたが、事典は時代とともに成長していくものです。内容に関する情報をご存じの方は、ぜひご教示をお願いいたします。

二〇二三年九月

笹原宏之

目次

「方言漢字」とは

笹原宏之（編集代表）

「方言漢字」とは、何らかの要素において地域性を具有する漢字のことである（笹原宏之『方言漢字』、同『日本の漢字』、同『国字の位相と展開』［二〇〇七、電子版二〇二三］など）。言語における方言すなわち地域言語と一定の共通点をもつ地域性をもつ漢字という意味の用語であり、単なる静態としてではなく、動態の切片であり、変異を呈するツールとして漢字を捉えようとするときに重要な概念となる。

地域性をもつ漢字を指す「方言漢字」は、「方言字」「方字」「土字」「土俗字」「地域文字」「地域漢字」などの名称でも呼ばれ、「方言文字」は漢字のほかに仮名などを含む。一方、「方言漢字」という場合は、とくに漢字と漢字にならって造られた文字を指す。つまり「地域的使用漢字」とも言い換えられる。ここで漢字というものは、中国製（漢字）か日本製（国字、和字）かといった出自については問わない。韓国製、ベトナム製なども指摘できるが同じことである。同様に、漢字体かその変形か、漢字義か国訓かといった出自に関わることとも別の次元にある事象として把握すべきこととなる。ある時点での分布状況を基に方言漢字性の濃淡を判断するため、通時態ではなく共時態としてまずは捉えるのである。

個々の文字は、主な使用者ごとに区分すると性質が明確になる。政策によって標準と位置付けられれば「標準文字」というラベルが貼れる。内閣告示・訓令による常用漢字は、標準ではなく目安であるため「共通漢字」といえるが、法令、公文書やマスメディア、教育課程などで一定の位置付けを得ており、それらにおいては事実上の「標準漢字」ともみなしうる。他に性別（ジェンダー）、年代、地域、職業、趣味など属性ごとに特色をもつ文字も存在しており、このうち、地域は社会的な属性の一つといえるが、空間に属するものであって一大特徴をなすため別に扱われる。究極には個々人の場面ごとにも種々の差を見出せることがある。以上のように、文字は使用者の属性などからは以下の四種に大別できる。相互に連続性をもつ。

個人文字は他の使用者を得ることで、地域文字となり、さらに標準文字に近づいていくことがあるなど可変的である。

標準文字（共通文字）
地域文字（方言文字）
集団文字（位相文字）
個人文字

中国から漢字が伝来し、日本語を表記するために利用した日本の人々は、広大ではなくとも豊かな自然環境の中で生活しながら人口を増やし、旧国、藩、村などの単位で地域社会を形成し、多彩な文化を発達させてきた。そうした営為の一つの結晶として現在でも、北海道から沖縄まで各地に方言漢字が存在している。

それらの現在の使用状況について理解するために歴史を遡れば、そもそも漢字を生みだした中国は国土が広く、歴史的、地理的、社会的、文化的な要因から言語に方言の差が存在し、古くから各地で方言漢字も造られ、用いられてきた。

日本では奈良時代以前より、金石文、木簡、文書や書籍において使用される漢字に地域による変異が現れていた。その後も方言漢字は新作が続き、とくに近世以降、文芸や固有名詞の表記などに多数出現した。なお、各時代に新たな字が創作されたことが文献からうかがえ、そうした字には時代などの示準性さえも見出せる。造字の由来や変遷についての伝承も各地に存在し、そこには郷土の為政者や学者、著名人などの名を挙げることができる。一方において、神話の時代から用いられてきたとの説明が加えられる方言漢字が散見されることは、使用者らの意識の歴史を捉える上で興味深い。

このように現在見ることのできる個々の方言漢字は、長い短いの差はあれどもいずれも歴史的な経緯を有している。方言漢字は明治期以前より字種や用法、認知度などの点から批判を受け、使用が絶たれることも起きた。また、「驊」「埼」などはいずれ仮名書きになり不要になる（「三宅正太郎「法令と国語」（昭和二一年六月）〔新野直哉「『文藝春秋』記事に見る昭和二〇年代前半期の言語生活・言語意識――『文藝春秋』言語記事から」『言語文化研究』21、二〇二二〕）とまで予測されたが、実際には地域に根付いており、失われることはなかった。一時の直感的な判断というものの危うさは随所に学ぶことができる。

方言漢字は、漢字体系の一部をなしているため、次の表のように一般的な漢字と同様に種々のレベル（要素）のものが含まれる。

レベル	例
a　字（字種）	「垳」「椡」「沺」
b　字体	「泻」（潟）「僵」（仏）「𡋽」（壗）
c　字音・字訓	「鯱（コ）」「谷（や）」「辿（たお）」「濃（こゆ）」
d　字義・用法	「城（ぐすく）」「硨（がためき）」「𪚥（てち）」
e　表記	「鮨・鮓・寿司」「月極・月決」「坂本・阪本・坂元」
f　頻度・使用傾向	「枥」「幌」「砧」

「地域性」は、ある地域に特有である状態を指すほか、ある地域での特徴的な状況をも指しうる。そのため、fのようにその地域における使用頻度の高さといった使用状況も指すことができる。これらa～fは、一つの例の中で複合していることもある。他に字形・書体といったデザインのレベルにも地域色は古くからあり、近代でも勘亭流・東吉流、地域特性フォント「あそ明朝・ゴシック」などが知られている。

bの「潟」の略字（異体字）としての「泻」は、かつては文書のほか版本でも多用され、全国で一般的な字であった。現在、新潟では中年齢層以上の人の多くが使用字としている。島根、秋田など日本海側では地名などで、大阪では姓などでも使用されている。

漢字は多面性を帯びており、ここではその一つの面に焦点を当てて方言漢字性を指摘しているのである。「砧」がfやaに属することについては本文を参照されたい。なお同じ現代であっても、中国での使用状況については別に考えて取り扱う必要がある。常用漢字に追加された「阪」の類も、大阪などに関連した使用の多さや当地での使用頻度の高さなど（池上禎造は『漢語研究の構想』〔一九八四〕で「唯一性」と称した）が方言漢字性を濃くしているのである。むろん、ミクロな視点からは他の地でも方言漢字性を見出しうる。

方言漢字が使用される地域は、日本列島の大半に及ぶほどの広域からごく狭い地点まで存在している。また、使用機会の密な地域と疎な地域とに分かれるものも少なくない。地名と違って姓名のように属人的な性質が強いもの、商品名のように流通、帯同を伴いやすいジャンルで用いられるものは、人や物とともに移動や伝播が起こりやすい。「[illegible]・[illegible]（あまのはしだて・はしだて）」のように、過去には歌枕としてその地以外の人々が文献に用い、辞書に収める字もあった。

方言漢字がその音・訓として表す語には、俚言《りげん》や訛《か》語《ご》などのほか、共通語（あるいはいわゆる標準語）もある。自然に関する名詞が多く、固有名詞としての使用が先行するケースもある。動詞などもいくらか見られる。

方言漢字が造字や異体字である場合、それらは俚言的な字（先のａ）や訛語的な字（ｂ）といえることもある。そうしたケースにおいて、その字の成り立ちすなわち字源についてみると、それぞれ会意と略字が多い。ａでは、部首としては木・山・土・艸・魚など自然物を表すものが多く、旁には「雪」「花」「卡」あたりが目立ち、日本製漢字全体の特徴と傾向を一にする。

一般化した日本製漢字（国字）の「畑」をデンと音読みする小地名は秋田などに見られる。長崎では、サンマを意味するサザから「[illegible]《さんま》」を用いる二次利用も起こった（竹澤雅文氏教示）。実用的な画数の字が多い一方で、三十画、六十画を超える象徴性の高い字もある。

なお、辞書が十分には整備されておらず、情報が相互に行き渡りにくかった封建社会においては、地域間で字体などの「暗合」や「衝突」がしばしば起こった。

方言漢字の分布の型には、東西対立型、周圏型、点在型、孤立型（孤島）など種々のタイプが見出せる。伝播の過程から、律令などに基づく旧国、江戸時代の藩や村、廻船の航路の各拠点、県や郡や大字などで使用圏を形成することがうかがえる。

ある方言漢字が使用される地域と、別の方言漢字が使用される地域との境界では、接触により両者の中間的な字体が出現することもある（「杁《いり》」参照）。また、「栃」「湘」「畿」など、広く知られる字種であっても、使用が密な現地から地理的に離れるにつれて誤字が増加する傾向も見出せる。明治の作家である尾崎紅葉は、田舎は字体も訛《なま》るという偏見による主観を登場人物に語らせていた。

方言漢字はかねてより調査・研究がなされてきた。近世から注目され、民間において各学問分野の学者や紀行家らによって個別的な言及や研究がなされ始めた。近代以降は柳田国男、永野賢、柴田武、見坊豪紀、鏡味明克ほかが民俗学や国語学、方言学、地名学などそれぞれの立場からその概念と実例を提示してきた。歴史を知るためには詳しい文献調査も欠かせない。住民の意識や使用の実際と地勢などを知るためには現地調査、通信調査、アンケート、WEB調査など種々の方法によってアプローチがなされ、種々に分析されてきた。社会言語学における言語景観調査の対象の一つに方言漢字があることも忘れてはならない。木部暢子編『明解方言学辞典』（三省堂、二〇一九）に「方言文字」という項目が設けられるなど（執筆は笹原）、日本語学の文字・表記分野や漢字学といった研究領域を超えて、学際性を強めつつある。

　方言漢字は、各地で生活の中に息づき、多くのジャンルであらゆる書写媒体に書かれ、印刷されてきたものだが、とりわけ地名の表記において豊かに表れる。

　方言漢字に対する政策は、自然地名はもちろん、行政地名に対しても奈良時代の好字二字化の勅令（七一三年）のころから緩やかであったが、当用漢字の制定などに過度に反応して地名や姓名の方言漢字を共通文字である常用漢字や仮名《かな》に変える地方自治体や個人なども現れた。一方、文化庁は常用漢字表に県名の字と「畿」を追加し、法務省は人名用漢字に「湘」「塙」などを追加してきた。先ごろ、戸籍にフリガナを施す法律が施行されることが決まったが、そこでは地域訓による名付けも維持する余地が残された。

　各地の小地名とことばは今後とも守っていく必要があり、方言や地名などをよく理解したうえで方言漢字も保全を続けなくてはならない。たとえば埼玉県八潮市の住所に用いられている「垳《がけ》」は、由来をもたないイメージ先行型の地名に置き換えようとする動きが市によって示されたことから、土地の記憶を伝え、愛着が抱かれているこうした地名や漢字を保存するための運動が地元から起こり広がりつつある。

　方言漢字を含めて文字に文字コードを与える作業は各省庁などで行われており、情報化時代に備えて一九七八年に制定されたJIS第1・第2水準には、大字（江戸時代の村に相当）に使われている漢字はほぼすべて拾い上げられた。編者はその改正以降、JIS漢字第3・第4水準を制定する際などにも委員として字種、字体や読みなどの調査・研究を通して方言漢字の採用に関わっている。各種の「統一文字」などでもそれらの整備と標準化がなされつつある。ただ、書かれた文字を正確に読み取らなければ、採用のための作業の過程で「幽霊文字」を生み出し、方言漢字を漏らす結果となってしまう。デジタル庁は、誰一人取り残されない電子政府の実現を目指しており、方言漢字もその中に位置付けられることになるはずである。

巷間《こうかん》でしばしば聞かれる「方言漢字なんて正しい漢字ではない」という根拠の乏しい偏った規範意識の壁はつき崩していく必要がある。方言漢字は、先人たちの着想や意識に基づく知性と感性に支えられて造られ改良され選ばれながら、地域のことばを書き残してくれた文化財である。そこには、日本列島の都市部、農村漁村、山間部などで営まれてきた行政、経済、産業などの社会、民俗・風習・伝承・文学・芸術・言語などの日常生活に根ざした文化、そして各地に暮らしてきた人々の気質、いわゆる県民性など地域住民の特長までも凝縮されているものがある。

　そのため、方言漢字は祖先からの情報の宝庫となっており、時間、空間を超えて土地の個性ある情報を伝えている。いつでも開けるタイムカプセルのようなメディアともなっている。固有の事物に、外来の事物を融合させ、さらに必要な情報伝達のためにカスタマイズしてきた伝統と多様性を尊重することは、日本文化の強みを知ることにもつながるであろう。

　歴史と現在の正しい認識のために、「方言に漢字はない」という直感に基づく根拠を欠く常識も変えていくことが大切である。「氵（さんずい）」が付く地名は何々だと十把一絡げに扱うような短絡も戒め、たとえば先人が「閖」という字に託した情報の類を、私たちはきちんと読み取り、しっかりと考えていかなくてはならない。方言漢字は個性と多様性が尊重される現在において、そこに暮らす住民はもちろん、すべての人が存在を認め、未来へと継承していくべき文化遺産ともいえる。

　ある一文字が使用された地は点であるが、そこから始まり、線をなし、やがて面となる。しかしオーパーツのように映る文字資料や、地方に赴いた貴族や武士、宗教者や連歌師らの記した史料の存在を想起させるようなミッシングリンクも残されている。これからも方言漢字に関する文献調査や現地調査を続けるとともに、それと併行して情報の普及・教育の機会を増やして調査研究を拡充していくことが重要である。

　方言漢字は土地の手形であり、生きた化石ともいえる。方言が生活から消えていくことを完全には押しとどめられないとしても、姓名や特産品の名は土地に暮らす人とともにあり、地名や施設などの名も私たちが暮らす大地とともにあり続ける。この事典に記すように新しい用法なども生みだされつづけている。方言漢字は一人一人が使ったり観察したりすることで育み、後代へと残し続けることができるのである。

凡例

見出し字

◆項目は、見出し字の読みにしたがって、五十音順に配列した。同じ読みの字は総画数順によった。

◆音読みはカタカナ、訓読みはひらがなで記した。

◆方言漢字ではない一般の音訓も掲載し、読みの前に「＊」を付け、方言漢字としての使用例とは区別しつつ示した。

◆「＊」付きの音訓を除き、用例が本文に出ているものは、すべて参照見出しを設けた。

◆項目「靁䨻」と項目「瓱莚」は漢字二字で一つの項目とした。

本文

◆個々の方言漢字が表す語には共通語もあり、また字の出自としては日本製漢字もある。それらについての理解を助けるために本文では「地域文字」という用語も用いる。

◆地名の現存、廃止は、小字レベルでは公的な扱いがはっきりしないことが多く、通称との見分けも付かないものが非常に多くあるが、公的には廃止されていても、現地では使われている場合もよくあるので、本書では、「小字など」や「小字・通称」として、原則として、現存するものとして扱った。その際には多く「稀少地名漢字リスト」を参照した。

◆本事典に記載する方言漢字を国土地理院は「地名情報」において、文字化けを避けるためにＪＩＳ第２水準内の漢字やひらがな表記に置き換えることがある（あらく、いたち、うつぼ、おおこ、か、がためき、さい（穪）、そね、騨、たぶ（樚）、だわ（屹）、とど・と（⿸鹿魚）、ならい、はけ（垪）、びしゃご、はば（掵）、へつり（岪）、へな、ぼき（⿱川山）、仏、みさ、みさご、など）。この類は、「登記情報提供サービス」（一般財団法人民事法務協会）、「ｅＭＡＦＦ農地ナビ」（農林水産省）などにも見られるが、逐一は記さない。

◆読みにくいと思われる、または読みを特定したい漢字には適宜ルビを振った。読みが複数ある場合は、漢字の後に続けて（　）内に読みを示した。

◆『角川日本地名大辞典』巻末「小字名一覧」の類に記載された地名にあるルビはカタカナ表記だが、本書ではひらがな表記とした。

◆平凡社編『日本歴史地名大系』は、本書では『平凡社 日本歴史地名大系』と表記した。

◆『対応分析結果』の正式名称（『行政情報処理用標準漢字選定のための漢字使用頻度および対応分析結果』）は初出のみに記した。

◆草冠は、四画のものも原則として三画で示した。このほか「之繞《しんにょう》」も点の数はとくに区別しなかった。このほかの字体についても、必要に応じて細かく示すこともあるが、「鯱」の「几」を「几」とするようなものは区別を示さない。

◆関連する項目か参照が望ましい場合は、文中または本文末尾に、（ ）内に「→」に続けて、その項目名と頁番号を挙げた。

◆原典に当たることができない初出文献などには、テキスト名や引用であることを明記した。

◆姓氏については、過去に『難読姓氏辞典』『実用難読奇姓辞典』『難読稀姓辞典』『日本姓氏白書』『全国名字大辞典』や『日本姓氏大辞典』など丹羽基二氏の編著書（いずれも文献欄に掲載）などにおいて存在が記載されたものも示したが、それらが過去や現在において本名として実在したか否かは種々の資料をもとに確認中である。

◆各項目（コラム含む）の末尾に、その項目の執筆者名を記した。

◆〈参考文献〉には、本文中に示されていないものを記載した。それらの詳細な書誌情報は付録にある「主要参考・引用文献」を参照のこと。

◆漢字や執筆者ごとに記述内容に繁簡、使用資料の傾向の違いなどがあるが、あえてそのままとした。

◆項目数の多い執筆者、関連地域の執筆者間で、相互に記述内容、表記の確認も行った。

◆項目の執筆者が他者の教示を受けたことによる記述には「〜氏教示」と入れた（なお、編著者は全体的に加筆をしたためその旨を記さない）。

付録

◆巻末に、「総画索引」「部首別索引」「音訓索引」を掲げた。

◆「主要参考・引用文献」は、本文に略記したものを中心に掲げ、明治期以降のものを挙げた。各文献の編著者名の五十音順で示したが、文献名を提示したものもある。

◆写真提供者は巻末に示した。

見出し語一覧

あ行

土部　圷　6画

あくつ
JIS第2水準

茨城県、栃木県、福島県などに見られる地域文字。姓で各地に見られる。

「あくつ」は北関東の方言で、川沿いの低い土地、低湿地を指す。「あくと」も同義。湿地となるため、「阿久津」「悪津」を当てることもあるが、江戸時代以前から「圷」という会意の造字がなされ、江戸末期の方言資料『常陸《ひたち》方言』（『近世方言辞書』影印）のほか、地名資料などに掲載された。

訛語《かご》などで「くつ」「くす」「くず」「あくづ」と読むこともある（井上頼圀等編『難訓辞典』ほか）。

茨城県常陸太田《ひたちおおた》市の「圷」は、鎌倉時代に「阿久津」と現れて以降、「あくつ」「あく津」を経て、文禄五（一五九六）年二月七日の「佐竹義宣《よしのぶ》知行《ちぎょう》充行状《あておこないじょう》写」に「一、拾石也〈くし郡〉東圷内」と一字による表記となっている（「水府志料所収文書」、『茨城県史料 中世編二』、『角川日本地名大辞典 茨城県』）。

東茨城郡桂《かつら》村の「下圷《しもあくつ》」に関しては、中山信名《のぶな》編『新編常陸国誌』上（一八九九）によると、中世には大掾《だいじょう》氏の一支族がこの地に住み、「下阿久津」と称した。文禄四（一五九五）年の「中務大輔《なかつかさのたいふ》当知行目録写」（秋田県立図書館蔵）には「下あくつ」、寛永一二（一六三五）年の「水戸領郷高帳先高」には「下阿久津村」と記され、同二一年の「御知行割郷帳」で「下圷村」となった（『平凡社 日本歴史地名大系 茨城県の地名』）。

元禄期（一六八八～一七〇四）の『郷帳』にも常陸国に「圷大野村」「上圷村」「下圷村」「圷渡村」、天保期（一八三〇～一八四四）の『郷帳』にも前三者が見える。柳田国男『地名の研究』（一九三七）では土偏ではなく山偏に「下」とも書いている。

地名としては、現在も茨城県のとくに水戸以北に多く、「圷」（水戸市栗崎町《くりざきちょう》）、字「圷」（水戸市下大野町《しもおおのちょう》、同市田谷町《たやちょう》、常陸太田《ひたちおおた》市里野宮町《さとのみやちょう》、同市赤土町《あかつちちょう》、同市上高倉町《かみたかくらちょう》、常陸大宮市石沢、同市宇留野《うるの》、同市辰ノ口《たつのくち》、同市上檜沢《かみひざわ》、同市上小瀬《かみおせ》、高萩《たかはぎ》市大字安良川《あらかわ》、ひたちなか市大字三反田《みたんだ》、那珂《なか》市戸《と》、那珂郡東海村大字石神外宿《いしがみとじゅく》、久慈《くじ》郡大子町《だいごまち》大字芦野倉《あしのくら》、同町

大字上郷）、「上圷《かみあくつ》」（常陸太田市西宮町《にしみやちょう》、東茨城郡城里町《しろさとまち》。後者に圷小学校もあった）、「中圷《なかあくつ》」（常陸太田市西宮町）、「下圷《しもあくつ》」（常陸太田市西宮町、同市松栄《まつざか》町《ちょう》、東茨城郡城里町）などがある。笠間市福田の字「圷」は「あくづ」と読むことがあった。水戸市には「圷大野《あくつおおの》」、那珂市門部《かどべ》には「門部圷《かどべあくつ》」、同市鹿島には「鹿島圷《かしまあくつ》」がある。

そのほか栃木県に、字「圷」（芳賀《はが》郡茂木町《もてぎまち》大字山内《やまうち》、那須《なす》郡那珂川町《なかがわまち》谷川《やかわ》）、福島県に「圷戸《あくど》」「圷戸前《あくど》」（いずれも東白川《ひがししらかわ》郡矢祭町《やまつりちょう》下関河内《しもせきごうど》）などが茨城県境に隣接する非常に近い場所に見られる。

姓としては、「圷」「小圷《こあくつ》」「下圷」「上圷」など、主に茨城県に見られる。「阿久津」が「圷」と間違われることもある。静岡の「上圷《かみあくた》」など「あくた」などで読む姓もあるという。「圷」は珍奇または難読として、改姓が認められたケースがある。

茨城県の「圷」に近い地域では、家庭内の日常生活の中でも、「圷行ってくる」と言ったり書いたりするように地名が普通名詞のように使われることがある。「圷田」「圷田圃」のように普通名詞の表記にも用いられる。東茨城郡城里町「圷」には明治期から生産されている「圷《あくつ》ねぎ」と呼ばれる赤ネギがある。

中国の四川《しせん》省雅安《があん》市にも「廟圷村」があるが、これは字体上の偶然の一致であろう。

一方、「あくつ」に対して反対に高い土地を表す方言が「はなわ」であり、「塙」を国訓として当てることが「圷」よりも古くから見られる。

［笹原］

〈参考文献〉読売新聞社会部『日本語の現場』二／WEB「稀少地名漢字リスト」茨城県、栃木県／今尾恵介「地名学で読む日本」『新潟日報』二〇二三年四月五日

女部／山部

安

6画

あけん
JIS第3水準

滋賀県に見られる地域文字。同県犬上《いぬかみ》郡多賀町《たがちょう》河内《かわち》に「安原《あけんぱら》」という地名がある。

訓の「あけん」は「あけび」の転化と見られ、実際に現地近くにつる性落葉低木の「アケビ」の植生があ

った。

「あけび」は平安時代より「山女」と書かれ、室町初期の辞書『頓要集《とんようしゅう》』(『中世古辞書四種研究並びに総合索引』影印)や室町後期の国語辞書『温故知新書』(『中世古辞書四種研究並びに総合索引』、『尊経閣善本影印集成』影印)にある「𡚴《アケヒ》」、江戸後期の辞書『古名録《こめいろく》』巻一二所引『参寄集』の「𡚴」と同じく「山女《あけび》」という熟字訓の合字であるが、それらに伝承関係があったのか個別に発生したのかは未詳である。「山」も「女」も小さく書かれることのある字である上に、植物名という一語であることが影響しているのであろう。

「妛」は、JIS漢字制定(一九七八年)の際に参照された行政管理庁行政管理局(現・総務省)の『行政情報処理用標準漢字選定のための漢字使用頻度および対応分析結果』(一九七四)によると国土地理協会の一九七二年版『国土行政区画総覧』に一回出現したために、JIS第2水準に採用されるはずであったものである。

加除式のこの資料をさかのぼって調べると、一九七八年一一月に除去された頁に「妛」ではなく「𡚴」に見える字を用いた「滋賀県犬上郡(町名は除去分であるため不明だが、一九九五年九月の除去頁では多賀町)河内通称𡚴原《あけんばら》」と出てくる。実際の紙面では、「山」の中央の縦線がやや下に出て、その下方に「女」がある字体であった。また、「女」の三画目の横線は、中央部分が切れており、右端に「鱗《うろこ》」(明朝体の横画の右端に見られる三角形の飾り)もない。「山」と「女」の合字である「𡚴」の作字に際して、別の漢字の「山」と「女」の部分を利用して字を造ろうとしたが、「出」のような字から切り取り損ね、「山」の部分を「中」のようにしてしまったうえに、さらに「女」の上の部分に切り貼りした紙の線が影のように写ったのである。その印刷上のノイズが「二」という字画と誤認され、「妛」と転写され、誤ってJIS漢字に登録されたものである。一九八八年一一月の除去頁では、「山女原」と変えられている。

山陵会編『近畿ハイキング・コース』(一九四一)に「山女原」、多賀町史編さん委員会編『多賀町史』上巻(一九九一)と別巻(一九九五)では「𡚴原《あけんばら》」。西尾寿一『鈴鹿の山と谷 1』(一九八七)では「山女原《あけびがはら》」とし、『平凡社日本歴史地名大系 滋賀県の地名』(一九九一)は、「山女原《あけんばら》」とする。また『角川日本地名大辞典 滋賀県』(一九七九)のように「山女原」と二字として「あけびはら」と読むものもある。

多賀町𡚴原の地名表示

WEB上では登山者のほか、廃村マニアなどがさらに山奥、あるいはそこにある廃村に向かうための中継地点としてしばしばこの地に言及している。通称で「やまいちおんな」と呼ばれる「妛」は典拠不明な「幽霊文字」の代表格であり、使用例も蓄積されているため、平成一二（二〇〇〇）年に「𡚴」が改めてJIS漢字の第3水準として「妛」とは別の区点位置に追加された。

　地元では「𡚴」と書いている（笹原二〇〇六）。当地の町役場税務課によると、読みは「あけんばら」、表記は「山女」と離すこともあるが（相乗りタクシーの掲示など）、「𡚴」と書いており、「土地台帳」でも同様に一字の合字となっているという。大正期の「大字河内𡚴原小字限地図」（一九一二）などでも合字である。さかのぼると、江戸後期の『天保郷帳』（一八三一）でも近江国犬上郡河内にある当地名は、「𡚴原村」と合字に見える（振り仮名はない）。現地にあるバス停は「山女原」である。近年、テレビなどで限界集落として報道されるに至った。

この多賀町の地名は、複数の道路地図（『マップルリング中部道路地図』一九九五など）に、「𡚴原」の「𡚴」の代わりに、たまたま「妛」を用いたものが見られる。

　長野県にもこの合字があり、「妛」で印刷されたことがある。滝澤主税《ちから》『明治初期長野県町村字地名大鑑』（一九八七）の茅野《ちの》市芹ヶ沢《せりがさわ》村（明治当時）に「妛」を用いた「妛平《あけびたいら》」がある。これは、同書で同村にあるという「山女平《やまめひら》」と同一、あるいは関係する。

　滝澤氏によると原典では「𡚴」であり、JISの第2水準への採用により同じ現象が反復され、この用例が再生産されていた。明治期のものとみられる「原本」では「𡚴平（傍訓がアケビタ［ダか］イラ）」であった。「山女平」は地元の研究者（すでに物故）の著作に存在したものを、滝澤氏が拾い上げたもので、振り仮名も氏が付けたもの。「あけびと読ませたのだと思います」。「［やまめひら］は、まちがいでしょう。」とのことである。なお、中世からたまたまあった「妛」にも種々の用例が蓄積されている。

　字体のみが偶然一致する「衝突」の例がある。鎌倉末期の字書『類聚名義抄《るいじゅみょうぎしょう》』（観智院本『天理図書館善本叢書』など影印）が「𡚴」を「アサムク」、鎌倉前期の天文本『字鏡鈔《じきょうしょう》』などが「妛」を「シ　アサムク　之」

などとしており、こうした古字書によれば、両字体とも「安」という「嫙《シ》」の異体字と衝突する（『唐五代韻書集存』参照）。また、「暗合」（中国・日本でそれぞれ独自に生じた字体の間で字義が一致する）の例を挙げると、中国においては「安」は「安」の異体字であった。「安」を「安」と書いた東魏時代（六世紀）の「元凝妻陸順華墓志（誌）」があるといい（『中華字海』、陸明君『魏晋南北朝　碑別字研究』）、江戸後期の『東都歳時記』にも見られる。

〈参考文献〉笹原宏之『国字の位相と展開』、『謎の漢字』

［笹原］

田部

⿰田通

15画

あぜ　ふる

静岡県に見られる地域文字。

浜松市北区（かつては引佐郡）引佐町渋川《いなさちょうしぶかわ》にある「⿰田通《あぜ》」「⿰田通下《あぜしも》」は、『角川日本地名大辞典 静岡県』などの小《こ》字《あざ》一覧や土地台帳などに見られるが、全国でこの地にしか見られない孤例である。旁《つくり》の「通」の「しんにょう」の点の数は、とくに定められていない。

読み方は、共通語の「あぜ」（「引佐郡小字名台帳」：昭和戦前期」静岡県立中央図書館蔵）のほか、地元の人は「ふる」（一九九一年四月、引佐町役場回答）とも読み、複数の訓を有する。

水田と水田の境に作られる「あぜ」を表すのに漢字らしい構成を設けようとして、「田の通りみち」「田の通るところ」として会意の方法によりこの字を造ったと考えられる。「ふる」を表記するために、「あぜ」を表す「畦」「畔」など既存の漢字（笹原二〇〇二）とは訓を分けようとした可能性がある。「ふる」は「あぜ」を意味する方言「くろ」の転化であろうか。

アメリカ出身で浜松市在住の漢字教育士であるブレット・メイヤー氏が現地調査に赴き、市役所にある明治期の公図で「⿰田通」の存在を確認し、令和二（二〇二〇）年一一月二日にテレビ番組「YOUは何しに日本へ？」で放映されて話題となった。現地の役所に勤めた人から、「⿰田通」は「アゼ」と読み、辻褄《つじつま》が合うので全国共通の漢字だと思っていた、引佐町に独特な漢字だと知って嬉しいとの話を引き出した。公図では、「⿰田通」はたしかにあぜ道が通った一角であった。昭和五八（一九八三）年に小字としては消滅した。

［笹原］

あ

田部

⿰田高

15画

あぜ

鳥取県に見られる地域文字。

同県日野郡日南町《にちなんちょう》神福《かみふく》に「⿰田高高《あぜだか》」がある。この地には「高⿰田高《たかあぜ》」もあり、後の字が前の字に干渉した「同化現象」が起きたことが考えられる。同地区に「⿰田高田《あぜた》」もある。江戸後期の「天保十四年御改帳」から使われている（菅原義三編『国字の字典』）。同町「上ミ⿰田高高《かみあぜたか》」「濵⿰田高高《はまあぜたか》」がある。平成六（一九九四）年まで「下モ⿰田高高《しもあぜたか》」「⿰田高高ノ下タ《あぜたかのした》」が存在した（「平成六年鳥取県告示」第三一二号）。

日本中で開墾されて設けられた田の「あぜ道」に、「田の高い部分」という特徴を見いだした造字と考えられる。「あぜ」には「畦」「畔」が広く用いられたが、「くろ」「ぼた」などの方言形に当てる地もある。田の陸の部分と着眼点の僅かな差が、各地で異なる方言漢字を生み出した。

ほかに「あぜ」には、鳥取県に「畂」（「畝」からか。「畛」とも書く）、「畷」、静岡県に「⿰田通」（→前項）、愛媛県、福岡県などに「畴《あせ》」、佐賀県に「⿰田分（あぜ・あせ）」（旁《つくり》は「兮」も。「⿱田兮」は「界」の異体字）などの小地名に見られる（『角川日本地名大辞典』などの小字《あざ》一覧）。

【笹原】

〈参考文献〉丹羽基二『日本姓氏大辞典』／笹原宏之「地名表記漢字の方言資料としての可能性」『日本語の文字・表記』、『国字の位相と展開』／佐藤典彦「地名表記とＪＩＳ漢字」『水路部研究報告』

畷

あぜ ➡ なわ 149頁

厂部

⿸厂⿱⿰有有有⿰有有有

38画

あまのはしだて

辵部

⿺辶⿱⿰日日日⿱⿰日日日⿰日日日

39画

はしだて

京都府の地名に見られる地域文字。

京都府北部の景勝地で、日本三景の一つ「天橋立《あまのはしだて》」を表す。

室町期の『詞林三知抄《しりんさんちしょう》』『運歩色葉集《うんぽいろはしゅう》』という二種類の辞書に、丹後国《たんごのくに》（現・京都府北部）の名所であり、歌枕にもなった「天橋立」を表す字として「⿸厂⿱⿰有有⿰有有」と「⿺辶⿲⿳日日日⿳日日日⿳日日日」が出現する。読みは、多くの本でそれぞれ「あまのはしだて」「はしだて」（「天ノ━」）とされている。字体には「有」が九つの「⿸厂⿱⿰有有⿰有有」などの異体字が派生した。またＷＥＢ上では、『運歩色葉集』の一つの影印版（底本は静嘉堂本）での不鮮明な朱の線を字画の一部と誤認して「⿺辶⿲⿳日日日⿳日日日⿳日日日」の右下の「日」を「巾」にした幽霊文字が出回ってしまった。

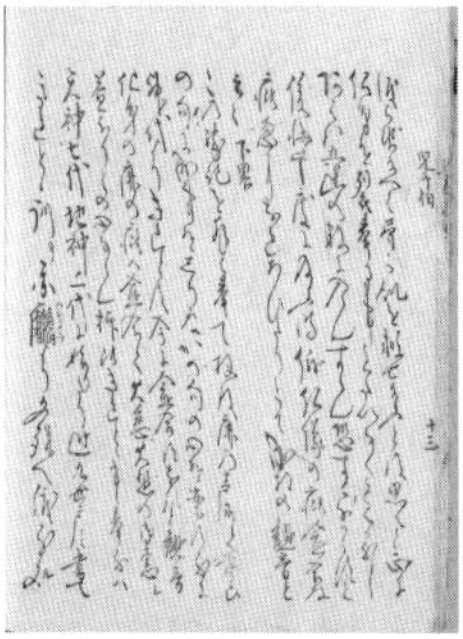

左から1行目に「⿸厂⿱⿰有有⿰有有」の文字が見える。
不角編『水馴棹』3巻(1705)より

古くは神道の影響を受けた連歌師が使ったものとみられる。「日」や「有」など同字の反復には、道教や修験道の呪符の影響も看取できる。「⿸厂⿱⿰有有⿰有有」を正位の字体とみれば、その字を一八〇度転倒させて変形した逆位の字が「⿺辶⿲⿳日日日⿳日日日⿳日日日」であった可能性がある。江戸時代から、自己の股の間からものを見る股覗《のぞ》きが異世界を見る方法として知られ、天橋立より股覗きをして、松林が天に架かる情景が得られるとされている。

一部の辞書に継承されつづけ、江戸時代に和歌や俳諧の書籍で実際に「⿸厂⿱⿰有有⿰有有」を使用した写本や版本（『歌枕名寄《うたまくらなよせ》』佐野本、立羽不角《たちばふかく》『俳諧 水馴棹《みなれざお》』一七〇五序国立国会図書館蔵）も見つかっているほか、世話字（俗語・口語などを表記するための当て字）としても位置付けられている（遊林子詠嘉編『反故集《ほうぐしゅう》』など）。京都の現地で地名として使われた例は見つかっておらず、文芸の場で使用され、認知された方言漢字と位置付けられよう。今後さらに、天橋立を南に臨む地元の籠《この》神社に伝来する文書や連歌作品なども調べていくことによって、詳細が明らかになることが期待される。

江戸期の辞書『こまさらひ』に、呪符と「はしだて」を直接つなぐ「⿸厂⿱⿰有有⿰有有」に関する記述があった（米谷隆史氏教示）。

〔笹原〕

〈参考文献〉笹原宏之「京都の「天橋立」を表す日本製漢字の展開と背景――「⿸厂⿱⿰有有⿰有有」「⿺辶⿲⿳日日日⿳日日日⿳日日日」を中心に」『日本語文字論の挑戦　表記・文字・文献を考えるための17章』

田部
畬
12画

あらく　＊シャ　＊ヨ
JIS第4水準

東京都に見られる地域文字。町田市相原町《あいはらまち》の丘陵部にある小字《こあざ》「作ケ畬《さくがあらく》」にのみ地名用例が残る。現地にある「相原さくがあらく公園」「相原さくがあらく緑地」の看板にも「さくがあらく」の下に小さく「作ヶ畬」と書かれている。

「さくがあらく」という地名は古くは寛文七（一六六七）年の検地帳に「さくかあらく」として現れ、また寛保三（一七四三）年の文書では「作新畠」と表記される例が見える（『相原歴史文化調査報告書 第二集』）。「作ヶ畬」という表記は明治一九（一八八六）年の相原村縮図に見ることができる。

「あらく」は新たに切り開いた田畑を表す（『日本国語大辞典 第二版』）。「あらき（新墾）」ともいう。柳田国男『分類農村語彙』（一九三七）は「あらく」について「地方によつて僅かづゝの意味の差はあるが、大體に新開の畠の、やゝ粗笨な穀作に使ふもので、家の周圍の久しく培養した圃場と區別して居る」と述べている。また柳田国男『地名の研究』（一九三六）では「關東では原野を開いて畠にすることをアラク起しといひ、アラクといふ字も澤山にある」とも述べており、実際に「アラク」や「荒句」「荒久」「新久」などの小字名が関東各地に見られる。

明治期から昭和にかけて使用された旧土地台帳や土地宝典で「畬」に対して異表記として「畬」という字形が現れ、国土地理院発行の地形図でも、この小字が初めて記載された昭和四二（一九六七）年発行分から平成二七（二〇一五）年発行分まで五十年以上もこの字形が記載され続けた。また昭和五二（一九七七）年発行分から平成一一（一九九九）年発行分までは「畬」の「へ」部分が地図上で等高線と重なるように印字されていたことから、金井弘夫編『新日本地名索引』（一九九四）の字画索引では「畬」を「人」部ではなく「入」部の漢字として掲載している。現在でも『町田市相原観光エリアマップ』など明確に「畬」と記載する地図も存在するが、正しい表記とはいえない（「畬」は中国の字書『辞海』［一九四七］に「畬」の異体字として見える

〔Ken Lunde氏教示〕）。

相原町から境川《さかいがわ》を挟み対岸にある神奈川県相模原《さがみはら》市緑区相原《あいはら》にはかつて高座《こうざ》郡相原村大字相原字新畓《しんあらく》が存在したが、昭和二五（一九五〇）年に他区域（現在の相模原市緑区橋本台一丁目の一部）に編入されたため現在は存在しない。相原村には地租改正以前の小地名にも「畓」を含む「狐畓」「昌泉寺畓上」「新畓」「杉畓」「松之内杉畓」が存在した（相模原市教育委員会『地名調査報告書』）。

和歌山県の姓に「畓野《あらたの》」がある。平成一四（二〇〇二）年九月二九日の朝日新聞（東京版）社会面では高野山櫻池院《ようちいん》住職であった畓野智晴《あらたのちせい》氏の訃報広告が掲載されているが、ここでは「余」の「払い」を「金」の六・七画目のように閉じて書く筆写形が活字化されている。また、同紙の前日夕刊に掲載された畓野氏の訃報記事では「畓」に対して「畓」のような文字が用いられている（小林肇氏教示）。

漢字の「畓」は二年目もしくは三年目の田を表す漢字（『説文解字注』第一三篇下）。異体字に「畭」（↓175頁）がある。

〔塚田〕

〈参考文献〉塚田雅樹「『作ヶ畓（さくがあらく）』考―地形図に現れた小地名の異体字に関する考察」『日本漢字学会報』／WEB「町田市／町田デジタルミュージアム」

桉

アン ➡ たら　117頁

口部

咾

9画

いかん　＊ロウ

JIS第2水準

北海道に見られる地域文字。

北海道には、アイヌ語に漢字を当てた地名が各地に存在する。「～ベツ」は「～ナイ」とともに川を意味するが、表記にはしばしば「別」が用いられ、その一つに、「咾別《いかんべつ》」があった。アイヌ語で「溢《あふ》れる川」を意味する語が変化したとされる「イカンベツ」に、明治になって間もなく「咾別」という二字が当てられた。村の名で、その地で尋常小学校の名にもなっていた。幕末の探検家・松浦武四郎の『初航蝦夷《えぞ》日誌』（一八五〇）所収の「蝦夷地行程記」に「イカンベツ」、同じく『戊午《ぼご》日誌』（一八五八）では「イ、カンベツ」とあり、明治（一八六八～）初年に「イカンヘツ村」と表記され、明治九（一八七六）年から「咾別村」と見える（大蔵省『開拓使事業報告1』、『角川日本地名大辞典 北海道』）。明治六（一八七三）年の「十勝国地誌提要」にも「イカンヘツ村」とあり、明治九年の「大小区画沿革表」では「咾別村《いかむべつ》」と表記される（『平凡社日本歴史地名大系 北海道の地名』）。明治・大正期の歴史地理学者・吉田東伍は、『増補大日本地名辞書』で「咾別《イカムベツ》の如き咾字出典なし。是れらの奇異の文字、皆再考を要す。」と述べている。十勝地方の中川郡幕別町《まくべつちょう》にある「咾別川」は「イカンベツ」とカタカナ表記になったが、「咾別川排水樋門工」や「咾別神社」が残る。

「咾」は、ＪＩＳ漢字を選ぶ材料とされた国土地理協会の一九七八年一一月の『国土行政区画総覧』では、山口県萩市に「咾喰《うばくら》」、佐賀県佐賀市に「咾分《おとなぶん》」（↓「咾」26頁）と二カ所に現れ、また、一九五一年の初号には北海道に「咾別《いかんべつ》」もあったが、それぞれ漢字の読み方と字義が異なる。ただし、ＪＩＳ漢字制定（一九七八年）の際に参照された行政管理庁（現・総務省）の『対応分析結果』（一九七四）によると、一九七二年版『国土行政区画総覧』では、出現の頻度数は一回となっている。

北海道と佐賀県の例は互いに異なる発想に基づいて造られた会意による字体、山口県の例は通常は「うば」に用いられる「姥」の女偏が後ろの漢字「喰」の口偏から影響を受けて変わってしまったいわば置換型の逆行同化による字体と、各々が別個の出所と漢字の読みをもっている。一方で、世慣れた「おとな」や「おば」は、何かという

咾別神社

と「いかん」と言う、といった発想上の共通点が感じられる。十勝への移民の出身地など検討を要するが、おそらくは偶然の一致なのだろう。

『大漢和辞典』（大修館書店）には、中国での用法として「こえ」という別義で載っている。中華料理店などでは「老麺《ろうめん》」（ラーメン）を「咾麺」と表記する例が見受けられる。

［笹原］

あ

魚部
鯆
23画
いさば

山形県に見られる地域文字。

東日本で、魚市場や魚商のことを「いさば」といい、江戸時代から「五十集」の三字を熟字訓として当てることがあった。「さばを読む」という慣用句の「さば」も、この「いさば」の語に由来するとの説がある。

江戸時代の出羽国《でわのくに》（現・山形、秋田両県）米沢藩《よねざわ》領の文書や書籍には、「五十集」と同様の発想で、魚を集めるということから「鯆」という造字がしばしば現れる。弘化三（一八四六）年の検地帳にも「鯆屋《いさば》」がある（『角川日本地名大辞典 山形県』）。芳賀勝助編『近世古文書辞典 米沢領』の見出し項目の表記と他項の引用文にも見られる。「鯆問屋」「鯆屋」「鯆物」「塩鯆」「茶鯆問屋」などと熟語も形成した。「鯆」は明治期まで山形県内で用いられていた。

鎌倉中期の字書である観智院本『類聚名義抄《るいじゅみょうぎしょう》』では、「鯆」という字体に「イワシ」と訓を付けている。「鰯」は奈良時代からの国字。これは、群れを作って行動するイワシの性質から造られた国字（日本製漢字）とみられており、後世の「いさば」とは時代的にも地域的にも字義の面、さらに辞書の流通の実状からみても関連性は考えがたく、異なる造字が同じ字体となった「衝突」の例であると考えられる。

［笹原］

犬部
狆
8画
いたち
ＪＩＳ第４水準

神奈川県に見られる地域文字。横浜市栄区《さかえ》を流れる「狆川《いたちがわ》」にのみ用いられる。狆川は鎌倉市境に近い同区上郷町《かみごうちょう》に端を発し、ＪＲ根岸線を越えた先で柏尾川《かしおがわ》に注ぐ二級河川。川には狆川橋が架かる。

「いたち」を指す漢字は一般的には「鼬」であるが、当地では鎌倉期の歴史書『吾妻鏡《あづまかがみ》（東鑑）』に見える表記である「狆」が用いられている。『吾妻鏡』元仁元（一二二四）年六月に雨乞いとして鎌倉にある七カ所の霊所（由比浜《ゆいがはま》・金洗沢《かねあらいざわ》・固瀬川《かたせがわ》・六連《むつら》・狆河《いたちがわ》・杜戸《もりと》・江島）で御祓《みそぎ》を行う儀式「霊所七瀬御祓」が行われ、鎌倉幕府に仕えた安倍泰貞《やすさだ》（安倍晴明の子孫である陰陽師）が狆河に出向く記述がある。「狆河」は

「柚河」と表記されることもあるが、国学者・伊勢貞丈《さだたけ》が安永七（一七七八）年に著した『吾妻鏡』の解説書『東鑑《あづまかがみ》不審問答』では「⿰犭由」は「鼬」の意味であるとする。また鎌倉・南北朝の歌人の兼好法師が「さがみの国。いたち河といふところにて。このところの名を。句のかしらにすえて。たびの心を」として折句《おりく》「いかに我立にし日よりちりのゐて風たにねやをはらはさる覧（「いたちかは」の五字が折り込まれている）を詠んでいる（『兼好法師集』）。

江戸時代に編纂《さん》された地誌『新編相模国《さがみのくに》風土記稿』鎌倉郡巻之一には郡内の河川の一つとして「鼬川」が見え、「川名、一に出立に作れるもあり」として川の名前は「出立《いでだち》」から造られたものとする。栄区の市民団体「⿰犭由川OTASUKE隊」が発行する『いたちかわらばん』でも「⿰犭由川」を「出立川《いでたちがわ》」が変わったものとしているが、西田（二〇一五）は出立川を「後に由来を考察する際に考え出された名称であろう」とし、⿰犭由川沿いで見つかった製鉄遺跡との関係から製鉄とのつながりを考察している。三浦勝男『鎌倉の地名由来辞典』（二〇〇五）には典拠は不明ながら「特別な霊力をもつとされる⿰犭由の生息に由来する」と述べられている。

平成六（一九九四）年までは横浜市栄区小菅ヶ谷町《こすがやちょう》の小字《こあざ》にも「⿰犭由川」があった（国土交通省地価公示では「イタチ川」）。現在は小菅ケ谷一丁目の一部となっている。

漢字「⿰犭由」は中国・遼《りょう》代（九一六〜一一二五）の字書『龍龕手鑑《りゅうがんしゅかん》』に猿の一種を表す漢字「狖」の異体字として見える。中国五代の後晋《こうしん》（九三六〜九四六）の僧・可洪による音義書（漢籍や仏典の注釈書）『新集蔵経音義随函録（可洪音義）』巻四にも「⿰犭由」の正字を「鼬」とする記述がある（『大般泥洹経《だいはつないおんぎょう》』第三巻「⿰犭由鼠　上羊秀反。正作鼬、⿰犭由二形。」）。実際に、日本の仏典叢書である『大正新脩大蔵経』、その底本となった『大日本校訂大蔵経』および韓国の『高麗大蔵経』所収の『佛説大般泥洹經』において「狖」「⿰犭由」と書かれている箇所が一六世紀末の中国・明朝で刊行された『万暦版大蔵經（嘉興蔵）』で「鼬」とされている例が見られる。韓国では「猫」の異体字としても用いられた。「⿰犭由《イタチ》」は『色葉字類抄《いろはじるいしょう》』などにも収められている。

〔塚田〕

〈参考文献〉塙保己一編『群書類従』／『大日本地誌大系』第三九巻（国立国会図書館デジタルコレクション）／WEB 国土交通省「標準地・基準地検索システム～国土交通省地価公示・都道府県地価調査～〈詳細情報〉」／WEB「불교학술원 아카이브（仏教記録文化遺産アーカイブ）」／笹原宏之『日本の漢字』／韓小荊『《可洪音義》研究――以文字為中心』／鄭賢章『《新集蔵経音義随函録》研究』

褜

いな　いね　いや　⬇ えな　22頁

艸部

茨

9画

いばら　かや　まつ　＊シ

JIS第1水準

茨城《いばらき》県と大阪府で自治体名として使用され、関係する固有名詞に多く見られる。「茨（いばら）」は背の低いとげのある植物、屋根に葺《ふ》いたかやの意味。「バラ」は「イバラ」の頭音が脱落した語形。

地名としては、茨城県と県内の「東茨城郡」、「北茨城市」と「茨城町」、大阪府の「茨木《いばらき》市」で使われるほか、「茨塚《いばらづか》」（愛知県愛西《あいさい》市）、「茨坪《ばらつぼ》」（愛知県岡崎市）、「東茨戸《ひがしばらと》」（北海道札幌市）、「茨」を「まつ」と読む「茨田大宮《まったおおみや》」（大阪府大阪市）などがある。

「茨城」、「茨木」のどちらも植物が関係するとされる。県名の「茨城」は『常陸国風土記《ひたちのくにふどき》』（七一二）に見られ、国郡里制時代に置かれた茨城郡が由来で、茨の木が多い土地に砦《き》（城砦《じょうさい》）があったなどといわれる。大阪の「茨木」も、中世の「勝尾寺文書《かつおじもんじょ》」に「棘切」、『陰徳太平記《いんとくたいへいき》』（一七一七）に「荊棘木」とも書かれたことなどから、茨（棘、荊棘）の木が茂っていた土地と考えられる。「茨木」が見えるのは鎌倉初期の茨木村から。

姓に、「茨城（いばらき・いばらぎ）」「茨木《いばらき》」「茨田《いばらだ》」「茨田（ばらた・ばらだ）」「茨田《まんだ》」などがある。

「茨」は平成一六（二〇〇四）年に人名用漢字になり、平成二二（二〇一〇）年に常用漢字となる。常用漢字表の音訓欄には、一字下げで「いばら」の訓のみ示されており、都道府県名を表記するために使われる漢字であることが明示されている。公用文・

新聞では地名など固有名詞限定で使用され、比喩表現の「いばらの道」、植物の「イバラ」などは仮名書きされる。

「茨」の草冠の下部が「次」と同じ形になっている字形は、「特定の字種に適用されるデザイン差」とされ、印刷文字として同値とみなされている（『常用漢字表の字体・字形に関する指針（報告）』二〇一六）。

〔小林〕

〈参考文献〉『角川日本地名大辞典』茨城県、大阪府／吉田茂樹『日本地名語源事典』

木部
杁
6画

土部
（圦）
5画

いり
JIS第2水準

愛知県、岐阜県などに見られる地域文字。姓で各地に見られる。

用水路の水門・取水口、溜《た》め池を意味する「いり」に対して、江戸初期に尾張国（現・愛知県西部）では「杁」という字が造られ、藩内とその周辺で使用された。

愛知県名古屋市には千種区田代町「瓶杁《かめいり》」がある。「杁」は名古屋近辺で、地名だけでなく、公園名、マンション名、病院名など看板でも当たり前のように使われており、多くの愛知県民にはなじみ深い国字（日本製漢字）である。

バス停「杁中」

名字は大半が地名に由来するといわれるが、「野杁《のいり》」「杁山《いりやま》」など「杁」を含む姓はいまでも大半が名古屋近辺に集中している。名古屋市営地下鉄鶴舞線の「いりなか」駅（昭和区隼人町）周辺の地名の漢字表記は「杁中」であるが、漢字制限を行った当用漢字の時代（一九四六〜一九八一年）にあって、この地名を読めない人に配慮したために、駅名はひらがな表記になった（市バスの停留所名は「杁中」である）。名鉄名古屋本線の「二ツ杁《ふたついり》」駅（清須《きよす》市西枇杷島町《にしびわじまちょう》）と愛知高速交通東部丘陵線の「杁ヶ池公園」駅（長久手市杁ヶ池）は、漢字表記である。

主な地名としては、県北部には江南市「小杁町《おいりちょう》」、犬山市「杁下《いりした》」がある。北西部には、長久手市「杁ケ池《いりがいけ》」「杁ケ根《いりがね》」「杁ノ洞《いりのほら》」「松杁《まついり》」「溝之杁《みぞのいり》」、春日井市「杁ケ島町《いりがしまちょう》」、清須市西枇杷島町「北二ツ杁《きたふたついり》」「南二ツ杁《みなみふたついり》」、同市春日《はるひ》「杁前《いりまえ》」がある。西部には津島市「杁前町《いりまえちょう》」、一宮市「枠杁町《わくいりちょう》」がある。他にも小字《こあざ》、通称地名が各地に見られる（西嶋二〇〇七ほか）。

慶長一三（一六〇八）年、徳川家康の側近である伊奈備前守忠次《ただつぐ》が木曽川から引水する尾張国丹羽《にわ》郡の般若の地に設けたのが杁（圦）樋のはじまりと伝えられる（津田正生『尾張国地名考』）。伊奈忠次は三河（現・愛知県東部）の生まれであり、家康の治水奉行として、利根川などでも、主に利水のために行ういわゆる関東流の低水工事を行った（北野・是永一九九九）。

「杁」は、江戸中期の安永年間（一七七二～一七八一）の末年に書かれ写本として伝来した『（尾張）地方古《じかたこ》義《ぎ》』に載る、慶長一四（一六〇九）年二月一八日付の文書に「杁」「杁之戸」「大野村杁守給」と見えるのが最古の例である。「いり」という語と「杁」という字は、同時に現れたように文献上は見える。これは用水の水門の一種の「いひ（いい）」「ひ」の歴史的な表記「楲」や「ひ」「とひ（とい）」に対する奈良時代からの表記「樋」（いわゆる国訓）を元に「杁」が造られたことを物語っていると考えられる。水を入れるために「いり」と呼ばれ、それを表記するために「楲」「樋」に改造を加え、旁《つくり》に「入」を用いたと考えられる。鎌倉末期の字書である観智院本『類聚名義抄《るいじゅみょうぎしょう》』などに字体の衝突する例が見られる。

鏡味明克氏（「地名と漢字」一九八七）によると、丘陵地の多い尾張では、田畑に川の水を引くことが困難であったので、雨水をためる池と、農地にその水を流すための用水路の水門が各地に作られたという。それが木製の「杁」であった。そこで、この地では独自の表記が発生し定着したと思われる。

一方、江戸幕府や、幕府が権力を及ぼしていた隣の三河や大坂などの他の藩では、少し遅れて土偏の「圦」が国字として造られ、よく使われた（塚本一九七一）。書籍や幕府の文書でも使われたため、辞書にしばしば載せられた。「圦」は、「杁」を河口堰《ぜき》や取水堰といった水をせき止める役割を果たす「（い）せき」の伝統的表記「堰」から連想し、土偏に改めたものと考えられる。尾張藩ではその後、幕府に従って土偏の「圦」に変えるようにと御触れが出たが、「杁」を使う習慣を動かすことはできなかった。江戸中期の辞書『和字《わじ》正俗通《せいぞくつう》』（一七三三）には「杁《イリ》　圦」と併記されている。これは編者の山本格安《かくあん》が尾張出身であるため、なじみ深い「杁」を、「訓ヲ仮ニ傍ニ其事ヲ指スモノ」、「固妄」「妄制」と評しつつも先に示したのだろう（「朳」を「杁」と書く「誤態」も収める）。江戸後期の『尾張国郡村仮名附帳』上（一八〇三）には、「葉栗郡小杁《ヲイリ》」「中嶋郡　杁《イリ》ノ戸《ト》」という地名に見られる。他の地では、「杁」を形声文字として稲を積んだ「にふ」(「にょう」、「はざ」ともいう)に当てることがあった。江戸後期の俳人である尾張の千里亭芝石《しじゃく》による『潮の花』(一八四三、狂俳)にも「杁先きに」とある(『雑俳語辞典』。この辞典の見出しに「矵」もあるのは「圦」の誤植か)。

長野県木曽郡には、山口村に、「杁《いり》」「上杁《かみいり》」という地名があった(滝澤主税《ちから》『明治初期長野県町村字地名大鑑』)。「杁」がかつて愛知県だけでなく長野県の地名にも見られたのは、この地が岐阜県との県境の木曽川沿いの地で幕府領であったものが、元和元(一六一五)年より尾張藩の領地となったためにその影響が残ったものであろう。平成の大合併で、この地は岐阜県中津川市に編入された(二〇〇五年)。島崎藤村の生まれた村にあるこの「杁」は現在、南木曽町の馬籠《まごめ》線のバス停名として残っている。

岐阜県には岐阜市に大字菅生《すごう》字「杁川《いりかわ》」「杁北《いりきた》」、海津《かいづ》市に海津町秋江字「北杁先《きたいりさき》」がある。安八《あんぱち》郡に安八町北今ケ渕字「杁《いり》ノ戸《と》」があり、バス停「北今ケ渕(杁ノ戸)」や「杁ノ戸集会所」がある。関市下有知《しもうち》には「曽代用水」(農業用水路)の施設「杁之戸《いりのと》分水」(二〇一五年に世界かんがい施設遺産に登録)がある。

戦後、漢字制限を進めた当用漢字表や常用漢字表による新たな「共通字化」が進展した結果、「圦」に代わって土偏のつかない「入」の使用が増えた。現在、「圦」は三河の岡崎市大寺町にある「宮《みや》ノ圦《いり》」など愛知県内では小字として残るなど、微細な地名を含めた「杁」を取り巻くように広く分布している。この両字体の分布の中間地区には偏を「扌(てへん)」とする「扖」という中間的な字形や崩れた字形を用いた地名が散見される。岐阜市を流れる天王川に架かる「大叺《おおいり》橋」には、より一般性の高い口偏の「叺」が用いられている。「杁」の使用の中心地から離れて自然と「叺」に変わったものか、「圦」も見られるために規範意識の異なりによるものであろう。

なお「いり」が「杁」と書かれることもあるが、これは農具で「えぶり」と読み、地名としては福岡や新潟などで用いられる。中古から近世の辞書に「杁」の字訓は「エフリ」とある。広島県出身者は「杁」の字を知らないため、これを当地の俚言《りげん》「すいばり」(棘《とげ》の意)と誤読したことがあった。

〔笹原〕

〈参考文献〉河原田慎一 WEB 「「杁」←この字読めた

ら愛知県民？でも意味は…」『朝日新聞デジタル』／笹原宏之『国字の位相と展開』、『日本の漢字』、「日本製漢字の地域分布」『日語日文学研究』／WEB「稀少地名漢字リスト」岐阜県

嵓

いわ ⬇ くら 51頁

口部

啌

11画

うそ　おそ　＊コウ
ＪＩＳ第２水準

主に秋田県に見られる地域文字。

秋田市に上新城《かみしんじょう》小又字「啌市《おそいち》」「下啌市《しもおそいち》」、横手市に山内平野沢字「啌野越道《うそのこえどう》」などがある。

虚言を意味する「うそ」は、「嘘（噓）」という漢字が表記として定着する前は、「啌」もよく用いられていた。「啌」は中国では音はコウで、「しかる」「いかる」「くちすすぐ」「のどがふさがる（むせる）」といった意味しかないが（『大漢和辞典』など）、日本では同じ意味の「空言」に合わせてこの口偏に「空」という字が会意風に解され、中世から「うそ」に当てられた。

「啌」はＪＩＳ漢字制定（一九七八年）の際に参照された行政管理庁（現・総務省）の『対応分析結果』（一九七四）によると、国土地理協会の一九七二年版『国土行政区画総覧』に一回出現したために、ＪＩＳ第２水準に採用されたものである。加除式のこの資料をさかのぼって調べると、一九七四年七月に除去された頁に、「秋田市上新城小又啌市《おそいち》」「下啌市《しもおそいち》」があり、その出現が確かめられた。

近世では、「うそ」を訓にもつ一般性をもった字だったため、日本各地で小地名を表記するために用いられた。「嘘（噓）」よりもよく見られ、新潟県五泉《ごせん》市に「啌《うそ》ノ古木《こき》」、千葉県市原市に「啌畑《うそつぱた》」、滋賀県長浜市に「啌津《うそつ》」、島根県出雲市に「啌谷《うそたに》川」、福岡県飯塚市に「啌《うそ》ケ（ノ）谷」、熊本県玉名《たまな》郡に「啌《うそ》の前」など、各地の小地名に残っている。岐阜県には「啌吹坂」と書いて俚言《りげん》で「ほらふきざか」と読ませる小字名もある（『角川日本地名大辞典 岐阜県』）。国訓において俚言を用いた稀有《けう》なケースであり、表意性を利用した事例として注目される。

近世文書のほか、江戸時代の戯作とその翻刻にも見られる。奈蒔野馬乎人《なまけのばかひと》作の黄表紙『啌多雁取帳《うそしっかりがんとりちょう》』（喜多川歌麿画、一七八三）、津田正生《まさなり》の黄表紙『二世《にせいの》契約啌《けいやくうそ》の鉄砲』（一八〇〇）などがある。

個々の地名の語源はさまざまだが、「おそ」は「うそ」の後ろの母音の影響で前の音が変わる「逆行同化」をしたものとみられている。鳥取県に「啌小屋《おそごや》」もある。

　現代日本においては、近世文献に触れる人にとっては特定の社会集団で使用される位相文字、住所のレベルでは秋田近辺の方言漢字（地域文字）、小字《こあざ》まで見れば東北から九州まで諸地点で散見される各地の方言漢字と位置付けることができる。

［笹原］

〈参考文献〉WEB「稀少地名漢字リスト」秋田県

竹部

箞

14画

うつぼ　＊ケン

ＪＩＳ第３水準

佐賀県に見られる地域文字。竹冠に「巻」（「卷」の康熙《こうき》字典体・旧字体）と書く。唐津市厳木町《からつきゅうらぎまち》に「箞木《うつぼぎ》」がある。かつては「空穂木」とも書かれた。

「箞」は武具の「うつぼ（靫）」を指す。矢を納め、射手の腰や背につける細長い筒のことで、竹製で漆塗りのものが多い。中国においては、宋の時代（一一世紀）の韻書《いんしょ》『集韻』に載る字で、音はケン、「（竹を）たわめる（曲げる）」の意。「うつぼ」という字義をもたず、しかもほとんど使われない漢字であった。

「うつぼ」は、古来、漢字表記が定まらず、「椌」（仙台の地名では、別に「ごうら（ぎ）」と読む）、「⿱竹午」、「箜」などのほか、「⿱竹賦」、「穼」（後に幕末～明治期の浄瑠璃大夫・豊竹古靫太夫《とよたけこうつぼだゆう》の名のデザイン的な表記にも応用された）などの造字もあてがわれていた。

　天正一七年本『節用集』にも、「日本始テ作之故字ノ説甚夕多シ」として、八種の表記を示している。武家の流派によっても漢字表記は異なったともいう。実際に武家などの間ではある程度多様な漢字が当てられたが、室町末期の辞書『伊京集』や天正一八年本『節用集』などに「箞」が収められ、そのほか辞書以外で、南北朝期の『太平記』（テキストによって「やなぐひ」などの訓もあり）、室町期の『応仁私記』、江戸初期の俳書『毛吹草《けふきぐさ》』などでも「箞」が用いられた。

　この武具の形から、「笂」という字が江戸時代に上野国《こうずけのくに》（現・群馬県）で造られた。「笂」はＪＩＳ漢字制定（一九七八年）の際に参照された行政管理庁（現・総務省）の『対応分析結果』（一九七四）によれば、一九七二年版『国土行政区画総覧』に一回だけ登場し、「ウツボ」と読む「その他の国字」とされていた。加除式のこの資料をさかのぼって調べると、一九七四年三月に除去された頁に「群馬県前橋市笂井町《うつぼいまち》」とあり、その出現が確かめられた。「笂井小学校」という校名も出ており、今なお存在している。

　前述のように「箞」は中世に「うつぼ」という訓読みを得て、近世になり、地名を表記するようになった。現在、地名としては厳木町の「箞木《うつぼぎ》」のみであり、同町に箞木《うつぼぎ》小学校がある。同校は平成二三（二〇一一）年に本山小学校と統合されたが、校名には「箞木」が採用された。次の統合では厳木小学校となって、この明治以来の小学校名は消えてしまうとの予測がある。

箞木小学校の在校生たちは、低学年の内は「うつぼ木小学校」と書き、中学年（四年）からは「箞」の下の部分「巻」の上は「ソ」、下は「㔾」で書くという。郵便物などの宛先では、この漢字が出てこないので、ひらがな表記が多い。

　地元では、看板や印刷物などに使用される「箞」に、「箞」（いわゆる拡張新字体だが、『自治体地名外字』『日本行政区画便覧』などはこれに造る）「箞」「箞」「箞」などの字体も見られる。電柱に貼られた電力会社による地名表示には概して誤字・代用字が多いが、現地では、「巻木」も見られる。「うつぼ木上踏切」など仮名表記も見られた。

　この辺りでは、トンネル、炭坑跡、住宅団地なども、「箞」を用いているが、地元には、この漢字は読めないし、説明できないから、ひらがなでいいと言う人もいる。康熙字典体の「卷」が使われているために、「竹を巻いたもの」という本来の字解がかなり忘れられてしまっている。

　一九七〇年代に、ＪＩＳ漢字を策定する作業の中で、地名や小学校名として使用されていることが確認された「箞」は、穏当にいけばＪＩＳ第２水準に採用されるはずであった。しかし、策定のための主要な資料であった一九七二年版『国土行政区画総覧』が、この地名を誤植しており、不明字と認定されたことによってＪＩＳ漢字の候補から削除されてしまった。

その後、加除式の資料であるこの『国土行政区画総覧』をさかのぼって調べると、一九九三年三月に除去された頁以降において、ＪＩＳ漢字採用のための作業の中で次の二段階の変形が発生していたことが判明した。

当時用いられた地名などの資料では、すでに現地での表記の揺れの範囲を超えた、続け字に由来するような独特な字体が作字されて印刷され、その時点で誤字になっており、当時の『国土行政区画総覧』の編纂《さん》用の原本には、いずれの字にも赤字で、「うつぼ（箞）」へという修正指示が書き込まれていた。そこから転記をする作業の過程において、ある段階で誤写が発生し、字体がさらに思わぬ形へと変化してしまったことも明らかとなった（芝野耕司編『増補改訂ＪＩＳ漢字字典』五二一頁に、その報告書の該当部分が縮小されて掲載されている）。これらのヒューマンエラーの重なりにより、字書にない字体となったのは、当時のガリ版を含めた筆記具や、たまたま担当した人たちの書き癖の関係かもしれない。

その後、いくつかの地名資料から、改めてＪＩＳ第3水準に採用される（二〇〇〇年）までに、ＪＩＳ漢字制定から二十年以上の時を要した。

「箞本《ママ》（うつぼぎ）」は姓にあるという（『第三版 難読稀姓辞典』）。公簿では「箞」「箞」「箞」などの字体も使用されている。

なお、「風巻」という文字列がＷＥＢ上で話題となったことがある。しかし、風を描いたケータイの絵文字が、この漢字に化けたものにすぎず、ＷＥＢ上で用例が多い。

〔笹原〕

女部

⿰女畾

18画

うば　おんば

富山県に見られる地域文字。立山信仰の中で生まれた国字である。

立山連峰の玄関口に位置する中新川《なかにいかわ》郡立山町《たてやままち》の芦峅寺《あしくらじ》（→「峅」48頁）の集落に「⿰女畾堂（うばどう・おんばどう）川」（または「姥堂川」。「うばだん」とも読む「⿰女畾谷川」も絵図や看板にあり）がある。そこに架かる「布橋《ぬのばし》」（別名「天の浮橋」）は、別世界である極楽浄土あるいは地獄への境界とされている。

橋を渡った対岸にある「媼堂」は閻魔《えんま》堂とともに、芦峅寺にあった仲宮寺（中宮寺）の中心的な堂舎であった。その中には、「おんばさま」とも呼ばれる神仏習合の「(御) 媼《うば》尊」が本尊として三体、脇立《わきだち》として六十六体、合計六十九体祀られていた。三体の本尊は、大日如来、阿弥陀如来、釈迦如来の三尊などと考えられている。江戸時代、霊山の立山は女人禁制であったため、極楽往生を求めた女性たちは、宿房から閻魔堂を経て、この世とあの世の境とされる布橋を渡り、媼堂に入った。そこで法要、念仏読経などが長時間行われたとされる。その後、立山など山々の姿を仰ぎ、身が清められ、布橋から戻ると清らかな身に再生するという。これが布橋灌頂会《ぬのばしかんじょうえ》の儀式で、彼岸の中日に行われた。

文書には「祖母堂」(越中守護代・神保長誠《じんぼながのぶ》の一四六六年の寄進状など)、「姥堂」、「老婆堂」という表記も見られるが、「媼堂」が正式とされる。『姥堂秘密口伝』に「媼の御字を以てして姥尊と崇め奉る」とあるように、この字は信仰に関わっていた(広瀬一九八四)。「媼」は漢字の「嫗」や「媪」が元になっており、「媼」の旁《つくり》の三つの「田」は、さまざまな由緒が付加されてきた。「おんばさま」が農耕の神でもあることと関わるか、多くの田を意味するようであるとの推測がある(木倉豊信「立山古文書について」)。「雷」の異体字にも雨冠に「田」を三つ書くものがある。秋田県北秋田市前山に字「靁山下《かめやました》」がある)。漢字で「偪」と書くこともあった(広瀬一九八四)。このような字が土台にあるか。旁は「母」三つが崩れたものとする説もある。三体の本尊を表す可能性もあるかと思われる。「媼」の縁起には、この字についての解説はなく、また「媼」に関する公事所《くじしょ》(公事場。現在の裁判所)と寺社奉行からの質問に対しても、この字についてはとくに答えていない。芦峅寺にある雄山《おやま》神社祈願殿所蔵の天文一六(一五四七)年三月八日在銘の「黄銅製仏餉鉢銘《おうどうせいぶっしょうばち》」に「葦峅媼御本器」と見える(『富山県史 史料編 4 近世 中』、『角川日本地名大辞典 富山県』)。

戦国武将の佐々成政《さっさなりまさ》の寄進状(一五八四)、前田利家の寄進状(一五八八)に「媤堂」とある(前者は明治時代の写しの字体)。そのほか「娘」「娚」と略した字体や、ひらがな表記の「うば堂」もあった。

明治初期の神仏分離令により、廃仏毀釈《はいぶつきしゃく》に遭って「媪堂」の堂舎は取り壊され、現在は基壇跡が残されているだけである。

『諸艶大鑑《しょえんおおかがみ》』（一六八四）など西鶴作品ではしばしば「娼」を「うば」と読ませる。『角川日本地名大辞典』では小字名として山形県に「娼神《うばがみ》」、群馬県には「媪沢《うばさわ》」がある。

〈参考文献〉木本秀樹「立山信仰関係用語用字覚書（一）——「峅」と「媪」」『富山県〈立山博物館〉研究紀要』

［笹原］

衣部

褜

15画

えな　いな　いね　いや　ゆな

JIS第3水準

宮城県で名前に見られる地域文字。胎児を包む膜や胎盤、へその緒を意味する「胞衣《えな》」の「胞」と「衣」を合わせた国字。鎌倉末期の字書である観智院本『類聚名義抄《るいじゅみょうぎしょう》』に収められている。

仙台市では臍帯《さいたい》（へその緒）が体に絡まって生まれた子供には、かつて「褜（褜）」の字を含む名前を付ける風習があった（→「畋」53頁）。男児には「褜吉《えなきち》」「褜司《いなじ》」「褜治（いなじ・えなじ）」「褜蔵《えなぞう》」「褜雄《えなお》」「褜男《えなお》」、女児には仮名で、「えなよ」など。昔は成長しがたい状態での出生だったため、こうした命名には丈夫に育つようにとの意味が込められている。「褜」は宮城県を中心に名前によく見られる字ではあるが、常用漢字でも人名用漢字でもないため、昭和二三（一九四八）年の改正戸籍法と戸籍法施行規則の施行で命名に使える漢字が制限されて以降、名付けには使えない。褜と書き「えな」「いな」と読む姓もあるとされる（『難読稀姓辞典』）。

「褜」は「いや」とも読む。熊本県下益城郡《しもましきぐん》美里町《みさとまち》に「胞衣川水源」があり、それを水源とし宇城《うき》市を流れる「褜川《いやがわ》」がある。お産の際の褜を川で洗い清めたのが名称の由来で、第一四代天皇である仲哀《ちゅうあい》天皇の皇后・神功《じんぐう》皇后が新羅《しらぎ》への遠征から戻る途中に産気づき出産したときにこの水で褜を洗ったとの言い伝えが残る。地元では妊婦が胞衣川水源の水を飲むとお産が軽くなるともいわれる。

宮城県の「褜」と同様の出生時の状態による名付けは、群馬県、長野県、高知県、宮崎県、鹿児島県などにも見られる。これらの地域では、へその緒を首にかけて生まれた子に「ケサ」（「袈裟」「今朝」「畩」など）を含む命名をした。仏の加護を受けて、わざわいを避ける意味があったとされ、子供が元気に育つと考えられていた。

［小林］

〈参考文献〉恩賜財団母子愛育会編『日本産育習俗資料集成』／WEB「熊本県美里町公式ウェブサイト」／小林肇「新聞の外字から見えるもの」『日本語学』／笹原宏之『国字の位相と展開』／杉尾毅「［水と人と］胞衣川水源　大地の恵み、安産祈願＝熊本」『西部読売新聞』／高梨公之『名前のはなし』

虫部

蛯

12画

えび
JIS第2水準

主に北海道、青森県、福島県に見られる地域文字。

水中に住む「エビ」は、古代の中国では、「鰕《カ》」や「魵《フン》」などの漢字を用いた（後者は新潟の地名などにある）。これは中国語を表すための字であり、中国の人の着想に基づいて生み出されたものであった。今の中国では魚偏を虫偏に換えた「蝦」がエビを表す（中国大陸では旁《つくり》を発音が同じ「下」に換えた「虾」もある）。

日本では、エビには早く奈良時代に、不老長寿を連想させる、髭《ひげ》が長く伸びて背中が曲がっている老人「海の翁《おきな》」（和歌に詠まれた）というめでたいイメージがあったようで、そこから「海老」という二字の漢字が当てられた。同時期に編纂《さん》された『出雲国風土記《いずものくにふどき》』には「鰝鰕」が登場する。さらに室町時代には、「海老」と「蝦」から虫偏に老人を意味する「耆（キ・シ）」（→42頁）を合わせた「蛯」という国字（日本製漢字）が造られた。「蛯」は室町前期の教科書『庭訓往来《ていきんおうらい》』に見え、それがよく普及した地でこの字の認知度も高まったものと思われる。そして社会の変化による識字層の拡大にともなって「耆」が翁を意味するという認識をもたない層が現れたのであろう。「蛯」とも書かれ、江戸時代に入るころにはその「日」を脱落させて「老」だけにした「蛯」という字が派生した。地名では、江戸中期の盛岡藩代官・大巻秀詮《おおまきしゅうせん》による『（御）邦内郷村志《ほうないごうそんし》』など（『天間林村史』上、『七戸町史』2）に「内蛯沢《うちえびさわ》」「外蛯沢《そとえびさわ》」（現・青森県内）、江戸後期の『天保郷帳』越後国に「蛯江村《えびえ》」（現・新潟県）、明治期の大蔵省による『開拓使事業報告』一に「蛯谷村《えびや》」（現・北海道茅部《かやべ》郡）が見える。互いに似た字として誤記されるいわゆる「魯魚《ろぎょ》の誤り」が日本でも起こったともいえる。発音・意味が同じでも、漢字の構成要素の配置が異なる動用字の「蛯」は、姓「蛯沢」に残っている。なお、現在でも「嗜」を「咾」（→「咾《いかん》」9頁、「咾《おな》」26頁）とする誤記が散見される。

北海道、青森県から茨城県辺りにかけての東日本で地名によく用いられる傾向がある（「鮱《えび》」も姓で同様）。北海道に茅部郡森町《もりまち》「蛯谷町《えびやちょう》」があり、「蛯子川《えびこ》」も存在する。青森県三戸《さんのへ》郡五戸町《ごのへまち》に「蛯川《えびかわ》前川原《まえかわら》」「蛯川村《えびかわ》」、福島県に南相馬《みなみそうま》市小高《おだか》区「蛯川後《えびかわうしろ》」「蛯沢《えびさわ》」、茨城県に筑西《ちくせい》市井出「蛯沢《えびさわ》」がある。そのほか、富山県富山市に「蛯町《えびちょう》」などがある。茨城の地名では「エピ」「イピ」という称呼も行われる。西日本では、愛知県名古屋市の「蛯屋町」など、近世以来の使用の跡が若干残っていたくらいである。

本州北部からの影響で江戸時代から「蛯名《えびな》」「蛯子《えびこ》」「蛯屋」という姓があり、また商店名などにも広まった。そのほか「蛯沢《えびさわ》」「蛯谷（えびたに・えびや）」などが東日本各地と西日本の一部に分布する。西では南国の宮崎県だけが「蛯原《えびはら》」姓の大きな飛び地となっている。これは、「海老原」氏が近世に静岡から宮崎に移住し伝播《でんぱ》した結果であると考えられる。「蛯原」姓には宮崎出身の、〝エビちゃん〟の愛称で親しまれているファッションモデル蛯原友里《えびはらゆり》らがいる。元騎手で史上七人目のJRA二千勝を達成した蛯名正義《えびなまさよし》は北海道札幌市出身である。それらへの個々人の認知度がこの字の理解度を高めていた。また北海道では、使用状況を反映して読める人が多い一方、関西では認知度も低かった。

北海道札幌市のスーパーマーケットで

天ぷら屋などのメニューには「海老天」が広く用いられるが、北海道では「蛯天」が見られる。市場などでも同様（写真）である。

江戸時代から明治時代にかけては普通名詞としても北海道以外でも東日本を中心に使用されることがあった。かつては、「蜄《えび》」という国訓が字書に載り、静岡の地で地名にも使われていた。

［笹原］

〈参考文献〉笹原宏之「日本製漢字「蛯」の出現とその

背景」『訓点語と訓点資料』、「「蛯」の使用分布の地域差とその背景」『国語文字史の研究』、『謎の漢字』、『日本人と漢字』／小林肇 WEB 「新聞漢字あれこれ115　新種のエビを発見しました！」『漢字カフェ』

木部

⿰木男

11画

おうこ　おおこ　おこ

JIS第4水準

長崎県、佐賀県、高知県に見られる地域文字。

長崎県の北西端、平戸《ひらど》市大島村前平《まえひら》にある、的山《あづち》大島の南に浮かぶ小さい島の名に、「⿰木男島《おおこじま》」がある。「二十万分一地勢図基準自然地名集（フロッピー版）」（一九九二）、「二万五千分一地形図」にあるために、「⿰木男」は平成一二（二〇〇〇）年にJIS第4水準に採用された。「⿰木男島」は海図にも載る。菅原義三編『国字の字典』は同地を「おこしま」と読み、江戸時代の初期からの呼び名とする。

江戸後期に伊能忠敬《いのうただたか》を中心に作成された『伊能大図』や明治二一（一八八八）年刊行の「二十万分一図」（「唐津《からつ》」『幕末・明治日本国勢地図——初版輯製二十万分一図集成』）、明治期の地図（「肥前《ひぜん》　平戸」国土地理院サイト『古地図コレクション』）では、この島が「大小島」と書かれている。昭和四四（一九六九）年発行の「五万分一地形図」（昭和三五年測量）には振り仮名付きで「大小島《おおこ》」と見える（的山大島の南方にあるこの島とは別に、同じ肥前の大島の南方には「大子島」がある）。伊能忠敬『日本実測録』巻十一（「大日本沿海実測録」）一八七〇、大学南校刊）に「⿰木男嶋《ヲウコ》」とある（明治政府によって編纂《さん》された百科史料事典『古事類苑』は「枴《ヲウユ》」と誤る）。

『角川日本地名大辞典』などによれば小字《こあざ》の類として、佐賀県鹿島《かしま》市大字三河内《みかわち》に「⿰木男橋《おおこばし》」があり、高知県高岡郡越知町南ノ川《おちちょうみなみのかわ》には読み不明の「⿰木男ガ畝」もある。「⿰木男」は、京都府の天田《あまた》郡の地名にもあったとされ、ほかに秋田の小地名などでも使用が見られた。明治期の静岡県「引佐《いなさ》郡小字名台帳」の「鵺代《ぬえしろ》」の小字には、「⿰木男」を消して「楞」に変え、「楞厳寺《りょうごんじ》」とした箇所がある。これは既存の漢字のパーツを誤認ないし再解釈したことによるものだろう。

「おうこ」は「おうご」ともいい、「棒」や「杖」、とくに物を担うのに用いる棒のことを指し、「朸」とも書く。漢字としては音がロク・リョクなどで、「木目」や「隅」を意味する形声文字が、日本では古くから「力」を使って担ぐ「木」ということで会意式の国訓として「おうこ」に当てた。岡本保孝『倭字攷』（一八五九～一八七八年ごろ成立）に、「朸」は「枴」（棒のこと）「ニハアラサルカ」とある。これらも地名に用いられている。

すでに奈良時代に『播磨国風土記《はりまのくにふどき》』などに「朸田《あふこだ》」「朸《あふこ》」がある（平安前期の『新撰字鏡』にも載る）。旁《つくり》の「力」が「刀」になった「朷」とも書かれる（音読みはトウ、「木の名」「枝が落ちる」などの意。中国・清代の『康熙字典《こうきじてん》』〔一七一六〕でも「朸」と混同しないように注意を促している）。

室町中期の国語辞書『下学集《かがくしゅう》』や江戸前期の笑話集『醒睡笑《せいすいしょう》』のほか、江戸後期には、方言辞書『物類称呼《ぶつるいしょうこ》』、語学書『丹波通辞《たんばつうじ》』などは「おうこ」に「朸」ではなく「枴」を当てる。「枴」（旁の下部が「刀」や「ク」などとなる異体字もある）は音がカイ・タイ・カで、「杖」の意だが、この旁が、形態が類似し、読みも似ていて、イメージも合いそうということで、より一般的な「男」に変化した。「おうこ」を用いるのは主に男性というジェンダーのイメージも影響したのであろう。

部首が「木」から「米」に変わった「⿰米男」は「おこ」と読み、『角川日本地名大辞典　鹿児島県』の小字一覧に「上⿰米男山《かみおこやま》」「下⿰米男山《しもおこやま》」が見られる。

〔笹原〕

皐　おか　⬇　フ　177頁

啌　おそ　⬇　うそ　17頁

口部　**咾**　9画

おとな　＊ロウ

JIS第2水準

佐賀県に見られる地域文字。

佐賀県杵島《きしま》郡白石町福富《しろいしちょうふくどみ》に「咾搦《おとながらみ》」がある。ほかに佐賀市川副町《かわそえまち》大字鹿江《かのえ》に「咾分《おとなぶん》」があったが、現在、住所としては「大字鹿江　字道久篭」となり、交差点やバス停の名に残っているだけである。地元の住民も「咾分」は交差点やバス停を説明するときくらいにしか使わないという。「地籍図」には残っており、佐賀市川副支所の「有明海区区画漁業権漁場図」にも載っているという。まだ地名として使う人も稀《まれ》にいて、宛先が「咾分」でも郵便物が届くという。咾分やその近辺に「咾分交差点」、「咾分天満宮」、「咾分南二十四区公民館」がある。当地はもとは「咾分村」であり、江戸中期の「宝暦郷村帳」「天明郷村帳」や明治期の「明治七年取調帳」「郷村区別帳」「明治一一年戸口帳」などに見える（『角川日本地名大辞典　佐賀県』）。

「おとな」という語そのものには、「大人」などの表記のほか、たとえば鎌倉期の四部合戦状本《しぶかっせんじょうぼん》『平家物語』に「老しき軍兵共」の「老」に「おとな」と読み仮名が振られている。室町期の辞書、文明本『節用集』に「老名」などの表記もあった。こうしたものが契機となって、佐賀では戦国時代から、「咾」が代官役の上役を指す。町役（今の区長）と説明するものもある。江戸時代には「咾《おとな》役」として役職名となっていた。江戸期の『鳥ノ子御帳』（『鳥栖市史』資料編三）と呼ばれる佐賀藩法令・佐賀藩地方文書には「別当咾《おとな》」が村の長を意味する役職名としてある。長崎ではこの「おとな」にあたる役職は「乙名」とも書かれた。

バス停「咾分」

「咾」はＪＩＳ漢字制定（一九七八年）の際に参照された行政管理庁（現・総務省）の『対応分析結果』（一九七四）によると、国土地理協会の一九七二年版『国土行政区画総覧』に一回だけ出現したために、ＪＩＳ第２水準に採用されたものである。加除式のこの資料をさかのぼって調べると、一九八三年八月に除去された頁に「咾分北《おとなぶんきた》」があり、出現が確かめられた。

「咾」は、出自と読みが異なる用例に富み、「おとな」のほか、北海道に「いかん」（→９頁）、山口県に「うば」と読む地名がある。それぞれがいかにもと感じられる訓義（国訓）である。山口県萩市大字弥富下《やどみしも》には「咾喰《うばくら》」があり、これは、「姥喰」だったものが、部首にいわゆる逆行同化が生じたものとの可能性が考えられる。「咾喰」には、読みに「おばくら・うばくら」があり、電話帳にも住所として掲載がある。「姥喰」とする資料もある。明治期の土地台帳では「姥喰」である（よねざわいずみ氏教示）。

「咾」は、『大漢和辞典』（大修館書店）では、中国・宋代の『集韻』から「声（聲）也」を引き、「こえ」という字義を載せている。

［笹原］

〈参考文献〉笹原宏之『方言漢字』

媼

おんば ⬇ うば 20頁

口部

噶

15画

カ（ガ）　＊カツ　＊カチ
ＪＩＳ第３水準

鹿児島県に見られる地域文字。国内ではもっぱら「吐噶喇《とから》列島」（鹿児島郡十島《としま》村）に関する固有名詞で使われる。

吐噶喇列島は鹿児島県南部に位置し、屋久島と奄美大島の間にある宝島など七つの有人島と五つの無人島からなる。『日本書紀』（七二〇）には「吐火羅」、「覩貨邏」の表記があるが、現在の吐噶喇列島との関係は見いだせないとされる。中国の地理書『中山伝信録《ちゅうざんでんしんろく》』（一七二一）に「土噶喇」が見える。国内では二十万分一輯製図《しゅうせいず》「中之島」（一八九〇）と五万分一地形図「平島」（一九五三）に「吐噶喇群島」、「主要自然地域名称図」（一九五四）で「吐噶喇列島」と表記された。「吐噶喇」の名の由来は、沖縄・奄美地方で沖の海原を意味する「トハラ」からという説や、宝島に乳房の形をした女神山があることから、アイヌ語で乳房の意を表す「トカプ」から、または宝島の「タカラ」によるとする説がある。

難解な漢字を使うため、地名としては「トカラ列島」と表記されることが多い。化粧品会社のノエビアは「トカラの海の贈りもの」と銘打ち、豊富なミネラルを含む吐噶喇列島の海水成分を配合したシャンプーやせっけん類を販売している。平成八（一九九六）年の発売時は商品名に「吐噶喇」の漢字を使用し、リニューアル時に片仮名に変更したが、平成一四（二〇〇二）年から平成一八（二〇〇六）年まで再び漢字表記になった。以後は「ｔｏｋａｒａ」「トカラ」と表記され、商品箱や容器に記載される説明文と地図に漢字表記が残る。意味をもたず、使用例が少ないことが、秘境の透明な海のイメージを醸し出す。

「噶」は中国でも「喀什噶爾《カシュガル》」（新疆ウイグル自治区）など地名に見られる。

［小林］

〈参考文献〉『角川日本地名大辞典』鹿児島県

か

石部

硴

12画

かき

JIS第2水準

主に山口県から大分県、福岡県、熊本県にかけて見られるほか、九州や近畿などの姓にも見られる地域文字。

「硴」を用いた地名は、近世に大分では、「硴江村《かきえむら》」「硴江」「大硴江」（唐橋世済《からはしせいさい》『豊後国志』巻五、『角川日本地名大辞典 大分県』など）があり、熊本でも「硴江《かきのえ》」（『角川日本地名大辞典 熊本県』）が存在した。また「豊前国《ぶぜんのくに》字小名取調帳」（『明治前期全国村名小字調査書』四所収影印）に豊前国上毛郡《こうげ》小犬丸村《こいぬまる》「硴打田《カキウチタ》」があるなど、明治初期には今の福岡県や大分県に当たる地域にも存在していた。大分の「硴江村」に関しては、「硴炭・硴江車海老」という名物があると、豊後国臼杵《うすき》（現・大分県臼杵市）の町人・加島英国《かしまひでくに》による『桜翁雑録』にある（『角川日本地名大辞典 大分県』）。

『角川日本地名大辞典』にはほかにも小地名として、山口県に「硴原北《かきわらきた》」「硴原南《かきわらみなみ》」「硴塚《かきづか》」、熊本県に「硴塚（かきつか・かきづか）」「硴瀬《かきぜ》」「硴本《かきのもと》」「硴道」などを収める。熊本県では、かつて干潟に発達していた牡蠣礁を指す地もある（規工川一九九五）。同県鏡町の「硴原（かきはら・かきわら）村」では実際に貝のカキが採れたという。

伊豆国（静岡県東部や伊豆半島）の地誌『増訂豆州志稿《ずしゅうしこう》』によると、静岡県下田市の「柿崎《かきさき》」は、「明暦三年（一六五七）、三島社上梁文、硴崎ニ作ル（硴ノ字、字書ニ不見。蓋《けだし》カキトヨム）」ものに由来するとも、越後の上杉謙信の部下柿崎和泉守が隠遁《いんとん》生活をしたことにちなむともいう。

貝のカキを表す中国の「牡蠣」は、日本では、石に付いた花、あるいはカキにある石のような斑紋を花に見たてたところから、室町期から「石花」と漢字二字で書かれるようになり（『下学集《かがくしゅう》』、文明本『節用集』）、虫偏を石偏にした「礪《かき》」（『出雲国風土記』など）という異表記の影響もあったか、それを江戸時代に合字にする者が現れ、「硴」と書かれるようになる。その一例として「蛎」を題とした横井野双の俳諧「柿も硴《カキ》も皆うみべたの類哉」（『時勢粧《いまようすがた》』）がある。この俳諧にある、海辺を意味する「うみべた」という語は、大分県の方言としても記録されているが（熊本県では「うんべちゃ」『日本国語大辞典』第二版））、この句を詠んだ横井野双は名古屋の人であり、俳諧にも「石花」の表記が見られることから、同時期に、地名と俳諧とで別々に合字化されたもの、つまり「暗合」という現象である可能性が高い。

「硴」はＪＩＳ漢字制定（一九七八年）の際に参照された行政管理庁（現・総務省）の『対応分析結果』（一九七四）によると、国土地理協会の一九七二年版『国土行政区画総覧』で五カ所での使用が確認されたために、ＪＩＳ第2水準に採用されたものである。加除式のこの資料をさかのぼって調べると、山口県に下関市彦島「硴崎町《かきざきちょう》」、大分県に臼杵市諏訪「硴江《かきえ》」、熊本県に八代《やつしろ》郡鏡町《かがみまち》（現・八代市鏡町）貝洲《かいず》通称「硴原《かきわら》」、同郡竜北村（現・氷川町）高塚通称「硴原《かきはら》」、下益城《しもましき》郡（現・熊本市南区）富合町《とみあいまち》「硴江《かきのえ》」とあり、その出現が確かめられた。

九州や近畿などで「硴崎《かきざき》」「硴田（かきた・かきだ）」「硴塚（かきつか・かきづか）」「硴野《かきの》」「硴原《かきはら》」「硴久《かきひさ》」「硴水《かきみず》」などの姓にもなっている。

熊本県天草市五和町《いつわまち》の「城木場（じょうきば・じょうのこば）」の地内中央にあった城木場城の城主は「硴《かき》久《ひさ》」姓を称し、室町後期の大永二（一五二二）年に硴久大膳大夫が当地に円覚寺を開いたと伝える（「円覚寺縁起」、『角川日本地名大辞典 熊本県』）。

「花」は、日本でしばしば造字の際に構成要素として用いられ、「硴」にも異系統の造字がなされていた。この「硴」という字を「ごうろ」「こ」に当てる小地名があり、それらは「かき」としての造字とは字体が偶然一致する「衝突」の例である。栗岩英治『信濃国地字略考』に「浦硴《うらごうろ》」は「石から《（ママ）》」が「ごろ〳〵」している地とあり、会意の造字と解することができる。滝澤主税《ちから》『明治初期長野県町村字地名大鑑』にも「兎硴《うさぎごうろ》」「大《おお》硴」「小《こ》硴」「高《たか》硴」「浦《うら》硴」「硴」「山《やま》硴」がある。また、『愛知県地名集覧』（日本地名学研究所）の「硴ケ場《こけば》」は形声による造字のようにも思われるが、現在は、「硴場《かきば》」（愛知県海部《あま》郡蟹江町《かにえちょう》西之森硴場）となっており、会意のように見える。

〔笹原〕

〈参考文献〉笹原宏之『国字の位相と展開』／菅原義三編『国字の字典』

椁

かく ⬇ かこい 36頁

土部

垳

8画

がけ　＊フ

JIS第2水準

福島県に見える地域文字。

福島市に大森字「垳《がけ》」、そのすぐ北東に太平寺字「垳屋敷《がけやしき》」がある（『角川日本地名大辞典 福島県』、『現代日本地名よみかた大辞典』、『国土行政区画総覧』一九八二年一一月の除去頁）。現地では、「垳町会」や「垳公園」の看板も設けられており、小さいながらも川が流れ、そこに小ぶりではあるが「がけ」のような斜面が見られる。電力会社による掲示などには、「拊」という誤記も用いられていた。

福島県歴史資料館所蔵の丈量帳や地籍帳、地籍図などによると、少なくとも明治初期から「垳」が見られる。『信達二郡《しんたつにぐん》村誌』は、大森地域の地名には「垳」を用いて「垳下《ガケノシタ》」「垳《ガケ》之下」「垳之上《ガケノウヘ》」「垳」とするが、太平寺地域では「垳屋敷《ガケヤシキ》」と「圻」（音はタク、「さける」の意）という漢字を当てている点が後述する「圻《キ》」との関連を示唆する。旧公図にも「圻」にも見える字形が記されたものがある（鈎持一幸氏教示）。

日本列島は、地形が起伏に富むため、「がけ」は大きな断崖から小さなものまで各地に無数に存在する。漢字の「崖《ガイ》」は「がけ」の意味をもっており、唐詩などに使用されていたが、和語（やまとことば）の「がけ／かけ」は、「懸《か》け道《じ》」（険しい道）の転といわれ、中世期に入ってからやっと文献上に現れた比較的新しい語である。語自体の出現が遅かったこともあって、室町期に至って注釈書『杜《と》詩《し》続翠抄《ぞくすいしょう》』（『続抄物資料集成』）に「崖」にこの「かけ」という訓読みが現れる。古くは「崖」は「きし」と読まれることの多い字だった（築島裕『訓点語彙集成』にある「崖」（〔カ〕ケ〔ケは存疑〕）も不確かな例である）。

訓漢字や定訓が決まらなかったこともあって、「がけ」には中世期から、「峪」「岨」「碊」など、それらしい意味や字面をもつさまざまな漢字が、中国の書物や辞書から見つけ出され、日本の物語や文書などを筆写する際に当てられた（笹原二〇〇六）。地名でも新たな語源意識もあって「欠（缺）」、「闕」が当てられることも起こった。「崖」が「がけ」という字訓

と「ガイ」という字音とともに常用漢字に入ったのも、平成二二（二〇一〇）年のことで新しい。

「崖」と同様に、「圻《キ》」にも「きし」や「がけ」の意味があり、中世には「かけ」として辞書に収められた。この形声文字は日本では音読みで使われることが比較的稀《まれ》で、また旁《つくり》に「斤《キン》」が使われている理由がはっきり認識できない人々もいたのであろう。「圻」から形が変わることは、中世や近世においては珍しくはなく、「訴」も言偏《ごんべん》に「斤」とも書かれ、「析」もまた「柝」と通じて用いられるのが通例であった。「坿」は、そうして「圻」の旁「斤」が「斥」へと姿を変え、さらに「付」へ変わって別の漢字となったものと考えられる。

「坿」の文献上での使用例は江戸初期にまでさかのぼり、慶長版『倭玉篇』に「カケ」と訓が付されている（『倭玉篇研究並びに索引』）。「坿」は、「いかだ」や「石英」といった意味しかもたなかったが、禅僧・鈴木正三《しょうさん》の言葉を弟子の恵中がまとめた版本『驢鞍橋《ろあんきょう》』（一六四八、早稲田大学図書館蔵・寛文九年版本ほか）に「坿《ガケ》ノ下《シタ》ヱ只落《タヾヲチ》テ」などとあり、「がけ」として使われている。これは、結果的に見ると中国の字体に対する日本での国訓となるが、歴史的な経緯を踏まえれば、辞書に出現した漢字「圻」の字体が崩し字などを介してこのように変化し、別の漢字の字体と衝突したものと考えることができる。これが地名になったものであろう。滝澤主税《ちから》『明治初期長野県町村字地名大鑑』に「下坿下《しもまました》」「中坿下《なかまました》」「上坿下《かみまました》」がある（→「圸」197頁、「墹」199頁、「壗」204頁）。

この「圻」の字体が変形したもう一つの結果が、埼玉県八潮市の「垳」（→次項）であると考えられる。これらの程度の字体の変化は、毛筆書きの時代にはさほど珍しいことではなかった。「崖」の字による表記が一般化し、大勢を占めるまでの間、「がけ」の漢字表記も、漢字の字体も、一定せずに揺れつづけており、日本語の漢字と表記の揺籃《ようらん》期の名残をとどめるのがこれらの「坿」と「垳」といえる。

［笹原］

〈参考文献〉笹原宏之『国字の位相と展開』、WEB「「崖」と「圻」と「坿」――時には漢字を見つめよう」『WASEDA ONLINE』

土部

垳

9画

がけ

JIS第2水準

埼玉県と東京都に見られる地域文字。

埼玉県八潮市にある「垳《がけ》」は全国唯一の地名。自然堤防上の集落として存し、地名は「みずかけ」「はけ」の転訛ともいう。「さかい（境）」の意ともいう。

八潮市と東京都足立区との境に、「がけ」のような斜面を川岸にもつ「垳川《がけがわ》」が流れる。かつて垳川やその近辺には「垳溜」「垳小溜井」「垳河岸」もあった。「土」と「行く」とで「がけ」というのは、感覚的に理解しやすく、会意文字だと感じ取れる点がこの字を定着させた要因であろう。地元ではガケ川が崖崩れを生じて地名となり、「「土を行かせ（盛り土し）て住むことから」となってこの字ができた」とされ（松永美吉『民俗地名語彙事典』ほか）、県や市も現在から三十年前にほぼ同様の見解を示し、地元の人々の間での伝承となっている。また、「垳」は客土すなわち他の地から運ばれてきた土の意で、「水で土が行（さ）る」との認識もあった。当地には「垳川排水機場」も設けられている。

垳地区にある常然寺には、延宝二（一六七四）年に造塔した「垳《がけ》の万人塔《まんにんとう》」と呼ばれる石塔もある（『角川日本地名大辞典 埼玉県』、『平凡社 日本歴史地名大系 埼玉県の地名』など）。この「垳の万人塔」には、延宝二（一六七四）年に「垳村」と刻まれている（八潮市教育委員会編『八潮の金石資料』〔昼間良次氏教示〕）。「垳稲荷神社」「垳町会」「垳消防団」「垳ふれあい会館」（公民館）「垳トンネル」（同名のバス停も）「垳川親水通り」なども見られる。

平成二四（二〇一二）年に八潮市が区画整理事業により、「垳」を含む地域の地名を「青葉」などに変える方針を打ち出したことから、地元住民を中心に「「垳」を守る会」が立ち上げられ、地名の保存活動が行われている。当地は方言漢字の意義を検討する方言漢字サミットが開催された地である。

「垳」はＪＩＳ漢字制定（一九七八年）の際に参照された行政管理庁（現・総務省）の『対応分析結果』（一九七四）によると、国土地理協会の一九七二年版『国土行政区画総覧』に一回だけ出現したためにＪＩＳ第２水準に採用されたものである。加除式のこの資料をさかのぼって調べると、一九七五年一〇月に除去された頁に、「埼玉県八潮市垳《がけ》」とあり、その出現が確かめられた。

ここでは、「垳」を「桁」や「行」という別の字で代用してしまった電信柱のＮＴＴの標示物や郵便局の掲示物も見受けられ、また現地の家々の表札には住所に「がけ」「ガケ」という仮名表記も目に付く。「桁《けた》」「土行」などの誤記、誤植、誤読も郵便物の宛名（ポテトチップメーカーの菊水堂など）ほかに見られる。

歴史的には、「垳」は元は「がけ」を意味する「圻《キ》」という漢字であった可能性が指摘できる。後述のように中世期の辞書にあるが、「圻」の旁《つくり》の「斤」の形態が不安定で、しばしば「斥」と混淆し、かつそこから字の意味をイメージしにくいことから、江戸期には旁を「付」とする「坿」（→31頁）を派生し、また埼玉辺りの地では民間でこうした字源の意識が生じて、「垳」へと字の形を変えたもののようである。「垳」は、「圻」ないし「坿」のいずれかに会意化が起こり生じた字体であろう（『日本書紀』の伝本でも、「泝」が「泭」と交替していた）。民間での字源意識は、方言漢字の使用を促進し、定着させる働きをもつこともある。『説文解字段注』にある「邊は垂崖を行く也（辺とは、遠くの果ての地に行くこと）」という文言が影響したとも想像される。

大原望「日本語を読むための漢字辞典　和製漢字の辞典二〇一四」（ＷＥＢサイト）に、戦国期の「『色葉《いろは》字類抄《じるいしょう》』（永禄八年写二巻本）に「土行　ツチクレ」とある。土塊《つちくれ》や岩がむき出しになった急傾斜地が崖《がけ》であるから、「土行」を合字して「垳」をつくり、「がけ」の意にしたものか。」とある解釈は、一種の俗解とみられる。また、鎌倉期に増補された「『伊呂波字類抄』（大東急記念文庫蔵十巻本）に「圻」と「垳」の中間的な字形で、「ヒハレタリ　ヒハル」とある。」というのは、ひびや割れ目が入るという語義と字体、他の書証から漢字の「拆《タク》」ないし「折《セツ》」と考えられる。

地名としても「垳」は、江戸期の一六一五年前後からあるといい、寛永四（一六二七）年の検地帳写し、正保《しょうほう》期（一六四四～一六四八）の田園簿、江戸中期の『元禄郷帳』、江戸後期の『天保郷帳』（ともに国立公文書館〔旧内閣文庫を含む〕蔵）や『新編武蔵風土記稿』に「圷村」と見える（「ガケ」と傍訓が見られる）。「浅草寺社書上参」、「浅草新鳥越町仰願寺書上」に「圷《ガケ》村」が見られることが江戸末から明治初年の稿本『奇字抄録』、『訓義抄録』（ともに『唐話辞書類集』所収稿本影印）に見える。

江戸末期の文人・斎藤月岑《げっしん》編『東都歳事記』（一八三八）に、「圷《ガケ》地蔵　同（山谷）　仰願寺」とある（崩し字から土偏を「古」と誤った本がある）。この地蔵の名の表記も、八潮の地名を用いたもので、江戸時代に圷地区から流れてきたという圷地蔵尊が現在も台東区の仰願寺《こうがんじ》に祀られている。仰願寺は元禄年間（一六八八〜一七〇四）に編纂《さん》された『江戸武蔵寺院由緒記』（『来迎山伝法院　仰願寺誌』第二版）に、元和九（一六二三）年に圷村に結ばれた草庵に由来すると記されている。圷地蔵尊は当地では「かけ地蔵」とも呼ばれ、願掛けの「かけ」からの愛称と認識されている（昼間良次氏教示）。幕府の地誌調所の『御府内寺社備考』では「圷村」とあるが、崩し字を見誤ったのか明治一〇（一八七七）年の「浄土宗明細簿」には、「蚚村」とある（同）。

江戸期には、圷に「圷の圷勝」という親分がいた（大矢一九八〇）。姓では「圷《がけ》」があるともいわれるほか「いけ」「いげ」などと読まれる。ＷＥＢ上では、「いげた」と読ませる「圷田」が、埼玉県の草加市辺りに姓として実在していることが複数の例から確かめられる。由来等については明らかでないが、漢字の「桁《けた》」が関わり生じたものかとも考えられ、「圷《がけ》」とは字体が偶然一致した「衝突」の例か、用法を派生させたものである。旁の「行」の訓読みに「いげ」を掛けているかとも思われる。「圷田」には「いけだ」「かけた」という読みもあるとも、すでに江戸時代に草加《そうか》市青柳《あおやぎ》にあったともいう。行田市の井桁家と「圷田」姓は関連する可能性がある（昼間良次氏教示）。ペンネームなどに用いる人もいる。

鎌倉前期の故事金言集『明文抄《めいぶんしょう》』（『続群書類従』収録）にある例は漢字の誤写。中国の江蘇省《こうそしょう》に「泥螺圷」、福建省にも「大圷圳」などの地名があるが（『南平県志』一八七二など）、当時日中間で伝播《でんぱ》の形跡がなく字体の衝突とみるべきである。杜詔『山東通志』（『欽定四庫全書本』）には人名で「謝圷　徳左衛人」もある。

「がけ（かけ）」という語が文献に出現するのは、鎌倉時代のことである。室町期の文明一六（一四八四）年に成立した『温故知新書』（『古辞書大系』影印）に

「嵴《カケ》 圻《同》」とあり、一字目の漢字「嵴」は「山脊（やまのせ）」という意味（『集韻』、『大漢和辞典』）、二字目の漢字「圻」には「へり、きし、はて、垠」という意味があり、「まま」という語の表記にも関わっていたものである。漢語に「石圻《せきき》」（石の岸の意）もある。表記が定まらない時期が長く続き、その間、日本各地に住む人々がそれを書き表すために工夫を重ねてきたことの表れといえる。

現在では、パソコンで、「がけ」を漢字変換すると、「崖」のほかに「垳」が変換候補として出てくることがある。「犀ヶ垳に陣する武田軍」というように、「がけ」で「垳」と漢字変換することが可能なソフトウェアによる「崖」の誤変換によると思われる使用のなされたページも見受けられる。

〔笹原〕

〈参考文献〉エツコ・オバタ・ライマン『日本人が作った漢字』／笹原宏之『国字の位相と展開』／昼間竹雄「浮塚・垳の史跡巡り」『八潮市郷土研究会紀要跡標』／大矢末吉「垳考」『八潮市郷土研究会紀要跡標』／遠藤忠「『垳』地名考」『全国地名保存連盟会報』／八潮市教育委員会編『八潮の金石資料』／みくまり・よつやな『八潮市垳の本　垳ときどき桁?』

木部

桍

10画

かこい　かく　＊セン
JIS第2水準

九州南部、主に熊本県、宮崎県、鹿児島県に多く見られる地域文字。しばしば「拵」とも書かれる。

熊本県には大字名《おおあざ》として八代《やつしろ》郡氷川町《ひかわちょう》「桍《かこい》」がある。『平凡社 日本歴史地名大系 熊本県の地名』では「拵村」と手偏の「拵」の形で立項され、隣接する八代市に中世に岡城の豪族屋敷があったことに由来するとしている。氷川町「桍」に隣接する八代市岡町小路《おかまちしょうじ》にも小字《こあざ》として字「桍下」がある。また葦北《あしきた》郡芦北町《あしきたまち》大字湯浦《ゆのうら》には字「桍」がある。集落の東側に野嶽城跡があり、『肥後国誌』野嶽城の項に「拵村ト云ハ城郭ノ拵ニテ諸士常ニ此所ニ居レリト云」とある。同町大字花岡に佐敷東《さしきひがし》の城跡があり、『平凡社 日本歴史地名大系 熊本県の地名』では「南西側の麓に拵とよぶ地があり、城主の日常いた場所と考えられる」と述べられている。現在は佐敷川に架かる「桍橋」にその名を残している。

下益城《しもましき》郡美里町中郡《なかごおり》には「桍」と呼ばれる集落があり、堅志田《かたしだ》城跡の北西にあたる（『角川日本地名大辞典 熊本県』）。

宮崎県には宮崎市高岡町内山に字「栫」がある。また都城市《みやこのじょう》山田町山田には「西栫《にしかこい》」と呼ばれる集落があり、西栫郵便局などの名前にも見える。

鹿児島県内には始良市《あいら》蒲生町漆《かもうちょううるし》字「栫野」、阿久根《あくね》市鶴川内《つるかわうち》字「栫ノ下《かこいのした》」、垂水《たるみず》市高城《たかじょう》字「城ノ栫《じょうのかこい》」など小字名として「栫」を含む地名が多く存在する。『川内市史』（現・薩摩川内市《さつませんだい》）では「栫」の字について「この地方に特殊」とし、市内にある「栫」を含む地名について、いずれもみはらしの利く高台であると述べられている。

いちき串木野《くしきの》市上名《かんみょう》「栫城跡」や霧島市横川町下ノ《よこがわちょうしもの》「栫遺跡」など文化史跡にも見られ、同市国分上井《こくぶうわい》の「平栫《ひらがこい》貝塚」に由来する「平栫式土器」、南さつま市加世田村原《かせだむらはら》にある国指定史跡「栫ノ原《かこいのはら》遺跡」に由来する「栫ノ原型石斧」などの用語にも使われている。

鹿児島県南九州市にある
栫山バス停留所

曽於《そお》郡大崎町永吉《おおさきちょうながよし》の字「栫谷」は「かくだに」と読む（『新版日本分県地図地名総覧２００６年版』）。地理院地図では「拵《かこい》谷《だん》」とされる。また、ウィキペディア「九州地方の難読地名一覧」など、同町に「栫段《かこいだん》」という地名があるとされるが、前掲の書籍には見えない。

霧島市牧園町万膳《まきぞのちょうまんぜん》には字「栫へ」があり、送り仮名から「こしらえ」と読むと思われる。

「栫」は山城の城下の集落を指す語とされ、柳田国男『地名の研究』（一九三六）は関東での根小屋・根古屋・寄居、中国以西での山下《さんげ》などと同様に捉え、肥後《ひご》での呼称として「栫」を挙げている。

若山（一九九九）は「栫」の出現には戦国期における領国の拡大に伴う合戦の激化が背景にあるとし、史料上に見える「栫」の使われ方として、①出城・付城（敵城攻略の拠点として築く前線基地）としての栫、②麓を取り込む惣構《そうがまえ》（城下を含めて城郭を取り囲んだ構造）的な性格の下栫、③曲輪《くるわ》として本丸を守る栫の三種類を挙げている。

かな表記「かこい（かこひ・かくひ）」の出現は応永七（一四〇〇）年、漢字「栫」は文明八（一四七六）年にさかのぼり、いずれも室町期の肥後国内に現れる。鶴嶋（二〇〇五）は「かこい」が坪付（田畑の所在や地積を記載した帳簿）に現れることから百姓の屋敷地を表した地名であったことを指摘し、その後戦国大名相良《さがら》氏が領域支配を進める中で「麓・下城・里城と同義ないし近い性格を有する城下地名としても使用されるようになった」と述べている。また、島津氏領国で城郭自体を「栫」と呼んでいることについて、領国下に広く分布するシラス台地上に屋敷を置くことができたことで城郭同様の防御性をもったためと推察している。

吉本（二〇〇五、二〇一五）は鹿児島県内の城名や地名に「栫」が多いことに着目し、城名や地名に見える「栫」の分布図を作成している。また室町期の肥後国内に出現した「カコイ」が薩摩《さつま》に伝播《でんぱ》し、さらに城館用語としての「栫」も肥後から薩摩・大隅《おおすみ》・日向《ひゅうが》に伝播したと想定し、「栫」が島津氏の家臣である上井《うわい》覚兼《かくけん》の記した『上井覚兼日記』のような島津氏方の記録にのみ見られることから「中世末の段階では島津氏側の認識のもとに「栫」があったことに他ならない」と述べている。

漢字「栫」は「柴《しば》でふさぐ」の意味。『新潮日本語漢字辞典』は別体として土偏の「⿰土存」を挙げる。鎌倉末期の観智院本『類聚名義抄《るいじゅみょうぎしょう》』に「拵」に「カコフ」とある。元禄四（一六九一）年に刊行された仮名遣いの手引書『初心仮名遣《しょしんかなづかい》』の「家」に関する言葉の仮名遣いを示す「家屋門」に「かこい　栫」とある。室町後期の国語辞書『伊京集』では「栫」に「コシラユル・セン・カコフ」の読みが挙げられ、他の古辞書にも城を構える際に「拵（栫）」の字が使われたことが示されている（高橋二〇〇〇、高橋・高橋二〇〇二）。一方、手偏の漢字「拵」の字義は「据える」「挿す」を意味し「こしらえる」とは対応しないが、乾（一九八八、二〇〇三）は平安時代に「なだめすかす、慰める、機嫌を取る」などの意味をもち「誘」の字が使用されていた「こしらえる（こしらふ）」が、中世に入って「作る、作り出す」意味をもったために、城などをつくることを意味する「栫（かこう）」から派生して漢字「拵」に対する国訓「こしらえる」が成立した説を挙げている。

姓に「栫《かこい》」「栫井《かこい》」などがあり、いずれも鹿児島県に多い。

〈参考文献〉森本一瑞『肥後国誌』下　［塚田］

嶝

かさ ➡ さこ 72頁

[門+屋]
かずき ⬇ かづき 40頁

石部
硨
12画
がためき　＊シャ
ＪＩＳ第３水準

新潟県佐渡市の地域文字。一般には珊瑚《さんご》礁にすむ二枚貝の「硨磲貝《しゃこがい》」に用いられることがあり、貝殻は装飾品として珍重されている。また、佐渡島に実在する難読地名にもなっているが、地元の佐渡島民にもほとんど知られていないのが実情である。それが佐渡市の旧真野町静平《まのまちしずだいら》地区にある「がためき」という地名である。

「硨《がためき》」は真野地区から南部の赤泊《あかどまり》地区へ向かう小佐渡山脈に所在する。近くにある西三川《にしみかわ》砂金山は、相川《あいかわ》金銀山（一六〇一年開山）よりも古く、平安末期（一二世紀）の『今昔物語』にも出てくる。この中に能登国（現・石川県北部）の鉄掘集団の長が佐渡国で金を掘るという説話があり、これが西三川での砂金採集であったといわれる。

1700年代後半の古地図

砂金採集は金を含む山を削り崩して、そこへ上流でためた水を一気に流して下流で金を採るという方法である。まずは金を含む山がどこにあるかを調べるので、「がためき」地区で石山を削り切り出したことと、何らかの関連がありそうに思える。

江戸期の古地図（一七五三年）には「がためき」（「た」は変体仮名）と仮名で書かれ、四軒ほどの百姓家が描かれており集落を成していた。一七〇〇年代後半の古地図には「硨」と漢字で書かれている。

「硨《がためき》」集落は、なだらかな傾斜地にあり、令和三（二〇二一）年の時点でまだ一軒の住居が存している。この住居に住んでいる古老の案内で、かつて家々があった細くて急坂の集落道を歩くと廃屋も残っていた。坂の上から上《かみ》、中《なか》、横《よこ》、下《しも》と各家を呼び、今は下《しも》の家だけが残った。

古老の話によれば、昔は山を削って石を切り出し馬で運び出していたという。石山のため杉の木も伸びないそうである。内田治一郎『佐渡国中方言集』によれば、「がためく」の意味は「(道等が悪くて車等が）ガタガタいう」とある。また、「硨《がためき》」集落は真野地区の古民謡に「がためきや三軒家《げんや》でも　住めば都だ　殿《と》な御座れ」とうたわれるほどの辺地で、古地図とも符合する。すなわち、石だらけの道を荷車が「がたがた」と「がためく」ので「がためき」と呼ばれたものであろう。

では、「𥓏」の文字がなぜ用いられたのか。古老の話の続きでは、学生の頃に「𥓏」を「𥕢」と縦方向に書いたら先生に修正されたという。縦方向に書く異体字は動用字といわれ、「峯」（峰）や「羣」（群）などの文字にも見られる。

一方、江戸元禄期の大淀三千風『日本行脚文集』（一六九〇）の紀行文には次のような記述がある。「眠蔵《めんぞう》猫は、地爐《すびつ》枕に喘息《あえぎ》の音のみ𥕢々《ごろ》と聞ゆ」。納戸の猫は囲炉裏《いろり》で横になって喘《あえ》ぎの音だけが「ごろごろ」と聞こえてくる、そんな情景である。とくに猫の鳴き声に「𥕢々」を当てたことが注目される。江戸期においては口語などを表記するために当て字などが多く行われ、世話字と呼ばれる。「𥕢」もまたそのたぐいである。

「𥓏《がためき》」は、このような俳諧文などに用いられた世話字の影響を受け、「𥕢」の文字から「𥓏」に変わったものと思われる。

〈参考文献〉山本修之助『佐渡の民謡』　［伊貝］

門部
䦨
17画

かづき　かつき　かずぎ
JIS第4水準

広島県の地域文字。

江戸時代の広島藩では、検地によって決定された石高を変更しない「村高《むらだか》不易の原則」があり、洪水などによって耕地が流失したり荒地になったりするなどで土地の石高が検地帳の石高に対して不足した場合、村内の農民がそれぞれの持ち分に比例して皆で負担しあう必要があった。この石高を「䦨（かつぎ・かづ［ず］き）高（冠高）」といった（菅原義三編『国字の字典』、青野一九七七、東広島郷土史研究会『東広島の歴史事典』）。「城䦨《しろをかづく》」と『武家節用集』（一六八一）にあり、関連が想起される。

高田郡（現・安芸高田市《あきたかたし》）の八千代町《やちよちょう》『八千代町史』では䦨高の制度について「慶安四年（一六一五《ママ》）から元禄一三年（一七〇〇）ごろまで続いたといわれている」とある。また、同じく高田郡の向原町《むかいはらちょう》による『向原町誌』に掲載されている保垣村《ほがき》（現・安芸高田市向原町保垣）の天明八（一七八八）年の御免割では村高四十九町九反八畝二歩のうち五町四反四歩が閨高とされる記述がある。

「閨」は石高以外にも用いられ、銀に関する「村閨銀」などの用例が安佐郡《あさ》（現・広島市）の安佐町による『安佐町史』に見られる。

通称地名として広島市安佐北区安佐町大字久地《くち》に「野閨（のかずき・のかづき）」があり、頼杏坪《らいきょうへい》らが編纂《さん》し文政八（一八二五）年に完成した広島藩の地誌『芸藩通志』巻四四の安芸国《あきのくに》沼田郡久地村図には国立公文書館蔵本では「ノカズキ」、広島図書館によって明治四〇（一九〇七）年から大正四（一九一五）年にかけて五分冊として刊行された『芸藩通志』では判読困難ながら「ノカヅキ」と読める文字が見える。また字「野閨」地内に「野閨神社」があるとされる（「国税庁法人番号公表サイト」法人番号1240005000524）ほか、同地の小字名に「上野閨《かみのかずき》」「下野閨《しものかずき》」がある。

ただし現在では「野閨」を「野冠」とする表記が主であり、公民館や橋の名前も「野冠」と表記されている。国土地理協会の『国土行政区画総覧』もこの地名を「野冠」としていた（佐藤一九八五）ため、同資料を典拠の一つとしていた昭和五三（一九七八）年に制定されたＪＩＳ漢字コード（JIS C 6226 - 1978）に「閨」が採録されることはなかった。『新版日本分県地図地名総覧２００６年版』でも表記は「野冠」であり、また国土地理院の二万五千分一地形図「飯室」での地名注記も平成一二（二〇〇〇）年に「野閨」から「野冠」に修正されているようである。

山県郡《やまがた》千代田町《ちよだちょう》（現・北広島町《きたひろしまちょう》）による『千代田町史の資料から』では、「閨」について「「閨」にはいろいろありますが、「川成」といって洪水などで田畠が流されてしまったため、その土地にかかる年貢をみんなで負担するのが、一番代表的な例です」とする。「野閨」は、広島県廿日市市《はつかいち》の冠山《かんむりやま》を源流とし広島湾に注ぐ一級河川の太田川が蛇行する山中にあり、洪水による影響を受けやすい地であったことに由来するものと思われる。

〈参考文献〉笹原宏之『日本の漢字』、『国字の位相と展開』

［塚田］

茨

かや ⬇ いばら 13頁

嵓

ガン　➡くら　51頁

耆

老部　10画

キ　ギ
JIS第2水準

鳥取県西部にある西伯《さいはく》郡伯耆町《ほうきちょう》のほか、秋田県から鹿児島県にかけての地名に見られる地域文字。主に「伯耆」の形で用いられる。

各県の地名は概ね以下の通り。

秋田県――横手市山内筏《さんないいかだ》字「伯耆沢《ほうきざわ》」、にかほ市象潟町《きさかたまち》字「伯耆平《ほうきひら》」

福島県――伊達《だて》市月舘町《つきだてまち》月舘字「伯耆畑《ほうきはた》」

千葉県――富津《ふっつ》市豊岡《とよおか》字「伯耆台」

新潟県――上越市三和《さんわ》区川浦字「伯耆田」

長野県――長野市信更町《しんこうまち》上尾《あげお》字「伯耆」、上田市真田町《さなだまち》長字「伯耆」

岐阜県――揖斐《いび》郡揖斐川町《いびがわちょう》北方《きたがた》字「伯耆海道」、同町小津《おづ》字「伯耆坂」

京都府――京都市伏見《ふしみ》区「伯耆町《ほうきちょう》」、福知山《ふくちやま》市字岡ノ小字「伯耆丸《ほうきまる》」、南丹《なんたん》市美山町《みやまちょう》長尾「伯耆」、同町高野「伯耆」

兵庫県――豊岡市但東町《たんとうちょう》栗尾字「伯耆崎」

鳥取県――西伯郡「伯耆町」

岡山県――赤磐《あかいわ》市戸津野《とつの》字「伯耆坂」、真庭《まにわ》市蒜山下長田《ひるぜんしもながた》字「西原伯耆渡」、苫田《とまた》郡鏡野町《かがみのちょう》真経《さねつね》字「伯耆谷」「伯耆谷口」「伯耆谷南」

広島県――広島市安芸《あき》区阿戸町《あとちょう》字「伯耆谷」「伯耆山」、山県郡北広島町大暮字「伯耆迫」

熊本県――宇土《うと》市恵塚町《えづかまち》字「伯耆ノ平」

鹿児島県――薩摩郡さつま町二渡《ふたわたり》字「伯耆ノ本」

令制国（日本のかつての地方行政区分）「伯耆国」の名称の由来について、江戸後期の『諸國名義考』では日本神話に登場する国生みの女神である伊邪那美命《いざなみのみこと》を出雲国との境である比婆山《ひばやま》に葬ったことから「母君の国」とする説、また風土記を引く文として稲田姫が八岐大蛇《やまたのおろち》に追われて山中に逃げ入った際、遅れた母に対して「母来ませ、母来ませ」と言ったことから「母来の国」となったものが「伯耆国」になったとする説を挙げる。

また伯耆町公式WEBサイトでは「ほうき」の語源について（諸説ありとしながら）「山脚が断崖となって水に落ちるところ」という説を挙げるが、こうした崖を意味する「ほうき」という小字名は鳥取県では東部因幡《いなば》地方に見えるものの、分布域が異なることから国名解明の手がかりとなる可能性は乏しいとされる（岩永一九七六）。

「伯耆」の形で現れない唯一の字《あざ》名に大分県中津市本耶馬渓町跡田《ほんやばけいまちあとだ》の字「耆山」がある。同町跡田にある曹洞宗總持寺《そうじじ》派の羅漢寺《らかんじ》の山号は「耆闍崛山《ぎじゃくっせん》」。この寺院は禅僧円龕昭覚《えんがんしょうがく》がインドの耆闍崛山に擬して暦応元（一三三八）年に開設したものである。

和歌山県の有田《ありだ》郡湯浅町《ゆあさちょう》湯浅には「那《な》耆《ぎ》大橋《おおはし》」がある。平安中期に成立した辞書『和名類聚抄《わみょうるいじゅしょう》』に「紀伊国在田郡奈郷」が見えるが、『和歌山県有田郡誌』は「和名抄に奈郷とあるは奈耆郷の誤なり」とし、『日本書紀』にある「紀伊国阿提郡那耆野」（現在の和歌山県有田郡の有田川下流域）に比定する。

また大分県の姓に「耆山（きやま・ぎやま）」がある。

漢字「耆」はキと読む場合は老人の意味。「蛯」（→23頁）参照。

［塚田］

檣

キ ⬇ じさ 79頁

砧

石部　10画

きぬた　＊チン
JIS第1水準

東京都に見える地域文字。古文などにも見られる（後述）。「碪」は異体字。

東京都世田谷区に「砧《きぬた》」があるが、地名としてはここにしかなく、現行の行政地名は砧一丁目から砧八丁目だけである。「砧公園」や東京メディアシティ（TMC）の「砧スタジオ」など施設名もここから来ている。

「砧」は、洗濯した布を石などでできた台に載せて、棒で打って柔らかくしたり光沢を出したりし、またアイロンのように皺《しわ》を伸ばす道具の名である。布だけではなく草などを打つこともあり、またそうした行為を指すこともある。語源は「キヌイタ」すな

わち「衣板」に由来するとされる。砧を打つ音は和歌にも詠まれた。漢文では文学作品に頻出し、「藁砧《こうちん》」（「わらきぬた」「藁を打つ砧」の意）、「砧杵《ちんしょ》」（「きぬたを打つきね」の意）などが見られる。

「砧」がなぜ世田谷で地名となったのかは、砧で叩《たた》いた布を多摩川の清流で晒《さら》して洗ったことと関連付ける話もあるが、はっきりしていない。近隣の調布市には「布田《ふだ》」「染地《そめち》」など、布の産地を思わせる地名もある。

このように「砧」は元は普通名詞を表す語と字であった。古典に出てきて、室町初期の申楽《さるがく》師・世阿弥《ぜあみ》の作った能の演目「砧《きぬた》」にもなっている。しかし、「砧」という物自体が日常生活から消え、理解語・理解字であっても、使用語・使用字としてはこの地名関連の用例が大半を占めるのが実情となっている。古文や漢文や時代小説などにあるから方言漢字ではない、と感じるのは、時代、位相などの異なるものを基準に据えたりそれらを互いに比較したりして判断をしているにすぎない。

「砧」という字の認知度には個人差が現れる。近隣の住民ならばなじみ深い字であろう。また少なくなってきたが漢詩文に通じた人ならば、よく見る字だと感じる。方言漢字というと直感的にはある地域での造字や特殊な文字と感じられがちだが、実は大抵の文字は、方言漢字としての性質つまり方言漢字性を帯びている。その性質には濃淡があるために気づかれにくいのである。

〔笹原〕

牛部

𤘩

8画

ぐし　ごし
JIS第4水準

沖縄県に見られる地域文字。

沖縄発祥の姓に「𤘩宮城《ぐしみやぎ》」（地元の読みは「ごしみやぐすく・ぐしみゃーぐしく・ぐしなーぐすく」）がある。「⿱巛牛」と略記することもあり、地域字種の地域字体とみなすこともできよう。

「𤘩宮城」はもともとは琉球王国時代（一四二九～一八七九）から豊見城間切《とみぐすくまぎり》（現・豊見城市）などに属する地名であり、後に小禄《おろく》間切に編入され、近世には村となった（現・那覇市小禄付近）。明治一三（一八八〇）年の『県統計概表』に「具志宮城村」と見える（『角川日本地名大辞典 沖縄県』）。清代（一七世紀）以降、中国側も記録している。現在は姓に残るのみである。糸満市の摩文仁《まぶに》の丘にある戦没者の慰霊碑にも刻まれていた。

語義も字義も明確ではないが、歴史学者・東恩納《ひがしおんな》寛惇《かんじゅん》は『南島風土記』（一九五〇）などで、検地帳の段階では単に「宮城」とあり、隣村の具志村と併称して「具志宮城」と称していただろうとし、方言の「グシ（具志）」に対して、「グーウシ」つまり番《つがい》の牛から「双」と「牛」が選ばれたとする。また、「⿱双牛」は「犨」（大きい牛の意とする）の略字だろうともみており、「讐」も「⿱双言」と略す例もあったように、「雙」を「双」と略す習慣が反映していることになるが、この漢字は突き出る意や牛の喘《あえ》ぎ声も表す点からも検討が必要である。

〔笹原〕

〈参考文献〉池宮正治『続・沖縄ことばの散歩道』／笹原宏之『方言漢字』

木部

椢

12画

くぬぎ
JIS第2水準

新潟県に見られる地域文字。

新発田《しばた》市に「三ツ椢《みつくぬぎ》」、阿賀野《あがの》市上飯塚《かみいいづか》に字「椢下《くぬぎした》」がある。

ブナ科の落葉高木の「クヌギ」には、全国各地でその形状や状態や来歴に基づき、「櫟」「椽」「櫪」「椚」「椢」「功力」「功刀」など、さまざまな漢字、国訓字、国字が当てられたが、「椢」はこの地域にしか見られない。

昔は「三ツ椢」にクヌギの木が多く生えていたといい、名前の由来とされる（『角川日本地名大辞典 新潟県』）。同地域には「三ツ椢公民館」があり、この集落の字《あざ》には「椢崎《くぬぎざき》」もある。明治期には「三椢小学校」もあった。

江戸時代の文書に「三椢村」とあるほか、江戸中期の『元禄郷帳』に「三椢村」「三椢村枝郷三椢新田」とあり、江戸後期の『天保郷帳』に引き継がれている（「三椢新田新田」が増えている）。

ほかに、新発田市にあった乗廻《のりまわし》村は、江戸前期の元禄五（一六九二）年に新発田藩の検地を受けたが、「中ノ目新田地内検地帳」（『乗廻区有文書』）に記載されている小《こ》字《あざ》に、「椡曽根」があった（『角川日本地名大辞典 新潟県』）。

江戸後期の文政七（一八二四）年に、越後に住む地理学者の小泉蒼軒《そうけん》が江戸にいる読本作者の滝沢馬琴《ばきん》にこの地名に使われた「椡」の字について質問を書簡で送った。小泉は以前から、文人の鈴木牧之《ぼくし》を仲介にして馬琴と文通を始めていた。馬琴は返信で、「椡」について「椚」に相当する「俗の造り字」「国字」であると回答した。

「椡」は、JIS漢字制定（一九七八年）の際に参照された行政管理庁（現・総務省）の『対応分析結果』（一九七四）によると、国土地理協会の一九七二年版『国土行政区画総覧』に一回だけ出現したために、JIS第2水準に採用されたものである。加除式のこの資料をさかのぼって調べると、一九七三年三月に除去された頁に「新潟県北蒲原郡三《み》ツ椡《くぬぎ》」があり、その出現が確かめられた。

「椡」は、旁《つくり》から「到《いた》る」、あるいは「倒れる」という字源が想像されるが明確でなく、現在は、「三ツ椡」の地にそれらしい木は生えていない（『新潟日報』二〇〇九年三月一九日）。『大漢和辞典』補巻（大修館書店）は、「到」は、ある目的地に行きつくことではなく、高くのぼり至る意とみて、地名とは別個に扱っている。丹羽基二『人名・地名の漢字学』は、クヌギはきり倒される木だからとみる。

姓にも「三椡《みつくぬぎ》」があるともいう。

なお、江戸前期の東北の思想家・安藤昌益《しょうえき》は、『私制字書』においてこの字体を挙げて、木を切って倒れる音を、「木」と「倒」から「椡《トン》」とする。地域性を帯びた個人文字といえる。

〔笹原〕

〈参考文献〉柴田光彦・神田正行編『馬琴書翰集成』／高橋実「越後小泉蒼軒宛馬琴書簡五通」『近世文芸』／菅原義三編『国字の字典』

頁部

頚

14画

くび　＊ケイ

JIS第1水準

新潟県に見られる地域文字（地域字体）。「頚」は「頸」の異体字にあたる。

現在、「頚」のつく大字レベル以上の地名は新潟県上越市《じょうえつ》「頚城区《くびき》」および福岡県大野城市《おおのじょう》「牛頸《うしくび》」の二つある。宮崎県児湯郡《こゆ》新富町《しんとみちょう》三納代《みなしろ》の宮之首《みやのくび》地区は以前「宮頸」と書かれるなど、「頸」がよりなじみのある「首」に書き換えられるケースは複数あるが、「首」も「頸（頚）」も字義は同様に頭と胴をつなぐ「クビ」である。福岡県の「牛頸」は、江戸前期の『筑前国続風土記』によると、付近の山が、牛が首を伸ばした形に似ていることから名づけられたという。

新潟県上越市頸城区の「頸城」は古代の頸城郡にさかのぼる。『越後頸城郡誌稿』（一九六九）によると、元は「久比岐」と書かれたものが、奈良時代の好字令（地名を良い意味をもつ漢字二字に改めるもの）で「頸城」とされたのではないかと考察されている。その由来は北陸の要衝の地であることから「クビ（頸）」が使われたとするが、楠原佑介など編『古代地名語源辞典』によると地名の由来には諸説ある。

頚城大野駅 駅舎入り口にある看板

奈良時代の「正倉院文書」や平安時代の「東南院文書」には「頸城郡」の文字が見え、その「頸」の字の左側は「至」の字に似た形で書かれており「頚」に近い。また筆写時期がさまざまな「越後古図」（堀健彦編『平安越後古図集成』）の各絵図には「頸城」「頚城」両方の表記がなされており、「頸」「頚」どちらの表記も古くからなされていた。頸城郡は明治一二（一八七九）年に西頸城郡、中頸城郡、東頸城郡に分かれたが、いずれも市町村合併により消滅した。うち中頸城郡頸城村が現在の上越市頸城区として名が残っている。

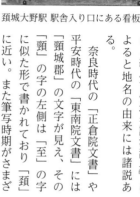

行政地名のほかにも、「頸城駒ヶ岳《くびきこまがたけ》」という山の名称をはじめ、「頸城」は広域名称として地域に根付いており、「頸」の字一字で地域を代表して「頸南《けいなん》」「西《せい》頸《けい》」などの表現が企業名に使用されるものもある。使用頻度が多いからか「頸」を、より筆画の少ない「頚」とする字が企業名などで使用されている。糸魚川市大野には大糸線「頸城大野駅」がある。駅の入り口にある看板には「頚城大野駅」とある。また上越市頸城区にある北越急行ほくほく線「くびき駅」のように仮名書きされることもある。

一方で、福岡県大野城市の「牛頸」については、郷土史書、施設名、石碑、手書きの文字に至るまで、実際に見かけるのは「頸」の字体ばかりである。地域の情報誌を見ると「牛頚」の用例が全くないわけではない。しかし、牛頸二丁目のバス停時刻表には「頚」の字の上に「頸」と書かれた紙を貼って訂正されている(二〇二三年一月時点)など、「頸」の字体を使おうとする意識が強いようだ。

構成要素の「巠」を「圣」と書くこと自体は「頸城」や「頸」の字に特殊なことではなく、頸城郡以外の史料や、「經《けい》／経」、「輕《けい》／軽」など共通の構成要素をもつ字でも見られることである。医学用語では「頸部《けいぶ》」「脛骨《けいこつ》」という用語を「頚部」「胫骨」とする書き方があり、一部の医学用語集で採用されている。「頸／頚」に似た例として、同じ新潟県では「潟」の字を「泻」と略する書き方が一部で見られる。

［西嶋］

〈参考文献〉笹原宏之『日本の漢字』

山部
峅
8画
くら　ベン
JIS第2水準

主に富山県に見られる地域文字。

中古以来の立山信仰の中で生まれた造字の一つ。山岳信仰の特殊性を強調するために創作された漢字と考えられている(『越中立山古記録』一九八九)。信徒に信奉される立山において育まれてきたものなので、位相文字(集団文字、場面文字)としての性質も兼備している。

字体としては、字のバランスをよくするために「、」(捨て点・咎《とが》なし点)が旁《つくり》の「弁」の右下に加えられることもしばしばあり、姓にも用いられている。近世には漢字の「岍」とも書かれた。

中新川《なかにいかわ》郡立山町に「芦峅寺《あしくらじ》」「岩峅寺《いわくらじ》」がある。「岩峅寺」の近くに「岩峅野《いわくらの》」もあり、施設名に富山地方鉄道の「岩峅寺駅」や「岩峅公民館」などがある。

「芦峅《あしくら》」は、越中国新川郡(現・富山県中新川郡)の立山山麓、常願寺川《じょうがんじがわ》流域の地の所名である。近世まで立山仲宮寺(中宮寺)があり(芦峅寺とも呼ばれた)、岩峅寺などとともに、一山(寺院の総称)としての衆徒組織を成し、立山の霊場に籠《こ》もって修行する立山禅定の基地として栄えた(『越中立山古記録』)。近世には「芦峅(寺)村」のようにも書かれ、明治(一八六八〜)初年には神仏分離政策に応じてことさらに「寺」を外して表記することもあった。芦峅寺、岩峅寺を合わせて「両峅」と呼ぶことが近代以降ある。

一方の「岩峅」は加賀藩第二代藩主・前田利長が、江戸前期の元禄一五（一七〇二）年、立山寺と称していたものを岩峅村の村名にちなんで岩峅寺と改称したという。当地の立山地主神の刀尾《たちお》天神の縁起に天の磐座から手力雄命《たぢからおのみこと》が降臨鎮座した地であることから「岩峅」というとする古伝や、大宝元（七〇一）年、慈興上人《じこうしょうにん》の立山開基から岩峅（寺）というようになったという伝承は誤りである（『越中志徴』、『角川日本地名大辞典 富山県』）。

地名用語としての「くら」は、神の座あるいは谷というくらいの意で、古くから各地で用いられた。富山では「くら」「倉」「蔵」と書かれることも起きた。富山市にある「立蔵《たちくら》神社」「立山瀧倉大明神」の「くら」も同義とされる。

「峅」は「崩」の字に「峅」を書いたという説は否定されており、崖や谷、岩場を意味するともいう（『角川日本地名大辞典 富山県』ほか）。「峅」を当てた地名は、中古、中世から記録に現れる。辞書では鎌倉期に増補された辞書である十巻本『伊呂波字類抄《いろはじるいしょう》』（大東急記念文庫本）に現れた「葦峅（岎）寺」「岩峅寺」が最古の用例となっている（「峅」「﨑」に作る本もある）。同時代中期に成立した一種の百科事典『拾芥抄《しゅうがいしょう》』（慶長年間版）に「立山　芦（葦）崎（﨑）寺　越中国」と見える。この「崎」は「峅」の誤記であろう（『富山県史』中、『角川日本地名大辞典 富山県』）。

これらの文書に見える最古の用例は室町期（一三五三年）で「葦峅寺」と山偏に「并」と書かれている。のちの明治期の『難訓辞典』もこの字体で「船峅」とする。「峅」は中国・清代の『康熙字典《こうき》』（一七一六）にはない。漢字には「駢」など「并」を含み「ベン」と読む字があり、かつ「并」と「弁《ベン》」と字形も似るために通じたのだろう。「弁」は「冠《かんむり》、はやい、おそれる、打つ」といった意味をもつ字であり、かんむりの意から、または手を打つ、別《わ》けるから旁《つくり》に用いたとする解釈もあるが（『大漢和辞典』補巻、『難姓・難地名事典』、『人名・地名の漢字学』など）、江戸中期の図説百科事典『和漢三才図会《わかんさんさいずえ》』が不明とするように造字の発想・意図は未詳である。「弁」は山神への供物台の形、「菩薩」の抄物《しょうもつ》書き（略字）である「卄」に由来するなどの説もある。

さらに、室町時代の『義経物語』巻七（『赤木文庫本義経物語』）に「あしくらいはくら」、戦国期の天文一六（一五四七）年の文書に「葦峅媼御本器」（『富山県史』中、『角川日本地名大辞典 富山県』→「媼」20頁）とも見える。

そのほかの資料に、「葦峅堂」（「椎名順成寄進状」一四五三）、「岩峅」（「鹿王院文書」一三八四）、「船峅山」（万里《までの》小路時房《こうじときふさ》『建内記』一四四四）などとある。

「弁」は古くから同音の「辨」の代用とされたために「⿱艹辨」「⿰山辨」という字を用いた「立山（芦峅媼堂）大縁起」（一七七九など）もあり、立山町に位置する針の山のようにそびえる剱岳《つるぎ》（劔岳、剣岳）と同様に、偉容と威厳を字画の多い字体で表現しようとした意図が感じられよう。他の地域の人には「蘆（芦）辨坊」と共通漢字で記すものがあった。

芦峅川は先述した常願寺川上流部の称で、岩峅川（岩蔵川、岩くら川とも）、立山川、三途川ともいった。

富山県の神通川右岸の段丘上の台地一帯にある富山市（旧・上新川《かみにいかわ》郡大沢野町《おおさわのまち》）「舟倉《ふなくら》」は「船峅」とも書く。船峅寺郷《ふなくらじ》一六カ村の集落の本郷で、舟倉野南部の総称であった。地名の起こりは不詳であるが、南面の立山信仰と関係の深い船峅山から地名となったと思われる。

「船峅」の初見は鎌倉後期の正安三（一三〇一）年である。「高野山御影堂御物目録」に「越中国船崎（峅）山住聖範」とある（「高野山《こうやさん》文書《もんじょ》」『大日本古文書』）。さらに中世から近世の文書に「船峅寺」や「船峅山」が見られる。室町期には船峅山泰隆寺（現・帝龍寺）が延暦寺に訴訟を行っている記録がある（万里小路時房『建内記』）。江戸期から明治二二（一八八九）年には「舟倉村」と見える。（『角川日本地名大辞典 富山県』、『平凡社 日本歴史地名大系 富山県の地名』）。「船峅山帝龍寺」は「せんべんざんいりゅうじ」と音読みをする。

このほか、富山市坂本にも、舟倉村に由来する「船峅《ふなくら》」地区があり、地区内に「船峅小学校」、「船峅地区公民館」、「船峅保育所」などがある。姉倉姫《あねくらひめ》神社のある「船倉」の旧字名《あざめい》は「船峅」であった。中新川郡立山町大窪に字「石峅《いしくら》」がある（昭和五十三年建設省告示１５２３号、『立山町史 別冊』小字名一覧〔塚田雅樹氏教示〕）。

石川県の能登半島にも中世以前の『白山記《しらやまのき》』に「高峅」（現在の高倉彦神社）が見え、「高峅　能登鈴雲津白山」とあった（『白山記攷證』、広瀬一九八四）。

「峅」はJIS漢字制定（一九七八年）の際に参照された行政管理庁（現・総務省）の『対応分析結果』（一九七四）によると、国土地理協会の一九七二年版『国土行政区画総覧』に二回出現したために、JIS第2水準に採用されたものである。加除式のこの資料をさかのぼって調べると、一九八〇年三月に除去された頁に「富山県上新川郡大沢野町二松・坂本船峅」とあり、これは郵便局・役場支所・小学校の名となっていたが、地名は「舟倉《ふなくら》」「舟倉新《ふなくらしん》」と「倉」であった。ほかに、同頁に「船峅村を廃し《ママ》」と現れ、「富山県中新川郡立山町岩峅寺《いわくらじ》」「岩峅郵便局・小学校」とある。さらに同頁には「富山県中新川郡立山町芦峅寺《あしくらじ》」もあり、当時の『国土行政区画総覧』には、少なく数えても三カ所の掲出が確かめられた。

「岩峅《いわくら》」（字体は「峅」も）姓もあり、新聞などに見られる。

なお『奥民図彙《おうみんずい》』（国立公文書館［旧内閣文庫を含む］蔵）上に「鍋峅」という名所が記録されている。

［笹原］

〈参考文献〉笹原宏之『国字の位相と展開』、「京都の「天橋立」を表す日本製漢字の展開と背景――「[illegible]」「[illegible]」を中心に」『日本語文字論の挑戦　表記・文字・文献を考えるための17章』／立山町『立山町史』／富山県立山博物館「立山の地母神おんばさま」／木本秀樹「立山信仰関係用語用字覚書――「峅」と「嫗」」『富山県［立山博物館］研究紀要』

桜

くら ⬇ たら 117頁

嵓

山部　12画

くら（ぐら）　いわ　ガン

JIS第3水準

青森県から島根県にかけて本州・四国の広い範囲に見られる地域文字。

漢字「嵓」は「岩」「巖」の古字「嵒」の異体字。中国・明代の字書『字彙』（一六一五）、『正字通』（序文一六八〇）が「嵓」を「嵒に同じ」とする。「嵓」の下部の「品」は岩の形を示していると考えられる。

地名では音読み「ガン」のほか「いわ」「くら」「ぐら」と読まれ、日本各地の山にこの文字をもつ自然地名が多い。「くら」は各地で広く断崖や大きな岩を表す言葉（→「峅」48頁）。

奈良県吉野郡上北山村《かみきたやま》と三重県多気郡《たき》大台町《おおだいちょう》にまたがる大台ヶ原《おおだいがはら》には台地の南側に「千石嵓《せんごくぐら》」「蒸籠嵓《せいろぐら》」「大蛇嵓《だいじゃぐら》」と呼ばれる大岩壁があり、大蛇嵓は蛇の背のような形状をなす。三重県側、大台ヶ原の北東にある宮川源流部の大杉谷には「平等嵓《びょうどうぐら》」「大日嵓《だいにちぐら》」と呼ばれる一〇〇メートルを超える岩壁群があり、近畿中国森林管理局のWEBサイトでは「嵓」を「けわしく切り立った大きな岩」の意味としている。また宮川ダムの下流には「天狗嵓《てんぐぐら》」があり、「天狗嵓橋」と書いて「てんぐらばし」と読む橋が和歌山県田辺市にある。

群馬県利根郡《とね》みなかみ町と新潟県南魚沼郡《みなみうおぬま》湯沢町《ゆざわまち》の県境にある谷川岳（標高一九七七メートル）を中心とした長野県〜福島県の範囲にも「嵓」の字をもつ自然地名が多く現れる。谷川岳の群馬県側には「爼嵓《まないたぐら》」と呼ばれる尾根があり、また福島県南会津郡檜枝岐村《ひのえまた》の燧ヶ岳《ひうちがたけ》（標高二三五六メートル）には「柴安嵓《しばやすぐら》」と「爼《まないた》嵓《ぐら》」と呼ばれるピークがあるが、地理院地図では谷川岳と燧ヶ岳で「まないた」の字の偏の形が異なっている。

燧ヶ岳の西には群馬県利根郡片品村《かたしな》と新潟県魚沼市の境に与作岳《よさくだけ》（標高一九三三メートル）があり、別名を「松嵓高山《まつくらたかやま》」という。松嵓高山の新潟県側には沢の名前として「松嵓沢《まつくらさわ》」「巻嵓沢《まきくらさわ》」があるほか、群馬県には「幽嵓沢《ゆうくらさわ》」「オキノ嵓沢《くらさわ》」もある。新潟県中魚沼郡津南町《つなんまち》には「逆巻の大嵓《おおくら》」と呼ばれる屏風岩《びょうぶいわ》があるが、地理院地図では「嵓」に「いわ」のルビが振られている。また津南町に接する長野県下水内郡《しもみのち》栄村《さかえ》の高倉山には「箱嵓沢《はこいわさわ》」がある。「嵓」を「いわ」と読む自然地名には福島県耶麻郡《やま》猪苗代町《いなわしろまち》の「日向嵓《ひなたいわ》」もある。

青森県むつ市には標高七二六メートルの「嵓倉山《がんくらやま》」があり、また南西に福浦川に合流する「嵓倉沢《がんくらさわ》」が流れる。

愛媛県宇和島市の滑床渓谷《なめとこ》には「大嵓《おおくら》の滝」があり、冬には氷瀑《ひょうばく》となることもある。

島根県大田市には急峻な崖による天然の要害となっている標高百五三メートルの「竜嵓山《りゅうがんざん》」があり、その頂上には石見城跡があることで知られる。

また、地名用例として、『角川日本地名大辞典 和歌山県』の小字一覧および和歌山県西牟婁郡《にしむろ》白浜町《しらはまちょう》水道事業の給水区域として「嵓屋峠《いわやとうげ》」「嵓上《がんじょう》」、『山口県地名明細書』に山口県志佐村「仏嵓《ほとけいわ》」（現・大島郡周防大島町《すおうおおしまちょう》大字志佐《しさ》）などが見えるが、「嵒」は地名には見えない。

神社名として岡山県苫田郡《とまた》鏡野町《かがみのちょう》養野《ようの》の「泉嵓《いずみいわ》神社」、和歌山県日高郡印南町《いなみちょう》古井の「嵓上《いわがみ》神社」がある。

姓に「嵓栖《いわす》」、「嵓渕《いわぶち》」などがある。

〔塚田〕

〈参考文献〉WEB「白浜町上水道事業水質検査計画書令和2年度」／WEB「泉いわ神社」『岡山県神社庁』／WEB「嵓上神社《いわがみじんじゃ》」『和歌山県神社庁』／笹原宏之『方言漢字』

衣部

畩

11画

けさ

JIS第2水準

鹿児島県に見られる地域文字。

「畩」は、仏教の僧侶がまとう「袈裟《けさ》」の意であり、音に基づく字訓といえる。江戸期から薩摩で地名、人名に用いられた。「田」が僧侶の袈裟やそこにある「卍」という紋様を表すという象形説もあり、袈裟のことを「田相衣《でんそうえ》」「福田衣（ふくでんえ・ふくでんね）」などというところから「田」「衣」を縦に書いて合字となって「〓」が生じ、また「畩」となったとみられる。

大隅半島北部にある曽於市《そお》（旧・囎唹郡《そお》）末吉町《すえよしちょう》深川の小字に「畩ケ山《けさがやま》」がある（同名のバス停名もある）。袈裟のような山容からの名（丹羽基二「おもしろ珍姓・難姓・奇姓百科」）ともいう。そこから姓の「畩ケ山」が生じたとされるが、この地名は、姓とともに残っている。菅原義三編『国字の字典』は逆の話を引く。

「畩」はJIS漢字制定（一九七八年）の際に参照された行政管理庁（現・総務省）の『対応分析結果』（一九七四）によると、国土地理協会の一九七二年版『国土行政区画総覧』に一回だけ出現したために、JIS第2水準に採用されたものである。加除式のこの資料をさかのぼって調べると、一九九四年一月に除去された頁に「鹿児島県曽於郡財部町南俣　通称畩ケ山《けさがやま》」があり、その出現が確かめられた。

「畩」は、中国だけでなく日本の古文献にも見られないが、大隅《おおすみ》半島中央部の鹿屋《かのや》地域では、「畩」を名前に用いる命名習慣があっ

た。新生児がへその緒を首にからませて生まれてきた状態を僧侶がまとう袈裟に見立て、仏の加護があると信じて「けさ」と呼び、「畩《けさ》」を男女を問わず命名に用いる「けさな」という習俗があったのである（『旅と伝説』五―一、柳田国男『産育習俗語彙』。↓「襃」22頁。「襃」［いや・ほろ］なども関連する）。江戸中期の国学者・小野高尚《たかひさ》は『夏山雑談』五において「西国辺には女の名」に「袈裟千代《けさちよ》」「袈裟亀《けさかめ》」などがあり、「古きことは辺土にのこりたり」と述べている。

　西南戦争の際に、西郷隆盛の輿《こし》持ちだった大内山平畩《ひらげさ》がいた。鹿児島県出身で京セラや第二電電（現・ＫＤＤＩ）の創設者・稲盛《いなもり》和夫（一九三二～二〇二二）の父は稲盛畩市《けさいち》である。

　戦後になって、命名の漢字が制限されるようになると、宮崎県の戸籍事務担当者たちから人名用漢字に「畩」を追加するよう要望が提出され、審議された。しかし、人名用漢字に採用されることはなく、新生児の命名に「畩」が新たには用いられなくなった。

　福井県小浜《おばま》市若狭《わかさ》の小字《こあざ》に「畩上」、鹿児島県大島郡伊仙町大字伊仙に字「畩野」があるが、読みは不明である（『角川日本地名大辞典 福井県』、登記記録［塚田雅樹氏教示］）。

［笹原］

〈参考文献〉比留間直和 WEB「朝日字体の時代24」『ことばマガジン　朝日新聞デジタル』

鯱

コ　↓しゃち　87頁

梠

木部　11画

こうろ　ころ　ろぎ　ロ

ＪＩＳ第2水準

福岡県、宮崎県、富山県などに見られる地域文字。福岡県に飯塚《いいづか》市馬敷《ましき》字「梠木《こうろぎ》」、宮崎県に東臼杵《うすき》郡美郷町北郷入下《みさとちょうきたごうにゅうした》字「奥梠《おくろ》」がある。同町北郷宇納間《うなま》に「奥梠《おくろ》橋」がある。

　「梠」はＪＩＳ漢字制定（一九七八年）の際に参照された行政管理庁（現・総務省）の『対応分析結果』（一九七四）によると、国土地理協会の一九七二年版『国土行政区画総覧』に一回出現したために、ＪＩＳ第2水準に採用されたものである。加除式のこの資料をさかのぼって調べると、一九九四年九月に除去された頁に鹿児島県「奥梠《おくろ》」があり、その出現が確かめられた（後に削除された）。「徳宿額梠」という人名も収められていた。

「梠」は中国最古の字書『説文解字』（一〇〇年成立）などにあり、音はリョ・ロ、「ひさしの端の横木」の意である。古く「棉梠（読みは「のきすけ」）」とも使われた。日本では「こまい」（垂木の上に渡した細長い材の意）という国訓が生じ、室町中期の辞書『下学集《かがくしゅう》』では転写のうちに「梠」が「榀」へと変わっていった（「榀」は樹木の「シナ」を表す別系統の形声の国字でもある。地名としては青森県に「松ノ木ノ内榀ノ木川原」などがある）。その後、「梠」には細くて短い薪材の「ころ」（「木呂」を当てた）を表すという合字の用法も生じた。

また越中（現・富山県）では、山から川に流す薪材「ころ」に「木呂」や「梠」を当て、「梠山」のように用いた（広瀬一九八四）。

富山県には富山市婦中町麦島《ふちゅうまちむぎじま》字「梠場《ころば》」がある。梠場は「川で木材を流送する場」の意。柳田国男は原義を「清ら庭」かと推測する。「木梠《ころ》」とも書く。「梠場」は姓になっている。

簡易な構成要素から成るだけに、用法もさまざまなものがある。樹木の「棕櫚《しゅろ》」を略して「棕梠」としばしば書いたほか、宮崎県や熊本県では「興梠」と書いて「こうろぎ（き）」と読む姓が多く（声優の「こおろぎさとみ」〔本名は興梠姓〕など）、近世から見られる。元は「興呂木」という当て字だったものが、二字に縮約するために「呂木」を合字化させたものか。興梠姓の「興」にはさまざまな異体字がある。先掲の福岡県飯塚市の地名「梠木」は、これが玉突きを起こしたように読みがずれた小地名である。「興」は書きにくいために異体字で書かれることも多く、「奥」と混同するケースも生じた。「興」に木偏を加えた同化字体も見られる。

『角川日本地名大辞典』愛媛県に「梠ノ下」、同長崎県に「梭梠山」、同鹿児島県に「棕梠木元」という小《こ》字《あざ》が見られる。いずれも読みは不明であるが、後者は上述した「棕櫚」を略して「棕梠」とした例であろう。

〔笹原〕

〈参考文献〉／WEB「稀少地名漢字リスト」福岡県、宮崎県／柳田国男『地名の研究』

翆

ごし⬇ぐし　44頁

土部

埖

10画

ごみ
JIS第2水準

青森県、岩手県に見られる地域文字。

青森県に三戸《さんのへ》郡南部町《なんぶちょう》「埖渡《ごみわたり》」があり、同名の小字《こあざ》もある（『新版青森県地名辞典』）。岩手県に遠野市宮守町下鱒沢字《みやもりちょうしもますざわ》「埖淵《ごみぶち》」がある。「埖」は会意による国字とする辞書等もあるが、「塵」（ごみやほこり、ちりの意）の崩し字に由来する「荎」という日本製の字体の上下の各要素がバランスをとって偏と旁《つくり》に配置されたものである可能性が考えられる。ごみやくずを表す「芥」の変化形がほこりやちりを表す「埃」と混淆した可能性も考えうる。

「埖」はJIS漢字制定（一九七八年）の際に参照された行政管理庁（現・総務省）の『対応分析結果』（一九七四）によると、国土地理協会の一九七二年版『国土行政区画総覧』に一回出現したためにJIS第2水準に採用されたものである。加除式のこの資料をさかのぼって調べると、一九七三年八月に除去された頁に「青森県三戸郡福地村埖渡」があり、その出現が確かめられた。そこには小学校名としても印刷されていた。

「埖渡」はまず江戸中期の「元禄一〇年高帳」に見える（『角川日本地名大辞典 青森県』）。堀江秀雄編『国字改良論纂』（一九〇二）、井上頼圀等編『難訓辞典』（一九〇七）など、戦前よりしばしば難字を使った地名として紹介されてきた。吉田東伍は『増補大日本地名辞書』で、「埖渡」について「埖字疑ふべし、ゴミに仮りしなれば、埃の譌か」、また慶長一八（一六一三）年の証文にある「糀沢」が「埖渡と渉るなきか」と述べる。近世から村名として現れ、明治九（一八七六）年に埖渡村内に糀木、杉ノ沢、埖渡三村連合の埖渡小学校が開校し、昭和五九（一九八四）年まで存続していた。現在は路線バス「埖渡線」が通り、バス停「埖渡」がある。「埖渡地区農村公園」もある。

「埖渡」という地名は、渡し船に乗り降りするときに、挨拶して渡ったことから、「挨渡《あいわた》し」と呼ばれていたものが変化して「埃渡し」となり、それが現在の「埖渡」になったという説が菅原義三編『国字の字典』に引かれ、また「垝《キ》」（壊れる、崩れるの意）などの漢字を崩したものを再び楷書化してできた字とみる説も大原望「日本語を読むための漢字辞典　和製漢字の辞典二〇一四」（WEBサイト）に唱えられた。「埖」は植物のグミを表す字として用いられていることによるとの地元の人の話（ただしグミとしての用例は見つからない）が池田証壽《しょうじゅ》「JISの地名字（1）」（WEBサイト）上に見られる。

岩手県には遠野市の「埖淵」のほか、岩手郡滝沢村大釜《おおがま》字「埖溜《ごみたま》リ」が『角川日本地名大辞典 岩手県』に見える。平成五（一九九三）年の滝沢村公民館からの回答によると、泥がたまっていたり、ごみが風に吹かれてきてたまったところからという。南部藩（盛岡藩）で使われていたこの「埖溜」は、平成二四（二〇一二）年に土地の所有者から印象が悪い由の陳情を受けて滝沢村議会で取り上げられ、平成二六年一月一日の市制移行に際し、滝沢市「大釜大清水東《おおしみずひがし》」へと変更され、「埖溜」は消滅した。「ごみ」は、地名用語としては埃や塵芥の意ではないと解され、湿地帯、砂地、砂礫《されき》地などの意ともいう（『日本語大辞典』第二版）。『大漢和辞典』補巻は、散る花のような土、ほこりの意味を表すと解する。

姓にも「埖渡《ごみわた》」があるともいう。

シンガーソングライターの悒《ゆう》うつぼの「埖《ごみ》」（二〇二〇年リリース）という曲名に転用されるなど、WEB上では変換機能を利用したさまざまな新しい用例が生み出されている。　［笹原］

〈参考文献〉笹原宏之『方言漢字』

木部

［土＋養］

18画

こやし

島根県、鳥取県に見られる地域文字。

江戸中期に、松江藩（藩庁は現・島根県松江市に所在）、鳥取藩においては、肥料、飼料、燃料、屋根葺《やねふき》材料などにするための草を刈る採草地（草刈場・肥山《こやま》）を「［土＋養］草山《くさやま》」「［土＋養］シ草山」「［土＋養］山」と記している。「［土＋養］」で「こやし」「こえ」を表した（農林省山林局編『日本林制史資料』、『日本経済史辞典』、『日本史用語大辞典』など）。この「［土＋養］」は、『くずし字解読辞典　普及版』にも収められている。明治二〇（一八八七）年の官報（大蔵省印刷局編）に鳥取県の「［土＋養］草山」が見えるように明治期までは使用が続いた。

秋田藩出身の思想家・安藤昌益《しょうえき》（一七〇三～一七六二）

は、江戸中期に成立した稿本『自然真営道』の「私法世物語巻」において、「⿰土養《こやし》」（字形は右上の部分がやや異なる）を使用している。同稿本の関東大震災で焼失した分が転写されていた『真斎謾筆』医方ノ部（地）にも見られる（『安藤昌益全集』一五）。

「⿰土養」は、土の養分とも土を養う（もの）とも解されるが、肥えた土といった意味をもつ漢字「壌（壤）（ジョウ・ジャウ）」の異体字、または「襄」と「養」との置換による会意化、あるいは熟語の「肥養」「糞養」などが素地となった混淆等による字体であったとも考えうる。昌益の使用例と松江藩や鳥取藩の例とは、字体だけでなく用法までが偶然一致する「暗合」の現象が生じた可能性がある。安藤昌益は『統道真伝』巻五では「食」や「喰」を、『甘味ノ諸薬・自然ノ気行』（『安藤昌益全集』一六下所収写本影印）では「⿱艹食」を「コヤシ」と読んで用いている。「こやし」には各地でさまざまな漢字が用いられた。

なお、「法⿰土養」で「ホウヨウ」と読まれる江戸時代の僧侶の名があるが（国文学研究資料館編『古典籍総合目録』二、三）、これは異なる漢字が偶然同じ字体となる「衝突」の現象であろうか。

〔笹原〕

〈参考文献〉笹原宏之『国字の位相と展開』

魚部

鮴

17画

ごり　こり

ＪＩＳ第２水準

主に石川県に見られる地域文字（地域訓・地域用法）。

「鮴」は淡水魚の「ゴリ」を表す。漢字では「⿰魚巠」。ゴリが川底で休んでいるように感じた人が造った会意文字だろう。金沢市では郷土料理には欠かせない「カジカ」、滋賀県の琵琶湖では「ヨシノボリ」を指すなど地域差がある。昭和に入ると、『文藝春秋』昭和一五年一一月号に「北陸地方では鰍《かじか》のことを鮴と呼んでゐる」との指摘がある。石川県では看板や佃煮など土産物の包装でもこの字を見かける。

「鮴」は江戸時代から各地で見られるが、辞書では、安土桃山期の易林本《えきりんぼん》『節用集』や江戸初期から中期にかけての『書言字考節用集』、『節用集大全』、山本格安《かくあん》『和字正俗通《わじせいぞくつう》』などに「ごり」として掲載された。江戸後期の方言辞書『物類称呼《ぶつるいしょうこ》』にも記載がある。

江戸初期の俳人・松江重頼《しげより》が著した俳諧論書

『毛吹草《けふきぐさ》』（一六四五）に、加賀の名物として「浅野川鮴」が収められ、俳句に詠まれている。江戸中期の加賀藩の料理人である舟木伝内《でんない》の『料理無言抄』（国立国会図書館蔵写本、能登印刷出版部二〇一六）では、「ゴリ」に「鮴」（「浅野川鮴ハ諸国江（へ）聞ヘタル名物也」など）を用いる一方、「メバル」は「字不知」とする。
また江戸後期に、大坂の町人学者・木村孔恭《こうきょう》がまとめた『日本山海名産図会《ずえ》』（一七九九）には「鮴《ごり》」は「山城加茂川の名産」とし、「鮴押《ごりおし》」などと並んで、「加賀浅野川之鮴捕《ごりとり》」と見える。明治前期の歌川広重《うたがわひろしげ》三代の「浅野川鮴捕《ゴリトリ》」（『日本地誌略図・加賀国』一八七六ごろ）はその様子を描いている。同時期の橋爪貫一『日本物産字引』（一八七五）には、能登の「鮴《コリ》」とある。濁点の無表記であろうが、「コリ」と読むこともある。

地名では、『石川県江沼《えぬま》郡誌』（一九二五）は、江沼郡山中町《やまなかまち》（現・加賀市山中温泉）の西約三〇〇メートルに「鮴ヶ滝」があり、絶壁に藤が茂り三メートル余の滝が落ちる、古来この淵に大鰻《うなぎ》がすむと伝えている（「鮴」に読み仮名なし。『平凡社 日本歴史地名大系 石川県の地名』では「鮴《ごり》ヶ淵」とする）。小字名に「鮴田《ごりた》」もある（『角川日本地名大辞典 石川県』）。石川県には「鮴《ごり》」姓もある。

他の地では、秋田県の八郎潟《はちろうがた》（八竜湖）でも、江戸末期の村役人・鈴木重孝《しげたか》による地誌『絹篩《きぬぶるい》』に「瀬鮴《セゴリ》 グヅの子」「鮴鰕《ゴリ》 海老ともあり」とある。

福井県の地名に「鮴江《ごりえ》」がある（『武生《たけふ》市史《し》 資料編 小字名一覧』）。富山県には「鮴谷《ごりや》」姓もある。「鮴」が加賀を中心とする日本海側で定着していた様子がうかがえよう。

「鮴」がパソコンなどの電子機器できちんと入力できるのは、「鮴」を「めばる」と読む広島県の地名「鮴崎《めばるざき》」があったためで、その地名から「鮴」はＪＩＳ第２水準に採用されたものである（→「鮴《めばる》」212頁）。

川底で休んでいるゴリは、力を入れて捕まえないといけない。そこから強引に何かをすることを「ゴリ押し」と呼ぶようになったという説がある。そこから「鮴押し」と書く。こちらは辞書に載るばかりか、全国的に用いられているので、地域性を感じにくい人も増えている。

〔笹原〕

〈参考文献〉笹原宏之『謎の漢字』／丹羽基二『人名・地名の漢字学』

梠

ころ ⬇ こうろ 54頁

匝

サイ ⬇ ソウ 99頁

埼

土部　11画

さい　さき（ざき）　＊キ
JIS第1水準

主に埼玉県の県名に用いられる地域文字。全国的に知られる漢字だが、用例と使用範囲が限定的である。「埼」は陸地が海や湖などに突きだした地形を意味し、「崎」「岬」と同義である。

　県名の由来である「埼玉《さいたま》郡」の最古の例は文書では、神亀三（七二六）年に作成された「山背国《やましろのくに》愛宕《おだぎ》郡雲下里計帳《うんげのさとけいちょう》」（「正倉院文書」）であり、和銅二（七〇九）年の条に「武蔵国前玉郡《さきたまのこおり》」と確認できる。他には、平城京跡から発掘された木簡の「武蔵国策覃《さくたん》郡」が埼玉郡であるという説もあり、この場合には霊亀三（七一七）年が初見となる。現在の表記につながるものとしては、延暦一六（七九七）年の『続日本紀』において、

天平五（七三三）年六月条に「武蔵国埼玉郡」を確認できる。

　地名の「埼玉《さきたま》」は現在の行田《ぎょうだ》市大字埼玉《さきたま》にある前玉《さきたま》神社が由来といわれている。時代は下り、明治維新後の廃藩置県により、明治四（一八七一）年一一月一四日に埼玉県が成立する。当時、管轄区域の中で埼玉郡が最も広かったので、「埼玉」が県の名称とされた。当初、県庁は埼玉《さいたま》郡岩槻《いわつき》町（現・さいたま市岩槻区）に予定されたが、適当な庁舎の地が得られないことから、足立《あだち》郡浦和《うらわ》宿（現・さいたま市浦和区）にある旧浦和県（廃藩置県を経て埼玉県となる）の庁舎が使われた。なお、当時の埼玉県は荒川以東であり、現在の三分の一の範囲である。その後、二度の合併を経て、明治九（一八七六）年に現在の県域と重なる埼玉県が成立する。

　この間、文献や文書類では、郡名を表す埼玉《さいたま》の「埼」の箇所には「前」、「崎」、「騎」、「寄」、「嵜」、「奇」、「策」が当てられることがあり、表記の揺れが確認できる。他方で、平安時代の承平年間（九三一～九三八）

に成立したとされる我が国最古の分類体の辞書である『和名類聚抄《わみょうるいじゅしょう》』では、郡名・郷名に含まれる「サキ」には「崎」が一つもなく「埼」ばかりである。たとえば、「宮埼」（現・宮崎《みやざき》）、「国埼」（現・国東《くにさき》〔大分県〕）や「城埼」（現・城崎《きのさき》〔兵庫県〕）が確認できる。

現在の埼玉県行田市大字埼玉《さきたま》は、明治二二（一八八九）年から昭和二九（一九五四）年まで、埼玉《さいたま》県北埼玉《さいたま》郡埼玉《さきたま》村大字埼玉《さきたま》であった。昭和二九（一九五四）年、北埼玉郡埼玉《さきたま》村は行田市に合併した。

埼玉《さいたま》県の「埼」の読みは「さき」の「き」から子音の「k」が脱落して「イ」の音になる「イ音便」が起きたものである。そのため、パソコンやスマホで「さい」と入力し漢字変換してもたいてい「埼」は出てこない。そのせいもあってか「埼玉県」は県名でありながら、全国的には正しく書かれないことも多い。埼玉県と東京都を結ぶ「JR埼京《さいきょう》線」や、埼玉県内の東部地区を「埼葛《さいかつ》（葛）」（南埼玉《さいたま》郡、および北葛飾《かつしか》郡の区域）と呼称する用例がある。

平成二二（二〇一〇）年、国の文化審議会国語分科会は県名のために「埼」を常用漢字に追加した。それ以前には、法務省が平成一六（二〇〇四）年に人名用漢字に加えている。

古来、「埼」と書くこともあった。字種、読み、字義のほか字体にも地域色が表れており、県内では「大」の部分を「ス」と略記する人が見られる（神奈川県民の「奈」も同様）。一方、県外では「崎」と誤記する人が少なくない。

「埼」の異体字「埼」は、明治期以前の地図・文書類の大半に見られる。いつごろから「埼」に変わったか判然としないが、写真集や記録写真で確認する限り、戦後しばらくは異体字「埼」が主流のようである。しかし、一九六〇年代からコンピューターの開発が進み、ワープロ文字では大半が「埼」に切り替わっている。

なお、現在の埼玉県庁舎、および埼玉県議会議事堂の玄関口に掲げられる看板は、手書きされたものを金属製プレートにしたものだが、どちらも異体字「埼」が使われている。正確に把握できないが、昭和二五（一九五〇）年ごろに制作されたものと考えられる。改定「常用漢字表」（二〇一〇）では、「崎」とは異体字ではなく、別の字種と扱われている。

埼玉県議会議事堂の看板

「埼」が市町村で用いられる例としては、国の特別史跡・吉野ケ里《よしのがり》遺跡で有名な佐賀県「神埼《かんざき》市」がある。古代律令制以来の神埼《かんざき》郡に由来し、「平成の大合併」により神埼町《かんざきまち》、千代田町《ちよだちょう》、および脊振《せふり》村の三町村が平成一八（二〇〇六）年に合併し、神埼市が誕生した。「神埼」の原義は、神埼郡に皇室領荘園「神埼荘」の総鎮守・櫛田宮《くしだぐう》があるところから、「神社の鎮座する地の前《さき》」という意味とされる。地元には『肥前国風土記』に基づく景行天皇の巡幸にまつわる伝承がある。同地において、中世に「神崎」と表記されていたが、江戸時代になり「神埼」に正したとされる（『平凡社日本歴史地名大系 佐賀県の地名』）。地元では「埼」を表すのに方言を用いて「アゲツチ（土偏）の『埼《さき》』」と説明することがある。

新潟県には平成一二（二〇〇〇）年まで西蒲原《にしかんばら》郡「黒埼《くろさき》町」が存在したが、翌年一月に新潟市と合併し、黒埼町は同市西区の一部となり、「黒埼地区」と呼称される。「黒埼」は北陸自動車道のパーキングエリアやインターチェンジにその名を残している。そもそもは、明治三四（一九〇一）年に板井《いたい》村、木場《きば》村、黒鳥《くろとり》村、金巻《かなまき》村、鳥原《とっぱら》村の五カ村が合併して黒埼《くろさき》村が発足した。この村名の由来は、同地の内水面に突き出た岬状の地形から名付けられたといわれる。深い漢学の知識をもつ有力者の発案といわれ、「崎」ではなく「埼」の字が用いられた。昔、「黒埼郷」と呼ばれていたとされるが、古代・中世以来「黒埼郷」という地名が書かれた文書や地図は発見されていない。

市区町村より小さい地区の名では、栃木県那須塩原《なすしおばら》市大字「埼玉《さきたま》」がある。明治一四（一八八一）年に埼玉県の有力者・中村孫兵衛、吉田市十郎、長谷川敬助、稲村貫一郎ら九人が官有原野に入植し農場を開いた。それまでこの地には地名がなかったという。明治二二（一八八九）年から大字《おおあざ》名として「埼玉《さきたま》開墾」となり、大正二（一九一三）年から「埼玉《さきたま》」に改称された。現在、同地には那須塩原市立埼玉《さきたま》小学校がある。なお、平成一七（二〇〇五）年、それまでの黒磯《くろいそ》市、西那須《にしなす》野《の》町、塩原《しおばら》町の合併により那須塩原市が誕生したが、大字埼玉《さきたま》は旧黒磯市域にある。

千葉県には銚子《ちょうし》市「犬吠埼《いぬぼうさき》」がある。同地は昭和一二（一九三七）年に銚子市と高神《たかがみ》村が合併し、翌年六月に地名改称が施行された。合併前は海上《かいじょう》郡高神村字犬吠《いぬぼう》であった。それまでの地図を確認すると、千葉県最東端、銚子半島東端に突出した岬を「犬吠岬」や「犬坊埼」と記している。千葉県立銚子商業高等学校校歌（相馬御風作詞、東儀鉄笛作曲）は明治四四（一九一二）年に制定されたが、歌詞の一番には「激しきさまを続けつつ犬吠岬は見よ立てり」とある。

令和二（二〇二〇）年に国の重要文化財に指定された犬吠埼灯台は、明治七（一八七四）年に点灯された。灯台を管理する海上保安庁では、灯台の名称だけではなく、同庁が刊行する海図や水路誌等の水路図誌に記載されている地名について、岬状の地形には土偏の「埼」を用いている。土偏の「埼」は、陸地（平地）が水部へ突出したところを表現し、山偏の「崎」は本来の意味として山の様子の険しいことをいい、平野の中に突出した「山地の鼻」（先端）等をいう、との主張である。そのため、海図等で地名に「埼」を使用していることから灯台の名称も「崎」ではなく「埼」となっている。たとえば、伊豆半島最南端の石廊埼《いろうざき》灯台は「石廊崎」に立つが、海図では「石廊埼」に位置するので「埼」である。

戦前は、海軍が海図を、陸軍が地形図を刊行していた。当時、地名については、それぞれの独自の調査に基づいて、海図と地形図に記載していたため、両図には異なる地名が記載されている場合があった。昭和三五（一九六〇）年に海図と地形図発行のそれぞれの後継機関である海上保安庁と国土地理院とが「地名等の統一に関する連絡協議会」を発足させ、海図と地形図の地名の統一を図ることとした。しかし、いまだに岬状の地形については、地名の記載は海図と地形図で異なったままであり、海図では「埼」とし、地形図では「崎」である。銚子市犬吠埼は地名そのものが後から作られたので、灯台名と地形図上の地名が合致する希少な例である。

日本で最初の海図は明治五（一八七二）年に刊行されている。明治時代の海軍が刊行する海図から土偏の「埼」を使用しているが、漢字の意味からも地形がわかることによる採用である。明治八（一八七五）年ごろに「埼」に統一するとの意思決定をしたと見られるその後徐々に切り替えが進んで定着したと推測され、（中嶋一九八八）。島根県の日御碕《ひのみさき》（出雲市）、鳥取県の赤碕（八橋郡琴浦町）は「碕」を用いる。　［昼間］

〈参考文献〉埼玉県教育委員会編『埼玉県史料叢書二一　埼玉新聞社撮影戦後報道写真　フィルムの中の埼玉　一九四七―一九六四』／遠藤忠監修『写真アルバム　草加・八潮・三郷の昭和』／埼玉県立文書館「近代埼玉地誌遊覧――彩りのマップ&ガイド」／埼玉県編『新編埼玉県史資料編四　古代2』、『新編埼玉県史図録』／黒埼町編『黒埼百年――村をおこし町をつくっ

さ

た人々のものがたり』」／楠原佑介他編『古代地名語源辞典』／吉田東伍『増補 大日本地名辞書 坂東』、『増補 大日本地名辞書 西国』／八潮市立資料館編「第四一回企画展 明治一五〇年記念展示二 近代日本の成立と八潮」

阜部

𨺉

11画

サイ（ザイ）　さえ（ざえ）
JIS第4水準

長崎県に見られる地域文字。「𨺉」とも書く。

地名用例は対馬市のみに見え、市内に百カ所以上存在する。多く「○○𨺉」の形で現れ、上対馬町河内《かみつしままちかわち》の「横𨺉《よこざえ》」「𨺉ノ山《さいのやま》」、厳原町椎根《いづはらまちしいね》の「鬼ケ𨺉《おにがさえ》」「鹿ノ𨺉《しかのさい》」「黒ケ𨺉《くろがえざい》」、豊玉町卯麦《とよたままちうむぎ》の「卯麦𨺉《うむぎざえ》」「家ノ𨺉《いえのさえ》」などがある（『角川日本地名大辞典 長崎県』小字一覧）。

「𨺉」の意味は「袋地になった谷間」（『新潮日本語漢字辞典』、『新対馬島誌』）、「山懐・狭い谷間」（堀井二〇〇一）、「谷間の平地」（菅原義三編『国字の字典』）などとされる。近藤（一九五二）は「対馬では山の主脈をソネと言い、支脈をクマと言い、クマに挟まれる谷間をサエと言う」と述べ、長野県内を流れる犀《さい》川や奈良県桜井市を流れる狭井《さい》川などとの関連を挙げている。

「コフノ𨺉《さえ》遺跡」（対馬市上対馬町）や「浜ノ𨺉川（読みは「はまのさえがわ」か）」（同）などの遺跡名や河川名にも現れる。

［塚田］

禾部

穝

17画

サイ
JIS第3水準

岡山県に見られる地域文字。

岡山市中区に「穝《さい》」「穝東町《さいひがしまち》」がある。同区には中島字「穝村境」（塚田雅樹氏教示）もある。「穝」は、音読みで「形声」式の比較的稀《まれ》なタイプの国字であり、地名ではここでしか使われていない。バス停名に「穝東町一丁目」がある。明治期には「穝所小学校」もあった。

この地名は「穝」のほか、「在所」「財」「斎」などとも記された。戦国期の永禄七（一五六四）年のものかと推定される年月日未詳の某書状写（『萩藩閥閲録《ばつえつろく》』）に「備前穝所表之儀出来候」とある（『角川日本地名大辞典 岡山県』）。江戸時代になると、初期の慶長一〇（一六〇五）年の「備前国高物成《ものなり》帳」に「在所村」、後期の『東備《とうび》郡村誌』に「財村」とする（菅原義三編『国字の字典』）。このほかに「斎村」という漢字表記も経て「穝村」となる（『吉備温故』、『岡山地名事典』など）。

　この地では古くから「穝」の字が「税」と通じていたことは、戦国期の証文である永禄二（一五五九）年六月一三日の「浦友沽券《こけん》」（『岡山県古文書集』二）にうかがえる。「花尻之九郎左衛門□（前カ）正穝（税）方五斗分也」を直銭五百文で祝師宮松殿に売り渡しているという記録がある（『角川日本地名大辞典 岡山県』）。

「穝」は現在の岡山市街地北東部にある龍ノ口山《たつのくちさん》に山城を築いた穝所《さいしょ》氏による地名とされる。穝所氏は古代吉備の豪族上道《かみつみち》氏の支族財田《たからだ》氏が当地に居住して名乗ったとも伝える。戦国時代の武将に穝所職経《さいしょもとつね》がいた。

「穝所」は室町時代からの姓で、国衙《こくが》において租税や官物の管理を行う官職の「税所《さいしょ》」に関連するとみられる。穝所氏の屋敷村であった地は字「穝所屋敷」という。ほかにも小字「穝所」がある。姓には、「穝《さい》」もあるともいう。「税所」は今も姓に残っている。「最所」で「さいしょ」と読ませる姓の読みやすさと「税所」による字義の表出とを求めたものが「穝」という可能性もある。江戸時代に岡山藩士は「穝所」を「才所」と表記していたという伝承もある（『日本姓氏語源辞典』）。

「穝」はＪＩＳ漢字制定（一九七八年）の際に、第２水準漢字への採用が予定されていたが、制定の作業途中に転記ミスが起こって、木偏に「最」と書く、既存の辞書にあるがめったに使われない「樶」（木の節《ふし》を表す）が誤って第２水準に採用されてしまった。国土地理協会の『国土行政区画総覧』の五十音索引には「さい　樶　岡山・岡山市」とあったが（鈒持一幸氏教示）、これが影響したか否かは未詳である。

　その後、ミスの指摘を受けて、「穝」は平成二（一九九〇）年に制定されたＪＩＳ補助漢字に収録された。平成一二（二〇〇〇）年には作業ミス等で漏れてしまった字を補完すべくＪＩＳ第３水準漢字が制定されて、改めて「穝」が採用された。

「穝」地区は住宅街で、住民の人口は二千六百人を超え、真新しいコーポの名前としても、あちこちで掲げられていて、生活に溶け込んだ文字となっている。ときに木偏の「樶」（「撮」なども）となった表示もあり、いわばＪＩＳの誤字への先祖返りである。その

「穝」に一画書き加えたり、横書きで「禾最」と二文字にして表すなどさまざまな表記が現地で確認できた。

「穝」は中国・遼代（九一六～一一二五）の字書『龍龕手鏡《りゅうがんしゅきょう》（鑑）』（九九七年成立）、金代（一一一五～一二三四）の『新修玉篇《ぎょくへん》』（『新修絫《るい》音引証群籍玉篇』）や『篇海《へんかい》』（『五音類聚四声篇』）などに「撮」の音義で（おそらくはその異体字として）収められていたが、字体が偶然同じとなった「衝突」の例であろう。『中華字海』（一九九四）にも「音左　義未詳。見朝鮮本《龍龕》」としかなく、中国では用例と意味の伝承が失われている。

［笹原］

〈参考文献〉笹原宏之『方言漢字』

阜部

阪

7画

さか　ハン

JIS第1水準

大阪府と三重県などに集中的に見られる地域文字。「阪」は、「坂」ともと異体字で、とくに区別なく用いられており、戦前は普通名詞の「さか」に「阪」を用いる例も見られた。

JR大阪駅の表示

昭和五六（一九八一）年に制定された常用漢字表に当用漢字表を受け継いで「坂」が採用されていたが「阪」はなく、平成二二（二〇一〇）年の改定で「阪」も追加された。都道府県名に使われている漢字をすべて常用漢字表に含める方針によるもので、「阪」は各地で用いられてはいるが、「大阪府」のための採用であった。大字《おおあざ》以下の地名では宮城～沖縄に存在する。

古く「浪速《なには〔わ〕》」（「難波」「浪花」「浪華」など）の地は、戦国期以前は「小坂」や「尾坂（をさか・をざか）」と呼ばれていた。戦国期の僧・蓮如《れんにょ》上人による明応五（一四九六）年の手紙（御文《おふみ》、御文章）に「大坂」と表記した写本があるほか、明応七（一四九八）年に記した自筆の和歌の草稿に「大さか」も見つかった（なお、「逢坂」は滋賀の地名）。「小」より「大」のほうが縁起がよいと考えたためとの話も伝えられている。

江戸時代には「大坂」と書かれることが多かったが、「大阪」と書くこともあり（諺語辞典『譬喩尽《たとえづくし》』や道標など）、次第に増えていった。幕末の狂言作者である浜松歌国《はままつうたくに》の随筆『摂陽落穂集《せつようおちぼしゅう》』（一八〇八）に、「坂」では「土に返る」を連想させるので縁起が悪いという話が見られる。また明治維新による廃藩置県（一八七一年）より前の慶応四（一八六八）年に大阪府となり、公印が作られた。大阪府が設置された際、「坂」では不平士族の「士が反《そむ》く」と読めることから避けられ、縁起を担いで「阪」が選ばれたという話も広まっている。

実際には、一八六八年に篆書《てんしょ》（漢字の秦代［紀元前三世紀］ごろの書体）で公印を作成する際に、「阪」は、中国最古の字書『説文解字《せつもんかいじ》』（一〇〇年成立）に見られる古い字体で、篆書の書体の例がしっかりとあるのに対して、「坂」は、六朝《りくちょう》時代（二二二〜五八九）以降の字体なので、「阪」を公式な字体として認定したという説に説得力がある（伊吹一九七九。「栃」にも公印に関わる話がある→「栃」130頁）。

「大阪」が府の名前に決まったことを受けて「大阪府」という表記が増えていくとともに、大阪近辺では姓でも「阪田《さかた》」「阪本《さかもと》」「西阪（にしざか・にしさか）」のように「阪」という字がよく選ばれた。大阪と神戸を合わせて「阪神」、京都、大阪、奈良を合わせて「京阪奈《けいはんな》」とするほか社名の「阪急」など、大阪を端的に表現しかつ象徴する字となった。プロ野球では阪神タイガースを「神」、阪急ブレーブス（一九四七〜一九八八年）を「急」と略すが、各々を「阪」とすることもある。

江戸時代には「おおざか」という連濁形も行われていたが、中古・中世以来、一部に見られた濁音を嫌う意識が一般に広まって清《す》む語形が定着したという可能性も考える必要がある。

三重県の市である「松阪」（読みは「まつさか」が正式。「まっさか・まっつぁか・まつざか」とも）は、「松坂」とも書かれていたが、大阪府に合わせて「松阪」と決めた。各地で、普通名詞と固有名詞の「阪」が「坂」に代わる傾向に反した現象といえる。松阪で広く使用されている方言が京阪式アクセントによるものであり、文化圏も大阪に近いことがうかがえる。したがって名産の和牛は、「松阪牛《まつさかうし》」だが、関東では百貨店の「松坂屋」などの影響もあって、しばしば「松坂牛」と書かれる（読みも、「まつざかぎゅう」となりがちである）。

こうしたことから、現代では二字目にくる「坂」は連濁により「ザカ」、同じく「阪」は「サカ」と発音されるという傾向が指摘できる。さらに芸名や社名などでは、これらの字が一字目にくることが多いが、それらではしばしば音読みとなり、「坂東」（「阪東」より多い）は「バン」、「阪大」「阪神」「阪急」「阪堺《はんかい》電車」は「ハン」というように清濁が逆転する。大阪府池田市にある「阪大坂《はんだいざか》」のように共存する例も現れている。例外となる「阪東」は、芸名や社名を除き姓では近畿に多い。

「大坂」は江戸時代以前、「大阪」は明治以後の「ŌSAKA」（このローマ字表記も揺れている）を表すという用法も教科書や一般の書籍や試験などで常識化しており、その用法が守られた刊行物が多い。実際には例外も多かった。『尋常小学読本（国定読本）』も第一期（一九〇四～一九〇六年）はまだ、「大坂府」としていた。「嵯峨」に同じ語源の地名もあるという。

なお、「大坂」姓は大阪発祥のものもあるが、北海道など各地で多い。

［笹原］

〈参考文献〉宮本又次『上方と坂東』／若一光司『大阪地名の由来を歩く』

埼　さき ⬇ さい 60頁

水部　沺　8画

さこ　＊デン　＊テン
JIS第2水準

香川県などに見られる地域文字。

「さこ」は谷の意。鎌倉後期の語源辞書『名語記《みょうごき》』巻六に「山ノハサマヲサコトナツク」「タニノ義ニ同歟《か》」とある。方言としては西日本に広く分布する。「さこ」には「𡋽」、「峪」、「逧」（↓次項）、「迫」、「嵾」などを当てる地もある。

三豊《みとよ》市高瀬町下勝間《たかせちょうしもかつま》に通称町名の「沺《さこ》」があり、沺自治会もある。島根県江津市桜江町今田に「沺屋谷川」（読みは「さこやたにがわ」か）がある。

「沺」はJIS漢字制定（一九七八年）の際に参照された行政管理庁（現・総務省）の『対応分析結果』（一九七四）によると、国土地理協会の一九七二年版『国土行政区画総覧』に一回だけ出現したために、JIS第2水準に採用されたものである。加除式のこの資料をさかのぼって調べると、一九七八年八月に除去された頁に同地の「沺寺《さこてら》」があり、出現が確かめられた。

法務省が運営している「登記・供託オンライン申請システム」上では、京都府に宮津《みやづ》市字日ケ谷《ひがたに》小字「沺ノ尻」が見え、前後の地名から推測すると、便宜上「でんのしり」と読まれたものと思われる。この小字名は『角川日本地名大辞典』には見えず、地番も不明であるという（塚田雅樹氏教示）。

めったに使わない字だが、江戸中期の元禄時代の『俗字正誤鈔』（一七〇二）には「油」の誤字として記録され、使用が非難されている。

「沺」は、漢字としては、音はデン・テンで、「大水、水勢の広大なさま」を意味する。中国では、仏典に「細」の異体字として見られたほか、人名として使われることがあり、たとえば清末（二〇世紀初め）に『游藝《ゆうげい》（芸）録《ろく》』などを著した李沺《りでん》がいた。

「沺」のように「田」を含む字には、「⿰田谷（ざこ・せこ）」（「奥⿰田谷」〔大野史朗など編『難読姓氏辞典』、高信幸男『難読稀姓辞典』〕）、「⿰山田《やま》」（「中⿰山田」。「岫《くき》」、漢字の「⿱山田」と関連するか〔『難読稀姓辞典』〕）など、素朴な組み合わせの字には、実在性と来歴の検証をまつものが多い。

［笹原］

辵部

逧

11画

さこ　ざこ

ＪＩＳ第２水準

主に岡山県、鳥取県、兵庫県に見られる地域文字。「さこ」は谷の意。『日本国語大辞典』によれば方言としては福島県や長野県、千葉県にも見られるが、西日本に広く分布する。

山地が多い中国地方には、小さめの峠を示す「たお」（→「埣」109頁、「乢」121頁、「嵶」124頁）のたぐいもあれば谷間もあり、「さこ」が地名や姓に多く見られる。岡山県辺りでは「さこ」には主に「逧」が当てられる。「さこ」には漢字「迫」や国字「⿰土谷」も当てられたが、それらを踏まえた、あるいは同様の着想に基づく造字である。

岡山県の北東部に位置する美作《みまさか》市は、鳥取県および兵庫県と県境を接する。同市に上相《かみや》「鍛治谷逧《かじやざこ》」、上山「後逧《うしろざこ》」、今岡「穴《あな》が逧《ざこ》」がある。美作市と接する勝田《かつた》郡に勝央町植月北《しょうおうちょううえつききた》「皮屋逧《かわやざこ》」、奈義町《なぎちょう》中島「東逧《ひがしさこ》の谷」、同町西原「北逧《きたざこ》」がある。勝央町豊久田《とよくだ》には「鶴ケ逧池《つるがさこいけ》」という池がある。

「さこ」には土偏の「⿰土谷」が用いられることもある。

同県北部の津山市に領家《りょうけ》字「古𡋽《こざこ》」、北西端部の新見《にいみ》市に神郷油野《しんごうゆの》字「大𡋽尻《おおさこじり》」、中北部に久米郡美咲町《みさきちょう》中字「長𡋽《ながさこ》」などがある。津山市近くの苫田《とまた》郡鏡野町《かがみのちょう》竹田には山偏の「峪」を用いた「赤峪古墳《あかざこ》」があるが、この用法は中国の万里の長城の西端にあり、古代シルクロードにおける交通の要衝として知られる「嘉峪関《かよくかん》」辺りから応用したとも考えられる。

江戸前期の美作国（現・岡山県北東部）の地誌『作陽誌』に「峪」を用いた「御霊峪」などのほか、「𡋽」を当てた「西𡋽」「石𡋽疇」なども見える。江戸中期の辞書『俚言集覧《りげんしゅうらん》』には、美作では「さこ」に「土俗峪字を用ふ」「方俗峪字を用うと云り」とある。江戸後期から、美作国東部の地誌『東作誌《とうさくし》』（一八一二年から調査開始、『新訂訳文作陽誌』）に、「浴」を用いた「深浴」「鶴浴池」などの小地名が見られる。同時期の儒者・西島蘭渓《らんけい》（長孫）の『蘭渓先生漫筆』（東北大学図書館狩野文庫所蔵稿本）にも、作州（美作）英田《あいだ》郡では、「浴《サコ》コレハ谷間ノミチヲ云」との記述がある。

鳥取県東部の因幡《いなば》地方では「浴」が広く分布する。鳥取市に河原町《かわはらちょう》長瀬字「大浴《おおざこ》」、八頭《やず》郡智頭町《ちづちょう》に大字口宇波《くちうなみ》字「ヒル浴《ざこ》」「松ジガ浴《ざこ》」、同町西宇塚《にしうづか》に字「添浴《そえざこ》」「添浴平」「ネサガ浴平」「大浴谷《おおざこだに》」、同町早瀬に字「小田浴《おだざこ》」「荒神浴《こうじんざこ》」「長浴《ながざこ》」「関ノ浴《せきのざこ》」、同町市瀬《いちのせ》に字「ツヘガ浴《ざこ》」「岩ヶ浴《いわがざこ》」「梅浴《うめざこ》」、若桜町《わかさちょう》に大字落折《おちおり》字「半浴《はんざこ》」などがある。

県西部の伯耆《ほうき》地方では「𡋽」が多く見られる。米子市青木字「宮𡋽《みやさこ》」、日野郡日南町《にちなんちょう》福寿実《ふくすみ》字「熊𡋽《くまさこ》」、西伯《さいはく》郡伯耆町《ほうきちょう》丸山字「𡋽ノ二」（読みは「さこのいち」か）などがある。

『角川日本地名大辞典』の小字名一覧には、ほかに「浴」という字を岡山県で「たに」と読む小地名、鳥取県では「さこ」「さく」「さか」「たに」「のみ」と読む小地名を収める。

兵庫県南西部には佐用《さよう》郡佐用町淀《よど》「亀ヶ浴《かめがさこ》」という通称地名があり、同町才金《さいかね》に「今ヶ浴池《いまがさこいけ》」という池がある。当地は方言も岡山弁に近く、その文化の影響を示すものである。佐用町では岡山県から編入された地区に小字が多いとして、土地区画の整理事業によって「浴」も十分の一にまで整理された。「峪」と併用する地、「浴」を「谷」に変えた地もある。このほか、「帕」も見られるなど、種々の融合形、中間的な形も散見される。京都府福知山市にも「帕」を用いた「大帕《おおさこ》」があり、川や公民館の名にもなっている。他にも小字、通称地名が各県に見られる。

姓では現佐用町長の名でもある「庵逧《あんざこ》（逧）」が同町に多い。この姓を「いおさこ」「いお（り）や」と読むものもあるというが、推測による読みか、移住などにより読みを改めたケースかと思われる。他に、岡山県や兵庫県に「逧田（さこだ・さこた）」「岩逧《いわさこ》」もある。

「逧」はＪＩＳ漢字制定（一九七八年）の際に参照された行政管理庁（現・総務省）の『対応分析結果』（一九七四）によると、国土地理協会の一九七二年版『国土行政区画総覧』に四回出現したために、ＪＩＳ第２水準に採用されたものである。『国土行政区画総覧』では、「逧」は「辶」の点が一つの、いわゆる拡張新字体であった。そこでは通称地名として、「逧」を「せこ」と読む岡山県英田《あいだ》郡美作町中尾「杉逧《すぎせこ》」、「カジヤ逧《せこ》」があり、また、「逧」を「さ（ざ）こ」と読む、英田郡作東町梶原《さくとうちょうかじわら》「逧《さこ》」、勝田郡勝央町豊久田「勝負逧《しょうぶさこ》」、「小逧《こざこ》」、同町福吉《ふくよし》「逧《さこ》」のほか、隣の兵庫県佐用郡佐用町淀に「亀ケ逧《かめがさこ》」があり、その出現が確かめられた。「逧」と同じく岡山県や鳥取県の小地名に多用される「𡋽」は、同総覧に収録されなかったためにＪＩＳにも長く採用されなかったが、平成一二（二〇〇〇）年に姓や地名から第３水準漢字に採用された。

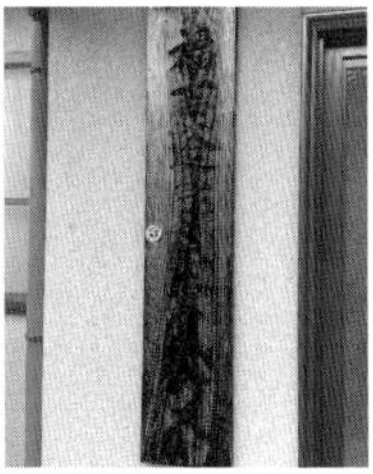

福吉逧コミュニティハウスの看板

鎌倉後期の語源辞書『名語記《みょうごき》』には、「さこ」「はざま」「たに」の語が見える。

「さこ」や「せこ」に「迫」を当て、地名や姓で用いることは中国地方と九州に顕著であり、これは迫る意から「はざま」に当てた古例からの着想であろう。「谷」の様子を表そうと、そのしんにょうの部首に「谷」が加えられた。江戸中期の『俚言集覧《りげんしゅうらん》』の「さこ」の項目に、豊後《ぶんご》（現・大分県の大部分）の郷名に「迫」を用いた「上迫《をざこ》」があるといい、戦国・織豊期の山陰・山陽を舞台とする軍記『陰徳太平記《いんとくたいへいき》』には「細迫《ほそさこ》と云苗字あり」という。「せこ」の項目では「迫所なるべし」とする。同時期の『倭訓栞《わくんのしおり》（和訓栞）』では「さこ」には、「大和吉野郡に迫《さこ》村あり迫ノ字をよめり又大迫《サコ》あり」とし、「せこ」に、「伊勢山田には小路をいへり、迫《セコ》所なるへし」とある。「迫」は「逼」の略字かとの見方もある（池田末則『地名の考古学』）。「せこ」は「筥迫《はこせこ》」でも見られる。懐中に入れる紙入れを指す「はこせこ」は、現代の多くの国語辞典に「筥迫」と表記されるが「筥狭子」の意とされ、江戸時代には仮名書きされた。

　このほかに「さこ」は、和歌山県には「𡺸」(↓「岾《はけ》」164頁)を用いた橋本市九重《くじゅう》字「牛房𡺸《ごぼうざこ》」がある。香川県高松市林町には「浴《さこ》」があり(この字を「にご」と読ませるものもある。現在は「佐古」)、市内には「浴・長池遺跡」がある。同市には「𥈞」を用いた太田下町《おおたしもまち》字「間𥈞《あいのさこ》」もある。また、東北の福島県の海沿いでは、南相馬市原町区「小木迫《おぎさく》」、双葉《ふたば》郡双葉町「松迫《まつざく》」など、「迫《さく》」の形で多用されている。

　姓としては、和歌山県に「前峠《まえさこ》」があるほか、「硲《はざま》」を「さこ」と読ませる姓が同県内に多い。三重県熊野市などには「峪口《さこぐち》」がある。『難読稀姓辞典』に「奥峪《おくさこ》」が載る。同書には他にも他書に見られない字を収める(「中𡶌《じま》」、菅原義三編『国字の字典』も引く。「岫」か)。

　室町から戦国期にかけて編まれた『いろは字』(一五五九年成立、『妙本寺蔵永禄二年いろは字　影印・解説・索引』)に「谷」の読みに「さこ」「やつ」を挙げるのは、編者の僧侶・日我《にちが》(一五〇八～一五八六)が日向《ひゅうが》(現・宮崎県)から安房《あわ》(現・千葉県南部)の妙本寺にやってきて、そこで暮らす中で当地の方言訓に気付いたためであろう(佐藤二〇〇七、二〇一二)。『俚言集覧《りげんしゅうらん》』には、「さく」は上総《かずさ》(現在の千葉県中央部)の方言で「窪《くぼ》くて長く平らかなる所」とある。明治初期に、千葉の房総には「谷」を用いた「宮谷《みやざく》県」があった。

　谷を表す「さこ」には「沺」(↓68頁)、「嶝」(↓次項)などを当てることもある。「浴」は「浴」(溢から)などと同じく「えき」とも読む。

〔笹原〕

〈参考文献〉WEB「稀少地名漢字リスト」岡山県、鳥取県／末長福男「旧相馬藩領南部に於ける「迫」という地名の意味と表記について」『地図』／菅原範夫「中世文書に見る地域言語」『国語国文』／『新訂訳文作陽誌』／岩永實『鳥取県地誌考』

山部

嶝

15画

さこ　かさ　たお　トウ　とお　ゆり

JIS第2水準

主に和歌山県に見られる地域文字。

「さこ」は谷の意。方言としては西日本に広く分布する。「さこ」には「𡋽」、「峪」、「逧」(↓69頁)「浴」、「硲」などを当てることもある。

　和歌山県西牟婁《にしむろ》郡大塔《おおとう》村(現・田辺市和田)に

「下嶝《しもさこ》」があり、同市鮎川に「嶝谷橋《さこたにはし》」という橋がある。和歌山県では「嶝」が小字《こあざ》に散見される（『角川日本地名大辞典 和歌山県』など）。

このほか『角川日本地名大辞典』の小字一覧には、三重県の「小禰嶝《こねさこ》」「大嶝《おおさこ》」のほか、「嶝」を「と」と読む、福井県の「平家嶝《ヒナト》」（『武生《たけふ》市史 資料編』小字一覧にも）が載る。広島県広島市では「櫨ケ嶝《はぜがたお》」「越嶝《こいとお》」「越嶝山《こいとおやま》」など、「嶝」を「たお」や「とお」に当てた地名がある（→「垰」109頁、「嵶」124頁）。「柿の木嶝《たわ》」トンネルもある。同県福山市には「大嶝城」（読みは不明）があった。ほかに、京都府の「嶝ケ下《ゆりがした》」、読みが不明なものに高知県の「嶝」がある。

嶝谷橋の橋名板

中国地方では、戦国時代に「嶝」を「かさ（嵩）」と読ませた。戦国大名の毛利元就《もうりもとなり》（一四九七～一五七一）は隠居地とした郡山《こおりやま》山頂をそう呼んだようで、「毛利隆元・吉川元春・小早川隆景連署状案」（隆元筆）に見られる。

和歌山県に「嶝口《さこぐち》」、「長嶝《ながさこ》」の姓がある。「嶝野《とうの》」は愛媛県伊予市などの姓。「嶝本」姓は「とうもと」「のべもと」と読むと『新潮日本語漢字辞典』にある（『JIS漢字字典』は前者のみ）。姓では「嶝」には「さかみち」「のべ」という読みもあるという（高信幸男『難読稀姓辞典』など）。読みは不明だが、江戸時代の大坂の出版業者に「嶝口太兵衛」がいた。「嶝庵」は香川県の人の雅号。

「嶝」は、漢字としては音はトウ、「小さい坂、坂道」などの意で、平安時代から「さか」の訓があった。

「嶝」はJIS漢字制定（一九七八年）の際に参照された行政管理庁（現・総務省）の『対応分析結果』（一九七四）によると、国土地理協会の一九七二年版『国土行政区画総覧』にあったために、JIS第2水準に採用されたものである。加除式のこの資料をさかのぼって調べると、一九九五年八月に除去された頁に「神奈川県横浜市緑区鴨居町字嶝《こさか》」があり、その出現が確かめられた。一九七二年一一月に除去された頁では読みは「とう」、一九八二年一二月に除去された頁でこの読みが「さこ」に改められたものだった。

新潟県佐渡市にある「嶝」にも「とう」と読みを当てた資料がある（塚田雅樹氏、伊貝秀一氏教示）。

〔笹原〕

〈参考文献〉末長福男「旧相馬藩領南部に於ける「迫」

という地名の意味と表記について」『地図』／菅原範夫「中世文書に見る地域言語」『国語国文』

口部
咡
9画
ささやき　＊ジ　＊ジョウ
JIS第3水準

長野県に見られる地域文字。

かつて長野県小諸《こもろ》市甲《こう》に小字《こあざ》「咡《ささやき》」「北咡《きたささやき》」があった。平成二四（二〇一二）年に住居表示事業が実施されたことで字《あざ》が廃止され、現在は東雲《しののめ》六丁目・七丁目の各一部となっている。東雲《しののめ》六丁目に市営住宅である「咡団地」があるが、小諸市のWEBサイトでは「囁団地」と表記されている。

地名の由来について、『小諸市誌』では「「咡」は「笹焼き」で開墾にゆかりのある地名であろう」と考察されている。明治初期に編纂《さん》された『長野縣町村誌東信篇』に北佐久郡小諸町の字地として「咡」「北咡」が見える。一方、滝澤主税《ちから》『明治初期長野県町村字地名大鑑』では「囁」「北囁」としている。

詩人・小説家の島崎藤村が小諸町で過ごした時期を描いた写生文『千曲川のスケツチ』（一九一一）には「五六本松の岡に倚って立っているのを望んだ。咡道祖神のあるのは其処だ。」という一節がある。この道祖神は現在、東雲六丁目の立志山大雄寺《だいゆうじ》（小諸善光寺）にある。

「咡」は「囁」の旁《つくり》が省略されたものと考えられる。「聶」と「耳」が関連する例として中国の異体字字典『宋元以來俗字譜』に「攝」に対する「挕」が見られるが、漢字「咡」は「くちもと」「くちびる」を表す別字。

医学用語に「囁語」（ささやき声の意）があり、「咡語」と書かれることもある。また医学界では「じご」と読まれており、「耳」からの類推による位相的慣用音とも考えられる（笹原二〇一〇）。

文芸作品でも「婢女ども氣味わるがりて咡き合ひしが」（樋口一葉『琴の音』一八九三）、「密に隣の娘の膝を衝きて咡きぬ」（尾崎紅葉『金色夜叉』一八九七～一九〇二）、「縹色のお嬢さんの咡くのが聞えた。」（森鷗外『青年』一九一〇～一九一一）などの用例が見られる。

［塚田］

〈参考文献〉WEB「立志山大雄寺（小諸善光寺） 長野県小諸市」『ブログLOTUS 御朱印紀行2』／東川雅彦・坂倉淳・高橋宏明『囁語における高低の知覚―

―加工音による実験』／青木輝男『咡語聴能の検査用語選定ならびにそれによる一検査法』

口部　哘　9画

さそう
JIS第2水準

青森県に見られる地域文字。

下北半島の付け根辺りにある上北《かみきた》郡に七戸町《しちのへまち》字「哘《さそう》」、「哘崎（さそざき・さそうざき）」、「哘平（さそたい・さそうたい）」がある。哘平には「哘地区集会所」がある。バス停名に同町の天間舘倉越《てんまだてくらこし》に「哘《さそう》」、十枝内《としない》に「哘北《さそうきた》」がある。

地名としては、江戸中期の盛岡藩代官・大巻秀詮《おおまきしゅうせん》による『(御) 邦内郷村志《ほうないごうそんし》』（一七八九～一八〇二）のほか、享和三（一八〇三）年の盛岡藩の「仮名付帳《かなつけちょう》」などに「哘」が見られる（『平凡社日本歴史地名大系 青森県の地名』、『天間林村史』上）。明治期の「青森県字小名調」に「哘」「哘嵜《さそふさき》」「哘崎《さそふさき》」「哘平《さそうたい》」などとある。

バス停「哘」

「哘」はJIS漢字制定（一九七八年）の際に参照された行政管理庁（現・総務省）の『対応分析結果』（一九七四）によると、国土地理協会の一九七二年版『国土行政区画総覧』に一回だけ出現したために、JIS第2水準に採用されたものである。加除式のこの資料をさかのぼって調べると、一九七三年八月に除去された頁に、「青森県上北郡天間林《てんまばやし》村天間館通称哘《さそう》」があり、小学校名ともされており（昭和五二〔一九七七〕年に閉校）、その出現が確かめられた。

「さそう」という動詞には、漢字の「誘」が当てられるが、よりわかりやすい構成をもつ「哘」という国字を用いることも一部であった。「口」で「行こう」というのが「さそう」につながることから生まれ、好まれたのであろう。郵便物の宛名では、「口行」と誤ることもある。

「哘」は、中国の辞書や文献にはなく、この土地の人が造った字という話もあるが、実際には歴史のある国字が列島の東北端の地に残ったものである。中古、中世の辞書に、普通名詞や動詞として収められた。鎌倉前期の『字鏡集《じきょうしゅう》』では「哘」に「カウ」「カタシ」と音訓が付加されていたが、平安末期から鎌倉時代にかけての観智院本『類聚名義抄《るいじゅみょうぎしょう》』（『天理図書館善本叢書』影印）や室町後期の連歌辞書『詞林三知抄《しりんさんちしょう》』（『連歌資料集』影印）には、「サソフ」という訓が掲載されている。

このほか、鎌倉時代に成立した仏教説話集『撰集抄《せんじゅうしょう》』（『続群書類従《ぞくぐんしょるいじゅう》』浜口恵璋所蔵本による）巻六に「垣ねの卯花（の）風に哘《サソハ》れ。」とあり、また巻九にも「両三の同朋哘つれ給にけり。」と「サソフ」の読みが用いられている。これ以降の貞享四（一六八七）年版巻六では「さそはれ」、元禄一四（一七〇一）年版巻六でも同じ、同版巻九では「さそひつれ給ひにけり」と仮名表記となっている（ともに早大蔵本）。書陵部蔵本の慶安三（一六五〇）年版巻九、元禄一四年版巻九も仮名表記である。

鎌倉末期の歌人・京極為兼《きょうごくためかね》の私撰集『入道大納言為兼卿集』（前集『続群書類従』）には、「夕花　夜のほとに哘嵐のあるやとて夕はいと〵花をみるかな」とある。

室町期の合戦記『大塔《おおとう》物語』（『続群書類従』）にも「侘ヌレハ身ヲ蘋《ウキクサ》ノ根ヲ絶テ哘《サソフ》水有ラハイナントソ思フト」と用いられている。文明元（一四六九）年の僧・尭深による写本の摸刻版（嘉永四［一八五一］年、加藤維序。附言に、字書に無い字もそのままにしたとある）でも「哘《サソフ》水有ラハ」とあるが、「サソフ水」とする活字本もある。

「哘」は、こうした用例と収録例から、仏者の間での使用字が歌人や連歌師ら、軍記物作者ないし書写者などに受け継がれ、都から見て辺境の地で地名と姓に定着したという経過が想起されるが、その間の事情はまだはっきりしていない。

なお、「誘」は地名にはほとんど見られないが、「誘」に「唀」と書く異体字があった（「さばく」は国訓）ので、その字が「哘」定着への媒介となったとも考えられる。

当地の姓には、「哘《さそう》」のほか「哘崎《さそざき》」も多く、ここからの転居により各地に広がりを見せた。「哘」を「さけび」（佐久間英『お名前風土記』、篠崎晃雄『実用難読奇姓辞典』、『静岡県苗字』など）、「こう」「こうなら」「ささ」「かた」「ゆき」などと読む姓もあるというが（丹羽基二『日本の苗字おもしろ雑学』『難姓・難地名事典』『日本姓氏大辞典』、高信幸男『難読稀姓辞典』など）、実在が確認できない。「哘崎」には「さそうざき」「こうさき」とも読ませる姓ないし地名があるという（丹羽基二『続難読姓氏・地名大事典』など）。北海道には「哘嵜《さそざき》」姓もある。

「哘」は中国でも莆《ほ》仙《せん》では感嘆詞を表す形声文字な

ど複数の方言字であるほか、壮（チワン）文字（中国南部に居住するタイ系のチワン族の語を表記するための文字）にも同形があるが、「打架」（喧嘩《けんか》の意）という意の形声文字で、いずれもたまたま字体に生じた衝突に過ぎない。

〈参考文献〉笹原宏之『方言漢字』、『訓読みのはなし』

［笹原］

水部
泗
8画

シ
JIS第2水準

三重県四日市《よっかいち》市、および熊本県菊池市で用いられる地域文字。現在、国内ではほぼこの地域にしか見られず、大字《おおあざ》以上の地名では菊池市でのみ確認できる。

三重県では四日市市と三重郡（朝日《あさひ》町、川越《かわごえ》町、菰《こも》野《の》町）の範囲を指して「三泗《さんし》地区」と呼ぶことがある。三重郡の「三」と四日市の雅称である「泗水《しすい》」を合わせ、「三泗」と書き表す。地域を表すために利用され、「三泗酪農農業協同組合」、「三泗教育会館」といった使われ方をしている。いつごろからの使用か不明だが、明治三〇（一八九七）年に四日市町が市制施行したことで三重郡から離脱して以降、そのような呼び方が定着したとも考えられる。

「泗水」の語源には諸説あるが、江戸時代の大和（現・奈良県）の郡山《こおりやま》藩士・城戸《きど》賢《けん》が享和三（一八〇三）年に刊行した詩集「東帰稿刪《とうきこうさん》」の中に四日市での見聞を記した「泗水行」という一篇があり、これを語源とする説がある。儒教の祖・孔子の故郷である中国の山東省を流れる川に「泗水」があることから、儒学のことを「泗水の学」という。これにあやかり、城戸賢ら郡山藩の儒学者たちが四日市のことを「泗水」と呼んだものと考えられる。また、当時の四日市（宿場町周辺）にあった四カ所の井戸を雅やかな名として「泗水」と呼んだ、という説もある（『四日市市史 第四巻 史料編 文化財』）。このうち、現在、建福寺《けんぷくじ》（四日市市北町）境内の井戸のみ残り、「泗水の井戸」として四日市市指定記念物（史跡）になっている。

明治二九（一八九六）年創立の三重県立四日市商業高等学校（四日市市尾平町《おびらちょう》）では、校名の略称に「泗」を用いて「泗商《ししょう》」と呼んでいる。昭和四（一九二九）年三月に制定された校歌（三谷為三作詞、中山晋平作曲）には、歌詞の一番から三番までのそれぞれ最後に「泗商、泗商　我等が泗商」とある。作詞を担当した三谷為三は、当時同校の教諭であった。同校の同窓会組織は「泗商同窓会」と称し、後援会組織に「財団法人泗商学園会」がある。

一方、明治三二（一八九九）年創立の三重県立四日市高等学校（四日市市富田《とみだ》）の略称は「四高《しこう》」である。他の四日市市内の高校でも、略称に「泗」の文字を当てるものは存在しない。唯一「泗」を使う四日市商業高等学校には、明治期に「泗水の地」に初めて創立された学校を「泗水の商業学校」として「泗」を使った、との伝承が残る（『三重県立四日市商業高等学校 学校要覧』）。

また、同校では、マーケティング授業の実習において企画開発された商品に、「泗水の香り」というオリジナルブランド名をつけて、その名が受け継がれている。平成二四（二〇一二）年には、四日市市名産のかぶせ茶を使用したペットボトル入り緑茶が商品化され、市内のスーパーマーケットやコンビニエンスストアで販売された（二〇一三年の時点で販売休止）。同市内の菓子店「明月堂」（尾平町）と協力し商品開発されたダクワーズの「茶娘和子《ちゃこわーず》」、かぶせ茶入りカスタードホイップクリームのシフォンケーキ「茶娘泗音《ちゃこしおん》」も、「泗水の香り」シリーズの商品である。他に「泗」を冠する商品として、四日市市上下水道局が販売しているペットボトル飲料水「四日市のおいしい天然水『泗水の里』」がある。

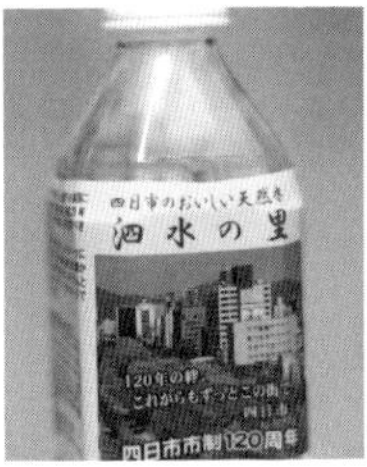

四日市市のおいしい天然水「泗水の里」（四日市市上下水道局）

熊本県の菊池市泗水町《しすいまち》は、明治二一（一八八八）年に公布された「市制・町村制」に基づき、翌年に発足した泗水村が前身である。同村は旧来の住吉《すみよし》村、永《なが》村、富納《とみのう》村、吉富《よしどみ》村、福本《ふくもと》村、豊水《とよみず》村の六カ村が合併して成立した。

「泗水」という村名の選定事情は、当時熊本県がまとめた「市町村制取調書」によると、「合併村内ニ泗水ノ地名アルヲ以テ」とあるが、村内に「泗水」という地名はなかった。その後、泗水村、続く泗水町が公刊した『泗水村史』『泗水町誌』では二つの説を紹介している。一つは地理的意味として熊本県北部を流れる合志《こうし》川の四支流である矢護《やご》川、小原《こばる》（「原《はる》」は方言訓）川、若木《わかき》川、鞍岳《くらたけ》川の合流する肥沃《ひよく》な地域という意味で四川、四水、泗水と言う、というものである。もう一つは泗水村発足時の初代村長・西佐一郎が漢学者であり、地域名の合志《こうし》を孔子とみたて孔子の生まれた山東省曲阜《きょくふ》の泗水の地名をとって泗水とした、とい

さ

うものである。

昭和三〇（一九五五）年に泗水村は菊池郡田島《たしま》村と七城《しちじょう》村亀尾《かめお》の一部を編入し、その後昭和三六（一九六一）年に町制を施行し泗水町になる。

泗水町は、昭和六一（一九八六）年九月に町名の由来調査のために調査団を中国山東省泗水県に派遣した。その結果は同年一二月一八日の泗水町議会において、次のように報告された。「結論として、村名の命名者である初代村長　西佐一郎氏が儒学者であったことから『儒教の祖である孔子の生誕地泗水が中国の聖地として尊ばれ、泗水川が東から西に流れ、本村にも合志川が東から西に流れ、地形的にも似ていることから、泗水村が文教の地であると共に、実り豊かな郷土として栄えることを願って泗水と命名された。』との結論に達したものであります。」（『泗水町史』）

これを受け、中国泗水県との交流が始まり、平成四（一九九二）年に合志川の近接地に有朋《ゆうほう》の里「泗水孔子公園」（菊池市泗水町豊水《とよみず》）をオープンした。さらに、平成六（一九九四）年九月には泗水県と交流姉妹都市の協定を締結した。

平成一七（二〇〇五）年三月、菊池市、菊池郡泗水町・七城町・旭志《きょくし》村の合併により、広域の菊池市が誕生し、自治体としての泗水町は廃止された。しかし、「泗水」の名は地区の名称として利用されつづけ、行政施設として「菊池市泗水総合支所」や「泗水ホール」、「泗水図書館」、「泗水小学校」、「泗水中学校」がある。他に、道の駅「泗水養生市場」もある。それまでの菊池郡泗水町の地域は、町域として菊池市の次に「泗水町」を付け、その次に大字《おおあざ》を表記している。つまり、これまでの町名・地番はそのままとし、菊池市を冠につけることで対処したものである。

〔昼間〕

〈参考文献〉創立一一〇周年記念誌編集委員会編『至誠　三重県立四日市商業高等学校一一〇周年記念誌』

木部

橲

16画

じさ　ずさ　キ
JIS第2水準

福島県などに見られる地域文字。

南相馬《みなみそうま》市に鹿島《かしま》区「橲原《じさばら》」（読みは「じゅさは（ば）ら」とも）があり、バス停「橲原」、「鹿島公民館橲原分館」、バス路線に「橲原・鹿島小学校線」、林道に「栃窪橲原線」もある。「橲原」は平成二三（二〇一一）年

三月の東京電力福島第一原子力発電所事故に伴い、立ち入り禁止区域に指定されていた地区である。同市の水無川《みずなしがわ》上流の弓折沢《ゆみおりさわ》付近には「橲原《じさばら》渓谷」(橲原河と称される景勝地がある。

「ジサ」は野菜の「チシャ」(レタスの和名。たとえば奈良県に「苣原《ちしゃわら》」の姓・地名がある)を表す福島の方言で、橲原地区に多く自生する。東北方言ではイ段とウ段の発音の区別が明瞭でないことがあるため(↓「苣」215頁)、「ズサ」のようにも発音する。

「橲原下総」という武家が文禄二(一五九三)年の「清丈冊」にも見えるというが(『相馬市史』巻四)、地名としては、「橲」は江戸時代から見られ、江戸後期の『天保郷帳』などにある。地名に「好字」(良い意味をもつ字)を用いるために造字したものか。戦国期の文禄二(一五九三)年の古支配帳には「つさ原」が見える(菅原義三編『国字の字典』)。

『大漢和辞典』(一九六〇年に初版全十三巻完結)に「国字」「橲原　ヅサハラ　磐城国の地名」と収められたのは、吉田東伍『増補大日本地名辞書』(一九〇七年に初版全十一冊完成)に「橲原《ヅサハラ》」とあるためか、福島県または近隣出身者が校正刷りなどに入れ込んだものであろう。

「橲」は地名のほか姓に散見される。その中で、「じさ」「ずさ」と関連があるのか不明だが、群馬県前橋市に集中的に分布する姓に「橲」を「キ」とおそらく旁《つくり》から音読みをする「山橲《やまき》」姓がある。

「山橲」姓は東京にも見られる。国立国語研究所の所長などを務めた林大《おおき》氏(一九一三〜二〇〇四)は、同研究所近隣に、「山橲《やまき》」という時計屋があったことを晩年まで記憶されていた。日本語学者の豊島正之氏は、JIS漢字の改正を検討する委員会において、都内にその時計屋の支店が現存し、屋号として二十年前の開店当時から「山橲」を使用していると報告した。

板橋区の清水稲荷神社では、昭和三五(一九六〇)年に作られた玉垣に氏子として「山橲」姓が刻まれており、神社近くにはその姓を冠した時計店があった。店主の山橲氏によると(一九九六年照会)、福島県の「橲原」という地名は知っているが「山橲」姓のいわれは知らない、自身は埼玉県蕨《わらび》市の出身(蕨に親戚は残っていない)で、練馬区大泉町にも「山橲」の名の店をもっているとのことで姓から複数の店名となっていた。

このほか姓では、「橲須美《きすみ》」もあるというが、米偏の「糦」の誤植か。「橲礼《きれ》」もいるとするものがあるが実在を確かめられない。

「橲」は昭和四五（一九七〇）年に国立国会図書館により運用開始される「ＮＤＬ－70漢字コード表」に掲載されるなど、早くからコンピューター上で処理できるようになった。

国土地理協会の『国土行政区画総覧』や『大漢和辞典』に出現したのは「橲原」の地名によるものだが、加えて日本生命の『日本生命収容人名漢字』に現れたのは、こうした「橲」を用いた姓があったためであろう。

ＪＩＳ漢字制定（一九七八年）の際には、『日本生命収容人名漢字』と『国土行政区画総覧』の両方に採用されている百七十三字の中にあり、ＪＩＳ第１水準の候補とされたが、漢字の読みが難解であったり、「重み」（この字が出現した漢字表の数）が少ない、使用頻度が低いことにより、第２水準に移動させられた（「代表音訓について気になるもの」一九七五年一一月一三日、「代表音訓の選定上問題のある字」一九七五年一一月二七日［ともに林大氏所蔵資料「キ・ずさ」より］、日本情報処理センター『情報交換のための漢字符号の標準化に関する調査研究報告書』など）。

［笹原］

田部

⿰男老

13画

じじ（ぢぢ）

秋田県に見られる地域文字。

県南東部に位置する大仙市《だいせん》に協和荒川《きょうわあらかわ》字「中山ノ内《なかやまのうち》⿰男老《じじ》ケ沢《さわ》」、「⿰男老《じじ》ケ堤《つつみ》」、「⿰男老《じじ》ケ森」がある（『秋田県史』大正・昭和篇、『角川日本地名大辞典 秋田県』）。明治期の「秋田県町村字名称調」（一八八九）には、「仙北郡荒川村ノ⿰男老《ぢぢ》ヶ沢《さは》」とある。これらの「⿰男老」は総務省提供の「自治体地名外字」や「日本行政区画便覧」などにも収められた。

令和二（二〇二〇）年に、アメリカ出身・浜松市在住の漢字教育士であるブレット・メイヤー氏がテレビ番組の取材で大仙市協和に調査に行った。放送はされなかったが、市役所協和支所で、「⿰男老」を用いた地名が小字《こあざ》のリストと地図にあり、その地名を知る人がいるということもわかった。「⿰男老ヶ堤」の土地の所有者の保有する資料では、山林図での崩し字を経て「⿰男尤」という変形も現れていた。

近隣の小地名では「うば」「おば（をば）」「ばば」に対して、漢字の「姥」が当てられており（同地区の「姥石下夕」「姥石平」など）、「𦓤」はその漢字からの類推で造られたものであろう。

江戸後期の文化期（一八〇四～一八一八）に秋田藩により編纂《さん》された『秋田風土記』（『新秋田叢書』）内の「𦓤と姥」という物語伝承にも「𦓤」が使われ、菅江真澄『雪の出羽路』にも「𦓤杉《ヂイ》」がある。当地では普通名詞を表記するための一般性をもつ文字だった。

明治中期にまとめられた秋田県地誌『羽陰温故誌《ういんおんこし》』（『新秋田叢書』）には「𦓤《じじ》と姥《ばば》」と読みが振られている。やはり「姥」と対になって使われている。

このように「𦓤」は「姥」の対として東北地方で普通名詞に使用されており、それが地名に採用されたという順をもつものであろう（笹原二〇〇六）。「爺」は父の意ももつ字であったが、「𦓤」は現在でも字面から、「じじ」という読みが推測しやすいのである。

岩手県内陸部にある遠野地方では、江戸中期に遠野南部家の家臣・宇夫方広隆《うぶかたひろたか》が、『遠野古事記』に冠した宝暦一三（一七六三）年の序文の中で、「𦓤《ザヽ》は庇《ヒサシ》の屋根を葺《フク》、姥《ウバ》は搗屋《ツキヤ》のちり掃《ハキ》て大豆《マメ》を一粒《ツブ》拾ふたと」と記していた（『南部叢書』）。遠野地方と秋田県とは奥羽山脈に隔てられているが、東北のこの地域では、日本列島の中央部には見当たらない「𦓤」が広まっていたことがうかがえる。このように政治的な中心部には存在せずに、使用地域が一つの地区に偏在しているケースは音声言語と同様に方言漢字に非常に多い。

〈参考文献〉笹原宏之『日本の漢字』

［笹原］

木部

榯

12画

しで　ひで

JIS第2水準

奈良県に見られる地域文字。生駒《いこま》郡に平群《へぐり》町《ちょう》「榯原《しではら》」がある。当地には「榯原自治会館」もある。

「榯」は、『大漢和辞典』補巻（大修館書店）によると、カバノキ科の落葉高木「シデ」を表す。シデの木は、神前に供える榊《さかき》の枝などに結びつける「しで」（紙垂・四手）に似た花穂を垂らす。「榯」は「榊」と同義、同理の和字（池田末則『日本地名伝承論』、『奈良県史』巻一四など）ともいわれる。「榯」の旁《つくり》は、「典礼」などの礼式を意味する「典」からとも考えられ、平安時代以来定着していた「榊」「梻《しきみ》」を踏まえた会意による造字であろう。江戸中期の辞書『倭訓栞《わくんのしおり》』に「しで・しでのき」「俗に椣ノ字をよむは心得がたし」と載る字であるが、「椣原」の地名から切り出されたものである可能性が残る。『字鏡集《じきょうしゅう》』にはこの字体に、「銑テン（ム）」という注記がある。

文献では、鎌倉後期の公文書「興福寺公文所下文案《こうふくじくもんじょくだしぶみあん》」（「東寺百合文書《とうじひゃくごうもんじょ》」）の正安二（一三〇〇）年三月一一日に「平群郡刀祢司并椣原住侶等」、同二年三月二五日にも「平群郡刀祢司并椣原山僧等」とあり、「椣」が見える（竹内理三編『鎌倉遺文』）。「椣」は富山県の「峅」（↓48頁）と並ぶ、今に残る古くからの方言漢字といえる。

同時期の延慶元（一三〇八）年二月四日付「興福寺公文所下文」（「東寺百合文書」）には、「平野四手原郷民等」が見える。同三年八月一七日付文書（同書）にも「平野庄四手原同近郷民等」と見え、いずれも「四手原」とある。

また、南北朝期の至徳三（一三八六）年六月九日付「一乗院良昭《いちじょういんりょうしょう》維摩会《ゆいまえ》講師段米催状」（「岡本文書」）に「四手原三ケ郷」と記されているが、江戸初期の寛永年間（一六二四〜一六四四）に作成された地域史料「郷陵通計」には「椣原寺村」と見える（『角川日本地名大辞典 奈良県』）。

「椣」は、ＪＩＳ漢字制定（一九七八年）の際に参照された行政管理庁（現・総務省）の『対応分析結果』（一九七四）によると、「シデ」、「その他の国字」であり、国土地理協会の一九七二年版『国土行政区画総覧』に一回だけ出現したために、ＪＩＳ第２水準に採用されたものである。加除式のこの資料をさかのぼって調べると、一九七七年一二月に除去された頁に、「奈良県生駒郡平群町椣原《しではら》」とあり、その出現が確かめられた。この資料では、その後、ふりがなが「しで」から「ひで」に直され、また「しで」に戻された。現地の郵便局名の一部としても登録されている。『補訂大和地名大辞典』（一九八四）にも「しではら」として収めるが、国土地理院の「二万五千分一地形図」などではかつて「ひで」とされていた。地名辞典などでも「ひで・しで」の両様があるのはその揺れを反映したものである。

地元では「しではら」と読む人が多いが、「ヒ」と「シ」が互いに入れ替わる傾向をもつ地元の方言により、訛《なま》って「ひではら」と読む人がいる。地元の電柱には「ヒデハラ」とも書かれている。これは、関西電力の社員が聞き取りをしたときに、「ヒデハラ」と訛ったのをそのまま記してしまったものという。多くのスマートフォンや携帯電話では「しではら」と入力すると「椣原」と出る。

椣原の地には、磨崖仏《まがいぶつ》で有名な「椣原山金勝寺《しではらさんきんしょうじ》」がある。山号にある「椣」は神前に供える「幣《ぬさ》」（幣帛《へいはく》）の意とされる。現在、境内に一本だけ植えられているシデの木には幣のような実がなるという。奈良時代に行基《ぎょうき》菩薩が開いたとされるこの寺の創建時には、シデの木が山一面に自生していたと伝えられる。金勝寺のパンフレットには、「当時密生していた椣の霊木をもって薬師如来、日光月光両菩薩、十二神将共に一刀三礼（信仰の心を込めて、ひと刻みするたびに三度礼拝すること）の作と伝えられ」とあり、「椣」の字を普通名詞としての木の名に転用している。明治三五（一九〇二）年の『文芸倶楽部』明治篇第八巻第三号に掲載された大和の岡田竹雲《ちくうん》「諸国名勝　椣原山金勝寺」ではこの読みは「しではら」となっている。

この平群町には近隣に「椹原《ふしはら》」「櫟原《いちはら》」もある。御所《ごせ》市には「楢原《ならはら》」、宇陀《うだ》市には「榛原《はいばら》」もあり、奈良は歴史の深い土地柄だけに、記紀で神武天皇が即位したといわれる「橿原《かしはら》」宮以来の伝統であるのか、「珍しい木偏の植物名の漢字（国字・国訓）＋原」という地名のパターンが広がっている。

和歌山県の田辺市本宮町三越《ほんぐうちょうみこし》にも字「椣ノ木《しでのき》」があるのは、この奈良の地名の影響を受けたものか。「しで」と読ませる方言漢字には、島根県雲南《うんなん》市吉田町の小地名「榜ノ木原《しでのきはら》」に用いられ、バス停名にもなっていた「榜」もある（『出雲紀行』〔国立国会図書館蔵写本〕巻一にこの字が造られた経緯が記されている）。しかしこれはシラカバ科の落葉喬木とされ、別種とみられる。

「燈椣《カキタテボウ》」という用法が、長井澄明『翻訳作文用字群玉』（一八七七）に見られ、「｜⿰木忝」が続いており、「字体の衝突」と思われるが、中国での用字か否か探究が必要である。

〔笹原〕

手部

⿰扌乂　5画

（⿰扌〆　5画）

しめ　しめる　しまる

熊本県、長野県などに見られる地域文字。

熊本藩では、封じ目の「しめ」のほか、名詞「しめ」や動詞「しめる・しまる」は全国同様に「〆」を用いたが、部首「扌（てへん）」を付した「扠」（扠）を「しめ」「しまり」の語に用いた（松本雅明監修『肥後《ひご》読史総覧』、山本康弘編『熊本の近世用語事典』）。「扠」（扠）は熊本藩主・細川家に伝来した中世から近世にかけての文書群「細川家文書」や細川家より熊本藩に提出した「先祖附《せんぞづけ》（家臣の由来）」などの文書において、「見《み》（ケ《か》）扠《しめ》（役）」「拷問ハ縄扠《しめ》」などと使われている。

当時、「〆（メ）」は、単位を表す「貫」の略字としても広く用いられていたため、「扌（てへん）」を加えることで別字であると区別を明示したものか。既存の字に「扌」を加えて動作であることを強調して表すことは、福井で小作の意で用いられた「扌下《おろし》」（国訓の「挊《かせぎ》」［稼ぎの意］がヒントとなったものか）や、「掘《クツ》」「搾《サク》」（ともに中国製漢字）など類似する例があった。公簿では名にも用いられ、「扠」も用いられている。

「しむ」「しめる」は日本では古くから漢字で「占」と書いた。やがて下部の「口」を省いて、上部の甲骨のひび（亀の甲羅などを焼いて生じたもの）を象《かたど》った象形文字「卜」だけでも「しむ・しめる」として使うようになり、中世期から続け字で形が傾き始め、続け字により線と線とがつながることも生じ、中世末期には抄物《しょうもの》で「メ」、江戸期に「メ」「〆」「メ」のように書かれるようになった。また、他動詞だけでなく自動詞「しまる」としても使うようになった。

なお、封じ目（「封〆」は当て字）には、「╱」やそれに一、二の点を交差させたような記号が古くからあった。なお、『大日本古文書』のデータベース（東京大学史料編纂所）では「〆」が二例ヒットするが、原典の「正倉院文書」では形態を異にするものであるほかは、原物の影印においては存在自体が確認できない。

「占」に手部の「扌」を加えた「拈」という漢字は、音はデン・ネン、「つまむ」、「ひねる」を意味する。「卜」に「扌」を付した「扑」は、音はボク・ホク、「うつ」、「たおれる」の意で、ともに「扠」「扠」とは関係がない。「杈」も「杈」の異体字で、音はサ・シャ、「さて」（道具の名）、「刺す」の意で別系統の漢字である。

長野県小諸市には「扠掛《しめかけ》」があり、城や墓地やポンプ場の名にもなっている。これは後ろの偏の影響を受けた一種の「逆行同化」の例とも思われるが、木偏にも作るほか（塚田二〇二一ほか）、「〆（メ）掛」「七五三掛」とも書く。また現代では、掲示物などに「閉」を「閉」と書く人がいる。

［笹原］

〈参考文献〉WEB「熊本藩の支配機構14　「類族方」」「表示できない漢字」『ブログ 津々堂のたわごと日録』／森田誠一編『原典による近世農政語彙集』

辵部

⿺辶神

12画

しめ
JIS第4水準

岡山県、長崎県、宮崎県などに見られる地域文字。「⿺辶神」は、「注連縄《しめなわ》」など神域を示す「しめ」を表す会意の国字と考えられている。古くは室町期の文明年間（一四六九〜一四八七）以降に成立した文明本『節用集』に「⿺辶神　或作注連《シメト》」と現れる。

長崎県の壱岐島《いきのしま》（壱岐市）に、勝本町新城西触《かつもとちょうしんじょうにしふれ》字「⿺辶神《しめ》ノ元《もと》」、郷ノ浦町東触《ごうのうらちょうひがしふれ》字「⿺辶神ノ尾《しめのお》」がある（『角川日本地名大辞典 長崎県』、草野正一『長崎県の小字地名総覧』）。「⿺辶神ノ辻」という国字を併用する小字《こあざ》もあり、また、（本場四国の八十八カ所霊場にお参りできない人のために置かれた）壱岐島四国八十八カ所霊場の第三二番札所として「⿺辶神ノ辻太子堂」がある。

微細な地名の存在と収録により柳田国男を驚かせた江戸中期の地誌『壱岐国続風土記鈔《いきのくにしょくふどき》』（国立公文書館〔旧内閣文庫を含む〕蔵）に「⿺辶神尾元ノマ、」「⿺辶神尾」がすでに収められている。

「⿺辶神野《しめの》」姓は、壱岐島の地名「⿺辶神ノ尾《しめのお》」（バス停名や橋の名にもなっている）が発祥とされる。この地名からは麦焼酎「⿺辶神尾《しめのお》」（田中触《たなかふれ》所在の天の川酒造）という銘柄名も生じており、そのラベルには筆字風の書で記されている。

岡山県にも新見市《にいみ》哲多町《てったちょう》田淵字「⿺辶神谷《しめや》」がある（塚田二〇二二）。

島根県の鹿足郡《かのあし》六日市町《むいかいちちょう》（現・吉賀町《よしかちょう》）「注連川《しめがわ》」は、農学者・石田春律《はるのり》による江戸中期の地誌『石見八重葎《いわみやえむぐら》』（一八一七）に「志目河・⿺辶神川」とも書くとされるが（『角川日本地名大辞典 島根県』）、「江戸後期諸国産物帳集成影印」本にある『石見八重葎』では「⿺辶神川」は見られない。

宮崎県では、神楽に関してこの字がしばしば用いられている。たとえば西都市《さいと》の尾八重《おはえ》神社で奉納される尾八重神楽では、「⿺辶神上《しめあげ》」という神事が行われており、神屋《こうや》（神楽を舞う場所）を清める儀式と説明されている。また児湯《こゆ》郡西米良村《にしめらそん》小川地区で保存継承されている米良《めら》神社の小川神楽では祭りの前日の夕刻に、準備が整うと神を勧請する⿺辶神《しめ》（注連）が立ち、「⿺辶神建立《しめこんりゅう》の舞」が舞われる。

「⿺辶神」は、神道など特定の社会においていわば地下水脈のように使われ続けてきたことが想像される。『節用集』の記述は、地名と一致するだけでなく、姓とも合致しており、固有名詞の表記としても現代に残ったものである。「⿺辶神野」姓が当時のNTT電話帳にあったためにJIS第4水準漢字に採用（二〇〇〇年）され、そのお蔭《かげ》で地名や神事を表す名詞まで入力でき、検索も可能となった。

「⿺辶神」は、部首「しんにょう」の点の数（一点か二点か）や旁《つくり》の「神」の示偏《しめすへん》の字体（「示」か「ネ」か）は特に問題にする必要がない。その揺れを含めて、法務省が「戸籍統一文字」を拡張して制定した「登記統一文字」では、各地に外字として所有されているが、多くは姓としての使用であろう。

【笹原】

〈参考文献〉笹原宏之『日本の漢字』

壱岐焼酎「⿺辶神尾」（天の川酒造）

魚部

鯱

19画

しゃち　しゃちほこ　コ

JIS第2水準

主に愛知県に見られる地域文字。

「鯱」（鯱）は竜の頭、魚の体、背中に尖《とが》った鰭《ひれ》をもつ想像上の動物である「しゃち」を表す。また、海のギャングとも呼ばれる白黒のマイルカ科の哺乳類のことも江戸期から指すようになった。

「しゃち（ほこ）」は中世からの国訓「鱐」のほかに二字で「魚虎」と書くことが江戸期を通して、国学者・安藤朴翁《ぼくおう》による旅日記『ひたち帯《おび》』（江戸前期）、世話字（当て字の類）辞典『反故集《ほうぐしゅう》』や『書言字考《しょげんじこう》節用集《せつようしゅう》』、『俗書正譌《ぞくしょせいか》』（江戸中期）、洒落本『通言総籬《つうげんそうまがき》』（江戸後期）といった文献や辞書からわかる。「虎魚」（オコゼなどの意も）とも書く。「魚虎《しゃちほこ》」という熟字訓は江戸前期の儒学者・林羅山の『多識編』にもある。

それから生じた合字なのであろうが、明治初期までに編まれた岡本保孝《やすたか》の『倭字攷《わじこう》』は、江戸後期に出版された十返舎一九《じっぺんしゃいっく》の滑稽本『東海道中膝栗毛』（初刷りは一八〇二〜一八一四）に「⿸虍魚」が用いられていると記す。早大蔵版本（一八六二年版）では「金の鯱《しゃちほこ》」となっている（江戸期には、旁《つくり》の「虎」は「乕」のようなものなどさまざまな異体字でも書かれた）。

そのほか江戸時代の戯作《げさく》には、洒落本『辰巳婦言《たつみふげん》』（自序一七九八）に「金《きん》の鯱《しゃちほこ》（旁《つくり》の右下は「巾」）」、式亭三馬《しきていさんば》の滑稽本『浮世風呂《うきよぶろ》』（一八〇九）に「鯱《しゃちほこ》」があり、滝亭鯉丈《りゅうていりじょう》の滑稽本『花暦八笑人《はなごよみはっしょうじん》』（五編五冊、一八二〇～一八四九）には「鯱」がある。このほかに江戸中期から後期にかけて、松岡玄達《げんたつ》の食物本草書『食療正要《しょくりょうせいよう》』（一七六九年版）、『東都名産魚尽名寄《とうとめいさんさかなづくしなよせ》』（一八六一）に「鯱　シヤチホユ（コ）」とあり、国学者・平田篤胤《あつたね》（一七七六～一八四三）による『気吹颫《いぶきおろし》』にも「鯱《しゃちほこ》」とある。江戸中期の戯作者である蓬莱山人帰橋《ほうらいさんじんききょう》の『富賀《ふか》（深）川《がわ》拝見』（一七八二序）は「魳《しゃちほこ》」に造る。人形浄瑠璃『義経千本桜』（一七四七年初演）初段の切（切場）には「鯱《しゃちほこ》坊主」、三段目の口に「鯱鱶《しゃちほこぶか》」もある（飯島満氏教示）。『日本国語大辞典』第二版に用例（「鯱坊主」）が載るが、浄瑠璃の正本の原本では別の字となっている。

地名では、「鯱」はＪＩＳ漢字制定（一九七八年）の際に参照された行政管理庁（現・総務省）の『対応分析結果』（一九七四）によると、国土地理協会の一九七二年版『国土行政区画総覧』に出現したために、ＪＩＳ第2水準に採用されたものである。加除式のこの資料をさかのぼって調べると、一九八〇年七月に除去された頁に静岡県に「鯱岩《しゃっちゃ》」とあり、一九九五年一月に除去された頁でも「鯖岩」と誤植されたものに「鯱岩」と訂正が加えられており、その出現が確かめられた。東京都八丈支庁管内の太平洋の無人島にも「鯱岩《しゃちいわ》」がある。そのほか、『角川日本地名大辞典岐阜県』に「鯱尾《しゃちお》」、同辞典の高知県に「鯱」が載る。

「鯱」は「鯱人《しゃちと》」「鯱男《さちお》」「豊鯱」、「鯱子」など、全国的に、人名、ペンネーム、創作物の登場人物名にも見られる。『名古屋案内』（一九一〇）の編者は浪越鯱麿《しゃちまろ》、岡田鯱彦《しゃちひこ》は東京生まれの推理小説作家のペンネームである。サボテン名には「金鯱《きんしゃち》」がある。そのほかにも店名、書名、曲名などにあるが、特に名古屋の人名や店名などの固有名詞に多く見られる。名古屋出身の力士に「鯱ノ里《しゃちのさと》」がこれまでに二人いた。「鯱」の魚偏を金偏にする人名も複数ある。社名の「シヤチハタ」も名古屋城の金の鯱に由来し、トレードマークに「鯱旗印」とあった。

明治期の『水産俗字集』（一八八七）、『水産名彙』（一九〇一～一九〇二）には「サカマタ」（シャチの同義語）、「ハリセンボン」「ヒラカ」などの読みも収める。「シヤチ」、「シャチホコ」、「シャッチョコ」、「シャチコ（ばる）」などの読みでの使用は全国的に見られるほか、「出鯱張《でしゃば》る」という用法もある。湯呑みなどの魚尽くしにも頻出する。

なお、中国・明代（一六～一七世紀ごろ）の『海篇』などの字書類に、「鯱」に「音思《シ》」とあるが、字体の衝突した別字とみられる。

想像上の生き物のシャチホコは水を呼び火を防ぐとして、城の火災を防ぐ守り神とされることがあり、各地の城の天守閣の屋根に設けられた。鴟尾《しび》が原型とされる。それに金を施すことが安土桃山時代（一五六八～一六〇〇ごろ）から大坂城などで起こり、それを「金鯱」と書き、「きんしゃち」「きんこ」「きんのしゃちほこ」と読まれてきた。和歌山城について『紀宝鑑』に、「寛政十年五月紀城大天守鯱出来直櫓向其外部腰板とり白壁となる」とある（『角川日本地名大辞典　和歌山県』）。佐賀城には屋根の両端に鯱の載る「鯱《しゃち》の門（鯱門《しゃち》）」があるなど、各地の城で門の名としても使用が見られる。

名古屋金鯱チーズタルト
（松河屋老舗）

明治期の歌舞伎の外題に『旭輝《あさひにかがやく》黄金鯱』があり、「黄金鯱」を「きんのしゃちほこ」と読むほか、「こがねのしゃち（ほこ）」と読むものがある。夏目漱石『吾輩は猫である』（一九〇五年発表）には架空地名の尾張町、名古屋町に続いて「鯱鉾町《しゃちほこちょう》」が登場する。

金の鯱では江戸初期に金で作られた名古屋城のもの（現在までに数回改鋳されている）がとくに存在感を発揮し知名度が高いため、「鯱」の使用頻度数は愛知県関連のものが多くなっている。

とくに名古屋では土産物の名にも「名古屋金鯱《きんしゃち》チーズタルト」や「鯱《しゃち》もなか」が見られるなど、「鯱」という字自体の使用も現在では名古屋近辺に集中している（井上一平『日本商標の研究』参照）。「推し活」を契機によく売れた「鯱《しゃち》もなか」についてはテレビでも取り上げられた（NHK『クローズアップ現代』二〇二三年三月一五日放送）。

さらに「鯱」の「コ」という音読みの使用は、明治時代以降の愛知県、とくに名古屋地区のものに集中し、使用する地域もほぼ偏在している。名古屋には幕末に絵図を刊行した書肆《しょし》に尾張屋金鯱堂《きんこどう》があり、明治期以降の金鯱堂による広告ビラが早大図書館にある（目録上は「きんしゃちどう」とする）。野口勝一による雑誌記事「京都博覧會（上）」（『太陽』一八九五年四号）に「金鯱城《きんこじゃう》」もある。

昭和期に入ると、昭和一一（一九三六）年から昭和一五（一九四〇）年のプロ野球草創期に、「名古屋金鯱《きんこ》軍」というプロ野球チームが存在した（宇佐美徹也『プロ野球記録大鑑』ほか）。日本中央競馬会が昭和四〇（一九六五）年から中京競馬場（愛知県豊明《とよあけ》市）で行う中央競馬の重賞競走に「金鯱賞《きんこしょう》」がある。名古屋市にある徳川美術館の研究紀要『史学美術史論集　金鯱《きんこ》叢書』は昭和四九（一九七四）年の創刊。尾張藩（現・名古屋市を本拠地とする）の設立した藩校、洋学校を起源とする愛知県立旭丘《あさひがおか》高等学校は昭和五四（一九七九）年に同窓会組織を「鯱光会《ここうかい》」と名付けた（体育館兼講堂は鯱光館《ここうかん》）。『鯱光百年史』（旭丘高校年表付。一九七七）もある。名古屋港の遊覧船は昭和六一（一九八六）年から「金鯱《きんこ》」号と呼ばれた（『読売新聞』一九九五年九月一六日など）。

平成期では清水義範の著に、羽柴秀吉の嫡子である秀正が将軍となって名古屋に幕府を開くという『金鯱の夢』（一九九二）があり、名古屋出身の著者清水氏によると書名は「キンコ」と発音するという。このように「鯱」はさまざまなメディアでしばしば使われており、全国的な文字といえる。しかし、日本製の漢字であるにもかかわらず、旁《つくり》から類推して生じた音読み「コ」を使っているのは名古屋一帯に集中しているため、通常の辞書には掲載されていない、方言訓ならぬ方言音、地域字音（地域慣用音）であると認められる。

「鯱」は、江戸後期の辞書『偶奇仮名引《ぐうきかなびき》節用集』に「しやちほこ」「コ」とあるが、本辞書は国字に対して一律に類推して音読みを設けることがあった。のちに「鯱」は中国に輸出され、やはり「虎」（hu3［フー］第三声の発音）の音読みで用いられている。なお「鯱」には中世期には「ヒラメ」の訓も見られ、また魚の「鮟鱇」の旁の部分語形に「アンコ（ゴ）」（和語起源とされる）もあったためかアンコウに「鮟鯱」が当てられることもあったが、シャチの「鯱」とは別系統のものである。

［笹原］

水部

淞

11画

ショウ　＊シュ　まつ

JIS第2水準

島根県松江市で用いられる地域文字。松江市域を意味する。国内ではほぼこの地域にしか見られない。「松」に「氵（さんずい）」を付けた「淞」は松江の雅称として用いられることが多く、水の都松江を表すとされる。

　松江の地名起源には諸説あり、その一つに中国江蘇《こうそ》省呉江《ごこう》県にある古名「呉淞《ウースン》」にならって旧藩時代から使われた、というものがある。松江市にある円成寺《えんじょうじ》は、松江城を築城した戦国武将の堀尾吉晴《ほりおよしはる》を含む、堀尾氏三代の菩提寺である。この寺を開山した春龍《しゅんりゅう》和尚が明から帰国したのち、呉江県の太湖《たいこ》から支流の呉淞江に流れ出る所に架かる橋からの情景が松江に似ていることを吉晴に話したとされる。この春龍の勧めもあって、松江城がほぼ完成した慶長一六（一六一一）年ごろから城地の広域地名として、このあたりを松江と呼ぶようになったといわれる（『平凡社 日本歴史大系 島根県の地名』）。

旧制松江高等学校第12回記念祭・復刻絵ハガキ（出所：松本市・旧制高等学校記念館）

「淞」の用例を確認できるものとして、古くは、明治三六（一九〇三）年に創立した松江の漢詩人の結社「剪淞吟社《せんしょうぎんしゃ》」がある。

　学校名に使われた例もある。国立大学法人・島根大学（松江市と出雲市にキャンパスがある）の前身である旧制松江高等学校では、校名の略称に「淞」の字を旁から訓読みして用いて「淞《まつ》高」とする風習があった。大正一〇（一九二一）年創立の同校は、それ以前に設立された長野県松本市の松本高等学校（一九一九年創立）、愛媛県松山市の松山高等学校（同）がいずれも「松高」と称していたこともあって、それとの違いを表そうとした（『島根大学史』）。松江高等学校卒業生の話では、「江」の「氵（さんずい）」を「松」に付けることで、他の二校との見分けがつくようにした、という証言も聞かれる。それだけでなく、雅称として「淞」を好んで用いたという見方もできる。昭和五（一九三〇）年発行の校友会雑誌には「淞《まつ》江高等學校」と略せず使う例を確認できる。

　「淞」は現在の島根大学においても用いられており、大学祭は「淞風祭《しょうふう》」、附属図書館の定期刊行物（図書館報）は「淞雲《しょううん》」である。

　そのほか、高校名にサッカーや野球の強豪校として知られる、学校法人淞南《しょうなん》学園が運営する昭和三六（一九六一）年設立の「立正大学淞南《しょうなん》高等学校」（松江市大《おお》庭《ば》町）もある。校名の「淞南」は、宍道湖《しんじこ》の南方に由来する。

昭和四二（一九六七）年から昭和五五（一九八〇）年に島根県住宅供給公社が開発した松江市内（法吉《ほっき》町、奥谷《おくだに》町）のニュータウンは、平成九（一九九七）年に住居表示を実施し、松江の北側の高台であるとして「淞北《しょうほく》台」という名称で町域を画定した。市営バスには、「淞北台団地行」の路線がある。その後開発されたニュータウンに、西生馬《にしいくま》町の「淞苑《しょうえん》団地」、東津田町の「淞東《しょうとう》台団地」がある。

なお、「淞」の読みに「シュ」を示す字書はあるが、地元では聞かれない。

〔昼間〕

〈参考文献〉校史「嵩のふもとに」編集刊行委員会編『創立七十周年記念誌　嵩のふもとに〈旧制松江高等学校史〉』／熊谷晃『旧制高校の校章と旗』／笹原宏之『方言漢字』／松江歴史館企画展図録『旧制松江高等学校』

水部

湘

12画

ショウ
JIS第1水準

神奈川県に見られる地域文字。

「湘」は中国最古の字書『説文解字《せつもんかいじ》』（一〇〇年成立）に「水出零陵陽海山北入江」（零陵《れいりょう》の陽海《ようかい》山を発し北の長江に入る川）とある。すなわち、現在の中国南部・広西《こうせい》チワン族自治区にある海洋山《ハイヤンシャン》を発し、湖南省の洞庭湖《どうていこ》に流入し、さらに長江へ流出する、「湘江《しょうこう》」を指す文字である。

風光明媚《ふうこうめいび》な地として名高い湘江流域は「瀟湘《しょうしょう》」といわれる。瀟湘については、湘江とその支流である瀟水《しょうすい》の二つの川、あるいは「瀟なる湘水」（松尾一九九五）、つまり「清らかで深い湘江」という、二通りの解釈がある。この地は、中国伝説上の君主・舜《しゅん》の妃《きさき》であった娥皇《がこう》と女英《じょえい》の姉妹が、舜の客死を悼んで湘江に身を投げたという湘妃《しょうひ》伝説や、戦国時代の楚《そ》の官僚であった屈原《くつげん》（前三四四？〜前二七七？）が讒言《ざんげん》によって左遷させられ、楚の将来に絶望して湘江の支流である汨羅江《べきらこう》に身を投げたという故事でよく知られる。中国では、瀟湘を詠んだ詩文が古来数多くあるが、その底流をなすのは、湘妃伝説や屈原の故事である。平安期の日本においても、別離の悲しみや貶謫《へんたく》の悲憤を主題として瀟湘を詠んだ詩文が見られ、菅原道真は、漢詩「叙意《じょい》一百韻《いっぴゃくいん》」（九〇一～九〇三ごろ）にて、自らの不遇を「湘水々奫潫《いんわん》（水が深く広い様子）」と、湘江のほとりをさまよい歩く屈原の姿に重ねて詠んでいる。

北宋の文人画家・宋迪《そうてき》が瀟湘周辺の八つの景観を描いた山水画（一一世紀ごろ）に始まる「瀟湘八景《しょうしょうはっけい》」は画題や詩題として親しまれ、日本では鎌倉期から室町期にかけて、渡来僧や留学僧の往来が盛んであった禅林を中心に流行した。宋迪の「瀟湘八景」は、瀟湘の「山々に囲まれた水辺の風景」であって、特定の場所を示すものではなかったため「瀟湘に似た他の場所に八景を移植できるような、融通性をはじめから含んでいた」（堀川二〇〇二）と考えられている。

この融通性は、室町後期から、禅僧たちが「湘」の字を相模国《さがみのくに》（現在の川崎市・横浜市の一部を除く神奈川県の区域）の「相」に連想させ、相模湾沿岸地域を表す字として詩文に用い始めたことにもつながるだろう。戦国期には、臨済宗大覚《だいがく》派の禅僧・玉隠英璵《ぎょくいんえいよ》は夏島《なつしま》（かつて三浦半島に存在した島）を眺望して即興で書き上げたといわれる「夏島説」（一四九三）において「左于武陵之景八、右于湘江之景八」と「武相にまたがる伊丹氏の館から見た景観について、武蔵側には武陵桃源、相模側には湘江之景と、それぞれの頭文字に関わる唐土の名勝を重ね合わせ」（西岡二〇一四）ており、京都五山の禅僧から還俗《げんぞく》した萬里集九《ばんりしゅうく》は旅行記『梅花無尽蔵《ばいかむじんぞう》』（一五〇六ごろ）にて、鎌倉を「湘南《しょうなん》」「湘陽《しょうよう》」などと表している。

江戸期にも、禅僧や漢学者たちが、相模国を「湘」、相模川や相模湾を「湘浦《しょうほ》」などと表す詩文が見られる。寛文四（一六六四）年には、崇雪《そうせつ》という人物が、大磯に結んだ草庵《そうあん》・鴫立庵《しぎたつあん》に「著盡湘南清絶地」と刻まれた碑を建てている。崇雪は、明初に中国から日本に渡った陳延祐《ちんえんゆう》（陳外郎《ういろう》）を始祖とし、室町時代から続く商家・小田原外郎家の子孫で僧であったという言い伝えがある。彼は先祖の故郷と言い伝えられる湘江の南の地に思いを馳《は》せていたといわれる。この碑は、大磯が「湘南発祥の地」とする根拠として知られている。

近代以降「湘」は「東・西・南・北」と結びついた形で、旧相模国各地域の呼称に使われることが多くなる。明治期においては、明治一四（一八八一）年に大磯を本拠地に設立された政治結社「湘南社」をはじめ、「湘南」を冠した団体や施設が、大磯、二宮《にのみや》、小田原

湘南小学校正門の銘板

などの相模川以西の相模湾沿いの地域に集中した。さらに明治二二（一八八九）年の町村制施行により、県北西部に位置した津久井《つくい》郡の渓口《けいこう》集落であった小《お》倉《ぐら》村・葉山島《はやまじま》村が合併して「湘南村」が成立した。この村名は、当時の文人たちが村の南部を流れる相模川を「湘江」と呼んでいたことにちなんで名付けられたという。現在、湘南村は相模原市緑区の一部となったが、「湘南小学校」や「湘南寺」にその痕跡が残されている。当時の「湘南」は相模川以西の地域とされ、対して相模川東岸にある寒川《さむかわ》や茅ヶ崎の一部は「湘東《しょうとう》」と呼ばれた。現在「湘東」の呼称は、茅ヶ崎の「湘東橋」に残る程度だが、「東湘《とうしょう》」を冠する法人や施設は、逗子（逗子）や藤沢など相模川以東の地域にまばらに見られる。

相模湾沿岸地域は、明治二〇（一八八七）年の東海道線の横浜・国府津《こうづ》間開通を機に、明治中期から大正期にかけて海水浴場と別荘地が盛んに開発された。そのような状況下で、逗子や相模湾沿岸地域の自然が描かれた「湘南雑筆」を収めた、徳冨蘆花《とくとみろか》の小品集『自然と人生』（一九〇〇）が刊行され、好評を博した。これを機に、従来、相模川以西を指していた「湘南」が、相模川以東に拡大し、三浦半島北西部の葉山から小田原東部の国府津辺りにかけての相模湾沿岸地域を指す地域の称として広く知れ渡ることとなる。「湘南雑筆」は「それまでの風光明媚という伝統的な風景観を打ち破り、湘南の美を西洋的な視点から決定的にイメージづけた非常に重要な作品」（小風二〇〇五）と評される。ここにおいて「湘南」は相模湾沿岸地域を中国の瀟湘にたとえた雅称ではなく、人々の憧れの海辺を表すブランドとして認識されるようになったと考えられる。

また一方で、明治後期から昭和初期にかけて存在した、二つの「湘南」を冠する鉄道も「湘南」の指す範囲に変化をもたらした。明治三九（一九〇六）年、秦《はだ》野《の》・二宮間に開通した「湘南馬車鉄道」は、県中西部に位置する秦野の特産であった葉たばこや京浜方面への旅客の輸送手段となった。この鉄道は、大正二（一九一三）年に「湘南軽便鉄道」、大正七（一九一八）年に「湘南軌道」と改称されながら、開通当初からの厳しい経営状況のなか運行が続けられた。しかし、昭和二（一九二七）年の小田原急行鉄道新宿・小田原間開通の影響で乗客数が激減し、昭和一二（一九三七）年に廃止された。昭和五（一九三〇）年には「湘南電気鉄道」が黄《こ》金町《がねちょう》・浦賀間、金沢八景・湘南逗子間に開通した。その路線は、横浜から三浦半島にかけての地域にあり、東京湾に面する三浦半島東部にも、横浜に「湘南富岡《しょうなんとみおか》」、横須賀に「湘南田浦《しょうなんたうら》」、三浦郡浦賀町（現・横須賀市）に「湘南大津《しょうなんおおつ》」と、「湘南」を冠する駅があった。湘南電気鉄道は、昭和一六（一九四一）年に京浜電気鉄道に合併され、「湘南」を冠する駅も順次「湘南」のない駅名に改称されたが、現在も改称前の駅名が、それらの駅周辺に立つ集合住宅の名前などに見られる。

さらに、昭和三〇（一九五五）年以降、石原慎太郎の小説を原作とする「太陽族映画」や加山雄三主演の「若大将」シリーズなどの映画、フォークデュオのブレッド&バターやポップ・ロックバンドのサザン・オールスターズの楽曲といった、逗子・葉山から茅ヶ崎にかけての海岸を舞台とした若者文化の台頭が、「湘南」に相模川以東の海岸地域の文化を反映した、新しいイメージを定着させた。その一方で、相模川以西の地域は「湘南」の代わりに「西湘《せいしょう》」と呼ばれるようになったと考えられる。現在、小田原を中心に「西湘」を冠する法人や施設が集中している。また「湘北《しょうほく》」や「北湘《ほくしょう》」を冠する法人や施設が、主に県中央部の厚木や北部の相模原などの相模川沿いの内陸地域で散見される。

福島県いわき市湘南台や宮城県亘理《わたり》郡の亘理町など、東北の太平洋沿岸には「東北の湘南」と称される地域がいくつか見られる。また、北海道伊達《だて》市は「北の湘南」と呼ばれているという。「東北の湘南」や「北の湘南」と称される地の共通点が温暖な気候と穏やかな海であるところから、こうした命名はこれらの地域を相模湾沿岸地域の「湘南」にたとえたものであるといえよう。

他の地域では、「潮」「湖」などの誤記が現れやすく、なかでも「湘南」と「湖南」は混同されやすい。なお「相模」の代わりに「湘模」を用いる例は見られず、誤記もほぼ見られないが、インターネットの検索エンジンが、PDF文書内の「相模」を「湘模」と誤認識する現象が見られる。

〔四方〕

〈参考文献〉渡辺光ほか編『世界地名大事典6　アジア・アフリカI』／武瀟瀟「「瀟湘八景」の伝来に関する新知見――平安時代における瀟湘イメージを中心に」『デザイン理論』／諸橋轍次『大漢和辞典』巻三、巻十一／田部井文雄・菅野禮行・江連隆・土屋泰男『社会人のための漢詩漢文小百科』／和田精二 WEB 「湘南に関する考察」『湘南遺産』／川口久雄『日本古典文学大系七二　菅家文草　菅家後集』／外郎まちこ『ういらう　東洋神秘思想と共に二千年』／『角川日本地名大辞典』神奈川県／秦野市・中井町・二宮町・大磯町広域行政推進協議会編『湘南を走った小さな汽車』／宮田憲誠『京急電鉄　明治・大正・昭和の歴史と沿線』／吉田克彦『湘南讃歌』／土井浩「「湘南」はどこか」『有鄰』／国税庁法人番号公表サイト（https://www.houjin-bangou.nta.go.jp/）、二〇二〇年二月八日アクセス

米部

糘

16画

すくも
JIS第2水準

広島県、岡山県、山口県、島根県に見られる地域文字。

広島県に広島市安佐《あさ》南区沼田町大字伴《とも》「糘塚《すくもづか》」、同市祇園町《ぎおんちょう》西山本（現・安佐南区山本）「糘尻《すくもじり》」、安芸高田《あきたかた》市甲田町《こうだちょう》「糘地《すくもじ》」、三次《みよし》市青河町《あおがまち》字「糘地《すくもじ》」、山県《やまがた》郡北広島町壬生《みぶ》字「糘谷」（読みは不明）がある。岡山県には津山市久米川南に「糘山《すくもやま》」（標高二六一・七メートル）があり、糘山《すくもやま》遺跡群もある。山口県に長門市東深川《ひがしふかわ》字「東糘塚《ひがしすくもづか》」がある。島根県飯石《いいし》郡飯南町《いいなんちょう》上赤名《かみあかな》には糘塚《すくもづか》古墳（宿祢《すくね》〔人名に付けた敬称〕の転という伝承や、スクモの意をもつ漢字「粖」を当てることもある）があり、同町には「糘塚谷川」という河川もある。ほかにも各県に小字《こあざ》、通称地名がある。

「すくも」は関東から西の本州と四国において籾殻《もみ》を指す方言。「糘」は俚言《りげん》「すくも」に対する地域的な造字である。そのほか、「すくも」には虫の名（「蝎《すくもむし》」）や植物染料（江戸時代から阿波〔徳島〕で用いられた「蒅《すくも》」など）を指す語もある。

広島県安芸高田市の「糘地」は、江戸後期の『弔古《ちょうこ》記』（一八一九）に見られる（『平凡社 日本歴史地名大系 広島県の地名』）。江戸初期の「知行帳《ちぎょうちょう》」（一六二〇）では「すくもし村」（『角川日本地名大辞典 広島県』）であった。

「糘地」は、江戸時代にこの村の庄屋が、「すくも」とは籾殻のことであり、「米」の入っていた「家」のようなものだととらえて造った字が「糘」だという（「庄屋さんと糘（すくも）の字」九区振興会サイト『四つ葉の会』一九九九。北海道大学の池田証壽《しょうじゅ》名誉教授が設けたWEBサイトが引いていたが、現在はリンク切れ）。

安芸高田市立甲田文化センターから、平成二六（二

○一四）年に地元の資料を送っていただいた。同年九月に市立甲田図書館に尋ねたところ、池田教授による情報の元になった紙の資料は昭和五八（一九八三）年の甲田町ふるさと運動実行委員会事務局による『甲田町のむかしばなし』第三集で、「糘地村」という字は、江戸後期の文化年間（一八〇四～一八一八）まではさかのぼれそうである。幕府から地名を名付けよとのことで、米の収量が高田郡内で最低で、すくも作りに近いから、糘地村と名付けた。「日本中に無い字を考えつくり、使ったりさせていたのは、秋田という庄屋さん」といい、その庄屋は現在の甲田町糘地にある清涼寺にあった屋敷に住んでいたという。

「糘」は、辞典になく、活字もできていないようで、手紙などでも「糠地」と書いたりしてあるという。この聴き取りに携わった関係者もすでに亡くなった。このように地名の伝承は、中央で読めるメディアには収めきれてはおらず、すぐに埋没したり消え去ったりしてしまう恐れが常にある。

なお、庄屋が字を造ったという話は、菅原義三編『国字の字典』の前身となる『小学国字考』（一九七八）にもあるが、そう話したという大学教授の方々に手紙で直接尋ねたところ、具体的な字を伴った話でも実際にあった話でもなかったことが確認できた。なお、伝承を伝える方言漢字には、和歌山県日高郡印南町《いなみちょう》「〓川《ほくそがわ》」の「〓《ほくそ》」（「大木の西にて消火せし」からとの伝承あり。『国字の字典』。ただし近世期には「〓」など）、愛知県大府市《おおぶ》北崎町《きたさきまち》「〓《やまのかみ》」（平成一一年まで存在）の「〓《やまのかみ》」などもある。愛知県海部郡《あま》弥富町《やとみちょう》（現・弥富市）「鯎浦町《うぐいうらちょう》」の「鯎《うぐい》」は、江戸時代に庄屋がお陣屋（役所）に呼び出されて、「うぐいら（ママ）」の書き方を尋ねられ、「魚偏に成（なり）」と答えたところ、聞き違えて書いて「鯎」となったという（『国字の字典』）。

岡山県の「糘山《すくもやま》」について、江戸前期の地誌『作陽誌』（西作誌《せいさくし》）は、昔物部肩野《もののべかたの》某がここに居を構え、その礎石があると記している（『平凡社 日本歴史地名大系岡山県の地名』）。この「糘山」は文久三（一八六三）年の文書にも見られる（『国字の字典』）。江戸末期の宮川尚古の『勇功記』（国立公文書館〔旧内閣文庫を含む〕蔵）上には「備中国糠山《スクモ》」とする。

山口県には長門市東深川田屋《ふかわたや》に糘塚《すくもづか》古墳群が所在し

た（大正末期に消滅）。「糘」は同県の島の名でも使われていた（『角川日本地名大辞典 山口県』）。江戸中期に長州藩が作成した「地下上申絵図《じげじょうしんえず》」では「小糘」と見え、東方の湾口東の「糘島《すくもじま》」（現在の周南市にある粭島《すくもじま》）と相対していた。江戸後期の伊能忠敬《いのうただたか》の『測量日記』では「すくも」に「粭」が用いられており、文化三（一八〇六）年四月二四日の条に「大粭島　岩島　小粭島　又木鳥越　を測　小粭島大津島の属なり」とある（「WEB版デジタル伊能図」、『角川日本地名大辞典 山口県』）。「大日本沿海輿地全図」（伊能大図）では「粭島」は「粭島」となっている。長州藩の家老が米一粒取れない、籾殻（すくも）に等しい価値のない島と言って「粭」という字書にもない字を当てたとの伝承もある（『国字の字典』）。「粽《ママ》」とするものもあり、「糩《カイ》」（すくもの意）や「袷《あわせ》」との関連も説かれている。粭島《すくもじま》漁港もある。旧粭島小学校（二〇一二年閉校）の校章には「粭」の字が大きくデザインされていた。「粭」には、漢字の「糩《カイ》」の字体を構成要素の意味や訓から改めた可能性がある。

島根県では、砂鉄の採集で鉄穴《かんな》流しを行っていた「糘塚《すくもづか》」の名が天保一五（一八四四）年の「飯石《いいし》郡鉄穴流《かんなながし》休番取調帳」（県庁文書）に見える（『平凡社 日本歴史地名大系 島根県の地名』）。

「糘」はＪＩＳ漢字制定（一九七八年）の際に参照された行政管理庁（現・総務省）の『対応分析結果』（一九七四）には、「スクモ」「その他の国字」とあり、国土地理協会の一九七二年版『国土行政区画総覧』に三回出てきたとされたために、ＪＩＳ第２水準に採用されたものである。加除式のこの資料をさかのぼって調べると、一九七三年三月に「広島県広島市祇園町西山本通称糘尻《すくもじり》」、一九八三年六月に「岡山県久米郡久米町桑下通称糘山《すくもやま》」、一九八八年五月に「広島県高田郡甲田町糘地《すくもじ》」があり、その出現が確かめられた。読みは「くすも」と誤植された時期もあった（『角川日本地名大辞典』には「すもく」も見られる）。

「糘」を「かせぎ」と読む姓もあるというが、「稼」との混同であろう。逆に「すくも」を「稼」と誤植するケースもままある。

〔笹原〕

〈参考文献〉高橋文雄『続　山口県地名考』／WEB「稀少地名漢字リスト」広島県、岡山県、山口県／『角川日本地名大辞典』山口県月報／エツコ・オバタ・ライマン『日本人が作った漢字』／笹原宏之『日本の漢字』

檑　ずさ ➡ じさ　79頁

轌　すり ➡ そり　103頁

研　ずり ➡ はえ　160頁

匚部
匝
5画

ソウ　サイ
JIS第1水準

千葉県および岡山県に見られる地域文字。千葉県「匝瑳《そうさ》市」、岡山県赤磐《あかいわ》市「周匝《すさい》」などの地名に用いられている。

千葉県匝瑳市は平成一八（二〇〇六）年に八日市場《ようかいちば》市と匝瑳郡野栄町《のさかまち》が合併して誕生した。兵庫県宍粟《しそう》市と難読市同士で交流事業を行っている。市名の由来となった匝瑳郡の興りについて、平安前期の『続日本後紀』承和二（八三五）年三月一六日条は、畿内の豪族であった物部小事《もののべのおごと》が坂東を征した勲功によって朝廷から下総国《しもうさのくに》の一部を与えられ、その地を匝瑳郡とし、また小事の子孫が物部匝瑳氏を名乗ったと伝える。また『日本地理志料』（一九〇二～一九〇三）では『安房斎部本系帳』を引いて、美しい麻の生える場所であるところから「狭布佐」と名付けたことを由来とし、「狭布佐」を「真麻《さふさ》」であるとしている（「狭」は美しい、「布佐」は麻の意）。「ふさ」の読みは千葉県域の旧国名「総国《ふさのくに》」に通じる。また天平一三（七四一）年一〇月の正倉院の記録に「下総国迊瑳郡磐室郷」が見える（『角川日本地名大辞典 千葉県』、『平凡社 日本歴史地名大系 千葉県の地名』）。

千葉県最東部に位置した太平洋に面する匝瑳市と旭市・銚子市（いずれも旧海上《かいじょう》郡［二〇〇五～二〇〇六年の平成の大合併により消滅］）を合わせた地域は「海匝《かいそう》」と呼ばれている。

岡山県赤磐市周匝は明治時代の町村制施行時（一八八九年）は赤坂郡周匝村であり、古くは平城宮跡から出土した木簡に「備前国赤坂郡周迊郷調鍬十口」の荷札があり「周迊」という地名が見える（奈良国立文化財研究所一九六六）。

出所：市民エネルギーちば株式会社

漢字「匝」は「めぐる」などの意。本字に「帀」、異体字に「迊」がある。

「周匝」は周囲・取り巻くの意味。「周匝」の地名の由来ははっきりせず、幕末の国学者である平賀元義《ひらがもとよし》による『吉備之国地理之聞書』では日本神話の神である素戔嗚尊《すさのおのみこと》との関連を推測している。『平凡社 日本歴史地名大系 岡山県の地名』では平賀らが「周匝」の意味から当郷の東を限る吉井川の水流によるとする説を挙げていることに触れ、また平安中期に編纂《さん》された『延喜式』治部省で瑞祥《ずいしょう》の一つとして「周帀」という神獣（「周帀。神獣也。知星宿之変化也。」）が挙げられていることから、好字二字令（全国の地名を好字の漢字二字で書くよう定めた、和銅六［七一三］年五月に発せられた勅令）によって「スサヒ」に好字である「周帀」が選ばれた説を挙げる。ただし、中国の歴史書『宋書』ではこの神獣を「周印」としている（「周印者神獣之名也。星宿之変化。王者徳盛則至。」）。

　また赤磐市周匝の近隣には和気《わけ》郡和気町奥塩田《わけちょうおくしおた》字「周匝」「周匝平」、久米《くめ》郡美咲町高下《みさきちょうこおげ》字「周匝ケ左古」などの小字名がある。

［塚田］

〈参考文献〉邨岡良弼『続日本後紀纂詁』／『安房国忌部家系』／WEB『木簡庫』奈良文化財研究所／松平斉恒『延喜式考異附録下祥瑞考』／「宋書」（WEB『中国哲学書電子化計劃』）

竹部

笽

11画

そうけ

JIS第4水準

富山県に見られる地域文字。

「笽島」と書いて「そうけじま・そう（け）しま」と読む富山市の八尾《やつお》地区発祥の姓がある。「笽谷《そうけだに》」姓もあるといい、また「笽」を「かご」と読む姓もあるという（高信幸男『難読稀姓辞典』）。

「笽」は平成二（一九九〇）年にJIS（日本産業規格）のJIS補助漢字、平成一二（二〇〇〇）年にはJIS第4水準に採用された。『大漢和辞典』補巻には、「読みは、笊のソウと和語のケからなるとする。竹で編んだ半円形の物入れ。浅い竹ザル。」として収められている。

　取材に協力と監修をしたNHKの番組『日本人のおなまえっ！』（二〇一八年六月七日放送）では、「笽」は明治初期に造られた字との八尾町上新町《やつおまちかみしんまち》での伝承が紹介された。「おわら風の盆」という祭りで有名なこの地は江戸時代から戦前まで蚕種《さんしゅ》業で栄え、蚕の繭や桑の葉を入れるのに竹で編んだ笊《ざる》を使っていた。この竹製の笊のことを八尾の俚言《りげん》で「そうけ」と呼び、江戸時代に「そうけ屋」を屋号とする豪商がいた。この「そうけ屋」が明治になって戸籍に姓を登録する際に「そうけ」に漢字がないので、当地の寺の僧侶に相談し、竹製の笊を表すのに、「笽」という字が造られ、「笽島」の姓が登録されたというストーリーである（「笽島」の「島」は、姓氏研究家の森岡浩氏によれば、地形ではなくテリトリーを意味する社会的な意味合いの「島」）。

一方、『越中方言の諸相――分布など』の著作のある大田栄太郎氏は地名由来と推測した（広瀬一九八四。大田氏の主な著述には見当たらない）。

当地の婦負《ねい》郡（現・富山市）八尾町下笹原《しもささはら》では、小地名にも「篕山《そうけやま》（「笽山」とも書く）」（『角川日本地名大辞典富山県』ほか）が見られる（菅原義三氏は『国字の字典』の前の段階の辞典『小学国字考』で、「笽」が地名にあるというのは間違いだと、八尾町から返事が来たという）。

丹羽基二『難姓・難地名事典』は、「篕」を「笽（島）」の本字とみる。エツコ・オバタ・ライマン氏は『日本人の作った漢字』で、漢字の「籃《らん》」が元とみる。

丹羽基二は『日本の苗字読み解き事典』などでは、穀類を盛る器を意味する漢字の「簋《キ》」（「艮」を「良」にも作る）が元の字であるとし、姓として漢学者が贈ったもので、「き」とも読むとする。神道に関係があるという証言もある。

日本校正者クラブの機関誌『いんてる』4（一九八九年九月三〇日）には、「蓋《ざる》」姓の「蓋」の字が明治期に草冠から竹冠となり、「笽」はその略字であるとの話を収める。そのようにしたのは医師だったという。

「そうけ」と読む地名は石川県にもあり、小松市にある清水町は、「篩籃《そうけ》町」と呼ばれていた（『角川日本地名大辞典 石川県』、『平凡社 日本歴史地名大系 石川県の地名』）。小字《こあざ》には「筲箕田《ソウケダ》」が散見される。九州でも佐賀県などの方言に「そうけ」があることが知られ、福岡では小地名に「籠田《ソウケダ》」が見られる（「明治十五年字小名調」『福岡県史資料』巻七）。姓では北海道に、「笟島《そうけじま》仁右衛門」（『北海道教育史』巻一）がいた（「笊島」とする資料もある）。

古辞書では、鎌倉前期の字書『字鏡集《じきょうしゅう》』に「笽」が収められていたが、「屑（韻のグループ）ケツ（音読み）⿱艹皿（アカネグサを意味する字で、この異体字とする）」と注が記されており、別系統の字体であろう。

〈参考文献〉ＮＨＫ番組制作班編『日本人のおなまえっ！日本がわかる名字の謎』／小林肇「叙勲記事に見える漢字の地域性——新聞外字調査から」（第115回漢字漢語研究会資料）、WEB「新聞漢字あれこれ52　富山県の方言漢字」『漢字カフェ』

［笹原］

土部

埇

10画

そね　＊ヨウ

ＪＩＳ第３水準

高知県に見られる地域文字。高知市に「高埇《たかそね》」、同市の東に位置する南国市《なんこく》に「大埇《おおそね》」があり、小字《こあざ》名としても高知県内にのみ点在する。

「大埇村」の名は室町期にはすでに見える（『角川日本地名大辞典 高知県』）。現在の「大埇」は南国市役所のある北部の「大埇甲」と南部の「大埇乙」に二分されているが、不動産登記記録上は「大埇字〇〇」であり、甲乙は地番の一部とされている。

「埇」は平成一二（二〇〇〇）年に定められたＪＩＳ漢字コード（JIS X 0213:2000）で第３水準として採用された漢字であり、それまでの平成九（一九九七）年改正のＪＩＳ漢字（JIS X 0208:1997）では定義されていない文字であったため、南国市役所のＷＥＢサイトでは「埇」を機種依存文字として所在地を「高知県南国市大そね甲２３０１番地」と仮名表記している。

漢字の「埇」は一一世紀の中国（宋代）の韻書（漢字を韻によって分類した字書）『集韻』などが道の上に土を加える意味とする字であるが、「そね」という読みは「埆《そね》」の字が転じた可能性を示唆させる。大槻文彦が編纂《さん》した日本初の近代的国語辞典『言海』に「そね　确埆」の項があり、「石雑リノ瘠地〔注・石混じりの痩せ地〕。（土佐ノ長岡郡ニ、大埆小埆ノ村名アリ、陸前ノ遠田郡ニ、大埣中埣ノ村名アリ）」と記されている。また江戸時代に成立し明治時代に増補された方言辞典『増補俚言集覧《りげんしゅうらん》』にも「土佐藩森本藤蔵云、土佐長岡郡大埆村ありオホソネとよめり其国に小埆といふ村ありと聞りソネは磯根の義〔注・磯辺の意〕なるへしといへり」とある。ただし、「小埆」に比定できる地名は確認できない。

農地情報をＷＥＢ上で公表している『ｅＭＡＦＦ農地ナビ』では高知県西南部に位置する高岡郡四万十町《しまんとちょう》

宮内の字「神ノ埇《かみのそね》」が四万十川沿いの微高地にあることが確認できる。また、県中央部にある土佐市蓮池《はすいけ》の字「埇《そね》」も微高地にあると思われ、その南北に字「埇ノ前《そねのまえ》」「後埇《うしろぞね》」がある。松尾（一九七四）は「そね（曽根・曽禰・曽尼・埣・埆・确など）」を全国的に分布する自然堤防（洪水によって運ばれた土砂が川岸に堆積してできた微高地）を指す地名とし、「うね（畝・畦）」や「おね（尾根）」、「とね（利根・刀禰）」、「すね（脛・臑）」に通じるとしている。

平安中期に成立した辞書『和名類聚抄《わみょうるいじゅしょう》』には下総国結城郡（現・茨城県結城市周辺）の郷名として「小埇」が見える。明治政府によって編纂《さん》が始まった百科事典『古事類苑』では『和名類聚抄』高山寺本では「小埆」に作るとされ、現在刊行されている高山寺本の影印でも「埆」と思しき字形を見ることができるものの、「角」と「甬（通など）」の書き分けの差は小さい（「鯒《こち》」も「⿰魚角」と書かれた）。江戸末期の新潟の眼科医・国学者の富永春部《はるとも》は「小埇」について『続日本紀』神護景雲《じんごけいうん》二年八月の条にある「下総国結城郡小塩郷小嶋村」の記述を挙げて「鹽の誤なり」と考察し（『和名抄諸国郡郷考』）、澤田久雄編『日本地名大辞典』（一九三九）は「オハナワ（小埇）」を立項して「小塙」の誤とする。いずれにせよ、「そね」とは無関係と思われる。

姓に「埇田《そねだ》」がある。

中国の地名用例として安徽《あんき》省宿州《しゅくしゅう》市に「埇橋《ようきょう》区」、海南《かいなん》省瓊海《けいかい》市に「北埇村」がある。

〔塚田〕

〈参考文献〉笹原宏之『方言漢字』／小林肇 WEB「新聞漢字あれこれ89 高知県の方言漢字」『漢字カフェ』

車部

轌

18画

そり　すり（ずり）
JIS第2水準

秋田県、新潟県、福島県などに見られる地域文字。

秋田県に、秋田市金足黒川《かなあしくろかわ》字「轌町《そりまち》」、能代《のしろ》市字「機織轌ノ目《はたおりそりのめ》」、由利本荘《ゆりほんじょう》市葛法《くずのり》字「轌田《そりた》」、潟上《かたがみ》市昭和豊川竜毛《りゅうげ》字「轌田《そりた》」、同市飯田川下虻川《いいたがわしもあぶかわ》字「轌田《そりた》」、にかほ市金浦《このうら》字「轌町《そりまち》」、北秋田市七日市《なのかいち》字「轌引沢《そりひきざわ》」、仙北《せんぼく》郡美郷町飯詰《みさとちょういいづめ》字「轌町《そりまち》」がある。

新潟県には南蒲原《みなみかんばら》郡田上町田上《たがみまちたがみ》「中轌《なかずり》」があり、「中轌工業団地」がある。

福島県に田村市船引町船引《ふねひきまちふねひき》字「轌田《そりた》」がある。

各県には他にも、より微細な小字《こあざ》、通称地名に散見される。

人や物の乗る「そり」には、中国で「梮」「橇」などの漢字があり、日本でもそれらを用いた文献や小地名も残っている。そうした漢字を思いつかない、また漢籍や字書に見つけ出せない人々も日本にはいた。しかし、江戸時代には、それらの字を知っていても、あえて「雪車」「雪舟」「雪船（舩）」という熟字を「そり」に当てた表記や、それらを組み合わせた「轌」「艝」という会意文字のような合字による表記に、よりわかりやすさや親しみを感じた人もいたことが想像される。種々の漢字の中から、中国では構成要素としてはほとんど使用されない「雪」を選択したのである。

「轌」は、越後（現在の佐渡を除く新潟県）の雪国の生活を著した江戸後期の『奥民図彙』（一七八八）や『北越雪譜《ほくえつせっぷ》』（一八三七）などに見られる「雪車」「雪舟」「雪船」という熟字訓の表記が元であろう。それが、近世に各地域で使用されているうちに、東北の一部の地区で合字となって「轌」を生じたものと考えられる。

それ以前にも、「轌」は、湯沢（現・秋田県湯沢市）を所領にした佐竹南家《さたけみなみけ》の、江戸期の百八十七年間を記録する『佐竹南家御日記』の貞享元（一六八四）年一一月に「轌引」と用いられている。なお、秋田県の県魚であるハタハタの表記「鰰」も江戸期から秋田藩内で用いられている。

秋田県能代市の「機織轌《はたおりそり》の目」は、江戸中期から存在することが知られている（柴田武『方言論』ほか）。秋田藩により作成された正保四（一六四七）年の「出羽一国《でわいっこく》御絵図」には「扇田の内反目《そりのめ》」とある。享保一四（一七二九）年の「御判物《ごはんもつ》御国絵図御用留書（県立秋田図書館蔵）では「古八反目《たんもく》村」だが「機織村」に改名したとある（『平凡社 日本歴史地名大系 秋田県の地名』）。享保一五（一七三〇）年の『六郡郡邑記《ぐんゆうき》』では「轌野目村」とある。江戸後期の文化一二（一八一五）年成立の「二井田《にいだ》古跡遺伝記録」（『榊《さかき》史話』）に、平安初期に武将の坂上田村麻呂《さかのうえのたむらまろ》が征夷大将軍となり東征に向かった際、当村で蝦夷の長を討ち取ったとの伝承があり、その地を「将利《しょうり》の目」と称し、それが今の「轌《そり》の目《め》」に当たるという記述がある。同時期に秋田藩が編纂《さん》した『国典類抄』に「轌野目村」とあり、江戸後期の国学者・菅江真澄《すがえますみ》による地誌『雪の出羽路　平鹿郡一四』（『菅江真澄全集』六）にも「轌野目《そりのめ》」とある。

　柳田国男『地名の研究』（一九三六）は、秋田の「羽後《うご》由利《ゆり》郡金浦《このうら》町大字金浦字轌町《そりまち》」のほか、千葉の「上総《かずさ》君津《きみつ》郡吉野村大字古谷《こやつ》小字轌町」を例示する。

「轌」は、JIS漢字制定（一九七八年）の際に参照された行政管理庁（現・総務省）の『対応分析結果』（一九七四）によると、国土地理協会の一九七二年版『国土行政区画総覧』に一回だけ現れたために、JIS第2水準に採用されたものである。加除式のこの資料をさかのぼって調べると、一九七四年七月に除去された頁に、「秋田県秋田市金足黒川字轌町《そりまち》」、「秋田県能代市字機織《はたおり》轌《そり》の目《め》」とあり、その出現が確かめられた。「轌」の旁《つくり》は旧字体ではなく新字体の「雪」と書くことが古くからあり、現在では拡張新字体と解される。

　秋田県秋田市下浜羽川《しもはまはねかわ》の字《あざ》である「雪車田《そりだ》」は『国土行政区画総覧』の一九七四年七月の除去頁に出現したが、同総覧の一九七六年一月の除去頁で「轌車田《そりだ》」と変わる。「轌車」で「そり」と読ませる表記は、熟字訓ないし「車」の衍字《えんじ》（語句の中に誤って入ってくる余分な文字）のように見えるが、ここでの旧来の地名表記が「雪車田」であったことから、その文字列において字体が「逆行同化」して後ろの「車」が偏として前の「雪」に添加されたものとみられる。また、「轌」の字体を、「⿰雪車」と印刷したものがあるが、これは「字内転倒」、つまり偏と旁が左右入れ替わっても発音と意味が同じである異体字の一種の「動用字」のような誤植であろう。こうした現象もしばしば起こる。

　なお、「そり」は、地名用語、地形語彙《ごい》としては乗り物の名の「そり」ではなく、焼き畑や急傾斜地、崖、峰などを意味するといわれ、仮名表記や「反」などの漢字表記も見られるが、それらの語義が忘れられて、あるいは表記で字面を飾るために「轌」の字を選んだというケースも含まれている。

　舟偏の「艝《そり》」も、盛岡藩の文書など江戸時代以降の文献に見える。

〔笹原〕

〈参考文献〉[WEB]「稀少地名漢字リスト」秋田県、新潟県、福島県／[WEB]「地名こぼれ話26・「ソリ地名」の数々「橇・轌・反・曽利・・・」」（koba0333ブログ）／脇野博「基調講演：日本における森林資源開発と森林鉄道の展開・衰退」『高知人文社会科学研究』／柴田武「集団生活が生むことば」『生きている方言』、『ことばの講座五（現代社会とことば）』、『現代日本語』／菅原義三編『国字の字典』

コラム①　愛知県岡崎市の「材」

石工業が盛んな愛知県岡崎市には、石製品の製造と展示販売を行う岡崎石工団地（上佐々木町）があり、五十軒近くの石材店が集まっている。高田（二〇〇八）は、同市花崗町《みかげちょう》の石材店の看板に「材」「杙」「杙」の三種類の「材」が見られることを指摘している。

岡崎石工団地でも、名前に「材」（という字種）を含む石材店の約半数で、「杙」（図1）や「杙」（図2）を用いた看板が見られる。「材」の中には、旁《つくり》の「才」の縦画がはねないものや、斜めに傾いたもの（図3）もある。また、同時に複数の形の「材」（図4）を使用する店もある。

このような書き方は全国に見られ、「才」を「戈」と書くことも笹原（二〇〇六）にあるように古くからあるが、この地域の、とくに石工業に関わる人は、「材」という字種およびこうした（さまざまな形の）「材」への接触頻度が比較的高いと考えられる。

岡崎石工団地内にある日本石材工業新聞社は、社屋の看板や発行している新聞の題字（図5）に「杙」を使用している。会長の山口和良さん（昭和一五年生まれ）に、「材」についてお話をうかがい、いつも通り社名を書いてもらうと、その「材」は「杙」であった。社名だけでなく、どの語でも「杙」で書くという。また、構成要素「才」を右側にもつ「財」のような字も、旁を「戈」と同様に書いているそうだ（図6）。「材」の書き方と違うことは、認識していたが、自然とこのように書くようになっていたという。

後日、社の代表取締役である息子の山口康二さん（昭和四八年生まれ）にもメールでお話をうかがった。康二さんは日常的に「材」を書き、「栈」や「栈」は、昔の一般的な書き方だと認識していた。和良さんの書く「栈」については、昔の流れで書いているのだろうという感覚だという。また、新聞の題字については、「題字として定着していると認識し、使用し続けている。時代をつなぐ役割をもつ石材業として、この形を大切にしていくことは、個人的にも良いことだと思う。」と述べられた。

「材」と同様、「こ」が付加されたケースとして、奈良県南東部の川上村には、石の字に「こ」がつく地域があるという（小堀二〇一七）。

［前田］

図1 「栈」の例

図2 「栈」の例

図3 斜めに傾いた「材」の例

図4 「材」と「栈」が同時に使用されている

図5 『日本石材工業新聞』題字

図6 山口和良さんの手書き文字

馬部
驒
22画

ダ　＊ダン　＊タン　＊テン
ＪＩＳ第３水準

岐阜県とその周辺に見られる地域文字。

中国では白いまだらのある青黒色の馬を意味する。

地名・地域名の「飛驒《ひだ》」と、地名に基づいた固有名詞（「飛驒《ひだ》信用組合」など）として、岐阜県とその周辺で使われる。使用例も「飛」との組み合わせが多く、他の字との組み合わせや、「驒」の単独での使用もまず見られない。姓に「飛驒《ひだ》」、「飛驒山《ひだやま》」がある。

地名の由来は旧国名の飛驒国にあり、その領域は現在の岐阜県北部（飛驒市、高山市、下呂《げろ》市、大野郡）に当たる。「飛驒」は『日本書紀』に見られ、古くは「斐太」、「斐陀」とも書かれた。「飛弾」とも書かれ、姓や各地の地名などに残る。語源説には「山の襞《ひだ》」などがあり、「驒」の字を当てたのは名馬の産地からきたとも考えられる。

飛驒は飛驒県・高山県を経て筑摩《ちくま》県に属し、自治体から「飛驒」の名は消え、明治九（一八七六）年に岐阜県の一部となった。平成一六（二〇〇四）年、岐阜県の古川町、河合村、宮川村、神岡町の二町二村が合併して飛驒市となり、自治体名として復活した。

岐阜県外にも「飛驒」の地名はあり、奈良県橿原《かしはら》市「飛驒町《ひだちょう》」は飛鳥時代に藤原京造営のため飛驒国から招集された木工集団飛驒匠《ひだのたくみ》が住んだと伝わる。富山県の黒部市「飛驒《ひだ》」と南砺《なんと》市「飛驒屋《ひだや》」は、いずれも飛驒国出身者が開拓したとする説がある。

「飛驒」はほかに「飛驒牛」、「飛驒の家具」などでの使用が見られる。また、ニュートリノの研究でノーベル物理学賞をもたらした研究拠点「スーパーカミオカンデ」の所在地、大ヒットしたアニメ映画『君の名は。』（二〇一六年公開）の舞台としても知られ、聖地巡礼で訪れる観光客も多い。「飛驒」は高級・高品質、観光ブランドでもあり、「驒」はその一翼を担っている。

昭和五三（一九七八）年に制定されたＪＩＳ漢字コードでは「驒」が第１水準だったが、昭和五八（一九八三）年の改正で略字の「騨」に変更。のちに「驒」は平成一二（二〇〇〇）年にＪＩＳ第３水準となり、同年の「表外漢字字体表」の制定により「印刷標準字体」となった。飛驒高山地域などでは「驒」の使用も多く見られる。

〔小林〕

〈参考文献〉『角川日本地名大辞典』富山県、岐阜県、奈良県／小林肇 WEB「新聞漢字あれこれ97「驒」組み合わせは１つだけ?」『漢字カフェ』／『日本国語大辞典』第二版／吉田茂樹『日本地名大事典コンパクト版（下）』

土部
垰
9画

たお　たわ　とう
ＪＩＳ第２水準

主に山口県、広島県に見られる地域文字。

「たお／たわ」は奈良時代から見られ、『古事記』の垂仁《すいにん》（第一一代と伝えられる天皇）記に「山多和」（鞍部《あんぶ》つまり尾根がたわんで低くなっているところ）とあり、また『万葉集』に見える「（山の）多乎里（たをり）」も山の鞍部を指す古語であった。「たわむ」とも語源は同じとされる。「とうげ」も「手向け」の転という説の他に「たわ（お）ごえ」からともいわれている。

「たお／たわ」は、中国山地に多い比較的低く小ぶりな山の峠（道）や鞍部を指す方言で、中国地方を中心に「峪」（→124頁）、「乢」（→121頁）など、複数の方言漢字が当てられた。「垰」はその一つで、山よりも小さい地形ということで土偏が定着した可能性がある。「垰」や「峪」「乢」のたぐいを包む形で「峠」が全国的に分布している。

以下に主な例を挙げる。山口県周南市の大字「垰《たお》」の地内には小名に「垰《たお》の畑《はた》」がある。同市には大河内《おおかわち》字「垰《たお》」、金峰《みたけ》字「国木垰《くにきだお》」があり、「垰」を「とうげ」と読む「津浦《つうら》ヶ《が》垰《とうげ》」「矢《や》地《ぢ》垰《とうげ》」、「柿《かき》ノ《の》木《き》垰《とうげ》」という峠もある。同市の島地川《しまじがわ》流域に位置する大字「垰《たお》」は、長州藩の地誌『防長風土注進案《ぼうちょうふうどちゅうしんあん》』（一八四二）に往古は「多尾ノ畑村」とあ

り、谷深く坂が多くあって、四方より登り詰めたところにある村とあり、のちに「多尾」の字を「垰」と書いたと見られる（『角川日本地名大辞典 山口県』、高橋一九七八）。江戸中期の防長全域の村明細帳である『防長地下上申《ぼうちょうぢげじょうしん》』には「佐波郡徳地垰村」とある（『平凡社 日本歴史地名大系 山口県の地名』）。ほかに岩国市周東町三瀬川《さんぜがわ》字「垰《たお》」、萩市に大字弥富下《やどみしも》字「垰《たお》」があり、「大刈垰《おおかりたお》」という峠がある。長門市と美祢《みね》市の境界付近の高所に位置する美祢市於福町上《おふくちょうかみ》にある「大ケ垰《おおがたお》」は、北流する深川川《ふかわがわ》と南流する厚狭川《あさがわ》の分水嶺《ぶんすいれい》となっている。

山口県内には「垰」が二百カ所以上あり、九割以上が「とうげ」でなく「たお」である（高橋一九七九）。山口大学（山口市吉田に所在）の講義において、「垰」という字について話をした時に、大学の裏にあると院生から知った。そこには「道《さ》祖《い》ヶ峠《たわ》」（山口市大内御堀《おおうちみほり》と吉田の間にある峠）があり、地蔵が置かれた坂道で、地名の表記は見られなかった。

「垰」を「とう」と読む「大垰《おおとう》」が長門市渋木にある。「大垰《おおとう》村」は江戸期の村名。長門山地を構成する花尾山地と堂ケ岳の山あいに立地し、大垰川《おおとうがわ》が流れる。地名の由来は、山間部の険しい地形にあり、渋木から西市《にしいち》（下関市豊田町大字西市）へ至る道の峠となっていることによるかという（『角川日本地名大辞典 山口県』）。江戸中期に、『元禄郷帳』では渋木村枝郷、『防長地下上申』には渋木村のなかで「大垰」として独立して記載されている（『角川日本地名大辞典 山口県』）。江戸後期の『天保郷帳』長門国（国立公文書館［旧内閣文庫を含む］蔵）では渋木村に「古者渋木村　大垰村　弐ヶ村」と注記されている。このほかに、江戸時代に「笹ヶ垰山」「峠垰山」などもあった。また「峠」を「たお」とも読む「峠《とうげ》ノ峠《たお》」があった（『長門国風土記』巻一〇、巻一二一など）。

広島県には、廿日市《はつかいち》市峠字「垰《たお》」、東広島市豊栄町《とよさかちょう》吉原字「垰田《たおだ》」、三次《みよし》市甲奴町《こうぬちょう》小童《ひち》字「垰《たお》」がある。また、山県《やまがた》郡安芸太田町《あきおおたちょう》には大字下殿河内《しもとのごうち》字「垰《たお》」、大字打梨《うつなし》字「押ヶ垰《おしがたお》」、大字松原字「垰《たお》」、大字猪山《いのしやま》字「垰《たお》」があり、神石《じんせき》郡神石高原町《じんせきこうげんちょう》古川に字「垰《たお》」、同町永野字「垰迫《たおざこ》」、父木野《ちぢきの》「梨垰《なしのきたお》」がある。広島県産のブランド牛に「峠」を「たお」と読む竹原市の峠下牛《たおしたぎゅう》がある。

このほかに岡山県には「峠《とうげ》の垰《たわ》」（読みは「とうげんたわ」とも）という地名があり、同県新見市にはバス停「釼垰《つるぎたわ》」もある。『角川日本地名大辞典』の小字一覧には、長崎県に「上垰」「下垰」があり、また奈良県では『補訂 大和地名大辞典』に「一ノ垰《たお》」「垰畑《たお》」を載せる。同県吉野郡には天川村《てんかわ》洞川《どろがわ》「一ノ垰」、五條市に大塔町《おおとうちょう》篠原「舟ノ垰《ふねのたわ》」という峠がある。他にも小字、通称地名が各県に見られる。香川県出身の作家、西村寿行《じゅこう》には、書名に「垰」を用いた「垰《たわ》シリーズ」と呼ばれる、伝説の峠路を舞台としたサスペンス・ロマンがある。

「田和山峠」（「峠山峠《たわやまとうげ》」とも）など、「たわ」に「田和」を当てる表記も古くからあった。これらの地も、戦後の簡易な表記を推進する要因となる「住居表示法」や、自然地名であっても「当用漢字表」（固有名詞は対象外だった）などの影響を受け、「峠」という、当用漢字（音をもたない字は除外される方針もあった）に何とか採用され、常用漢字にも受け継がれた字に変えられたものもある。

「垰」は、中世に出現した国字であり、同様の会意の国字「峠」よりも若干早く出現したとされる（猿田一九八三、蜂谷一九八八など）。室町末期の辞書『通要古紙』（宮内庁書陵部蔵天明三年写本）にも「垰《タウケ》」とある。室町時代に、軍記物などで「峠」と同様の用法で普通名詞として使用され始めており、中世の文献での使用例と辞書の収録例の読みと、近世以降の中国地方での読みと意味（用法）とは、なおもミッシングリンクのようになっている。室町期の文明年間（一四六九～一四八七）よりも後の編と考えられている文明本『節用集』（『文明本節用集研究並びに索引』所収影印、一九七〇など）には、「到下《タウケ》　クタル　峰　垰《タウ》　同山ノ一　峡《タヲ》　山ノ一」とある（「峡《タヲ》」は同索引、解説では「峡」に作る）。「タウ」は不鮮明ながら「タヲ」と書こうとしたようにも見える。天理本『和名集』に「峡　タヲ」があり、石見方言とみられる（高橋忠彦・高橋久子・古辞書研究会『意味分類体辞書の総合的研究』）。戦国期の辞書『異本快言抄《かいげんしょう》』（木村晟編『近思学報・史料と研究』二〔原本は天理図書館所蔵〕）には「峡《タウケ》　峠《タウケ》　峧《タヲ》」とある。

江戸中・後期の狂歌師・大田南畝《なんぽ》の『南畝莠言《なんぽゆうげん》』（早稲田大学、東京大学東洋文化研究所蔵版本）巻上には、「峠《タフゲ》といふ字　甲陽軍鑑《カウヤウグンカン》に到下《タウゲ》と書　臥雲日件録《グハウンニッケンロク》には江文垰《エブミタフゲ》とあり　中国《チウコク》には峠《タフゲ》とかきてタヲといふ　峠《タヲ》市佐野のタヲうけのタヲなどなり」と例示しながら地域性を指摘している。

「垰」はＪＩＳ漢字制定（一九七八年）の際に参照された行政管理庁（現・総務省）の『対応分析結果』（一九七四）によると、国土地理協会の一九七二年版『国土行政区画総覧』に二回出現したために、ＪＩＳ第２水準に採用されたものである（タオ　「(その他の)国字」に分類されている）。加除式のこの資料をさかのぼって調べると、一九七三年七月に除去された頁に「山口県下松市切山通称垰市《たおいち》」「山口県下松市来巻通称垰迫《たおざこ》」、一九八六年六月の除去頁に「山口県長門市渋木通称大垰《おおとう》」、一九八七年三月の除去頁に「広島県山県郡加計町下殿河内通称垰《たお》」があり、その出現が確かめられた。

「垰」は山口県などでは姓にもなって、各地に広まっている。「峠垰（とうげたお・とうげだお）」という姓は広島に見られる。

「垰」という姓の学生には、早稲田大学の中国語クラスでは、教員によって旁《つくり》が漢字の「卡」に似ているために「ka3」（カー）、その訓読みから「dao4」（タオ）などと呼ばれた人もいた。「垰」は地名では次第に「峠」へと共通字化しつつあり、難読と認められ改姓してそのように字を改めたケースもある。「垰野《たおの》」「垰越《たおごし》」「大垰《おおとう》」（読みには「おおたお・おおたわ」もある）などの姓もある。原爆に関する作品で有名な峠《とうげ》三吉は父親が広島の人であり、姓の「峠」は元をたどると「たわ」「たお」という読みであった可能性がある。島根県の出雲では「大峠《おおごえ》」という姓があった（ＮＨＫ『ファミリーヒストリー』二〇二〇年八月一七日放送〔お笑いコンビ・ナイツの回で「はなわ」の弟の塙宣之の話に〕）。

「垰」と「峠」を異体字関係として捉える意見がある。実際に、『国土行政区画総覧』の一九七九年五月に除去された頁や「誤字・俗字正字一覧表」（一九八一年九月一四日・法務省民二第五五三六号民事局長通達記四）などにも「峠」と「垰」の交替関係が見られる。しかし、音訓、意味、用法、使用範囲などに違いもあり、互いに書き換えることができるとは限らないものは、単なる異体字とはいいがたい。実際に、「垰」から「峠」へと職権訂正された戸籍が、再び「垰」に戻されたケースがある。

「たわ」には別の方言漢字が当てられたところも多く、広島市には、「嶝《さこ》」（→72頁）を「たわ」と読む「柿の木嶝《たお》トンネル」がある。

〔笹原〕

〈参考文献〉WEB「稀少地名漢字リスト」山口県、広島県／喜多朝子「絵図と地籍図にみられる窪垰畑の変容——山口県美祢郡青景村を事例として」『神戸山手女子短期大学紀要』／猿田知之「「峠」の成立」『茨城キリスト教短期大学研究紀要』／蜂谷清人「和製漢字

「峠」をめぐって」『日本語学』／WEB「「中の垰隧道（なかのたおずいどう）」と、それをつくった沖田嘉一について知りたい。」『レファレンス協同データベース』／鏡味完二「日本の山峰の語尾名とその地理学的意義」『地理学評論』／岩永實『鳥取県地誌考』

嶝　たお ⬇ さこ　72頁

嵶　たお ⬇ たわ　124頁

泙　たに ⬇ なぎ　140頁

木部
椨
12画
たぶ　たふ
JIS第2水準

主に九州各地に見られる地域文字。

「椨」は、本州以南に自生する樹木「タブ」を表す。タブの木はクスノキ科の常緑高木で、暖地の海岸地方に多く見られる。枕木や家具などに用いられるほか、タブの木の樹皮を粉末にした椨粉《たぶこ》は、線香の主原料となる。タブは、温暖地に自生しているため、鳥取県・岡山県など中国・四国地方以西に見られ、地名としては鳥取県、愛媛県、高知県で「タブノ木（キ）」、山口県で「たぶの木」など、平仮名・片仮名表記の使用例が偏在しているが、「椨」の地名としての使用は九州内に限られている。

地名では、「椨」のほか、旁《つくり》を「苻」や「符」とする「⿰木苻」「⿰木符」や、「虫」とする「⿰木虫」などの使用があり字体の揺れが見られる。これらは互いに異体字とみられる。

「⿰木苻」は鹿児島県の小地名に見られるほか、「⿰木苻木」などの姓もあり、JIS第4水準に採用された。『沖縄節用集』に「⿰木苻木《タブノキ》」を収める。

「⿰木苻」は、漢字としては、「花の萼《がく》」「ふさ」という意味のみである（『大漢和辞典』大修館書店）。長崎県や鹿児島県の小地名に見られる。

「⿰木虫」（「⿰木⿱一虫」はその異体字）は福岡県、佐賀県、長崎県、熊本県に分布している（「独」と誤植されることがある）。この字は、中国と日本の古い辞書にあったが音義は別で字体の偶然の一致（衝突）に過ぎず、「⿰木蜀」とも関連はない。中国の字典では、『中華字海』（一九九四）に「⿰木虫」は『篇海《へんかい》』に「音軟」とあり、義未詳とする。万暦版『篇海』（一五八九）でも「⿰木虫」は

『類篇』（一〇六七）を引き「音軟」としかない。

旁《つくり》が「付」である「柎」もある。これは「椨」が辞書にある字に置き換わったものだろう。音読みが「フ・ブ」、訓読みが「いかだ・うてな・つける（「坿」［→31頁］に通じる）・はなしべ」で、「うつわのあし」「ゆづか」「よる」などの意、楽器の名、木の名、中国の姓などに用いられる。

福岡県では、「明治十五年字小名調」（『福岡県史資料』）に、「タブノ木」、「たふの木」のほかに「多富《たぶ》ノ木」の表記が見られる。このほか「𣏓」を用いた「𣏓ノ木」、「𣏓山《タフヤマ》」が見える。北九州市八幡西《やはたにし》区町上津役《まちこうじやく》東三丁目にある「𣏓木池」は「はぶのきいけ」と読まれている（やごいにーにー「稀少地名漢字探訪レポ1 はぶの木池」［ニコニコ動画］）。

長崎県には、「椨《たぶ》ノ木《き》」「大椨《たぶ》池」のほか、片仮名表記、仮借に混じって、「𣏓」を用いた「𣏓《たぶ》ノ木《き》」「𣏓木《たぶのき》坂《ざか》」があり、また「椨」を用いた「椨畠」もある（『角川日本地名大辞典 長崎県』、山崎諭『郷土の地名考』）。ほかに、長崎の近世文書に「椨」を用いた「椨木」がある（大橋幸泰「【史料紹介】高谷家由緒書」）。

佐賀県には、仮名表記に混じって、「𣏓」「大𣏓《おおたぶ》」と、「𣏓」の転化と見られる「椋」を用いた「椋木瀬《たぶのきせ》」が見られる。このほか、「椨」の崩し字の誤った回帰字体であるのか、漢字「苻」が「まき」に使われた小地名が見え、崩し字を介してか「蒔」と通用したことがうかがえる（『角川日本地名大辞典 佐賀県』）。

大分県には片仮名表記に混じって、「椨」を用いる「椨《たふ》ノ木」が見られる（『角川日本地名大辞典 大分県』）。

熊本県には、平仮名・片仮名表記のほか、「椨」「𣏓」の両字が見られ、「椨の木平」「椨ノ平」「𣏓木《たぶのき》」があるほか、「柊」を当てた「柊《たぶ》ノ木迫《きさこ》」もある（『角川日本地名大辞典 熊本県』）。天草郡（現・天草市）河浦町役場税務課によれば（一九九三年）、「椨の木平」の読みは「タビノキヒラ」である。

宮崎県には片仮名表記、仮借のほか、「椨」を用いる宮崎市花ケ島町《はながしまちょう》「椨ノ木《たぶのき》」があり、日南《にちなん》市大字酒谷甲《さかたにこう》には「椨の木橋」がある。「椨《たぶ》峠」と国字が連なるケースもある。このほか、「椨」の転化形である「樚」（漢字としては意味は「ろくろ」）を用いた、宮崎市大字細江字「樚ノ木」、日南市大字東弁分《ひがしべんぶん》字「樚之木ケ平」がある。「二万五千分一地形図」には日向《ひゅうが》市大字幸脇《さいわき》に「樚峠」がある。そのほか『角川日本地名大辞典 宮崎県』に、「樚ケ平《たぶがひら》」、「樚木尻《たぶのきじり》」が見える。江戸前期の『日向国覚書』（一六九八）では「椨」を

「へほ」と読む「原口村内椨木村《へほのき》」を記す（『平凡社日本歴史地名大系 宮崎県の地名』）。

鹿児島県は、南九州市知覧町《ちらんちょう》に「椨迫」がある。同町役場住民課によれば（一九九七年）、読みは「たぶのきさこ」、地元の人は「たんのさこ」と言い、地名に関する言い伝えは聞いたことがないという。また、屋久島には、島の北東部に位置する熊毛郡《くまげ》屋久島町《やくしまちょう》楠川《くすがわ》に「椨川《たぶかわ》」集落と「椨川港《たぶかわ》」があり、椨川の流れる同集落には、バス停「椨川」と「椨川神社」がある。河川の「椨川《たぶかわ》」は椨の木が多かったことによる名称とされる。

『角川日本地名大辞典 鹿児島県』に、鹿屋市《かのや》輝北町《きほくちょう》市成《いちなり》「椨木迫」、「椨香《たふこ》」が載る。薩摩町役場（現・さつま市）総務課によれば（一九九七年）、「椨香」は地元で実際に「たふこ」と呼んでいるという。ほかに「椨迫《たらのきさこ》」とあるが、仮名の誤記でなければ、「タフ」が「タラ」に変わったという誤記か。同辞典に収める小字では「タツ」という振り仮名も見られ、「椨木平《たつぎびら》」、「椨木平下《たつぎびらした》」などがある。誤植でなければ地元の方言による発音の影響つまり鹿児島方言の「入声《にっしょう》」化を表記したものと考えられる。他にも小字、通称地名が見られる。

同県では「椨」のほか、「椨」「椨」「柎」「構」など種々の変化形が用いられており、「椨」「椨川」（「椨川」とする地図もある）「椨木渡《たぶのきわたし》」、「椨ケ瀬戸」「椨木ケ迫」がある。「構」を用いた「構時《たぶとき》」も見られる。これは、後ろの漢字「時」の逆行同化とも思われるが、「構木」の例もある。江戸中期の享保一三（一七二八）年「大御支配次第帳《おおおしはいしだいちょう》」に「椨川村」（現・枕崎市）と見える（『角川日本地名大辞典 鹿児島県』）。

垂水市《たるみず》には「栫《かこい》」（→36頁）の誤植と思われる「椨山《かこいやま》」もある（『角川日本地名大辞典 鹿児島県』）。「椨」が多用される地域なので、これによる誤植も発生しやすいようである。同市役所税務課によれば、「椨山」は電算上では「かこいやま」となっており（電算導入時の資料や確認できる資料がないとのこと）、「栫」と混淆されている。

「椨」はＪＩＳ漢字制定（一九七八年）の際に参照された行政管理庁（現・総務省）の『対応分析結果』（一九七四）によると、国土地理協会の一九七二年版『国土行政区画総覧』に三回出現したために、

ＪＩＳ第2水準に採用されたものである。加除式のこの資料をさかのぼって調べると、一九七二年一二月に削除された頁に「鹿児島県熊毛郡上屋久町楠川字椨川《たぶかわ》」、一九九四年一月の除去頁に「鹿児島県肝属郡東串良町川東通称南椨《みなみたぶ》（「柎」に修正）元《もと》」、「鹿児島県肝属郡東串良町新川西通称椨《たぶ》（「柎」に修正）元《もと》」があり、その出現が確かめられた。一九九五年八月の除去頁には「肝属郡東串良町川東通称南柎元《みなみたぶもと》」がある。

「椨」は姓にも用いられてきた。人物の所在を探すソフトウェア「写録宝夢巣」などによれば、「椨」姓は鹿児島県に多く、宮崎県などにも散見されるが、「椨元《たぶもと》」姓は三重県のみ（タブノキのそばにあったからという）という。「椨」を「とう」と読む姓もある。「〜元」姓は概して鹿児島に多い。このほか、「椨《たぶ》」が姓にある。

鹿児島県の姓には「椨木（たぶき・たぶのき）」もある。ＷＥＢサイト『日本姓氏語源辞典』によれば、姶良《あいら》市木津志《きづし》の小字「椨木野」が発祥。同地には江戸時代に実施された土地制度である門割《かどわり》制度により編成された椨木野門があり、この門による明治新姓であるという。「大椨《おおたぶ》」姓は同辞典によると、南さつま市金峰町大坂《きんぽうちょうだいざか》の小字《こあざ》「大椨」が発祥という。江戸後期の島津藩の柊野《くきの》地区には、親孝行で藩から表彰された椨木六左衛門《たぶきろくざえもん》がいる（松永守道「蒲生人物伝」第一集）。なお、平安時代以前から、九州、とくに薩摩は地名での難字の使用が目立っていた。大和政権への反発とみる意見もある。「たぶ」に「樜」を用いる姓などもあるが、「椨」の変形であろう。

「椨」の旁《つくり》の「府」はタブの「ブ」を表すといわれる（『大漢和辞典』補巻は形声文字とみる）ほか、「蔵」の意とみる説もある。明治以降、「椨」は、国語辞書にも収められ、木材の運送などとともに全国で材木業界などで知られる字となる。樹木の説明に見られるほか、俳句にも詠まれる。ＪＩＳ漢字に収録された影響で多くの辞書、とくに漢和辞書に載り、現在では、林野庁の東北森林管理局でも「タブノキ　Machilus thunbergii　〈椨の木〉　クスノキ科」と使用しているように（東北森林管理局ＷＥＢサイト『朝日庄内いきもの図鑑』）、「たぶ」の語が植物名であることを明示するために、辞書の見出しや本文で多用される字となった。片仮名「タブ」に括弧書きでこの字を提示することもある。普通名詞を表記する漢字としては地域性が薄れつつあり、地域文字が一般文字化したケースといえる。

七世紀半ばの唐の玄応《げんのう》によって編まれた

『一切経音義《いっさいきょうおんぎ》』巻一九（『古辞書音義集成』）に「椨麈」（偏を「扌」に作る本、「拊」とする本もある）とあり、経文の本文では「柎」（芳主反　猶柏也）に作る。平安時代に編纂《さん》された『新撰字鏡』などにもほぼそのまま収められた。

幕末に脱稿した佐藤信淵《のぶひろ》による『草木六部耕種法《そうもくりくぶこうしゅほう》』には「㯬」を「たぶ」とする。明治前期の『日本樹木要領』（一八八四）に「「椨」（たまぐす・たぶのき・たものきなど。本邦製作の漢字）」とあり、江戸中期の辞書『和爾雅《わじが》』を典拠とするが、巻七「木」の「柎」（花の「蕚《がく》」の意）を指すかと思われる。

〔笹原〕

〈参考文献〉丹羽基二『難姓・難地名事典』、『姓氏の語源』／高信幸男『難読稀姓辞典』／菅原義三編『国字の字典』／塚田雅樹「登記・供託オンライン申請システムに現れる地名を表すUnicode未符号化文字」『日本漢字学会報』

木部

桜

10画

たら　くら　アン　ワン

JIS第1水準

岐阜県・三重県・滋賀県および福井県に見られる地域文字。小字名・神社名での用例が存在する。

岐阜県恵那《えな》市山岡町上手向《やまおかちょうかみとうげ》の字「桜」は「たらのき」と読むと思われる（『角川日本地名大辞典　岐阜県』『恵那郡史』では「桜《たら》」、『eMAFF農地ナビ』では「タラノ木」）。「たら」という読みは新芽が食用になる植物の「桜《たら》」を連想させる（↓「楤」118頁）。

三重県熊野市紀和町湯ノ口《きわちょうゆのくち》の字「桜ノ木峪」の読みは「あんのきざこ」で「桜」は「あん」と読まれる（『角川日本地名大辞典　三重県』）。

滋賀県愛知《えち》郡愛荘町《あいしょうちょう》川久保の字「椋桜」の読みは「むくわん」。滋賀県立図書館がオンライン公開する川久保村の絵図に「字むくゑん（ゑは「わ」の変体仮名）」が見える。『角川日本地名大辞典　滋賀県』小字《こあざ》一覧では同地の旧愛知川町川久保の小字に「桜」が「案」になった「椋案《むくあん》」が見える。

「桜」を「くら」と読む例は福井県にある。三方上中《みかたかみなか》郡若狭町《わかさちょう》の大鳥羽《おおとば》に石桜比古比賣《いわくらひこひめ》神社があり、近くの小原《おはら》にも同名の神社がある。

石桜比古比売神社は平安時代に成立した『延喜式』「神名帳」に若狭国遠敷郡《わかさのくにおにゅう》「石桜比古神社《いわくらひこ》」「石桜比売神社《いわくらひめ》」とも見える古社であり、諸本に「石按（イハア

ン・イハクラ）」や「石鞍《イハクラ》」などの表記も見える。平安中期以降に作成された『若狭国神階記』には「従四位石掠彦明神」、「正五位石掠彦明神」、「正五位石掠姫明神」が見え、幕末の国学者・鈴鹿連胤《すずかつらたね》による『神社覈録《かくろく》』が類社として大和国（現・奈良県）高市《たかいち》郡にある巨勢山坐石掠孫《こせやまにますいわくらひこ》神社を挙げている。

漢字の「桉」は中国・清代の字書『康熙《こうき》字典』（一七一六）が「案」の異体字とする。現代中国では、樹木の「ユーカリ」にこの字を当てている。

江戸中後期の国学者・橘千蔭《たちばなちかげ》による『万葉集』の注釈書『万葉集略解』が「梓弓引き豊国の鏡山見ず久ならば恋しけむかも」（『万葉集』三巻三一一）を詠んだ桉作村主益人《くらつくりのすぐりますひと》の「桉」の字を「鞍の省文なるべし」としている（木村一九〇四）。また木村（一九〇四）は中国で「鞍（鞌）」が「案」となった例を仏典で確認している（笹原二〇〇七）。

また、『日本国語大辞典』は、「鞍を置く」の項で「妹がりと馬に桉置て射駒山うち越え来れば紅葉散りつつ」（万葉集一〇巻二二〇一）を引く。

〈参考文献〉WEB「近江国愛知郡七十壱ヶ村耕地絵図」／川久保村（近江国各郡町村絵図）」／『国史大系』第一三巻

［塚田］

木部
樰
15画

たら　だる　ゆき　もち（もっ）
JIS第4水準

長野県、山口県、秋田県に見られる地域文字。

「樰」の「たら」という訓は、落葉低木のタラノキ（新芽が山菜のタラの芽として人気）が、雪のような白い小さな花を咲かせるためと考えられるが、雪の多い土地を含意するともいう。室町期（一四～一六世紀）からの国字である魚偏の「鱈《たら》」（蜷川親元《にながわちかもと》『親元日記』国立公文書館［旧内閣文庫を含む］蔵など）が下敷きとなっている。このほか、「タラノキ」を意味する漢字「桵《ズイ》」「楤《ソウ》」も土台にして造られたものであろう。

「樰」の訓には「ゆき」もある。これは、「樰」が「雪」（「雪」の旧字体）に「木」を添えたものではなく、元来「たら」ないし「かば」という訓であったものを、読みやすくするために「類推音」や「当て読み」

の応用で「雪」という旁《つくり》の通りに読みを変えたものであろう。こうした行為には、漢字を中心に据え、音声言語を従属的に扱おうとした日本人の意識がうかがえ一般言語学の常識を覆す。「かば」という訓は、「雪」の部分で「しらかば」を指すためという。

　長野県に、「樰」を「たら」と読む小地名「樰木《たらのき》」が見つかる（滝澤主税《ちから》『明治初期長野県町村字地名大鑑』）。

　山口県宇部市（旧楠町《くすのきちょう》）には「樰」を「だる」と読む小地名「樰原《だるはら》」「樰原下《だるはら》」がある（『角川日本地名大辞典山口県』）。「上樰原（かみだるばら・かみだるはら）」・「下樰原」という橋もあり、「樰」を「膤」にしたものがあり公文書や地図にも用いられている（WEBサイト「稀少地名漢字リスト」山口県）（→「膤《ゆき》」223頁）。「たら」の山口での方言形に「だら」があり、読みが地方の俚言《りげん》へと変化したものとみられる。

　秋田県南秋田郡には、小字《こあざ》「樰田《もった》」がある（『角川日本地名大辞典 秋田県』）。この「樰」は、「糯《もちごめ》」の変形とも、モチノキ（黐《もち》の木）を指すものとも思われるが、同郡井川町役場によると（一九九七年）、正しくは旁《つくり》の「雪」が旧字体ではない「樰田」で「もちた」と読むという。

　また、「樰」の偏を「車」や「舟」に替えて、「そり」と読ませる例は、「轌」（→103頁）と同様に秋田県の南秋田郡にある「樰田《そりた》」という小字地名（『角川日本地名大辞典 秋田県』）に見られる。これには「轌」「艝」と共通する発想や意識が読みとれる。

　なお、関連して秋田県には「𥻘」という字も見られる。「𥻘」は「登記統一文字」にあり、由利郡の小字「𥻘田」に見られる地域独自の国字である（『角川日本地名大辞典 秋田県』、「日本行政区画便覧」、「汎用電子情報交換環境整備プログラム成果報告書」など）。これは、同郡仁賀保町《にかほまち》（現・にかほ市）役場によると（一九九七年）、「もちだ・もちた」と読み、「需」を含み「もち（ごめ）」と読まれる「糯」という漢字の字体が変化したものと思われる。この辺りには、「樰」のほか、「白雪川《しらゆきがわ》」が流れ、「白雪堰《ぜき》」があり、「雪車《そり》」「轌《そり》」「鱈《たら》」を含む小字があるため、「雪」という字に触れる機会が多かったと思われる。そうであれば、あまりなじみのない「需」という構成要素を目にしても、「雪」という字であると誤認したり（「需」は「雪」と草書体で類似する）、後で記憶が「雪」へと誤ったりして「雪」と誤記しやすかったことが想像される。つまりこれは、「糯」の旁の「需」に「雪」の字体が影響し、「雪」の白さと「糯」の白さとの一致による俗解が加わったものであろう。公簿でも「⿰米雪」が使用されている。

先に触れたように、井川町にも同じ例があったが、両者が共通の典拠をもつものか、一方が他方へと伝播《でんぱ》したものか、あるいは個別的に発生したものなのかは判然としない。「糯」は字体変化を生じやすく、「糯田」が福島県白河市の地名で「粫田《うるちだ》」となって、「粫《うるち》」がJIS第2水準漢字に入ったケースもあった（中国にも「敉粫」という用例があった）。

「雪」に「氵（さんずい）」を添えた例も見られる。「⿰氵雪」は、鹿児島県串木野市（現・いちき串木野市）において、「⿰氵雪岩」という小字に使われている（『角川日本地名大辞典 鹿児島県』）。これとほぼ同じ字体は古辞書などに見られたが、それとは別個に生まれたものらしい。串木野市役所によると（一九九七年）、明治以来の旧土地台帳にこの字体があるが、読み仮名はなく、後からワープロで資料を作る際に、この字が外字だったために「当て字して」「濡岩」とされ、通称のとおりに「ぬれいわ」と読みが付けられたのだという。「⿰氵雪《ぬれ》女《をんな》」は江戸中期の鳥山石燕《とりやませきえん》の画図『百鬼夜行』にも見られ、鎌倉時代の『類聚名義抄《るいじゅみょうぎしょう》』法上にこの字が「俗雪字」として載る。中国では白族（ペー族）が用いたが

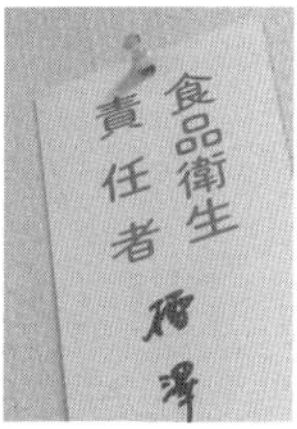

責任者名の表示に「樰澤」姓が見える。

字体の「衝突」である。

「樰」はJIS漢字の第2水準には採用されなかったが、その際（一九七八年）の資料となった行政管理庁（現・総務省）の『対応分析結果』（一九七四）によると、官報に頻度1が示されていた。その後、「たら」として、平成二（一九九〇）年にJIS補助漢字、平成一二（二〇〇〇）年にJIS第4水準に採用された。

姓では「たら」のほか、「たも」「ゆき」「かば」という訓もあるという。なお、「たも」は別種の植物であり、「たら」の転じたものか誤りかと思われる。「樰沢」姓が東京都、千葉県、長野県などに見られる（『タウンページ　東京都墨田区』一九八六、佐久間英『珍姓奇名』、エッコ・オバタ・ライマン『日本人が作った漢字』、丹羽基二『日本姓氏大辞典　表記編』）。たとえば、都内在住の樰沢氏は、「たらさわ」と読み、長野県の出身とのことであった。

現在でも子供の遊びの一つに、「樰」という字を造って、「クリスマスツリー」と読ませた例がある。

［笹原］

〈参考文献〉エツコ・オバタ・ライマン「姓氏に関連する国字」（国語学会での口頭発表資料）／丹羽基二『難姓・難地名事典』

山部
乢
4画

たわ（だわ）　とう　はな　たち
＊ガイ
ＪＩＳ第２水準

主に岡山県、鳥取県、兵庫県に見られる地域文字。

「たわ」は中国地方の方言で、比較的低く小ぶりな山の峠（道）や山の鞍部《あんぶ》を指す。「乢」は中国地方で、「たわ」を表すために象徴的な要素を旁《つくり》に据えた地名用の字である。柳田国男は「峠に関する二、三の考察」（『太陽』一九一〇年三月）で「乢」は「鞍部の象形文字」と述べる。「たわ」にはこのほか、「垰」（→109頁）、「嵶」（→124頁）など複数の漢字が当てられた。

「とうげ」「たお」「たわ」「とう」などの語形と「峠」に対する「乢」「垰」「嵶」などの表記の分布については鏡味明克らによって地図化がなされている（山口恵一郎『地図と地名』、鏡味明克『地名学入門』など）。

これらの地域には、「峠」は「とうげ」表記用として使い分ける地もある。岡山県や鳥取県では、元禄時代あたりの文献からの歴史をもつ「○○乢（たわ・だわ）」が用いられるが、一部で「○○峠（たわ・だわ・とうげ）」へと共通字化と共通語化が進んでいる。

岡山県東北部・美作《みまさか》地方には、津山市加茂町下津川に「松《まつ》ヶ乢《たわ》（古）城」跡がある。同市の北東に位置する山に広戸仙《ひろどせん》があり、その登山口でもある峠の一帯を「声ヶ乢《こえがたわ》」という。久米郡には久米南町「安ケ乢《やすがたわ》」がある。同郡に美咲町南「休乢《やすみだわ》」があり、同名の集会所、バス停もある。美咲町境《さかい》にはバス停「宮の乢」がある。津山市・久米郡美咲町間には「休乢トンネル」がある。岡山市庄田に「宮ノ乢古墳」などもある。真庭市蒜山湯船《ひるぜんゆぶね》に「蛇ヶ乢《おろがたわ》湿原」がある。真庭市にはこのほかバス停「大乢」、「大乢峠」もある。瀬戸内市長船町《おさふねちょう》に「桂山《かつらやま》・十二ヶ乢《じゅうにがたわ》古墳群」などもある。「乢」に「峰」を当てる地名もある。このほか、「乢」に異なる読みが当てられている「乢《うね》ノ鼻《はな》」、「宮乢《みやれい》」（「嶺」か「礼」からか）がある（『角川日本地名大辞典 岡山県』）。他にも小字、通称地名が各地に見られ

る。

江戸前期の『作陽誌』（西作誌）において、美作国（現・岡山県東北部）では、「乢《たわ》」が小地名に多用されている。元禄一〇（一六九七）年の「美作国郷村帳」にすでに「安ヶ乢」とある（『平凡社 日本歴史地名大系 岡山県の地名』）。

江戸後期の西島蘭渓《らんけい》（長孫）による『蘭渓先生漫筆』（東北大学図書館狩野文庫所蔵稿本）に、作州（美作の異称、現・岡山県北部）英田《あいだ》郡に「乢《タハ》トウケノ道ヲ云」、「ソノ国ヲ限リテ用ル文字アリ　国字ノ辻榊ノ類ノ普通スルニ異也」、「是等ハ人ノ知ザルヿ《コト》コノ他ニモ遠境ニハ如何ナル文字アランモ知ラズ」と述べている。

備中国（現・岡山県西部）でも、『備中誌』（一九〇二～一九〇四）に「水分れ乢、昔広谷峠　土人水分れと云　西郡より西坂に通る道なり」とある（『角川日本地名大辞典 岡山県』）。同書の「賀陽郡上巻」では巻一には「恋の屹《タワ》」「屹ナリ」とあり、巻二にそれを削字した「乢」（ダワ）、巻三にそれが崩れた字形、巻四、五に「乢」（デザインが不揃《ぞろ》い）と表記に揺れがある。

さらに「乢」は全国的に整備された地図・地形図には載っていない小地名まで含めると、鳥取県にもかなりあり、兵庫県では佐用郡佐用町などに小字が見られるほか、「宇能山・宇野乢」もある（『角川日本地名大辞典 鳥取県』、『同 兵庫県』）。

「乢」は峠の名にも散見される。兵庫県には宍粟《しそう》市千種町《ちくさちょう》岩野辺に「越乢《こしだわ》」などがある。兵庫県（佐用町）と岡山県（美作市）の境界に「奥海乢《おねみたわ》」や「万能乢《まんのたわ》」（萬の乢）がある。岡山県（川上村）と鳥取県（江府町《こうふちょう》）の県境に「内海乢《うつみたわ》」があり、鳥取県には「乢越」もある。
この字は「特異文字」と称されることもあったが、一般的な文脈で用語に地域性を含めなければ、共通文字との対比を表すにとどまる。
岡山県苫田《とまた》郡鏡野町上齋原《かがみのちょうかみさいばら》と鳥取県鳥取市佐治町《さじちょう》栃原《とちわら》との間の峠である辰巳《たつみ》峠は、江戸中期に岡山県側では田住峠、鳥取県側では田角峠（『因幡志《いなばし》』）ともいい、長尾勝明『新訂訳文 作陽誌』（一九一二）には「田住乢因作之界」とあり、文政元年（一八一八）ごろの「美作国絵図」には「田角峠　難所」とある（『角川日本地名大辞典 鳥取県』）。

伯耆国《ほうきのくに》（現・鳥取県西部）の山陽側の藤森から山陰側の郷原《ごうばら》へ越える鳥居峠は大山《だいせん》を遠く拝む遥拝《ようはい》地であった。この峠には、松尾芭蕉の百回忌を記念して寛政五（一七九三）年に建てられた雲雀《ひばり》塚があり、その刻文にも「此鳥井乢　昔大山遥拝の神門ありしにいづれの時か朽爛て埋し跡はこなたの丘となれりとぞ、星霜隔りて今は知る人稀なり」と見える（『平凡社 日本歴史地名大系 鳥取県の地名』）。

「乢」は中国地方を離れて、静岡県伊豆地方の「十郎乢」（『土地宝典（下田市）』一九八九）や、奈良県吉野郡十津川村の地名にも見られる（池田末則『地名の考古学』）。さらにより大きな広がりが見つかり、大分県には「乢」を「はな」と読む「須乢《すはな》」のほか、「須屹」もあり、これは旁《つくり》が「乞」の上部の「ノ」「一」を削ったままのように、「乙」が低い位置から始まっている字形である（『角川日本地名大辞典 大分県』）。四国では徳島県三好《みよし》市白地《はくち》村に、「乢」を「たち」と読む「平家の乢（へげんたち）」がある（『角川日本地名大辞典 徳島県』）。

旁に「乙」を当てた「屹」（音はアツ・エチ、「山の隅《くま》［山の入りくんだ所］」の意）は「乢」と筆法が近いこともあって、和歌山県の「狼屹山《おおかみだわさん》」のほか、山口県、愛知県にも確認できる。『日本地学辞書』（一八八二）附録には、前出の美作の地名は「安屹村《ヤスダハムラ》」とある。

旁を「己」（漢字では音はキ、「はげやま」の意）とする「傍示屺《ぼうじがたわ》」も岡山県にある（資料により、「屺」が「乢」「屹」「峠」ともなる）。和歌山県、熊本県の地名にも「屺」、福井県に「屺戸山」、滋賀県に「屺ノ段」などもある。福井県には旁を「巳」とする「屺ノ尻」もある。

さらに、「乙」に旁に二画加え「乞」とした「屹」（音はキツ、「たかい」「けわしい」の意）を転用して用いる地もある（岡山県の「荒神屹《こうじんたわ》」など）。「屹」は、主に東日本の各地で小地名に「き」「きつ」「こん」「はげ」としても使われている。

「たわ」には、このたぐいの字としては、ほかにも、鳥取県の「岅《たわ》」（山の鞍部《あんぶ》の形か、跨《また》ぐイメージからか。〔菅原義三編『国字の字典』ほか〕）、兵庫県の「峵」や京都府の「坳」、奈良県吉野地方の「辿」（「たどる」という訓が広まって一般化しているが、この「しんにょう」は進むイメージからあるいは鞍部の形を象徴するか）、和歌山県の「岫」（「峀」とも書いたか）など、各地でそれらしい字があてがわれた。

「たお（を）」には広島県の「嶝」（一般的な漢字と

しては音はトウ、訓は「さこ」↓72頁)、佐賀県の「岋」があり、「とう」には鳥取県の「垳」「塔」、山口県の「谷」も見られる。

姓にも、岡山県を中心に「乢《たわ》」「大乢《おおたわ》」「角乢《かくたわ》」「門乢《もんたわ》」などがある。「越乢《こしだわ》」姓は、兵庫県宍粟《しそう》市千種町《ちくさちょう》岩野辺の小字「越峠（越乢）（こしざわ）」地区の発祥という。

奈良時代成立の古《こ》『風土記《ふどき》』の伝本では、「乢」は「屹」の異文として載る。平安時代の十巻本『伊呂波《いろは》字類抄《じるいしょう》』に「逗タメラフ　滞　乢　已上同」「ためらふ」とあり、文明本・黒本本《くろもとぼん》『節用集』には「逗・滞・乢・健聞」と掲げられる。

「乢」は中国では「蓋《ガイ》」という字音をもつ字として一七世紀明末の『正字通《せいじつう》』、『大漢和辞典』（大修館書店）など字書に載っていたため国訓とされるが、「岂」、「圠」と関連する字体の衝突であろう。あるいは「蓋」を踏まえて転用させたものか。中国・遼代の字書『龍龕手鏡《りゅうがんしゅきょう》』（九九七）などに「音蓋」（音は盖）としかないため、意味は不明となっているが、『新修玉篇研究』（二〇一九）では「匄」の俗とされている（「屶」と関連する）。「蓋」という字音はその譌字《かじ》（誤字のこと）からのものということになる。

中国大陸にも「乢」を用いた地名が見られる。「乢」は、浙江省の小地名に、「a1」（「アー」の平らな発音）や「a2」（「アー」の上にあがる発音）という発音で使われている。「低凹的山地」「山間小谷地」の意で、「楓樹乢」などと使われているが、偶然の一致の可能性があり、関連はなお未詳である。

〔笹原〕

〈参考文献〉エッコ・オバタ・ライマン『日本人が作った漢字』／塚田雅樹「登記情報提供サービスに見える地名外字――Unicodeに見えない例を中心に」『日本漢字学会報』

垰

たわ ⬇たお 109頁

嵶

山部　13画

たわ　たお
JIS第2水準

岡山県に見られる地域文字。

「たお／たわ」は中国地方などの方言で、比較的低く小ぶりな山の峠（道）や山の鞍部《あんぶ》を指す。読みが「とう」「と」と変わった地もある。「たわむ」と同源の語といわれる。一方、山道の最も高いところをこの列島に住む人々が「とうげ」と呼んできたことは中世以降の文献で確かめられる。「とうげ」は、異界への入り口でもあり、そこに祀られた異境の地への旅を守ってくれる「道祖神（どうそじん・どうそしん）」（塞「さい・さえ」の神）に、道中の無事を祈って手向《たむ》けをしたことが語源だともいわれている。つまり「たむけ」から「たうげ」、そして「とうげ」となったとも考えられている。「たお／たわ」「とう」と「とうげ」は、坂道の一番高い所という点でほぼ共通しているが、たわんだような形の山の鞍部を「たわ」ということは奈良時代に成立した『古事記』に「山多和」などと見え、平安時代に現れる「たう（とう）げ」とはやはり語源を異にする可能性がある。「たわ（お）ごえ」の転とする説もある。『万葉集』には「たをり」の語も使われている。

山陰、山陽地方は、中国山地や起伏のある地形によって坂道に富む。ここでは、峠のことを「たわ」、「たお」、「とう」（四国でも愛媛県に多い）と呼び、地名にも用いられ、駅名にもなった。「嵶」は「たお」「たわ」に対して造字したものの一つであり、「嵶」とも書く。このほか、「垰」（→109頁）、「乢」（→121頁）などによる表記が見られる。これらの分布については地図を用いた鏡味明克ほかに先駆的な調査があり、岡山県東南部（備前）では「嵶」、同県東北部（美作《みまさか》）では「乢」、広島県、山口県では「垰」といった造字の使用分布の傾向を指摘する（山口恵一郎『地図と地名』、鏡味明克『地名学入門』など）。「嵶」は、傾斜が「弱（弱）い」ということに加え、鏡味明克は「たおやか」に「嫋」を当てることが下地になっているとする。「手弱女」や「鰯」も下敷きとなったか。エツコ・オバタ・ライマンは「とうげ」と読む「峠」「嵶」「垰」を含めて『日本地名索引』により集計するが（『日本分県地図地名総覧』〔一九八二〕はここでは用いると述べていない）、同書の読みには根拠が必ずしもあるわけではない。

岡山市北区に御津草生《みつくそう》字「延ケ嵶」、日応寺字「榎嵶」がある（いずれも読み不明）。同市東区には西片岡字「嵶《たお》」があり、同名の峠もある。同市瀬戸町宿奥《しゅくおく》には「才《さい》ノ嵶《たわ》」という峠がある。倉敷市の児島由加《こじまゆが》に峠名「化粧嵶」（読み不明）

がある。同市の児島赤崎に峠名「扇《おうぎ》ノ嵶《たわ》」と「扇の嵶入口」というバス停名があり、交差点名に「扇ノ嵶口」、「扇ノ嵶南」がある。「新扇の嵶トンネル」などもある。岡山市東区中尾に「梅ヶ嵶池」もある。そのほか玉野市日比七丁目に「桜嵶《さくらたわ》」という峠、瀬戸内市牛窓町鹿忍《うしまどちょうかしの》「嵶池」（読み不明）という池がある。同市の邑久町尻海《おくちょうしりみ》には宮嵶窯跡《みやんだおようせき》もある。他にも小字《こあざ》、通称地名が見られる。

津高郡（現・岡山市北区）にあった「深溺村《ふかだわ》」（明治四年に富吉村と改称）は戦国期の文明三（一四七一）年六月一三日の「備前国総社家社僧中神前御祈念之事等注文」（『吉備津彦神社文書《きびつひこじんじゃ》』）に「一、同（津高郡）田原村・深嵶村」とあり、江戸期～明治四（一八七一）年の村名は「深溺」で、「深嵶」とも書く（大沢惟貞『吉備温故秘録《きびおんこひろく》』、『角川日本地名大辞典 岡山県』）。小字にも漢字の「溺」を用いるものが散見され、表記が「嵶」と「溺」の間で揺れていた。

『角川日本地名大辞典 岡山県』には、類義の国字を連ねた「峠嵶」などもある。同辞典に収める小字名には誤記が疑われる「タマ」のほか、「ダハア」という読みないし仮名遣いも見られる。

このほか同県の「たわ」地名には、瀬戸内市長船町《おさふねちょう》土師《はじ》に「屹」（漢字では音はキツ、「そびえる」の意）を用いた「荒神屹《こうじんたわ》」という峠がある。「屹」の旁《つくり》を変えた「乢」（音はアツ・エチ、「山の隅《くま》」「入りくんだ所」の意）を用いた「狼乢山《おおかみだわさん》」が和歌山県田辺市にある（「乢」はこの地名によりJIS第4水準に採用された）。さらに同県には、「杉峠《すぎとうげ》（杉垰《すぎたわ》）」（→「垰」109頁）のほか、「○○峠（たお・だお・たわ）」「○○乢」（→「乢」121頁）が多くあり、語形と表記形に大きな揺れを呈している。

「嵶」はJIS漢字制定（一九七八年）の際に参照された行政管理庁（現・総務省）の『対応分析結果』（一九七四）によると、国土地理協会の一九七二年版『国土行政区画総覧』に一回だけ出現したために、JIS第2水準に採用されたものである。加除式のこの資料をさかのぼって調べると、一九七三年一月に除去された頁に「岡山県岡山市西大寺西片岡通称嵶《たお》」とあり、その出現が確かめられた。

柳田国男『山の人生』（一九二六）に、遠州（現・静岡県西部）奥山郷の久良幾山《くらき》にある岩石の地「子生嵶《こうみたわ》」が記されているように、「嵶」が岡山から遠く離れた遠隔地に用いられた例もある。また、広島市には、「嶝《さこ》」（→72頁）を「たお」と読む「柿の木嶝《たお》トンネル」

がある。

[笹原]

〈参考文献〉WEB「稀少地名漢字リスト」岡山県／読売新聞社会部編『日本語の現場』1／笹原宏之『方言漢字』、WEB「漢字の現在243　岡山の「嵡」と「穝」（さい）」『三省堂Dictionaries & Beyond　WORD-WISE WEB』、／エツコ・オバタ・ライマン『日本人の作った漢字』

驒　ダン➡ダ　108頁

躷　ちぢ➡じじ　81頁

岵　チョウ➡はけ　164頁、やま　チョウ　221頁

木部　樿　16画

でいご　でいぐ　でぃいぐ

沖縄県に見られる地域文字。

沖縄が北限の地とされたマメ科の落葉高木「デイゴ」（デーゴ、でいぐ、でぃいぐ）は沖縄県の県花であり、屋号にも用いられる。デイゴは一般的にはその発音から木偏の「梯梧」を当てるが、沖縄では「樿」という造字が用いられることもあった。「樿」は、デイゴの赤い花の蕾が筆先と形が似ていることから、木の筆が連想され造られた会意の字とされる。中国浙江省の冊封《さくほう》正使・陳侃《ちんかん》（一四八九〜一五三八）による『使琉球録』には「梯沽《でいご》（梯姑）」は「紫木筆《こぶし》」のようだとある。

うるま市宮城島《みやぎじま》上原には「樿」姓の家が二軒あった（多和田一九八三ほか）。公簿にも記載があったが、戦後に改姓されたために廃姓になった。

「樿」のほか沖縄の地では、琉球王朝の時代から、「𡸴《ぐし》」（→44頁）のような琉球独自の国字が地名や姓、名などに使用されていた。戦前には、「へら」（ひら）には形声式の「鉡」も当てられ、地名や人名に用いられていた。なお、薩摩藩は、江戸初期の寛永元（一六二四）年に琉球に対して、「大和めきたる姓」を禁じたことがあった。

[笹原]

〈参考文献〉丹羽基二『難姓・難地名事典』、『別冊歴史読本　苗字』

龍部
𪚥
64画
てち・テチ　＊テツ

和歌山県などに見られる地域文字。

「てち」は、和歌山県の田辺市龍神《りゅうじん》村や熊野地方辺りの俚言《りげん》であり、「ものすごい」「勢いよく」といった意味をもつ。

　龍神村では近年、この方言「てち」に対して、「龍」を四つも書き六四画もある漢字「𪚥」（音読みはテツ・テチ、「多言」の意）が当てられることがある。

　当地では平成一一（一九九九）年に開店した食堂・喫茶店の名に「𪚥」が付けられた。店のオーナーによると、店名の由来は「若い人たちがあまり使わなくなった地元の方言を大事にしたいという気持ちがあり、それに『てち繁盛』『てちサービスよく』『てちおいしい』という思いを込め」たもの。「（漢字は）最初は知らなかったんだけど、知り合いからこんな漢字があるって聞いて。それで図書館にいって調べたら本当にあった。『龍神』の龍が四つもあり、インパクトは十分。辞書の意味と、方言の『てち』とは少し意味が違うけれど、これしかないと思った。一度見たら忘れられない漢字」という（石橋昌也「南紀、熊野、ときどき漢字（1）」）。

お食事・喫茶「𪚥」（和歌山県道の駅ドットコムより）

　村の道路脇にも「𪚥」と書かれた看板が出ており、店ではこの字がプリントされたTシャツも販売されている。創作漢字とよく間違われるという。新聞記事やWEB上などでしばしば話題となった。

　和歌山県以外にも、「𪚥」は各地で店名に選ばれてきたほか、「てつ」と読み、山形の日本酒の銘柄（純米大吟醸「東の麓𪚥《てつ》」）にもなった。かつてユニコードになかったこともあって、WEB上では「龍龍龍龍」のように示されることもある。

　「𪚥」は、中国で生まれ、日本でも江戸時代には辞書に載っており、名付けに使われることも数件あったので、それが語源となって俚言《りげん》として定着したという可能性は絶無ではない。

　しかし、龍神村では、「𪚥」は俚言「てち」の表記として使用されるにとどまらず、この字の音読みと多言という意味が「てち」の語源であると意識されるこ

とさえも生じており、本字つまり元の正しい字と意識されるようになっている点が特徴的である。〔笹原〕

〈参考文献〉笹原宏之「氏名の「伝説」に対する検証（三）「龍」四つからなる64画の漢字「てつ」を用いた名は実在したか」『戸籍』、『なぞり書きで脳を活性化 画数が夥しい漢字121』

屼
とう➡たわ　121頁

垰
とう➡たお　109頁

嶝
とう➡さこ　72頁

鼓部
鼕
18画

ドウ　トウ
JIS第2水準

島根県、長崎県などに見られる地域文字。

島根県松江市の中心部では、毎年一〇月に松江祭鼕《どう》行列が行われる。「鼕《どう》」と名付けられた大太鼓を据えた山車《だし》屋台を町内会ごとに引き、「鼕」を市民がたたきながら道路を練り歩く。歳徳神《としとくじん》（年神様）信仰に源流をもつとされ、江戸中期の享保九（一七二四）年に始まるといわれる。松江市の観光用のビデオなどによると、出雲地方では大太鼓を「ドウ」と呼び、多くの町や会が所有しているという。それらしい構成要素、字義と発音をもつ「鼕」を探し当てたのだろう。元は太鼓の音を表す「鼕」が太鼓の名称（名詞）と化し、さらに祭や会の名にもなった。地元では、中国語訳に「鼕（大鼓）」が見られる。

松江歴史館企画展図録『旧制松江高等学校』（二〇二二）には、昭和三（一九二八）年の野球部の応援のキャプションに「鼕《どう》の乱打は淞高名物」とある（昼間良次氏教示）。

鼕の保存会組織には「鼕夢《どうむ》の会」がある。この城下町の一大イベントは、新型コロナウイルス禍で二年連続中止になっていたが、令和四（二〇二二）年に、三年ぶりに開催された。

江戸初期の慶長一〇（一六〇五）年の「神魂《かもす》社役交名注文《きょうみょうちゅうもん》」（『秋上《あきあげ》家文書』）には、「鼕取《どうとり》」（次席社人）の名が記されている（『角川日本地名大辞典 島根

県』)。

「鼕」は漢字の読みはトウ・ズ(ヅ)、唐詩などで打楽器の一種の鼓《つづみ》の音として使われ、日本では『武家節用集』中巻(一六八一)に「鼕哄挙(ときのこえどっとぁぐる)」と世話字のようにも使われたが、松江では独自の用法を定着させた。「鼕取」のほか、「鼕開き」、「鼕台《どうだい》」(鼕を乗せる台車)、「鼕叩《たた》き」(神職の代理を務める者)などの熟語も生じている。

松江市の日本酒の銘柄に、「鼕」を「とう」と読む「豊の秋 純米大吟醸 鼕々《とうとう》」がある。

長崎県の佐世保市小佐々町《こさざちょう》矢岳《やたけ》には「鼕泊島《とうどまり》」がある。北九十九《くじゅうく》島を構成する島の一つで、北東にある前島との間に「鼕泊橋」が架かっている。

山口県に字「鼕々《どうどう》」があり(塚田雅樹氏教示)、鹿児島県にも「鼕」を用いた「田布施鼕鳴《たぶせどうめき》」があった(『平凡社 日本歴史地名大系 鹿児島県の地名』)。

[笹原]

〈参考文献〉笹原宏之『方言漢字』

嶝　とお ⬇ さこ 72頁

木部

栃

9画

とち　レイ

JIS第1水準

「栃」は現在、各地で見られ、主に栃木県の県名に使われる。

「栃」を含めた「茨」(↓13頁)、「埼」(↓60頁)、「梨」、「阜」(↓177頁)、「阪」(↓66頁)、「奈」、「岡」、「媛」(↓176頁)、「熊」、「鹿」の十一文字は、平成二二(二〇一〇)年に告示改定された「常用漢字表」に追加された。その理由は、都道府県名として使われているためであった(新潟の「潟」は当用漢字(昭和二一年公布)から常用漢字に切り替わる昭和五六(一九八一)年に「干潟」「〇〇潟」といった普通名詞などの表記用として採用されていた。「泻」「潟」は採られなかった)。これにより、都道府県名に用いられる漢字はすべて表内字となったため、「栃」は「阜」、「埼」、「茨」などとともに、方言漢字性は減少しつつある。

先行研究では「栃」は、国語学者の三矢重松《みつやしげまつ》、中田祝夫《なかだのりお》、地名学者の吉田東伍らが、明治四(一八七一)年の廃藩置県に際して、戦国時代以来の地名「栃木」の「栃」を元に役人あたりが造った字であると推測した。県令通達により明治五（一八七二）年から「杤木」とされたが、明治一二（一八七九）年から「栃木」となった。大蔵省の役人の間違いとも推測されているが（『栃木市史 通史編』ほか）、明治五年には庶務課記録掛により、「橡」「杤」が混用されて不体裁なので、太政官の渡した官印の「栃」（「万《マン》」は「卍」と通じた）の篆書《てんしょ》に基づき「栃」（この「厂」のない字体を示す史料もある）で統一することとされていた。公印では、「万」が中国最古の字書『説文解字《せつもんかいじ》』（一〇〇年成立）にないためにあえて特異な「卍」に設計したものか。「坂」も『説文解字』にないために大阪に「阪」が選ばれたとの説がある。「蠣」（音はレイ、読みは「かき」。地名にも使用）から「蛎」「蠇」や「蛎」という異体字を派生したケースとは逆であるものの相互に影響が生じたこともあったであろう。この明治五年の通達の前には「杤」「栃」が混用され、一つの文書で併用されるものさえあった（「栃木県史材料 制度部 地券」『栃木県史料』国立公文書館［旧内閣文庫を含む］蔵）。

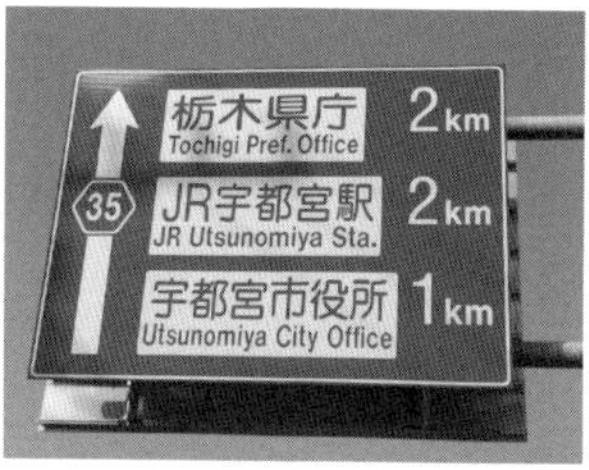

しかし、江戸時代の書簡にすでに「栃」の姓での使用例が見つかり（江戸後期の『天保郷帳』越後国にも「杤」と「栃」との中間的な字形も見られる）、また、「杤」を俗とみる漢学者らは江戸時代に漢字「櫔《レイ》」を「とち」に当てた。その略字としても「栃」が用いられたとされる。この「樠」という「杤」のいわゆる拡張旧字体（『類聚名義抄《るいじゅみょうぎしょう》』にも字体は収める）は、新潟県東蒲原《かんばら》郡阿賀町・平等寺薬師堂の落書き（一五六七年、『東蒲原郡史　資料編』二）に「樠木」という姓で、江戸後期の国学者・菅江真澄《すがえますみ》（一七五四～一八二九）による紀行文『あきたのかりね』に「樠屋」という出羽国《でわのくに》（現・山形、秋田両県）の鶴岡の地名で見え、この字も一部で姓に定着した。十返舎一九《じっぺんしゃいっく》『東海道中膝栗毛』（一八〇二～一八〇九）に「杤面屋弥二郎兵衛」とある。

ほかに栃木での古い例を挙げると、鎌倉期の歴史書『吾妻鏡《あづまかがみ》』の正嘉二（一二五八）年七月一〇日条にある「杤木郷」は、栃本郷（現・佐野市田沼町）に比定される（『角川日本地名大辞典 栃木県』）。当時の関係者の意識はともかく、低頻度の字体が明治初期に公的に採用されて高頻度となったというのが史実のようである。

樹木のトチによく使用される漢字「橡」を用いた「橡木」の表記が使われることもあった。「栃木」と県名の字が定められた後にも、「杤木」と記すものがあった（「官員名簿　明治一〇年」『活字文明開化――本木昌造が築いた近代』など）。『大審院刑事判例集』四（一九二五）に載せる有名な狸狢《たぬきむじな》事件（大正一三年に発生した狩猟法違反事件）の判決のように、大正時代末においても「栃木」を「朽木（杤木）」と記すことがあった。字体や字義の類似の影響により、「枋木」「杼木」「栃木」などの誤記や誤植も見られた。「杤」という活字もあったが、たとえば尾崎紅葉『巴波川《うずまがわ》』（一八九〇）では「栃木」となっているほか、柳田国男の『遠野物語』（一九一〇）の校正刷り（『原本遠野物語』）では、「杤」に直すように赤字で修正が入れられている。

栃木の県名の由来は、栃木町（現・栃木市）にある神明宮《しんめいぐう》の社殿の棟の上に十個の千木《ちぎ》（X字型の木）がついていたので、社殿のあたりを「十千木《とちぎ》」と呼ぶようになり、千木が十あつまれば万となるので、木偏に「万」と書いて、「杤木」となったともいう。

平安時代に、樹木のトチに「十千」と万葉仮名を当てて（「万」の説明としては古くからある）そこから「十」と「千」を掛け算して旁《つくり》を「万」とした「杤」が造られたという説もある（鎌倉中期の字書・観智院本『類聚名義抄《るいじゅみょうぎしょう》』に「杤　トチ　十千　義興」とある。［宝菩提院《ほうぼだいいん》本は「十千」を「ナチ」のように作る］平安末期の二巻本『色葉字類抄《いろはじるいしょう》』などには「枖」などもある）。康和四（一一〇二年）の「東寺影供料足支配状」に菓子（木の実）として「杤二折櫃」とある（『東寺文書聚英』など）。室町末期の『通要古紙《つうようこし》』（宮内庁書陵部蔵天明三年写本）には「杼《トチ》　櫔　栩」とある。

栃木県以外では、岩手県の陸奥国胆沢郡《むつのくにいさわ》（現・奥州市）にあった「栃木《とちぎ》」は平安末期に見える郷名。『平泉中尊寺文書』にある「経蔵別当蓮光譲状《きょうぞうべっとうれんこうゆずりじょう》」の久寿《きゅうじゅ》元年（一一五四）三月八日条に、「同御堂（金色堂）供養法田弐町〈同（胆沢）郡栃木郷在之〉」とあるという（『大日本仏教全書』、『平安遺文』、『平泉町史 史料編』一、『角川日本地名大辞典 岩手県』）。

また、島根県の那賀《なか》郡弥栄《やさか》村（現・浜田市弥栄町）「栃木《とちぎ》」は、鎌倉期の嘉暦《かりゃく》元（一三二六）年一二月一〇日の「石見永安《ながやす》別符以下地頭職分文《わけぶみ》」（『吉川家文書《きっかわけもんじょ》』）に記された「永安別符」の「四至示」（荘園の区域を示す標識）に「北栃木堺他領」と見えるという（『平凡社日本歴史地名大系 島根県の地名』）。これらは原典では「杤」なのであろう。

土佐藩（現・高知県）の地誌『土佐州郡志』（一七〇四〜一七一一、影印復刻版）には「櫔木村」「大栃村」「大栃山界」とある。

新潟県には油揚げで有名な「栃尾市」があったが、平成の大合併で平成一八（二〇〇六）年に長岡市と合併し、長岡市の一部となった。

鎌倉時代には「杤畑」という地名が備後国《びんごのくに》（現・広島県東部）に見られ、現在も「杤」を「栃」にした「栃畑《とちはた》」が岡山県津山市などに見られる。愛知県には北設楽《したら》郡東栄町足込《とうえいちょうあしこみ》「栃畑《とちはた》」もある（国字が二字、三字と連続している）。

三重県多気《たき》郡大台町栃原《おおだいちょうとちはら》には、東海旅客鉄道（JR東海）紀勢本線の栃原駅がある（『駅名来歴事典』）。

姓では、「杤尾《とちお》」、「杤谷（とちたに・とちや）」、「杤木（とちぎ・とちき）」、「杤本《とちもと》」などがある。木偏に「房」に作る漢字字体を用いる姓もあるともいう。

「杤」の栃木県での使用が明治初期に他の固有名詞などでの使用に影響したことは確かで、姓や小字でも「杤」から「栃」へと切り替えることが随所で起こった。それらの一部で「杤」の使用が残っている。北海道常呂《ところ》郡佐呂間町《さろまちょう》には、栃木県の集団移住者が開拓した字「栃木」がある。大相撲のしこ名では、出身地にちなむ栃木山から春日野部屋に所属する各地出身の力士たちに受け継がれている。

樹木の名としては、『奥民図彙《おうみんずい》』上（一七七八）に「杤ノ木」とあるが、『日本樹木要領』（一八八四）に「栃」とある。「栃」よりも「トチ」「橡」の使用がなおも優勢である（茨城県の「茨」よりも「イバラ」「荊」の使用が比較的優勢であるのと同様）。漢籍ではトチに「芧」の使用が見られ、長野県の地名で別字の「芧」に変化して用いられた。

なお、「櫔」や「励」（旧字体［いわゆる康熙《こうき》字典体］が「勵」）などの漢字からの応用により、栃木での使用が顕著な「帰栃」「来栃」のような熟語には、「キレイ」、「ライレイ」のように類推音「レイ」が慣用的に生じている。地域字音、方言字音（→「鯱」87頁）と位置付けることができよう。「帰栃」はこのほか、「キトチ」とも読まれている。

「栃」は前掲のように筆順の関係もあって既存の別字「朽」のように書かれることも古くからある。旁《つくり》にある「万」を「万」のように記すこともあった。また旁の「厂」の部分は、横線ではなく「ノ」のように右上から左下におろす形で書く字形が広まり（「栃」ではなく「栃」）、県内でも多数派となっている。『朝日新聞』も後者に変更した。「表外漢字字体表」と「常用漢字表」はそれらをデザイン差としている。国定読本である第一期『尋常小学読本』明治三七（一九〇四）年巻八では、「栃木《トチギ》」とあり、「栃」の字形を用いていた。「栃」の「万」を「方」にする字体も見られる（「自治体地名外字」、「登記統一文字」、国立国語研究所「平成一九年度 経済産業省委託 汎用電子情報交換環境整備プログラム 文字対応作業委員会資料（「地名外字」資料）」）。

都内の大学では栃木県から離れた地の学生ほど、誤字が書かれる割合が高くなる傾向が見られたが、「改定常用漢字表」に採用されたことから学校の国語の授業でも教わる字となったため、次第に均一化していくものと思われる。

中国語では「栃」に「櫪」やその簡体字「枥」を使う例が多々あるが、飼い葉桶などを意味する別の字である。

〔笹原〕

〈参考文献〉菊地恵太「略字を巡る字体意識の問題――「万（萬）」の場合」『日本漢字学会報』／中田祝夫「日本の漢字」大野晋・丸谷才一編『日本語の世界』四／三矢重松『国語の新研究』／笹原宏之『国字の位相と展開』／栃木県史編さん委員会『栃木県史 通史編 近現代』1／読売新聞社会部『日本語の現場』1・2／吉田東伍『大日本地名辞書』

魚部　⿰魚鹿　22画

とど　＊ロク

宮城県に見られる地域文字。仙台市泉区上谷刈《かみやがり》に「⿰魚鹿ヶ沢《とどがさわ》溜池」がある。

宮城郡にあった七北田《ななきた》村（現・仙台市泉区）の資料『七北田村誌』に明治九（一八七六）年地誌溜池調を引いて「⿰魚鹿ヶ澤池」「⿰魚鹿ヶ澤下池」が見え、また昭和三（一九二八）年の『宮城郡誌』では旁《つくり》を「鹿」ではなく「虎」とする「鯱ヶ澤池」「鯱ヶ澤下池」という記載も見える（↓「鯱」87頁）。溜池は上谷刈村と古内村で共同利用する用水として用いられ、『宮城県史』所収の「風土記御用書出」（一七七三～一七八〇年にかけて仙台藩が各村に提出させた調査書）では「⿰魚鹿澤《とゝのさわ》上堤」「⿰魚鹿澤中堤」「⿰魚鹿澤下堤」の名前が見える。『七北田村誌』は「安永風土記」（前掲「風土記御用書出」の別名）を引いて堤の名として「魚⿰魚鹿沢上・中・下堤」を挙げるが、『宮城県史』の記載と合わず、誤りと思われる。

現在「⿰魚鹿」を用いる小字名《こあざ》は存在しないが、旁を「鹿」ではなく「馬」に作る「鰢《とど》」を用いる地名として宮城県登米《とめ》市石越町南郷《いしこしまちみなみごう》字「鰢台《とどだい》」がある。また旁《つくり》を「毛」に作る日本製漢字「魹《とど》」は本州最東端である「魹ケ崎《とどがさき》」（岩手県宮古市大字重茂《おもえ》）などの自然地名に現れる（『日本水路誌』〔一八九二〕一巻に「魹《トド》埼」「魹《トド》山」が載る）。

また、『角川日本地名大辞典 静岡県』小字一覧では静岡県藤枝市瀬戸ノ谷《せとのや》の小字に「鰻⿰魚鹿夕」が見えるが読みは不明。この小字は現在の不動産登記記録には見えず、類似する小字に仮名で表記される「ウナギノタ」が見える。「鱺」による使用か（「鰻鱺」はウナギを表す漢語）。

漢字の「⿰魚鹿」は一一世紀の中国（宋代）の字書『集韻』、『類篇』が魚の一種を表す「鱳」の異体字とする。また明治時代に編纂《さん》された水産物の名称の解説書『水産名彙』が『萬葉品類鈔』（荒木田嗣興による文政一〇〔一八二七〕年成立の万葉集の研究書）を引いて「⿰魚鹿《イルカ》」とする。

平安時代に成立した字書『類聚名義抄《るいじゅみょうぎしょう》』、『新撰字鏡』に「⿰魚鹿《イワシ》」があるとされる（『日本国語大辞典』第二版）。ただし『類聚名義抄』では旁にある「广」を「产」のように作る字形で「イルカイハシ」、『新撰字鏡（享和本）』では「⿰魚⿸广炏」の字形で「伊和志」と書かれている。また室町後期の国語辞書『伊京集』に「⿰魚鹿《イルカ》」がある。

〔塚田〕

水部
⿱山⿰氵卡
12画
どんど

福井県に見られる地域文字。

『角川日本地名大辞典 福井県』に福井市内の小字名《こあざ》として「⿱山⿰氵卡」が見えるが、ここには読みが振られていない。小字としては現存しない「⿱山⿰氵卡」は漢字の「崖」や中世以来の国字の「峠」が着想の土台、下敷きとなっている会意文字であろう。四種のパーツから成り立つ造字は珍しい。

「⿱山⿰氵卡」の読みは、福井県丹生《にゅう》郡にあった西安居《にしあご》村（現・福井市南西部にあたる）の大正期の『西安居村誌』

（一九一九）によると、「どんど」である。

「どんど」は用水路や堰、水門（→「杁」14頁）を表す古い方言で、元は水が勢いよく流れる音や瀬音から生じたオノマトペである。「どうどう」「どど（百々）」など、水の音を表す語の一種であり、今でも水音が「どぼん」と聞こえることがあるように、「どんぶらこ」「どんぶり」と同様にかつての日本の人々の耳に「どんど」と聞こえたのであろう。その音によって、用水路などを意味する方言「どんど」が生じ、日本海沿岸地域などに分布していたことが複数の方言の記録からわかる。

「どんど」は、『日本国語大辞典』第二版によると、「（その音からいう）川や用水路の堰《せき》から水が落ちている所を京都でいう」、「川水が勢いよく落ちる所。水門や堰《せき》」であり、これに当たるものである。しかし、石川県、長野県、岐阜県、愛知県、三重県、滋賀県などの典拠が挙げられているが、福井県は記載がない。福井にそのような方言が存在したことは、わずかに残された文脈が示しているが、現地でもその意味は高齢層の住民の記憶にも伝わっていなかった。しかし、この文字の構成と読みとがかろうじて伝えている。つまり、福井では〝失われた方言〟が、この地名に残されていた。

明治九年越前国丹生郡本堂村地籍絵図

福井市役所では、固定資産税で扱っているのは地番だけとなっているが、法務局ではまだ字名《あざ》を使っている。明治九（一八七六）年の地籍（絵）図では、当地は「氵（さんずい）」の方が「山」よりも大きい「𣳾」と記されていた。福井市役所の資料庫に別置されていた明治期の土地台帳（閉鎖台帳）にある七枚すべてがこれと同じ字体であったが、「𣳾堂」と後ろに「堂」が付されていた。市役所と法務局とで所蔵する土地台帳の記載が異なっているが、漢字一字で訓を「どんど」とするよりも、「どん」と「ど」と二字に分けた方が字音のようで自然だと感じる人がいて、「どんど」の「ど」にとくに「堂」の字を当てたものであろう。元は「どんどう」だったのかもしれない。ただし、いずれも「堂」は朱で抹消されていた。明治期の「小全図」では、「上」の部分が「土」となった「𣳾」で、法務局の土地台帳でも「𣳾」のほか、「上」が「土」となった「𣳾」と書かれていた（鈎持一幸氏教示)。

「𣲽」の名の付く当地は低い山になっており、上下二段の田んぼのほか、その上に墓地と焼き場跡があり、役場の図面に見えるものと同じ地形であった。秋には稲穂が実るこの土地の周囲には「山」の「上」から「下」へ用水路の「水」が流れ落ちる場所があった。

石川県加賀市や京都市、愛知県岡崎市に見える「百々町」などの各地の「百々《どど》」地名(姓にもあり)、愛媛県今治市の「呑吐樋《どんどひ》」や、愛知県岡崎市冨尾町《とんびゅうちょう》にある「激々川《どんどんがわ》」などの「どんど」地名も水音の名残である。このほか、各地に見える「とどろき」と読む「轟」「轟木」「等々力」「廿六木」などの地名の語源も「𣲽」と同じ水音である。

福井県の西隣の石川県では「閖」(↓227頁)を「どんど」と読ませる姓(『角川日本姓氏歴史人物大辞典』)や、漢字「闐(テン・デン・キ)」を当てた「闐々《どんど》」姓があり、また漢字「閤(コウ・オウ)」を「どんど」と読ませる小地名もあった。

なお、兵庫県豊岡市には「𣲽」で「いと」(「船着き場」「洗濯場」などの意)と読ませる小地名があり、近くに「新滰《しんいと》」などの小地名や「大滰《おおいと》(滰)」姓(これは滝と関連するようにもみえる)もある。

〔笹原〕

〈参考文献〉笹原宏之『日本の漢字』／竹之内信男『珍姓さん登場』

閖

どんど

⬇ ゆり 227頁

コラム② 宇都宮の「都」

宇都宮といえばその名産品としてすぐ思い起こされるのが餃子だが、あるとき、地元で一、二を争う餃子店の看板を目にして、なにがしかの違和感を覚えた。よく見ると「都」の字体が違うのだ。左側の「者」の部分にある「ノ」の線が短く、「土」の三画目の横線のほぼ中央から下に伸びている（図1）。改めて市内を見渡すと、商店の看板、駅構内の案内、道路標識などに同様の字体（横線の左はじから下に伸びているものもある）が見つかった（図2）。

笹原（二〇二〇）ほかによると、この書きやすくすっきりした字体は京都に多く見られる「地域文字」の一種として考えられるもので、他の地域ではあまり見かけないという。大正期前後の手書き文字やデザイン書体として、かつては全国で多く見られた字体が「都」の字をよく使う京都に残ったとのこと（東京都では稀《まれ》）である（図3）。同様のことが宇都宮でも起きたのだろう。市内の昭和の面影を残すところにはこの字体がよく見つかる。知人の祖父はこうした字体を普段使いしており、知人はこれを昔の書き方と思っていた。

昔のものばかりではない。平成の時代に作られた看板にもこの字体は見られる。さらに最近、一風変わった「都」の字も現れた。「ノ」が「土」の三画目の横線を挟んで「ナ」のように右と左に離れる隷書風の書体（図4）。こちらは全国でも見受けられるが、「都」の字をデザインの対象にする考えが地域に根ざした字から生まれたかと思えば興味深い。くだんの餃子店のそれはロゴとなっている。きっと店の味とともに受け継がれるだろう。

［鶴田］

図1　餃子店「宇都宮みんみん」のロゴ

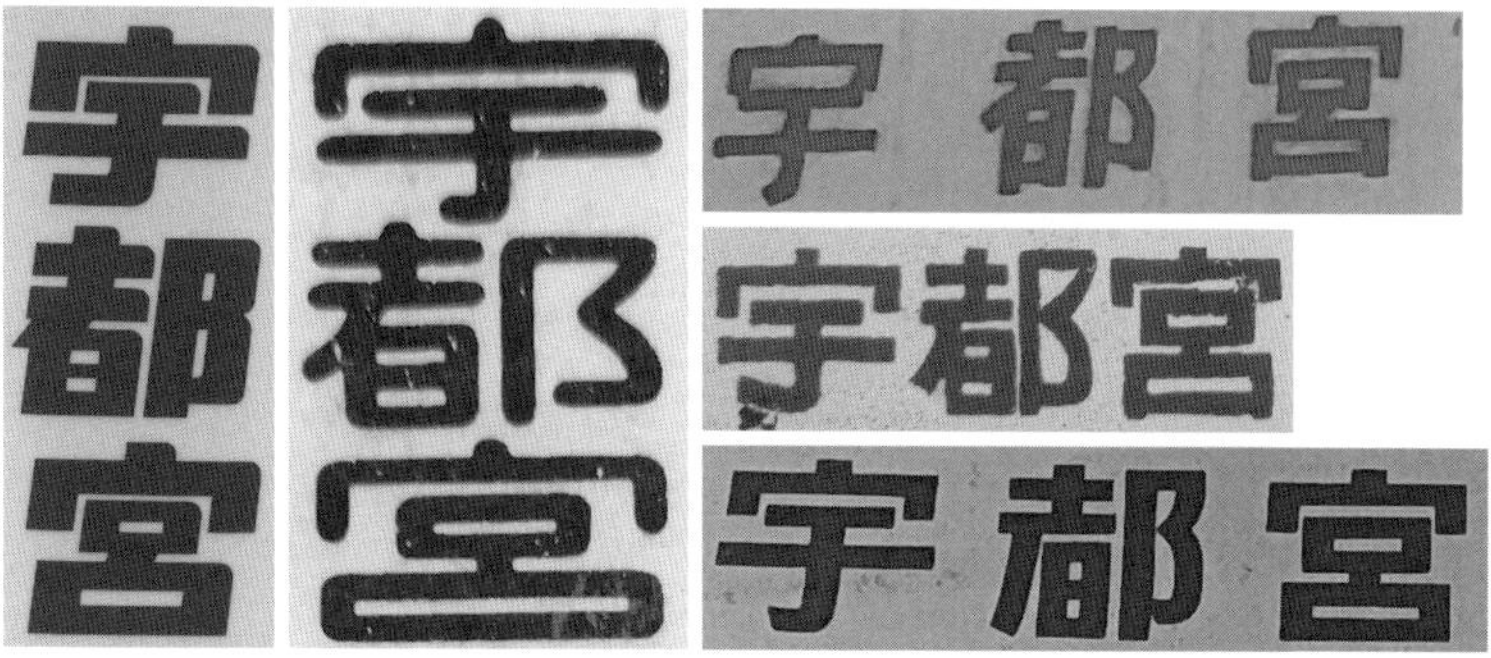

図2　左側の「者」の「⺹」のように見える部分が「ア」となった、さまざまな「都」

（下野菓子処うさぎやの包装紙より）

図3　大正期前後のデザインを思わせる書体

（松崎屋製麺所より）

宇都宮餃子会のロゴ

図4　隷書風の書体

な行

水部
泙
8画

なぎ　たに　ひら　＊ホウ
JIS第2水準

主に愛知県、鳥取県、島根県、長崎県、鹿児島県などの大字《おおあざ》・小字《こあざ》名に現れる地域文字。

柳田国男『山村語彙』（一九三二）は「ナギ」を山の崩れた箇所を表す語とし、「三河などには泙といふ和製字を使つて居る」と述べる。一方、山口弥一郎『開拓と地名』（一九五七）は「愛知県地名調」（「明治十五年愛知県郡町村字名調」。『愛知県地名集覧』として日本地名学研究所より一九六九年に復刻）にあるナギ地名を挙げ、草を薙《な》ぐ（横に払って切る）ことに由来する焼き畑に関する地名であると推測している。江戸時代に成立し明治時代に増補された方言辞典『増補俚言《りげん》集覧《しゅうらん》』は「凪」を風のナギ（一時的に風が止《や》んだ状態）、「泙」を海のナギ（波のない穏やかな状態）（↓「㳂」次項）としている。

愛知県の北設楽《きたしたら》郡設楽町《したらちょう》東納庫《ひがしなぐら》字「泙ノ本《なぎのもと》」や同町津具《つぐ》字「上泙野《かみなぎの》」「下泙野《しもなぎの》」、鳥取県の東伯《とうはく》郡湯梨浜町《ゆりはまちょう》大字別所《べっしょ》字「二ノ泙谷」は内陸部にあるが、同町大字宇野字「磯泙《いそなぎ》」や、島根県の隠岐《おき》郡隠岐の島町飯田「泙浦《なぎうら》」や出雲市塩津町《しおつちょう》字「浅泙」、長崎県の対馬市上対馬町《かみつしままち》大浦字「泙浜」、鹿児島県の日置《ひおき》市日吉町《ひよしちょう》日置字「泙野」などは海に近いところにある。

愛知県豊川市の御津町《みとちょう》「泙野《なぎの》」は慶長九（一六〇四）年の検地帳に「鳴野村」と見える（『平凡社 日本歴史地名大系 愛知県の地名』）。また「泣野」とも書かれた（『角川日本地名大辞典 愛知県』）。

長崎県の西彼杵《にしそのぎ》郡長与町《ながよちょう》斉藤郷には「泙迫遺跡《なぎさこ》」がある（長与町教育委員会二〇一九）。合併により西彼杵郡から西海《さいかい》市となった西彼町喰場郷《せいひちょうじきばごう》には字「泙ノ原」が見え、不動産登記記録の検索候補ではハ行に配置されていることから「ひらのはら」と訓《よ》まれていると推測される。『角川日本地名大辞典 長崎県』小字一覧では「平ノ原」と表記されている。

漢字「泙」（泙）は谷、川の名前、水の音などを表す。

名瀑《めいばく》として知られる群馬県沼田市の吹割《ふきわれ》の滝に流入する河川に「汧川（ひらかわ・ひらがわ）」がある（『難読地名辞典』、『河川名よみかた辞典』）が、沼田市公式ホームページ等では読みを「たにがわ」とし、群馬県山岳連盟『群馬の山1』（一九八七）も「タニガワ」と読むのが正しい」としている。「たに」の読みは漢字「汧」の意味に通じる。松永美吉『民俗地名語彙事典』（一九九四）はこれを「群馬県利根川の汧《タニ》川。「汧」には谷の意がある」としている。

姓に「汧《なぎ》（汧）野《の》」などがある。

［塚田］

口部

啝

11画

なぎ　＊カ　＊ワ

JIS第2水準

大分県に見られる地域文字。

国東《くにさき》市に国見町《くにみまち》岐部《きべ》「啝《なぎ》ノ浦」があり（『角川日本地名大辞典 大分県』など）、「啝浦《なぎのうら》大師堂」というバス停がある。

「啝」は、国土地理協会の一九七二年版『国土行政区画総覧』での出現を唯一の根拠として、一九七八年にJIS第2水準漢字に採用された。『国土行政区画総覧』（一九七二年現在、京都府立京都学・歴彩館所蔵［鈴持一幸氏教示］）に「大分県東国東郡国見町岐部　通称啝《なぎ》ノ浦《うら》」とあり、その出現が確かめられた。

「啝」は、漢字としては、音はカ（クワ）・ワで、「したがう」、「小児が泣く」という意味しかなく、中国の辞書『篇海《へんかい》』、『字彙』には用例も示されていない。「な（泣）く」が「なぎ」に音は近い。辞書に「あぎとふ」（顎《あご》をぱくぱくと動かして片言を言う）という訓が示されたことがある。

「なぐ」には、漢字の「和」を当てることが古く、室町時代の連歌から「凪」という字が現れ、近世に一般化していくが、地名には少ない。香川県観音寺市に「凪瀬町《なぎせちょう》」などがある。

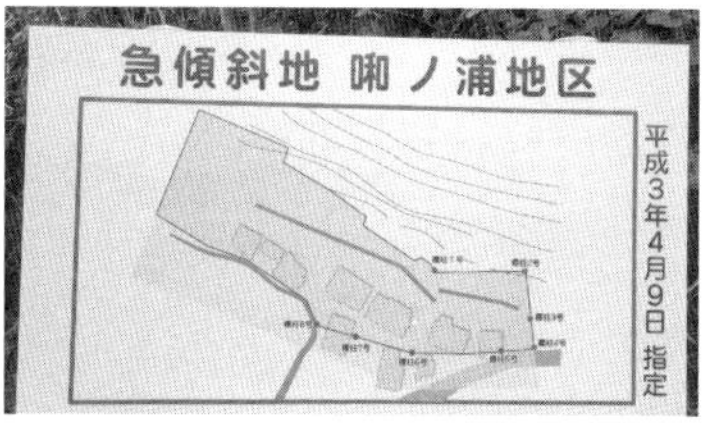

また、近世には「和」に「氵（さんずい）」を当てた「⿰氵和」が現れ、和歌山県の東牟婁《ひがしむろ》郡串本町江田字「野⿰氵和《のうなぎ》」、山口県の萩市椿東《ちんとう》字越ヶ浜の「夕⿰氵和港《ゆうなぎこう》」（江戸時代には「汧」など）や

熊本県の小地名などで使われるほか、長崎県の姓である「音𣲽《おとなぎ》」などにも見られる。

萩市郷土博物館によると、越ヶ浜にあった小地名「朝𣲽湊」「夕𣲽湊」は朝夕で風向きが変わり、午前中に𣲽になる、午後にも𣲽になるところから名付けられたもので、地名は幕末か明治に入ってからのものと思われるという（菅原義三編『小学国字考』補完版）。

長野県では、鎌倉期の字書・寛元本『字鏡集《じきょうしゅう》』と同様に、「𣲽」を「くわ」と読ませる地名がある（『明治初期長野県町村字地名大鑑』）。この「𣲽」が字体の内部で同化（偏の「氵」が「口」に置換する）し、「啝」が現れたと考えられる。「𣲽」は中国でも南斉期《なんせい》（四七九〜五〇二）の文人・張融の『海賦《かいふ》』に「涫𣲽《カンワ》」（波がわき上がる様）などと用いられ、日本の「なぎ」とは逆の意味での使用が見られたが、字体上の衝突に過ぎない。木偏の「𪲍《なぎ》」も『平家物語』熱田本巻二に「ナキ」の傍訓を伴って用いられている。江戸後期の国学者・菅江真澄《すがえますみ》の『月の出羽路　仙北郡二ノ下』（『菅江真澄全集』七「和泉沢村」）などにも樹木の「ナギ」を意味する「椥《なぎ》」（→次項）を用いた「椥《ナギ》の葉」や「梛《ナギ》の葉」が見られる。

地名では、「凪」のほか、字面からいかにも「なぎ」と読めそうな「泙《なぎ》」（→140頁）を用いた地名が愛知県に多く見られる（『愛知県地名集覧』一九六九ほか）。鳥取県、岡山県、長崎県などにもあり、姓にもなっている。「泙」は、漢字としては音はヘイ、「水の音」の意、川や谷の名に用いられる。江戸中期の字典『異体字弁』、後期の菅江真澄の紀行文『外浜奇勝《そとがはま》』『にしきのはま』『つがろのおち』『えぞのてぶり』『とわだのうみ』（『菅江真澄全集』）などしばしば見られる。

「椥」は住民基本台帳では一万回以上の使用があったが「啝」は0回だった。なお、「なぎ」が付く地名には、元は焼き畑の意とされるものもある。

〔笹原〕

木部

椥

12画

なぎ
JIS第2水準

京都府に見られる地域文字。常緑針葉樹のナギを意味する。

ナギは西日本に分布する樹木で、和歌山県にある熊野速玉大社《くまのはやたまたいしゃ》など熊野三山系の神社などで神木とされる。ナギには「那木《なぎ》」から通常「梛」の字が当てられ、

「梛」を用いる地名には愛知県新城市《しんしろ》「牛倉梛《うしぐらなぎ》」、京都市中京区《なかぎょう》「壬生《みぶ》梛ノ宮町《なぎのみやちょう》」などがある。前者を含めた愛知県三河地方にある「ナギ」のつく地名は、焼き畑に由来すると考えられ、「梛」はその中のさまざまな表記のうちの一つである。後者は樹木のナギが由緒に関連する梛《なぎ》神社があることから、ナギの木に「梛」を当てている。ナギに「椥」の字を当てた地名は、京都市の山科《やましな》区「椥辻《なぎつじ》」、および東山区今熊野《いまぐまの》「椥ノ森町《なぎのもりちょう》」の二つであり、どちらもナギの木に由来している。

　山科区の「椥辻」は、室町時代の椥辻郷までさかのぼる。公卿の山科家の動静を記録した『山科家礼記《やましなけらいき》』の応仁二（一四六八）年の条に「なきの辻」「南木辻」が見え、山科家で初めて権大納言となった山科言継《ときつぐ》の日記『言継卿記《ときつぐきょうき》』の天文元（一五三二）年一一月の条に「椥辻」の表記が初めて見られる。江戸時代に椥辻村となり、その存在はナギを「椥」の字で表記する例として、江戸後期の国語辞典『倭訓栞《わくんのしおり》』にも紹介された。江戸期には「薙ノ辻」と書いた例もあった。

　現在では山科区に「椥辻番所ケ口町《なぎつじばんしょがぐちちょう》」「椥辻《なぎつじ》平田町」など、「椥辻」を冠称する町名が一帯にある。「椥」は常用漢字表外ではあるが、京都市営地下鉄東西線の椥辻駅をはじめとして多くの店名、施設名に漢字表記の「椥」が使われている。中には「椥ノ辻」のように現在の行政地名ではなくなった「ノ」を残すものや、「なぎ辻」という交ぜ書き表記を採用するものもある。『京都府宇治郡誌』（一九二三）によると、「椥辻」の地名の起源は、当地にあったナギの大木を四方から望むことができ、この村であることを「知」ることができたために「椥」の字を製して村の名となしたという。これにちなみ「椥辻池尻町《なぎつじいけじりちょう》」にある山科区役所にはナギの木が植えられている。

　東山区の「椥ノ森町」は、同町にある新熊野《いまくまの》神社にナギの森があることによる町名である。碓井小三郎『京都坊目誌』（一九一五）によれば新熊野神社の森を古来「梛木ノ森」と称し、明治九（一八七六）年にこの付近の字名《あざめい》を「椥ノ森」としたという。現在でも境内にはナギの木が植樹されており、町一帯で「椥ノ森町」の表記が見られる。「椥ノ森町」は、「椥辻」

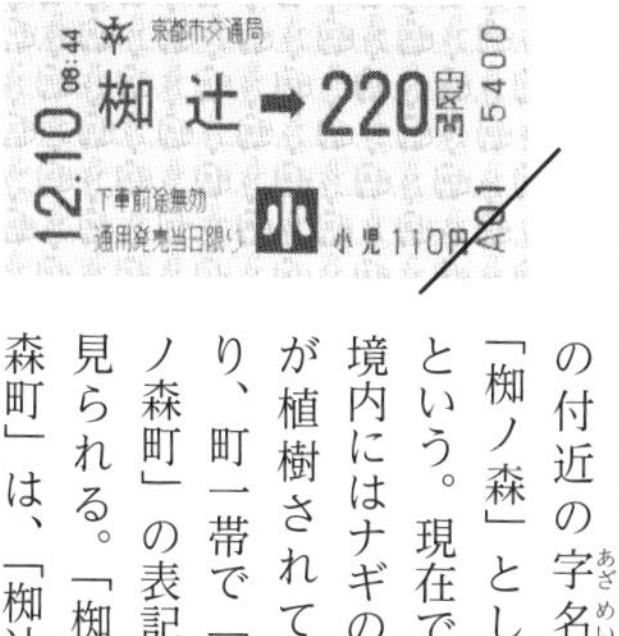

の「辻（交差点）」のうち東西の道路を西に行くことで到達できる、「椥辻」と比較的近い地域であり、町名の成立年代からも、その表記には「椥辻」の「椥」の影響がうかがえる。

「椥辻」と「椥ノ森町」の双方で漢字表記が見られ、日常生活で目にすることが多いからか、また辞書に載り、漢字変換の候補に出ることがあるからか、笹原（二〇〇五）では、命名に用いたいという要望があることが紹介されている。ＷＥＢ上では樹木の名「ナギ」を「椥木」と書くような例もある。「ひらく椥《なき》」といった漫画家のペンネームも見られる。ヒロイン「椥《なぎ》」が登場するコミック、海野つなみ『お見合い探偵帷子《かたびら》ノ辻《つじ》椥《なぎ》』（『別冊花とゆめ』三月号、二〇一八）もある。

「椥」の字の成り立ちは、四方から「知」ることができることによる会意文字とされることが多いが、『新漢語林』（大修館書店）のように「なぎ」の読みを表す「和」が「知」になったとする説を述べるものもある（笹原二〇〇六）。実際に、室町時代に筆写された熱田本『平家物語』巻二には「⿰木和」の字を「ナキ」と読ませているものがあった（→「啝」141頁）。ほかに、山口県萩市の夕⿰氵和《ゆうなぎ》港などのように、「和」を構成要素とする用法に類例がある。

「椥」の字は、観智院本『類聚名義抄《るいじゅみょうぎしょう》』や、『字鏡《じきょう》』といった鎌倉時代の古辞書に載っており、このうち前者では「匙」の俗字とされた。

「椥」は日本以外でも中国・梁《りょう》代（五〇二～五五七）の『陀羅尼雑集《だらにぞうじゅう》』という仏典や、宋代（九六〇～一二七九）の『紹興重雕大蔵音《しょうこうじゅうちょうだいぞうおん》』という仏典中の語彙《ごい》を記した音義書にも見られ、前者では音訳字として使われている。さらにベトナム南部のベンチェ省は「檳椥省」と表記され、この「椥」はベトナム語で「竹」を意味する。これら複数の「椥」は互いに意味のつながりを見いだしにくく、それぞれ別個に生まれ、字体が共通する「衝突」を来していると思われる。

〔西嶋〕

〈参考文献〉山口弥一郎『開拓と地名――地名と家名の基礎的研究』／『新修京都叢書二一　京都坊目誌』／『新訂増補　言継卿記　第一』／久保裕之「方言漢字『椥』の地に住んで」（第五回方言漢字サミット）／山科の歴史を知る会編『山科・地図集成』

弓部

彅

14画

なぎ

ＪＩＳ第３水準

な

秋田県（地域）発の地域文字。

『日本書記』などの神話に由来をもつ「草薙」は地名や姓としてよく知られているが、「草彅」という姓は秋田県に特有のものであった。平成三（一九九一）年にデビューして以来、人気を博し、その後解散したアイドルグループＳＭＡＰのメンバーであった草彅剛《くさなぎつよし》氏の姓として、「草彅」はマスメディアにしばしば登場し、理解字、使用字とする人が急増した。それ以前は、「草弾」と間違われることもあったという。「草彅剛」を韓国語読みした「チョナンカン」の「ナン」は「なぎ」と同訓の古来の漢字である「薙」を類形の「難」で読んだものか。

「草彅」姓は、秋田県南部の仙北《せんぼく》市田沢湖生保内《おぼない》や同市角館町《かくのだてまち》に集中し、仙北市内に多く見られる。一方、同県南東部の大仙市では、「草薙」姓が多い（地名では静岡県などに）。こちらは神剣にまつわる奈良時代からの漢字表記である。近辺に見られる「草分（別）」姓や「草刈」姓も同系統であろう。

旧田沢湖町（現・仙北市）には、国指定重要文化財である、天保二（一八三一）年の建築といわれる上層農家の草彅《くさなぎ》家住宅がある。

「彅」の部首「弓」は、「弓」を用いて、あるいは「刀」を「弓」のようにして、「前」の草を薙《な》ぎ払ったという含意であろう。『大漢和辞典』（大修館書店）補巻は、「弓」を「強」の省略で、強く剪《き》るからとみる。旁《つくり》にある「前」の「ふなづき」部分は「月」となり、「刀」は「刃」や「力」となることもあり、なくなる字体もあるという。さらに「草彅」の字体が逆行同化したためか、「彅」に草冠が付加された字も姓に見られ、「かり」と読む。「草彅」にもそう読むものがあるともいう。

秋田県の『新田沢湖町史』（一九九七）などによると、一一世紀なかばの前九年《ぜんくねん》の役（陸奥国の豪族・安倍氏による反乱）で、京都からの出陣のためにこの地に来た源義家（通称・八幡太郎）の馬の「前」の藪《やぶ》草を、「刀」で薙ぎ払いながら「弓」をもって道案内した和泉小太郎とその弟の田口左衛門九郎甚内の兄弟に対して、義家が感心し、「草彅」姓を賜ったとの伝承がある。平安時代の武将の逸話であるが、江戸時代の文献から現れる。

また、平安中期に、騒乱に敗れ、生保内に落ち延びた平将門の娘・滝夜叉《たきやしゃ》姫の子孫である田口氏が、源義家が国見峠を通ったときに道案内の者に「草彅《くさなぎ》」の姓を与え、その子孫が堂田《どうでん》地区の草彅氏となったという伝承もある（明治中期に成立の秋田県地誌『羽陰温故誌《ういんおんこし》』、『角川日本地名大辞典 秋田県』）。

出羽国の記録によると、江戸初期の慶長八（一六〇三）年、六郷《ろくごう》城主・佐竹義重《よししげ》を攻撃した仙北一揆の折、卒田村で草彅小太郎・高柳孫七らが指導者となり蜂起したという（「池田家文書」、『角川日本地名大辞典 秋田県』）。江戸前期の延宝五（一六七七）年四月一三日には、上花園の豪農・草彅理左衛門が官許を得て水《すい》神社（現・大仙市豊川字観音堂に所在）を開墾した（『角川日本地名大辞典 秋田県』）。

江戸後期に国学者の菅江真澄《すがえますみ》は『あきたのかりね』や『すみかのやま』などの紀行文（『菅江真澄全集』一・三、『菅江真澄遊覧記』（三）東洋文庫）で「秋田路にて莾をガツギとよみ彅をナギとよめり」といい、「草彅」姓の源義家にまつわる語源的な由緒について触れている。『月の出羽路　仙北郡二二』（『菅江真澄全集』八）、『同二三』（同）、『かたゐぶくろ』（同一〇）のそれぞれに「草彅《クサナギ》」「草彅《ナキ》」「草彅《ナギ》」とあり、「彅」の字源についても「元《モト》は弓箭刀《ユミヤツルギ》の三字を以《モ》て三合の作リ字」などと解説している。『雪の出羽路　平鹿郡一四』（同六）では「[艹+彅]《クサナキ》氏」「今は草彅《サキ》（傍訓はママ）なンと（んど）も書ケり。なぎは三合の文字にて[扌+彅]てふ字《モジ》の形《サマ》すれど、弓ト前ト刀を一ト文字《モンジ》によめり。」とある。

「彅」が「せん」と読まれた例がある。江戸前期の元禄三（一六九〇）年一一月一〇日の堀玄達宅の会に連歌師の「了彅《りょうせん》」が参加したというが、詳細は不明。

「彅」は情報処理学会漢字コード委員会の「標準コード用漢字表（試案）」（一九七二）や「日本生命収容人名漢字表」（一九七三）などになかったことにより、JIS漢字第2水準までに採用されなかったため、「草なぎ」「草ナギ」「草剪」「草薙」などの表記が近年でも、WEB上の報道を含めて随所で見受けられた。その後、平成二（一九九〇）年にJIS補助漢字、平成一二（二〇〇〇）年にJIS第3水準に採用された。住民基本台帳では、「彅」（旁は新字体）よりも「彅」が二倍近く用いられ、「[艹+彅]」も用いられている。手書きでも誤字が散見される。お笑いコンビ宮下草薙（二〇一六年結成）の草薙航基《こうき》の本名は草彅《くさなぎ》航基だが、コンビ名を登録する際、相方に「草薙」と誤記され、それがそのまま芸名になったという。

〔笹原〕

〈参考文献〉WEB 小林肇「新聞漢字あれこれ3　秋田県から全国区になったもの」『漢字カフェ』／笹原宏之『方言漢字』、『漢字に託した「日本の心」』／佐藤稔「［擬製漢字］一寸見」『いずみミニ通信』／志立正知『「歴史」を創った秋田藩——モノガタリが生まれるメカニズム』／丹羽基二『人名・地名の漢字学』／菅原義三編『国字の字典』／森岡浩監修・NHK番組制作班編『日本人のおなまえっ！　日本がわかる名字の謎』（「草彅」などを扱った放送回は笹原宏之監修）

金部

釶

11画

なた　＊シ　＊イ
JIS第2水準

石川県に見られる地域文字。七尾《ななお》市中島町《なかじままち》の地区名「釶打《なたうち》」に用いられている。

承久三（一二二一）年の「能登国四郡公田田数目録案（能登国田数帳）」に羽咋《はくい》郡鉇打《なたうち》村（『古事類苑』では「釶打村」、『史籍集覧』では「鉈打村」）の記載があるが藩政期には見えず、明治二一（一八八八）年の町村制施行の際に「釶打村」が復活した（『石川県中島町史 資料編』、『平凡社 日本歴史地名大系 石川県の地名』）。昭和二三（一九四八）年に所属が羽咋郡から鹿島郡に変更されたのち、昭和二九（一九五四）年に他五村と合併して発足した中島町の大字《おおあざ》となる。

中島町が七尾市に合併された平成一六（二〇〇四）年までは中島町立「釶打小学校」も存在したが、現在「釶打」は行政区画としては存在しない。「釶打公民館」「釶打郵便局」などの名前に残っている。

「釶打地区」は過疎化・高齢化に直面しているが、平成四（一九九二）年に発足した「釶打ふるさとづくり協議会」が米のブランドとして「釶打米」の生産を行うなどの地域活性化に取り組んでいる。また同協議会は地名「釶打」の由来として、「ナタを使う杣人が多かったことによる」という説を挙げている。

隣接する羽咋郡志賀町稗造《ひえづくり》地区との分水嶺をなす虫ケ峰（標高二九五・九メートル）は別名を「釶打山」という（『角川日本地名大辞典 石川県』）。山頂にある二等三角点の点名は「鉈打山」とされている。

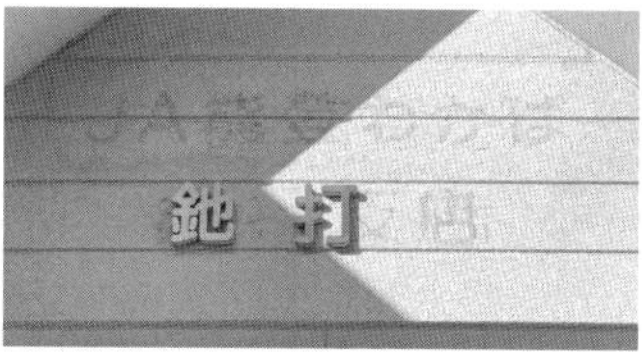

漢字の「釶」は一七世紀の中国（清代）の字典『続字彙補《ぞくじいほ》』が「鍦」の異体字とし、一一世紀の北宋の韻書（漢字を韻によって分類した字書）『広韻《こういん》』が「鉈」の異体字としている。漢字「鉈」の意味は本来「短い矛」で

あり、「なた」は国訓。平安時代の国語辞書『色葉字類抄《いろはじるいしょう》』に「鈍（なた）」が見える。

「なた」と読む字には「屶」もあり、秋田県から佐賀県の小字名にも見られる。近年、日本漢字能力検定の一級の問題に「おおなたを振るう」の書き取りが出題され、「大鉈」が正解とされたが、一級の範囲の「国字」を覚えていた多数の受検者が方言漢字を使って「大屶」と書く事態が起こった。

［塚田］

風部

颪

15画

ならい
JIS第4水準

岩手県に見られる地域文字。奥州《おうしゅう》市江刺梁川《えさしやながわ》に字「四ツ颪《よつならい》」があり、「颪」は現在、この小字《こあざ》に使用される。『角川日本地名大辞典 岩手県』小字一覧には江刺郡梁川村の小字名に「四ツ西風《ならへ》」があり、同郡伊手《いで》村・広瀬村の小字にも「西風《ならへ》」が見られる（現・江刺伊手字西風《ならい》、江刺広瀬字西風《ならい》）。

菅原義三編『国字の字典』では「四ッ颪」について、東南に山があることで四つ時（午前十時）ごろまで日が当たらない地形であることを由来とし、寛永一九（一六四二）年の資料に「よつなら屋しき助十郎」が見えることなどを挙げている。宍戸あつし『胆沢の地名を歩く』（一九八四）ではナライ地名の一つとして「よつなら」の読みとともに「四ツ西風（颪）」を挙げ、日陰で寒い四ツ西風に行く時は着物を一枚よけいに着ないと寒いという証言を載せている。

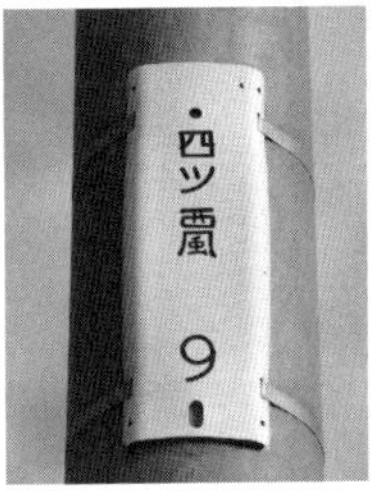

「ならい」「ならいかぜ」は日本各地で冬に山並みに沿って吹く強い風を表す方言（『日本国語大辞典』第二版）。岩手県や宮城県では西風や西北風を指し、岩手県の一関《いちのせき》市花泉町涌津《はないずみちょうわくつ》字「西風谷地《ならいやち》」や奥州《おうしゅう》市胆沢小山《いさわおやま》字「西風《ならい》」、宮城県の伊具《いぐ》郡丸森町大張川張《まるもりまちおおはりかわはり》字「西風沢《ならいさわ》」や大崎市岩出山《いわでやま》字上真山《かみまやま》「西風北沢《ならいきたざわ》」など、「西風《ならい》」と読む地名が岩手県・宮城県に多い。

また、秋田県秋田市雄和萱ケ沢《ゆうわかやがさわ》には読みの異なる「西風沢《あっちざわ》」、千葉県鴨川市には「西風」ではなく「北風」と記して「北風原《ならいはら》」などの地名もある。

宮城県加美《かみ》郡加美町《かみまち》（旧・小野田町）には字「鹿原《かのはら》滝西風山《たきならいやま》」があるが、『小野田町史』記載の「加美郡小野田村西尾野田字鹿原部落有財産調」では「鹿原滝⿱罒風山」と記載されている。

中国の字書『漢語大字典』では中国江西省の地名「飄水巖（巌）」が「⿱罒風水巖（巌）」と書かれた例を挙げているが、「別字衝突」（由来や音義の異なる別々の字の字体がたまたま一致したもの〔笹原二〇〇七〕）であると思われる。

〔塚田〕

田部

畷

13画

なわ　なわ　なわて　あぜ　＊テツ　テチ
＊テイ　＊テ
JIS第1水準

主に大阪府に見られる地域文字。音符の「叕」は、「つづる、つらねる」の意で、糸をつなげたような田と田の間の道、田んぼのあぜ道を表す。自治体名として大阪府「四條畷市《しじょうなわて》」が著名。同市内には「畷」を冠する企業名などが見られ、「畷」一字で「四條畷」を表せるのも特徴。ほかに「八丁畷町《はっちょうなわてちょう》」（大阪府高槻市《たかつき》）もある。

「四條畷」は一四世紀の南北朝期から見え、「畷」は「縄手」とも書かれた。天正七（一五七九）年に石見国の豪族・益田兼治《ますだかねはる》が書写した『太平記』巻二六（国学院大学図書館蔵）には「四條縄手合戦」とある。「四條畷の戦い」で敗れた楠木正行《くすのきまさつら》を祀る「四條畷神社」は明治二三（一八九〇）年に創建。神社名が著名になるに伴い、近辺に「四條畷」を名に冠する公共施設などが増えた。昭和七（一九三二）年に神社のある甲可村《こうか》が「四條畷村」と改称。昭和二二（一九四七）年の町制施行や合併などを経て、昭和四五（一九七〇）年に「四條畷市」となる。

常用漢字の「条」を用いる駅名であるJR「四条畷駅」は四條畷市に隣接する大東市《だいとう》に所在。明治二八（一八九五）年の駅開業時は「四條畷」という自治体はなく広域地名だった。現在も、「四條畷」をもつ固有名詞は、「四條畷高等学校」（四條畷市）、「四條畷警察署」（大東市）など両市に存在する。なお、四條畷市は旧字の「條」を正式名とするが、前掲の駅名など地元では「四條畷」「四条畷」の二つの表記が共存する。

大阪府以外の地名では

「畷ノ間《あぜのま》」（秋田県南秋田郡五城目町《ごじょうめまち》）、「畷下《なわてした》」（愛知県北設楽郡設楽町《きたしたらしたらちょう》）、「比地長畷《ひじながりて》」（香川県三豊市高瀬町）もある。

姓には、「畷《なわて》」「高畷《たかなわ》」「長畷」「浜畷《はまなわて》」などがある。

「畷」の字形について一時期、旁《つくり》の部分が「ヌヌヌヌ」ではなく「ヌヌヌ又」と書くのが正しいという言説が話題になったが、文字デザイン差であり、「ヌ」と「又」のどちらを書いても誤りではない。

〈参考文献〉『角川日本地名大辞典』大阪府　　［小林］

水部
汢
6画
ぬた
JIS第2水準

高知県に見られる地域文字。

「汢」は、山梨県の「垈」（↓152頁）と同様に、湿地を意味する「ぬた」に対する会意による造字。この「ぬた」は体をくねらせてはい回る意の「ぬたくる」と同源。「沼田《ぬた》」（沼地）に通じる（井手至『遊文録 国語史篇』1など）。

南国市《なんこく》に岡豊町《おこうちょう》笠ノ川字「汢ケ谷《ぬたがたに》」、土佐清水市に大津字「汢ノ森山《ぬたのもりやま》」、高岡郡に日高村鴨地字「赤汢《あかぬた》」、窪川町仁井田「汢の川《ぬた》」、四万十町替坂本字《しまんとちょうかえざかもと》「汢岡山《ぬたおかやま》」があり、同町には「汢ノ川遺跡」もある。梼原町《ゆすはらちょう》に梼原字「汢尾東山《ぬたおひがしやま》」「汢尾西山《ぬたおにしやま》」があり、同町に「汢尾橋《ぬたおばし》」がある。越知町《おちちょう》に佐之国字《さのくに》「汢久保《ぬたくぼ》」、同町には「赤汢《あかぬた》」という小地名がある。幡多《はた》郡に三原《みはら》村皆尾《みなお》字「汢尾山《ぬたおやま》」、十和村《とおわそん》昭和字「唐汢山《からぬたやま》」がある。高岡郡の「赤汢《あかぬた》」は安土・桃山時代の天正一八（一五九〇）年「能津村《のうづむら》地検帳」に「アカノ夕村」と記されている（『平凡社 日本歴史地名大系 高知県の地名』）。江戸中期の『土佐州郡志』には「黒汢山」がある。ほかに、小字《こあざ》の中には国字を熟合した「汢峠」もある（『角川日本地名大辞典 高知県』）。

電信柱にある表示

「汢」はJIS漢字制定（一九七八年）の際に参照された行政管理庁（現・総務省）の『対応分析結果』（一九七四）によると、国土地理協会の一九七二年版『国土行政区画総覧』に一回だけ出現したために、JIS第2水準に採用されたものである。加除式のこの資料をさかのぼって調べると、一九七七年三月に除去された頁に、「高知県高岡郡窪川町仁井田通称汢川《ぬたのかわ》」とあり、その出現が確かめられた。

　現在は高岡郡の四万十町となった窪川町役場税務課および町民課での聴取調査や現地での使用状況の確認の結果によると（一九九七年）、「汢ノ川」の「汢」の正式な字体は部首が「氵（さんずい）」ではなく「冫（にすい）」の「汢の《（ママ）》川」である。また、その字体も旁《つくり》の「土」の右上に「、」が付されたものもあった。ＪＩＳ規格票や漢字辞書などにある「汢ノ川」などの字体、表記はこの誤りだったようであるが、「汢」がＪＩＳ漢字になく不便であることなどにより、地区総代と窪川町役場が相談し、平成一四（二〇〇二）年一月一日に地名を「汢の川」に改めたとされる（大原望「和製漢字の辞典　二〇一四」、稿者による町役場への照会など）。より古くは「ぬた」に「泏」（漢字では音はチュツ・コツで、「水の流れるさま」や「水の静かなこと」の意）を当てた文書もあり、字体は「汢」や、「汢」の旁「土」の右や右上に点が付くなど定まらずに二転三転してきた。

　「汢ノ川」が現れる資料としては、天正一六（一五八八）年「久礼《くれ》分地検帳」が古く、「ヌタノ川村」（『平凡社日本歴史地名大系　高知県の地名』）と片仮名表記であり、天正一七年の「長宗我部《ちょうそかべ》地検帳」には「汢川《ぬたがわ》」が使用されているという（菅原義三編『国字の字典』）。しかし、天正一六、一七（一五八八、八九）年の「仁井田郷地検帳」（『長宗我部地検帳　高岡郡　下の二』）に「ヌタノ川」、「ヌタツホ」、「スタノ《（ママ）》ヲ谷」とある。江戸前期の寛文七（一六六七）年「郷村石付」には「ぬたの川」、ほぼ同時期の「元禄地払帳」には「泏ノ川村」、江戸中期の『土佐州郡志』には「汢之川村」とあるという。江戸後期成立の地誌『南路志』（一八一五。高知県立図書館一九九一）では「泏野《ヌタノ》（汢カ）川村」（国立国会図書館蔵の写本巻二六では「江川村」「江ノ川村」）、明治四（一八七一）年には「汢野川」とも書かれた（『角川日本地名大辞典　高知県』）。現地では「汢」と「辻」という字形の似通った字の誤植が見られた。他にも「辻」と互いに混じったケースもある。

　なお、辞書には室町初期写の『伊呂波字類抄《いろはじるいしょう》』（十巻本、大東急文庫本影印）のように、「法」に「ヌル」と訓を付すものがあった。「塗」の異体字かと思われる。鎌倉時代以降の抄物《しょうもつ》書き（仏書などで用いられる漢字の略字体）に、「浄土（浄土）」を略して合体させた字として「汢」が見られたが、字体の衝突を起こした別の字である。

他地域では、静岡県の『清水市史資料 中世編』（一九七〇）に、室町期の享徳四年・康正元（一四五五）年の美作《みまさか》（現・岡山県北東部）の史料に「汢義」という人名が見え、索引では「杜義」かとする。佐藤新『日本地名盡 所沢篇』1では、「地名解釈の為の新造字（語）」（個人文字性を帯びた方言漢字）として【湩汢潨】じゅうどの。湧水。湧水地。」と独自に用いる。

「汢」を含む地名を「危険地名」と称する本もあるが、個々に異なる来歴があるため、地名用語や字種でそのようなことを一概に決めつけることは全くできない。

〔笹原〕

〈参考文献〉WEB「稀少地名漢字リスト」高知県／笹原宏之『方言漢字』／民俗学研究所編『綜合日本民俗語彙』／柳田国男『地名の研究』／山口弥一郎『開拓と地名――地名と家名の基礎的研究』

土部

垈

8画

ぬた（んた）　お　＊タイ

JIS第2水準

山梨県に見られる地域文字。

湿地を意味する「ぬた」という語は、日本各地の地名に使われている。この「ぬた」は体をくねらせてはい回る意の「ぬたくる」と同源。「沼田《ぬた》」（沼地）に通じる（井手至『遊文録　国語史篇』1など）。山梨県でも同義とされ（異説もわずかにある）、「垈」を当てた大字《おおあざ》、小字《こあざ》が数十カ所も散在している。

山梨市に牧丘町倉科「大垈《おおぬた》」があり、「大垈公民館」がある。甲斐市にも「大垈《おおぬた》」があり、サントリー登美の丘ワイナリーがある。同市には龍地《りゅうじ》字「垈間《ぬたま》」もある。韮崎《にらさき》市に藤井町北下條字「相垈《あいぬた》」、上ノ山字「高垈《たかぬた》」、北杜《ほくと》市に武川町柳澤字「垈場《ぬたば》」、笛吹市に御坂町尾山字「大垈《おおぬた》」、境川町「藤垈《ふじぬた》」がある（当地には字「粐山（だごやま・だんごやま）」という方言漢字を二つ使う住所がある）。同町には「藤垈（「ふじんた」とも読む）の滝」もある。上野原市に和見字「垈ノ窪《ぬたのくぼ》」、南アルプス市に加賀美字「垈原《ぬたはら》」、西八代郡に市川三郷町《みさとちょう》「垈《ぬた》」、同町垈《ぬた》字「下垈《しもぬた》」、同町山保字「小垈」（読み不明、「こぬた」と読むか）、南巨摩《こま》郡に増穂町小室字「砂垈《すなぬた》」（「すなんた」の読みもある）、身延町《みのぶちょう》「大垈《おおぬた》」、同町樋之上字「垈《ぬた》」、南部町下佐野に「官垈峠《かんたとうげ》」「官垈口《かんたぐち》」がある。

他に小字《こあざ》などとして「垈《ぬた》の尾《お》」、「大垈《おおぬた》

(堰〔せぎ（ママ）〕)」、「大垈川」（南巨摩郡身延町を流れる御持川上流部）、「大垈《おんた》」（「大垈《おんだ》」もあるか）。このほか、「ぬた」との関連が明確でない、「垈《お》ノ窪《くぼ》」という読みも存在している（『角川日本地名大辞典 山梨県』）。他にも小字、通称地名が各地に見られる。

「垈」のつく地名は地元ではしばしば普通の地名と認識されており、「ぬた」の語義は忘れられている。

地名用語としての「ぬた」は、「沼田」と同じもので、「怒田」などは当て字で、四国の高知県にも造字があるが、そこでは「汢」（↓150頁）とわかりやすい会意文字となっている。日本では食品の「ぬた」に「饅」という漢字を当てるが、この語とも同源であろう。「蒐場《ぬたば》」という姓も同義なのであろう。

大月市笹子町の地名「黒野田《くろのた》」は、古くは「黒垈」とも書いたことが、江戸初期の「慶長古高帳」に見える（『角川日本地名大辞典 山梨県』）。当地は東流する笹子川の最上流部のV字形渓谷の底に位置する。この「のた」の読みは「くろぬた」の、前の音に影響されて音が変わった「順行同化」した語形であろう。当地には臨済宗妙心寺派「黒垈山普明院」がある。

「垈」が文献に登場したのは室町後期の戦国時代からである。永禄四（一五六一）年の、甲斐武田氏の武将である穴山信君《のぶただ》の「穴山信君感状」（『清水市史資料 中世編』）にある「大垈村」が古い。一六世紀から慶長年間（一五九六～一六一五）にかけては、表記に揺れがあり、「ふちぬ田」「藤ぬた」「藤垈」、「大ぬ田」「大ぬた」「大岱村」「大垈村」「大沼田」「大ぬた」「おふのた山」、「ぬた村」といった表記が文書や文献に見られる（『角川日本地名大辞典 山梨県』、『平凡社 日本歴史地名大系 山梨県の地名』、『清水市史資料 中世編』）。文化一一（一八一四）年成立の『甲斐国志』には「大垈村《おほぬた》」「大垈」が見える。

「垈」はＪＩＳ漢字制定（一九七八年）の際に参照された行政管理庁（現・総務省）の『対応分析結果』（一九七四）によると、国土地理協会の一九七二年版『国土行政区画総覧』に四回出現したために、ＪＩＳ第２水準に採用されたものである。加除式のこの資料をさかのぼって調べると、一九七三年四月に除去された頁に「山梨県東八代郡境川村藤垈《ふじぬた》」「通称藤垈《ふじぬた》」「山梨県西八代郡三珠町垈《ぬた》」、一九七六年七月の除去頁に「山梨県韮崎市藤井町南下条通称相垈《あいぬた》」「山梨県東山梨郡牧丘町倉科通称大垈《おんた》」、一九七八年三月の除去頁に「山梨県南巨摩郡身延町大垈《おんた》」「山梨県北巨摩郡双葉町大垈《おおぬた》」（郵便局名でもある）とあり、その出現が確かめられた。かつて「藤垈小学校」もあった。

普通名詞として『角川日本地名大辞典』では「垈場」（ヌタ場。イノシシなどの獣が体に付いた虫や汚れを落とすために泥を浴びる場）と転用されている。姓にも「藤垈《ふじぬた》」があるともいう。

「垈」は日本で「代」（音読みがタイ）で「ヌタ」の「夕」を表すものとして造られた形声風の造字と考えられている（佐藤喜代治編『漢字講座三　漢字と日本語』など）。信州に対抗し、甲州の武将・武田信玄が考えた字という話もあるが（丹羽基二『日本の苗字読み解き事典』）、宮城県の「閖《ゆり》」（→227頁）と同様の地元の著名人への仮託である。神話と同じく後代になるほど、より古い時代の人が持ち出されることも指摘できる。

「垈」には「土に代わる」という会意的な解釈もあり、また、漢字「岱」からの連想とも推測されている。鎌倉期の字書『類聚名義抄《るいじゅみょうぎしょう》』に「岱」に「シ、ノヌタ」（イノシシのヌタ）とあるのが古い。当地にもイノシシのヌタ場が見られた。室町末期ごろの『音訓篇立』には訓は「ヌク」とある。「岱」は同時期の『伊京集』にも「ぬた」として載り、漢字としては、音はタイ、「泰山《たいざん》」（道教の聖地の一つ）のこと、「大きいさま」くらいの字義しかないが、これが「垈」の元であろう。「岱《タイ》」は各地で地名に用いられている。

「垈」は「岱」と書くこともあった。東京都東村山市では、「大岱」は町名としては「恩多」に変えられたが、東村山市立「大岱《おんた》小学校」として、「岱」が残っている。「大岱《おんた》公園」もある。現在の恩多町あたりは、江戸時代には「大沼田」「大怒田」「大岱」と記され、「おおぬた」「おぬた」「おんた」と呼ばれてきた。

「垈」は、中国・清代の『康熙《こうき》字典』（一七一六）など伝統的な辞書類に収められなかったために国字とされることがあるが、宋代（九六〇～一二七九）には「五行」（中国古代の自然観における木、火、土、金、水の五要素）による命名に用いられていた（清代の学術書『十駕斎養新録《じゅうがさいようしんろく》』〔早稲田大学蔵版本〕に「李垈」が載る）。また江蘇省の地名では形声文字で堤防の意をもっていた。辞書では『五侯鯖《ごこうせい》字海』（国立公文書館〔旧内閣文庫を含む〕蔵）に、「音代（音読みがタイ・ダイ）高埠（埠）口一」と字義は不明だが「代」という音である旨が注記とともに収められていた。

中国南部の地方誌『華南通志』（『文淵閣四庫全書』）

に「苑垈」（明代の人名）、東部の省の地方誌『浙江通志』（国立公文書館［旧内閣文庫を含む］蔵、『文淵閣四庫全書』）に「邵垈妻陳氏」（明代の人名）、史書『元史』（乾隆四年校刊本、中華書局本等）などに「落垈村」（地名だが、周辺の地名に見られる漢字「垈」の誤りであろう）といった用例を見いだすことができる。

「垈」は、朝鮮では、敷地という意味の形声文字で、一五世紀以降、名詞としてときに熟語となって多用され、普通名詞、人名のほか地名にも多く見られるが（鮎貝房之進『俗字攷・俗文攷・借字攷』、金鍾塤『韓国固有漢字研究』など）、それらの歴史や意味からみて、いずれかから派生したものではなく、字体に衝突を生じた別々の字であると考えられる。「垈」は中国製漢字であるが、それとは別に生じたそれぞれの字を朝鮮の国字、日本の国字ということもできよう。ベトナムの地名にも、それとは別の意味によって使用された書証が見つかり、一つの字体に幾重にも衝突が起こった字である。

「垡」（音はハツ・ボチ）は別の漢字だが、古く中国において、敦煌文書にある七世紀の辞書『俗務要名林』（『敦煌経部文献合集』）に「耕（耕）塊（つちくれを耕すという字義）音代（音はタイ）」と現れて以来、『元史』のような正史であっても、「垈」の誤用として見られた。中国残留孤児の半生を描いた山崎豊子の小説『大地の子』（一九八七〜一九九一年連載、一九九一年刊行）にも「西垈屯」と、「垡」に代わって「垈」が用いられている。ほかにも「垈」を「岱」で代用し、また「垡」を「垈」で済ませることもある。ほかに呉方言の地域では、「埭」も「垈」「岱」などと記すことがある。

〔笹原〕

〈参考文献〉WEB「稀少地名漢字リスト」山梨県／菅喜徹「韓国の字典における日本国字」『中央大学国文』／WEB「山梨」「垈」は山梨独自の漢字?」『朝日新聞デジタル』／WEB「読みは「ぬた」山梨だけで使われる「垈」の漢字」『ライブドアニュース編集部』／WEB「「垈」読める? 意味は? 山梨にしかない漢字、ルーツ探ってみた」『with news』／NHK総合『日本人のおなまえっ!』（二〇二〇年二月二七日放送）

金部
鈬
12画
ぬで　＊タク
JIS第2水準

香川県に見られる地域文字。

小豆島《しょうどしま》（香川県小豆郡《しょうず》）に「大鈬《おおぬで》」という地名がある。

ただし、ＪＩＳ漢字制定時（一九七八年）に参照された国土地理協会の『国土行政区画総覧』一九七八年八月に除去された頁では「「大鐸」（役所支所名、郵便局名、小学校名、旧村名）」とある。「大鐸村《おおぬでそん》」は、明治二三（一八九〇）年の町村制施行に伴い発足したが、昭和三〇（一九五五）年に新設合併し土庄町《とのしょうちょう》となった。「大鐸」の「鐸」は銅鐸の意である。この村名は、『古事記』の国生み神話に見え、小豆島の別名とされる大野手比売《おおぬでひめ》（大鐸姫）による。島内にはこの女神を祀る大野手姫神社がある。江戸中期の国学者・本居宣長《もとおりのりなが》は『古事記伝』（一七九八）で、「ぬで」を「鐸」のことか、と考証している（『角川日本地名大辞典 香川県』）。

「大鐸」は「二万五千分一地形図」にも見られた。

「鈬」は筆画が煩瑣《はんさ》である「鐸」に代わって、「大鈬《おおぬで》幼児園（こども園）」「大鈬分団消防屯所」など施設名を書く際にも使用されており、当地でよく見かける字となっている。地元では、「小豆島バス運行系統図」（一九九四年八月）でも「大鈬線」（小豆島バス運賃表では「大鐸線」）とあり、「小豆島観光マップ」に「大鈬炭坑跡」があるほか、「エリアマップ観光地図（小豆島）」にも「大鈬《ぬで》局」「大鈬小」「大鈬公民館」、『ハローページ』（小豆島地区　一九九二年七月現在）でも「大鈬小学校」「大鈬保育所」「大鈬郵便局」「大鈬動物園」などと用いられていた。

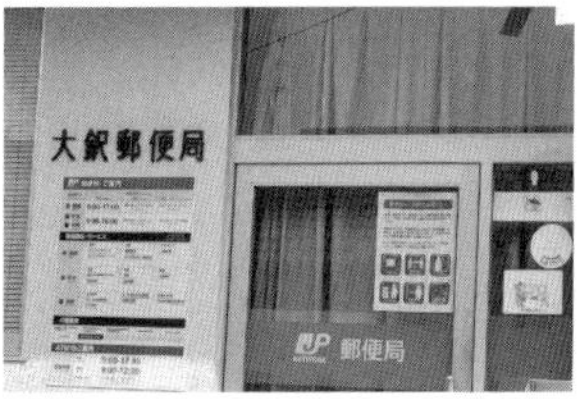

「鈬」は「鐸」の日本製の略字であり、かつては地域を問わず使用されることがあった。
「釋」を「尺」とする日本での「仮借《かしゃ》」による抄物《しょうもつ》書き（仏書などで用いられた漢字の略記）が「釋」から「釈」を生み、「訳」「沢」「駅」など、そこから偏（部首）と読みを問わず旁《つくり》の代入が進み、「鐸」から「鈬」が生まれた。「鈬」は漢和辞典でも略字とされており、戸籍行政では氏名に使われていれば「鐸」に直すことになっていた。ただ、あまりにも簡略化がなされ、全体のイメージが変わり読めなくなるなどとして、当用漢字と統一しない方がいいものとされたこともある（桑山弥三郎『書体デザイン』、「国語審議会第二委員会　資料四」）。簡略字体を積極的に採用していた朝日新聞社なども、「鈬」を拡張新字体として採用しなかった。「鈬」を「鐸」の略字とするのは、一般に批判もあるが、建築用語でも「風鐸《ふうたく》」（堂、

塔などの軒の四隅などにつるす青銅製の鐘形の鈴）は「風鈬《フウタク》」と使われる（『建築用語辞典』一九六五）。

「ぬで」は「鐸」の訓の「ぬて」のことであり、いずれも「ぬりて（鐸）」が音変化した語形である。「ぬて」は現在はほとんど使われなくなっているが、古代中国で、教令を伝える際に、人々を戒めるために鳴らした楽器。中に「舌《ぜつ》」の素材を加えた「銅鐸」や「木鐸」の語は、歴史の教科書や新聞などで使われており、一般性をもつ字体である。字体に対する好み、なじみにもそれが反映されている。

「鐸」に「ぬで」と読ませる例は香川県に限らず散見される。大阪府柏原市大県《おおがた》にある鐸比古《ぬでひこ》鐸比賣《ぬでひめ》神社は、『延喜式』神名帳（九二七年完成）に記されている式内社。神社近くの高尾山山頂付近には鐸比古《ぬでひこ》大神《だいじん》の石碑がある。

「鈬」がＪＩＳ第２水準漢字に採用されたのは、姓として、「日本生命収容人名漢字」（一九七三）にあったためである。金偏《かねへん》を付すことの多い名古屋の人名にも「鈬」「鈬郎」「鈬守」などがあった。ほかにもたとえば近世に「村上鈬五郎」（『諸向《しょむき》地面取調書』『復元・江戸情報地図』）のような例が見られ、「鐸」の略字ではなく「尺」に金偏を加えたものという可能性もある。静岡藩の水利路程掛には「林鈬三郎（鐸三郎）」という勘定下役がいた（樋口二〇一六）。

「鈬」は日本漢字音によって「錫」の声符を変えた異体字（略字）として「鈬杖《しゃくじょう》」と使われたこともある。江戸前期の元禄五（一六九二年）に刊行された井原西鶴の浮世草子『世間胸算用《せけんむねさんよう》』（『近世文学資料類従』、『西鶴選集』所収版本影印）巻一にある「鈬杖《しゃく〔カ〕じゃう》」は、巻五に出る「錫杖《しゃくじょう》」と同じ語であり、「鈬《ぬで》」とは字体の衝突が起きた。同時期の忍術伝書である『万川集海《まんせんしゅうかい》』（一六七六。国立公文書館（旧内閣文庫を含む）蔵）では「鈬杖」に「チヤウハン」と振り仮名が付されている。

［笹原］

〈参考文献〉笹原宏之［ＷＥＢ］「漢字の現在244 中国・四国地方の漢字」『三省堂Dictionaries & Beyond WORD-WISE WEB』、『国字の位相と展開』／同ほか編『現代日本の異体字』

木部

㰌

16画

ぬで　おっかど

ＪＩＳ第３水準

主に群馬県に見られる地域文字。

「橳」は、ウルシ科の落葉小喬木「ヌルデ（ヌデ）」が「カチノキ（勝の木）」（『新撰字鏡』〔平安前期〕）との異名をもったことから、日本で造られた字。ヌルデを意味する「（白）膠木」が「樛」と書かれたという過程を想定した説もある。『上野国志』にいうように、ヌルデに別称「勝軍木《しょうぐんぼく》」の字を当て、そこから「橳」という僻字《へきじ》となった可能性もあるが、第一〇代崇神天皇の皇子・豊城入彦命《とよきいりひこのみこと》が「ヌルデの木」で采配を振って軍を指揮したおかげで戦に勝ったから、あるいは昔、武士同士がけんかをしたとき、一度負けた武士がヌルデの柄をつけた軍配で指揮したところ勝つことができたところから、「橳」という字としたという話もある（毛呂権蔵《もろごんぞう》『上野国志 群馬郡』、菅原義三編『国字の字典』、『平凡社 日本歴史地名大系 群馬県の地名』、前橋市教育委員会『前橋南部の民俗』、安野二〇〇八など）。

前橋市の地名に「橳島町《ぬでじままち》」がある。地名の由来はかつてこのあたりは谷地《やち》（湿地）で「ヌルデ（ヌデ）」が茂っていたことによると伝えられる（『角川日本地名大辞典 群馬県』）。前橋市南部の六供町《ろっくまち》と橳島町の境を流れる「橳島用水」もある。ほかに高崎市に吉井町大字上奥平字「橳尾《ぬでのお》」がある。同地域に林道「橳尾・樋ノ沢線」もある。

国土地理協会の一九七二年版『国土行政区画総覧』にあった地名からＪＩＳ漢字に字を採用するための作業をしている際に、転記作業で「橳」の中央の「月（にくづき）」の部分が脱落し、「橳」ではなく、「椦」（音はケン、「木を曲げて作った容器や牛の鼻輪」の意）という地名には存在しない字体で第2水準漢字に採用されてしまった。「椦」は仏典などにはあったが、本来の意図とは大きく異なるものであり、幽霊文字の典型である（なお、中央部が脱落する誤字は時々現れ、とくに「縦」に頻出する）。現在でも「橳」を「椦」に誤記、誤入力するケースが絶えない（小林二〇二二など）。

その後、「橳」はＪＩＳ漢字には、平成二（一九九〇）年制定のＪＩＳ補助漢字になってやっと入り、ユニコードにも採用された。平成一二（二〇〇〇）年の改定で新たに第3水準に入るまで二十二年間も安定した使用が望めない状態にあった。旁《つくり》は旧字体の「朥」ではなく、「勝」とも書かれる（『自治体地名外字』、『日本行政区画便覧』など）。印刷字形がこのいわゆる拡張新字体であれば、木偏に「勝」を添えたものと認識しやすいため、中央の「月（にくづき）」を脱落させるエラーは起こらなかった可能性がある。

「榺」が『大漢和辞典』（大修館書店）に「国字　榺島《ヌデシマ》は上野国の地名」として収録されたのは、この地にゆかりのある人が編著者にいたためかと思われる。大正期の歴史地理学者・吉田東伍は、「榺島《ヌテシマ》」を「榺は勝《カチ》の木をヌデともいふに因りての造意に出づるならん、他に例なし。」とする（『大日本地名辞書』六）。富山県には「勝木尾《のでお》」という地名もある。

室町期の応永二四（一四一七）年六月一九日の「鎌倉法華堂供僧良助請文」（「三宝院文書」『神奈川県史』資料編3上）に「上野国榺（奴手カ）島并青柳」が見えるが、これは現在の前橋市の榺島《ぬでしま》町と青柳町を示すと考えられ、また天正一一（一五八三）年と推定される年未詳九月二四日の「北条家朱印状」（「牛込文書」同書、資料編7）は、戦国武将の八王子城主・北条氏照《うじてる》が「ぬて島村牛込大善」に宛てて百姓の帰郷を安堵《あんど》したものであり、ここでは「ぬて」とひらがな表記である（『角川日本地名大辞典 群馬県』）。江戸前期の寛文四（一六六四）年の領地目録「寛文印知集」二一（『続々群書類従』第九地理部）に、「群馬郡之内　五拾四箇村」として「阿内村　同所宿村　榺嶋村　佐鳥村」と見える。

群馬県では姓にも「榺島（嶋・嶌）」（読みは「ぬでしま・ぬでじま」など）がある。榺島出身の今井という人が富岡市に行き、「榺島」を名乗ったという（前橋市教育委員会『前橋南部の民俗』、安野二〇〇八）。江戸中期には上野国（群馬県）吉井藩の初代代官だった榺島《ぬでじま》高堅らがおり、「榺島堅次家文書」もある。「榺島」という姓は現在、学術論文やマスメディアでもしばしば現れる。「榺」には「ぬて」「ぬべ」「なべ」「ので」という読みもあるともいう。

富山県には「榺《かつ》木《き》原《ばら》島」という字体の逆行同化とも見られる小地名がある（『福野町史』など。鈎持一幸氏教示）。埼玉県でも、「榺」がヌルデと同義の「オッカド」として小地名に使われており（鈎持一幸氏教示）、地域文字に別の俚言《りげん》形の地域訓が当てられた稀有《けう》な例といえる。群馬県とのあいだの人の流れ、それぞれの地で別個に生じた字義が一致する「暗合」の可能性も含めさらに検討する必要がある。

［笹原］

〈参考文献〉笹原宏之『国字の位相と展開』／丹羽基二『人名・地名の漢字学』／森岡浩『47都道府県・名字百科』／WEB 小林肇「新聞漢字あれこれ91 幽霊漢字があやうく紙面に」『漢字カフェ』

は行

碆

ば ⬇ はえ 164頁

碆

はい ⬇ はえ 164頁

石部

硑 11画

はえ（ばえ）　と　ずり　はつく

＊ホウ

JIS第3水準

主に大分県に見られる地域文字。

大分県沿岸で岩礁を表す「はえ」にこの字が用いられており、南東部に位置する佐伯《さいき》市上浦《かみうら》大字浅海井浦《あざむいうら》の字「丸硑《まるばえ》」（『角川日本地名大辞典 大分県』小字《こあざ》一覧では「マルハヘ」と表記）などがある。自然地名（山、海、島などの名称）として大分県北部では津久見《つくみ》市にある津久見湾南岸に「辰ヶ硑《たつがはえ》」や「鮪着硑《しびつきばえ》」、南部では屋形島《やかたじま》に「赤硑《あかはえ》」や「いるく硑《ばえ》」がある。「碆」（→164頁）参照。

また不動産登記記録の土地の所在として岡山県美作《みまさか》市川北《かわぎた》字「硑ケ迫」、山口県大島郡周防大島町《すおうおおしまちょう》大字東屋代《ひがしやしろ》字「硑」が見られるが、それぞれ「硑」の読みや「はえ」との関連は不明。『角川日本地名大辞典 高知県』の小字一覧には土佐郡土佐町地蔵寺《じぞうじ》の小字に「硑」を「と」と読む字「硑石谷《といしだに》」が見え、「研《と》ぐ」との関連が示唆される。福岡県糟屋《かすや》郡篠栗町《ささぐりまち》大字若杉には字「硑河原」があり、『福岡県史資料』所収「明治十五年字小名調」では同郡若杉村の小字に「硑《トイシ》河原」として現れる。

漢字の「硑」は一〇世紀中国（遼代）の字書『龍龕《りゅうがん》手鑑《しゅかん》（四巻本・八巻本）』などが「砰」の異体字とする。「物が強くぶつかりあう音」の意（『全訳 漢辞海』三省堂）。また「瓶」の異体字とする用例がある（『漢語大字典』四川辞書出版社）。

「はえ」のほか、日本語での用法では鉱山で資源として使えず廃棄する石を表す「ずり」にこの字が当てられることがあり、「硑」のほかに「砰」「硼」などとも表記される。

山口県の姓に「はつく」と読む「硑」がある。前述の通り山口県の大島郡周防大島町東屋代には読みが不明の「硑」という小字があり、また周防大島町内には「はつく」と読む小字に「はつく」「羽築」「初具」「端佃」などがある（『角川日本地名大辞典 山口県』、『山口県地名明細書』、藤谷和彦『改訂周防大島町地名（穂ノ木）考』）。また「繁盛する」「品物が売れる」を意味する山口県の方言に「はつく」がある（原安雄『周防大島方言集』、重本多喜津『防長方言資料第一輯 長門方言集』）。丹羽基二『人名・地名の漢字学』は耕作に適さない石の多いやせ地を「石が并ぶ（並ぶ）」という「研」の文字で表し、将来の繁栄を祈って「ハツク」と読ませたという説を挙げる。また、「はつく」は表面を削り取ることを表す言葉「斫《はつ》る」を連想させる。

［塚田］

木部

椪

12画

はえ（ばえ）　＊ポン

JIS第2水準

宮崎県などに見られる地域文字。

木の積み方を意味する「はえ」に「椪」が当てられた。江戸時代以前から各地で、木偏のほか「扌（てへん）」となり旁《つくり》を「並（竝）」やそれと通じる「并」の類とするものがあり、こうした会意の造字と国訓が林業などの資料で用いられていた。「掽」とも記された。

串間市に、大字西方《にしかた》字「白木椪《しらきばえ》」、大字奈留《なる》字「猪之椪《いのはえ》」、大字大平字「松椪」、大字大矢取《おおやどり》字「小椪」、「佛椪」がある。延岡市の北方町板下戌《きたかたまちいたしもいぬ》には「三椪小学校」があった。現地役場への照会（一九九七年）によると、「三椪」の読みは「みはえ」である。ほかに小地名として、『角川日本地名大辞典 宮崎県』には「松《まつ》椪《ばえ》」、「楠椪《くすばえ》」が載る。

「椪」は室町期の永享九（一四三七）年八月二二日付の杉原彦左衛門尉の田地寄進《でんちきしん》状に「在所椪木荒田」とあるのが古い（『角川日本地名大辞典 和歌山県』）。ほかにも、江戸期に入り、尾張藩の『木曽山雑話』（一七五九。所三男『近世林業史の研究』など）、枝芳軒《しほうけん》のベトナム漂流記『南瓢記《なんぴょうき》』（一七九八）のほか、『新撰正字通』（一七八〇）、『偶奇仮名引《ぐうきかなびき》節用集』（一八〇四）、江戸中期ごろの早大本『和字正俗通』、『俚言集覧《りげんしゅうらん》』などの辞書類や、同時期の百科事典『和漢三才図会《わかんさんさいずえ》』に載る。また、『日本大辞書』（一八九三）、『日本建築辞彙』（一九〇六）、『大日本租税志』（一九〇八）、柳田国男『分類山村語彙』（一九四一）、『日本漁業経済史』中（一九五三）、『日本経済史辞典』（一九五四）、『林業百科事典』（一九七五）、『日本歴史大辞典』（一九八五）、『近世古文書辞典　米沢領』（一九八八）、『古文書用語事典』（一九九一）などさまざまな辞典や文献に見られる。ほかにも『宮崎県林政史資料』（一九六四）や『宮崎県山林沿革資料』（一九六五）に「野椪《のばえ》」（野積みの意）とあり、こうした用法が、林業の世界のほか、宮崎の地に小地名として「白木椪《しらきばえ》」など（『角川日本地名大辞典 宮崎県』）と残ったものである。ほかに静岡県静岡市には字「椪平」（椪平で「ぐみのきびら」か〔塚田雅樹氏教示〕）もある。

このような全国的、広域的な使用が局所に残る、言い換えると使用域が狭まった字には「潟」の略字としての「泻」も挙げられる（字形に関する用語では、書道の「起筆」を意味する岡山、香川、徳島の方言「うったて」［「物事のはじまり」も意味する］も同様である）。「椪」は、一カ所からの拡散を見た「杤」（→130頁）などと対極にある。

江戸中期の思想家で医師の安藤昌益《しょうえき》は、「椪」を「のき」と読み、「椪下《のきした》」と用いている。

高知県には、旁《つくり》を「并」（「並」に通じる）とする「栟」（『和字正俗通』は「栟《ハヘ》」を「近世ノ俗制スル」「和訓ノ俗字」などとする）を用いた地名があり、高岡郡津野町北川字「立栟」がある（塚田雅樹氏教示）。『角川日本地名大辞典 高知県』にも「立栟《タテノハエ》」が載る。また、「栟」を「くね」と読む地名「栟下」が『信濃国《しなののくに》地字略考《ちあざりゃっこう》』などに載る。

姓では、「椪田《はいた》」があるが、「椪」を「林」の転字とする丹羽基二の説（『人名・地名の漢字学』）は疑わしい。宮崎県の姓に、旁が異なる「栟田《はえた》」、「岩栟《いわはえ》」もある（『難読奇姓辞典』など）。

「椪」は日本生命の人名漢字資料（一九七三）と国土地理協会の『国土行政区画総覧』（一九七二）とに出現していたため、ＪＩＳ第１水準に入るはずであったが、ＪＩＳ漢字制定（一九七八年）の作業過程で第２水準へと移動された。『国土行政区画総覧』では、前述の「三椪」という学校名としてのみ載っていたもので、一九八七年四月に除去された頁に「宮崎県東臼杵郡北方町」に「三椪小学校」「三椪中学校」とあり、その出現が確かめられた。ＪＩＳではこうした公共機関名を含めて「地名」と呼んでいたことが判明した。

なお、一九九四年九月の除去頁に至り、中学校名はなくなっている。三椪中学校は昭和四七（一九七二）年に北方町立北方中学校に統合されており（その後さらに延岡市立北方学園へ統合）、ＪＩＳ漢字選定のための調査が行われた時には、実際は消滅していたようだ。当時の三椪小学校の教諭は、「椪」の字が、当地の地名にしかないことに驚いたが、小学校の名に日本では当地にしかないような字が用いられていることには意外性が感じられるとしても、そうした事実が広く知られてこなかったこと自体に問題がある。三椪小学校もまた、平成二六（二〇一四）年に閉校となった。同校のＷＥＢサイトには「屋形原杉原（三椪橋東台地）」に校舎を建設したとある。

「椪」は従来、さまざまな用法が示されてきた字であるが、『大漢和辞典』補巻（大修館書店）には、果物の「ポンカン」の「ポン」としての説明しかない（「ポン」の表記には「凸」「朸」もある）。「椪」を用いて「椪柑《ぽんかん》」と書くのは、中国南部、台湾辺りの方言漢字としての用法が日本に伝来したもの（台湾中西部の『彰化県志《しょうかけんし》』など）で、日本の「はえ」とは、由来を異にする。台湾には、日本統治時代に出版された島田彌市・石塚正義共編による『改訂増補　臺灣（台湾）の椪柑』（一九三一）がある（仟田朋春氏教示）。台湾総督府の職員に「黄氏椪柑」「陳椪皮」が見られるなど、名にも多く用いられた。

三椪小学校閉校碑（延岡市）
出所：株式会社こめや陶堂

ＪＩＳ漢字に対応する辞書には、従来の漢和辞典にこの字が掲載されていなかったせいか、「椪」に「くぬぎ」「しゅろ」という訓を載せるものがあるが、ＪＩＳの規格票で「椪」の隣に掲載された「椚」などと取り違えた誤解による「幽霊音訓」であろう。

石偏に「并」を当てた「硑」（→160頁）を「はえ」と読むことがある。山口県では、「硑」を「はつく」（石を並《なら》べたような耕作に不適な土地）と読む姓があり、地名にも見られる（丹羽基二『日本の苗字おもしろ百科事典』）。「はつく」は石炭採掘時に選炭される捨て石のことをも指し、炭坑では北海道で「ずり」、九州で「ぼた」として用いられてきた。

なお、「林」を「はえ」と読ませる地名が、富山県や鹿児島県に見られる。

〔笹原〕

〈参考文献〉WEB「稀少地名漢字リスト」宮崎県／菅原義三『小学国字考』／笹原宏之『日本の漢字』、『方言漢字』、『国字の位相と展開』『謎の漢字』

石部

碆

13画

はえ（ばえ）　はい（ばい）
はや（ばや）　ば　＊ハ
JIS第2水準

主に和歌山から四国、九州にかけて使用される地域文字。岩礁を表す「はえ」にこの字が当てられている。

四国の、とくに高知県や愛媛県の沿岸部に多く瀬戸内海側には見られない。柳田国男・倉田一郎『分類漁村語彙』（一九三八）では海中の礁を指すハエについて、「土佐などでは碆の字をあてゝをり、甚だその消息をよく傳へて居る。」と述べている。高知県の「二子碆《いしがばえ》」は「二万五千分一地形図」の図名にも使われている。

愛媛県の西宇和郡伊方町《いかたちょう》では「はや」「ばや」（「大碆《おおはや》」「志津碆《しづばや》」など）、南宇和郡愛南町《あいなんちょう》では「はえ」（「平碆《ひらばえ》」など）と呼ばれている。西予市《せいよ》明浜町《あけはまちょう》高山には市指定文化財「碆ノ手《はやのて》の鯨塚《くじらづか》」があり、天保《てんぽう》の大飢《き》饉《きん》（一八三三〜一八三七）の頃に高山湾に打ち上げられ、人々を飢饉から救った鯨が祀られている。この鯨には「鱗王院殿法界全果大居士《りんおういんでんほっかいぜんかだいこじ》」という立派な戒名が贈られている。

和歌山県では「はい」「ばい」（有田市「大碆《おおはい》」、日高郡由良町《ゆらちょう》「赤碆《あかばい》」など）と呼ばれている。

高知県四万十《しまんと》市勝間《かつま》字「踊碆山《おどりばやま》」など内陸部にも見られることがある。

また東京都小笠原《おがさわら》村には「はえ」と読む「地ノ碆《ち(じ)のはえ》」「沖ノ碆《おきのはえ》」という無人島がある。

愛媛県の姓に「丸碆《まるばえ》」「平碆《ひらはや》」「掛碆《かけば》」などがある。

漢字の「碆」は「石の鏃《やじり》」を表す。跡目（一九六六）は「波の下に石を配する字体が礁に適応すると思われて、後人により転用されたあて字に相違ない」とする。鏡味明克は、「ハ」という音読みをもつことも「はえ」に当てた原因とみられると諸書で言及している。

「硑」（↓160頁）も参照。

［塚田］

山部

岵

8画

はけ　はげ　はぎ
JIS第2水準

埼玉県、千葉県などに見られる地域文字。

「はけ」は東日本、とくに関東で「崖」（以下の項目も参照↓「坿」31頁、「垳」33頁、「掵」173頁、「岀」184頁、「墹」199頁、「壗」204頁)、「丘陵」、「山地の片岸」(一方が険しい崖のようになっているところ)を意味する方言である。アイヌ語の「パケ」から来たとの説もあるが、水はけと関連させる解釈も聞かれる(松永美吉『民俗地名語彙事典』、『地名用語語源辞典』ほか)。

埼玉県では「岾」を「はけ」に当てる小地名が存在する。入間《いるま》市に、地価公示の標準地である、宮寺《みやでら》字「岾上《はけうえ》」「岾下《はけした》」「上岾下《かみはけした》」がある。入間市役所の旧公図には「岾」を「峼」に作るもの(字岾下の字限図)もあり、市役所の土地台帳では「岾」の字形も多かった(鈎持一幸氏教示。以下、同氏の教示は※印で示す)。同市二本木《にほんぎ》には「はけ」に由来すると思われる「オッパケの坂」という急坂もある(昼間良次氏教示)。

所沢市には大字坂之下字「岾《はけ》」、南永井字「大岾《おおはけ》」があり、字「岾野《はけの》」などの小地名が散在するほか、「大岾自治会館」や、バス停「大岾」もある。社名にも取り入れられている。「岾」は形の似た、一般性の高い「帖」とも書かれる。南永井にある「大岾稲荷神社」には、江戸末期の万延二(一八六一)年の石碑に、「あふ岾の神」とあり、「岾」を崩して旁《つくり》を「古」とした「岾」の字で彫り込まれている。「はけ」が信仰の対象になっていたのだろう。神社の大きな鈴の後ろにある扁額にも「大岾」と書かれている。「岾」は中国最古の詩篇『詩経』にあり、教養ある層にはなじみのある字だった。小字《こあざ》の「はけ」を「岾」で書いている地区はほかにもある。

新座《にいざ》市などでも「岾」が小地名に残っているが、明治期の旧公図では、この新座市のほか、入間《いるま》市、所沢市や狭山丘陵西端に位置する東京都西多摩郡瑞穂町《みずほまち》(現在は「小ハケ」)でも、「岾」は旁《つくり》を「古」とする「岾」であった。入間郡北永井村(現・同郡三芳町大字北永井)の飛び地として、明治九(一八七六)年「地租改正地引絵図(北永井村全図)」(三芳町立歴史民俗資料館所蔵)に「大岾」が見え、明治一四(一八八一)年の同村「字地取調」(同館所蔵)「大岾」があった(※)。東京都日野市に「岾ケ《は》」などもあった。東京都の『東久留米市文化財資料集 第9集』(一九八三)では、文中で名詞の「ハケ」が「岾」と記されている(※)。

埼玉県では「岾」を「はげ」や連濁して「ばけ」と読む地もある。『武蔵国郡村誌』巻四(一九五四)では、南永井村（現・所沢市大字南長井）の字地「岾野」を「はげの」と読ませる（現在は前出の「岾野《はけの》」）。

川越市砂久保《すなくぼ》に「小岾《こばけ》」があるが、偏を「土」にした「小坫《こばけ》」とする資料もある。「坫」は漢字では、音はテン、「さかい」、「しきり」の義をもつが、これは「岾」ないし「岾」の転化のようで、明治期に作られた地図の一種の字限図では「岾」とある（※）。

埼玉県以外では、千葉県の館山《たてやま》市茂名《もな》、洲宮《すのみや》には「岾」を「はぎ」と読ませる「白岾《しらはぎ》」がある。古くは「白岾」とあり、「白帖」の表記もあった。安房郡茂名村（現・館山市茂名）の江戸期の絵図である文久二（一八六二）年『茂名村耕地麁絵図《そえず》』に「白はけ」、『茂名村絵図』に「白はげ」という表記があり、幕末期の元治二（一八六五）年の「畑方名寄帳《なよせちょう》」に「しらはけ」「しらはげ」、明治五（一八七二）年に「耕地一筆限地代金取調書」に地租改正以前の旧字《あざ》として「しらはげ」、明治七（一八七四）年「旧石高戸数人員村中字《あざ》訳取調書」には地租改正以後の新字として、形の似ている変体仮名によるものか、または訛《なま》りによるものか、「げ」が「ぎ」となり、「しらはぎ」となった（上記の文書五点は「茂名区有文書（館山市立博物館寄託）」）（※）。このように、房総半島の方言では、イ段とエ段が交替するケースがあった。明治一五（一八八二）年の「地券」（明治政府が土地所有者に発行した証券）「茂名区有文書（館山市立博物館寄託）」では、「白岾」である（※）。昭和一四（一九三九）年『千葉県安房郡神戸村地番反別入地図』（土地法典）には「岾」も用いられていた（※）。

群馬県の吾妻《あがつま》郡入山村（現・中之条町大字入山）には、明治一四（一八八一）年『地理雑件』（群馬県立文書館所蔵）に字魚ノ川の小名として「赤岾山《アカハケサン》」があった（※）。

福井県には、大飯《おおい》郡おおい町の大字鹿野に字「西ノ岾」がある。明治期の旧公図は「西岾」「西ノ岾」であるが、町役場が管理する「大字鹿野小字一覧」に「西岾」が載る（※）。同県勝山市に「岾」を「こ」と読む「赤岾《アカコ》」「赤岾口《アカコグチ》」がある（※）。ほかに「赤岾山」（法務局の土地台帳では「赤岾口」の誤記［※］）もある（『角川日本地名大辞典 福井県』）。

福島県の耶麻《やま》郡西会津町奥川大字飯沢《いいざわ》には「岾」を「び」と読む「岸岾《きしび》」もある。これは、崖を意味する俚言《りげん》「びゃく」か漢字「岯《ビ》」と関連すると思われる。古くは「岸岾」とあったが現在の町役場のシステム上は「岾」の旁を「右」とする「岸岵《きしび》」である（※）。ほかに「岾」を用いた地名には、同県に「岩岾《ガンコ》」、広島県に「岾麓路」、岐阜県には「深岸岾」、愛媛県には「嵯岾」「奥嵯岾」（読みは「さこ」「おくのさこ」か）もある（『角川日本地名大辞典 福島県』、『同 愛媛県』など）。

「岾」は鎌倉期の字書『世尊寺本字鏡《せそんじぼんじきょう》』に「岵」とともに収められ、かつ「岵」と同様の音義を注記している。「岾」は注記には、「コ音（コという音読み）古都反（コでアクセントは平らとされる平声）屺也 无草山（草の生えていない山）」とあり「岵」は「胡古反（読みはコで上声というアクセント）」、「岾」は「コ音」とある。『倭玉篇《わごくへん》』の室町中期に書写された『篇目次第《へんもくしだい》』に「岾（虫損により「岵」のようにも見える）テウ反（音読みはチョウ）ヤマ」と、「岵」と混じった可能性を示す音注がある。江戸初期刊の『法華三大部難字記《ほっけさんだいぶなんじき》』の注記には「タカシ」とある。江戸前期の俳諧書『俳林一字幽蘭集』（一六九二）下に俳号「沾岾」があるとする辞書があるが、版本では二字目は「岵」である（なお、この版本には埼玉の「はけ」地名に使われる「屼」を用いた「屼平」という俳号も見える）。

「岵」は、『詩経』に現れた解釈に「（草木が茂った）やま」と「（草木のない）はげやま」という両極端な字義があり（元禄期から明治期に版を重ねた『増続大広益会玉篇大全』など）、そこから土がむき出しになった「崖」（はけ）などに当てられ、字体が変化したものとも考えられる。書写者に次第に漢文の素養が薄れ、この字義や方言の語義の認識も弱まっていくとともに、筆法から旁の「古」の一画目の横画が短く簡易化して「占」となった可能性が考えられる。当時は旁に「占」を用いる字が多用されていたことも一因であろう。また、山偏であることが重視されたことによって「はけ」表記に選択された可能性がある。

一方、「岾」は、『詩経』に出る「岵」の誤字として漢籍には人名、地名にしばしば現れる。一八世紀中国（清代）の『欽定四庫全書《しこぜんしょ》総目』（一七八一。『文淵閣四庫全書』）には、耿人龍の号として「岾雲」、人名では『周易玩辞集解』（同）に「張元岾」、地名では『粤西詩載《えつせいしさい》』（『粤西叢載』。同）に「牛腸大岾」、『山東通志』（一六七八。同）に「龍岾」が見られる。『山東通志』は、国立公文書館（旧内閣文庫を含む）蔵版本でも同じだが、その基づいた『歴城県志』においては「岵」を用いた「龍岵（山）」と三回記されており、やはり「岾」は「岵」の誤りであろう。

「岵」の旁の「古」は毛筆では「占」と筆順が同一で、筆法によっては字形が類似したり、「占」に変形することが「姑」などの字にも起こっていた。また

「古」は「右」とも字形が近づくため、字種、字義、語義を知らなければ、旁を「右」に誤ることとさえも起こりえた。

このように「岾」は漢文離れが進んで読みの理由が不明確となるにつれて、その運筆法から各地で独自に、あるいは他の地やJISコードの影響を受けて「岾」へと変化していった。IBM社のコンピューターの実装書体には、このJIS漢字の「岾」を『大漢和辞典』（大修館書店）により、字体がやや類似する別の（あるいは元の）漢字の「岾」に作ってしまったものがある。結果として、部分的ではあるが先祖返りとなった。

「岾」がパソコンなどの電子機器できちんと入力できるのは、国土地理協会の一九七二年版『国土行政区画総覧』に、「岾」を「やま」と読む「京都市左京区浄土寺広岾町《じょうどじひろやまちょう》」の用例があったため、JIS第2水準に採用されたからである。だが現在は、「岾」が「帖」となり、読みも変わった「広帖町《こうちょうちょう》」と改められている（→「岾《やま》」221頁）。

地名に漢字表記を当てる際に、京都と埼玉でそれぞれ別個に「岾」を利用したものであろう。「岾」の「はげやま」（かつては濁点は無表記のケースもあった）という一つの字義の影響という可能性がある。

京都の用例は、住民がいない一地点である一方、埼玉には複数の地点が存在し、また生活の中で使われることが今なお多くある。京都での例からJIS第2水準に採用されていたからこそ、埼玉や千葉での電子機器上の使用が継続したという事実がある。

姓には「岾《はけ》」があるという（高信幸男『難読稀姓辞典第三版』など）。

朝鮮では三国時代（四〜七世紀ごろ）から峠のことを形声文字により「岾《チョム》」と造字で表現してきたが、日本の「岾」と直接の関連はないと思われる。北朝鮮にある楡岾寺《ゆせんじ》の名称に「岾」が用いられていると認識する日本人は多くなかったが、一五〜一六世紀に通交のため朝鮮に赴いた日本人は、「草岾」の地を通っており、「岾」の字体を認識していた可能性がある。

「はけ」には、埼玉県南西部を中心に、「岾」のほか、さまざまな漢字を当てた小地名が見られる。川が流れ起伏に富む武蔵野台地には、断崖や傾斜地が大小さまざまある。眼前の特徴ある地形は着目点として地名になりやすかったため、ハケがちな地では必然的に「はけ」地名が増える。大字クラスの求心力をもった「はけ」地名が近辺になかったことが、標準的な表記を確定させず、この多様な表記を生み出したのだろう。

埼玉県のあまり使わない語や字は語義や字義が忘れられ、変化が進むことがある。また日本の人々は、往々にして漢字を会意風にみる傾向がある。

所沢市、志木市にも地名「屼」がある。所沢市には、「兀」を当てた「兀ケ《はけ》」などの小字名があるほか、「兀」に山偏を加えた「屼」を用いた地名に、大字上安松字「向屼（むこうはけ・むかいはけ）」、大字北秋津字「屼山《はけやま》」「屼西久保《はけにしくぼ》」がある。「屼山墓地」、「屼堂霊園」もある（WEBサイト「稀少地名漢字リスト」埼玉県）。「屼」は漢字では、音はコツなどで、「はげ山」などの意をもつ。「兀」は「宂」を経て字形が崩れ（鈎持一幸氏調査によると法務局の旧公図〔所沢市下安松字屼下（刷下）の字限図〕には「狐」と鉛筆のような器具で追記されている）、「宂」「几」へと転化した字形もある。「屼」が一般性の高い漢字である「刷」に変えられた地も所沢市にある（前出の下安松字「屼下」は現在「刷下」）。江戸期の所沢に「沉」があるというが、「山」の草書は「氵（さんずい）」と似る。清瀬市には橋銘板に「峴橋《はけばし》」と書かれた橋があるが、現地の旧小字名は「屼」とある（WEBサイト「稀少漢字地名リスト―橋名」など）。清瀬市の清戸下宿《きよとしたじゅく》（現・下宿）では、「屼」を「岏」、「峴橋」を「岏橋」とする地図もある。

さらに所沢市大字本郷の地名には、カタカナの「ハケ」があるほか、「嵃上」で「げんじょう」と読ませるが「土地の古老」は「はけうえ」と呼ぶ地がある。昭和二六（一九五一）年の埼玉県告示で「はけうへ」となっているが、それを記録した『所沢市史　地誌編』（一九八〇）もすでに刊行からだいぶ経っている。明治時代には見られる地名で「嵃」は漢字としては、音はゲン、「けわしい」の意など。旁の「彦」は「彥」の旧字体であるが、この「ひこ」と「はけ」は「h-k-」と子音が共通する。「彦」の音読みが「げん」ではあるが、もはや読みは原形をとどめていない。

同市下安松《しもやすまつ》には「⿰山爪」を当てた「赤⿰山爪」という崖の名があり、「あかばっけ」と読む。「あかばっけ」は、「はけ」の語頭を「がけ」と同様に濁音化させ「ばけ」として語義の価値を下げる「濁音減価」（各地の「ぼっけ」地名も同様）を行い、さらに読みを強めるために促音の追加を行ったものかと思われる。それに合わせ、字体は、「屼」の旁「兀」を「爪」に変えたものかと思われる。あるいは東北で、江戸後期の国学者・菅江真澄《すがえますみ》の紀行文『にしきのはま』に見える地名「柧木邑《ハノキ》」（『菅江真澄全集』三）に用いられた、「は（のき）」「はぬき」と読むような「柧」の旁が変形したものか。同語源とされる鳥取県の方言漢字「𡵅《ほき》」（↓184頁）との字形の近さも指摘できる。「岂」で「はげ」という字も岡山県の小地名「赤岂《あかはげ》」として登記にある（塚田二〇二一。中国南部の壮《チワン》文字と字体が衝突する）。佐藤新『日本地名盡 所沢篇』1では、「地名解釈の為の新造字（語）」として「涮はけ。崖。河岸段丘。岨。崖線。湧水のある崖。」と個人文字の用法がある。

「はけ」に「𡋽」を当てる地区がある。川越市に、大字下赤坂《しもあかさか》字「大𡋽《おおばけ》」（「大はけ」とする地図もある）、大字寺尾字「𡋽《はけ》」があり、ふじみ野市福岡に「𡋽《はけ》自治会館」がある。狭山市にはバス停名に「𡋽下《はけした》」があったが平成二三（二〇一一）年に漢字の「赫下」に変わっている。狭山市の𡋽下は、江戸末期に引又《ひきまた》宿（現・志木市）の名主役であった星野半右衛門によって記された『星野半右衛門日記』（情報提供、志木市教育委員会）の安政四（一八五七）年の日記には「𡶌下」とある（※）。川越市の「𡋽」は明治初期から、「𡋽」となることもあった（※）。

千葉県には、「𡋽」を「へな」と読ませる小字「𡋽畑《へなばたけ》」がある。この「𡋽」は埼玉の例とは文字が衝突した別字だろうが、指し示す物質自体は同じ関東ローム層の赤土である（東京都内の「赤坂」の「赤」も同様だろう）。鴨川市役所の「旧公図」で「へな（赤土）」を示すと考えられる八カ所の小字を調べたところ、「𡋽」「粘土」がそれぞれ一件、他は「辺奈」か「ヘナ」であった（※）。なお、土偏に「丹《に》」（赤土を意味する）をあわせた「坍」（音はタン、「倒壊、崩壊」などの意）は古来「あず」（「崩れた岸」や「崖」の意）と読まれた。「𡋽」はこの「坍」を元に、旁をよりなじみの感じられるものに交替させたものかと思われる（笹原二〇〇七）。

このほか、山偏の「𡶌《はけ》」もあり、たとえば『武蔵国郡村誌』巻四（一九五四）では、埼玉県入間郡の藤倉村に「𡶌下《はけした》」が見える。

柳田国男『地名の研究』（一九三六）に「はけ」と読む字として、「文字の方からも或状態を現はさうとした努力だけは見える」などとし、諸書にしばしば「堆」「堆」「堐」「崕」「漄」「峀」のような字も紹介されている。それぞれが、「崕《ガイ》」（がけ）の変形か作字のミスによるものかと思われるが、「はけ」に「漄」を当てた地名が狭山市にあった。秩父郡・市の「旌」（「旌」は誤記か）「礒」を「はけ」と読む（※）のは、「がけ」を意味する「崕」のほか「涯」「硪」の字が崩れたものであろう。志木市の「はけ」地名に「㟭」があった。「山に段（がある）」の意かと思われる。江戸時代に舘村（現・志木市）の名主であった宮原仲右衛門が享保一二（一七二七）年に記録した『舘村旧記』に「長者の㟭」、『舘村古今精決集録』（正確な作成年代不明で大正期の写本のみ残る）に「㟭下」が見える（上記文書二点の情報提供は、志木市教育委員会）（※）。

　所沢には江戸期に「はけ」地名を「峡」とする表記も見られ（『新編武蔵風土記（稿）』〔国立公文書館所蔵「浄書稿本」、および雄山閣版第四期〕）（※）、各字との字体の類似も指摘できる。東京都と埼玉県にまたがる武蔵野地区の崖線《がいせん》の「はけ」には「峡」が当てられる（大岡昇平『武蔵野夫人』に「「はけ」はすなわち、「峡」にほかならず」とある、など）。都内には荒川区立「峡田《はけた》小学校」もある（第二～第五、第七、第九小学校まである）。「羽毛」を「はけ」と読むような仮借《かしゃ》による当て字も各地の地名や姓に見られ、「羽毛田（はけた・はけだ・はもだ）」などの姓も、同系のものだった可能性が高い。国立市には「はけ」に「岨」を当てる、「岨《はけ》」「岨之下《はけのした》」「岨下《はけした》」などの地名がある。神奈川県北部の相模原市の「はけ」地名には、「峡ノ原」のほか、「崔《はけ》三谷」があるという（松尾一九五二）。

　神奈川県横浜市の通称地名「金沢八景」も、一見すると江戸百景などのような風光明媚《めいび》な名所だが、他の「〇〇八景」と同様に「八景」は元は「はけ」を表し、江戸時代に漢字で飾られ、実際に漢字が要因となって勝景地が選ばれ出したとの説がある（菅江真澄『月の出羽路　仙北郡一〇』〔『菅江真澄全集』七ほか〕）。そうだとすれば、ことばだけでなく、表記が現実を変動させる一つの実例となる。

　「はけ」は関東以外でも、東北から九州まで地名に散見され、さまざまな字が当てられているが、「はけ」と同義で「はげ」と二拍目が濁る地も存在する。熊本県の阿蘇郡小国町《おぐにまち》の温泉「峐《はげ》の湯」に用いられた「峐」などもあり、一層バリエーションに富む。各地に広がる「ほき」「ぼけ」地名（徳島県にある渓谷「大歩危《おおぼけ》」「小歩危《こぼけ》」も同様）などは、俚言《りげん》あるいは訛語《かご》を由来とするというべきかは別として、それらも「はけ」と同類だと地名研究では捉えられている（→「圸」197頁、「墹」199頁、「壗」204頁、「岾《やま》」221頁）。

〔笹原〕

〈参考文献〉笹原宏之『日本の漢字』、『方言漢字』／WEB「埼玉県の小字」／「ひるどき！　さいたま～ず」（NHK FM（さいたま局）二〇二一年一〇月二一日放送内の昼間良次氏による方言漢字の紹介）

石部

磵

17画

はざま　＊カン
JIS第3水準

主に三重県、富山県に見られる地域文字。

「はざま」は「谷間」や「間」を指す共通語であり、「狭間」のほか「間（閒）」、「硲」（笹原二〇〇七）などが用いられる。「磵（礀）」は後二者を混成させた用法かと思われる。

三重県には津市安濃町今徳《あのうちょうこんどく》字「磵《はざま》」、多気《たき》郡多気町《たきちょう》平谷《ひらだに》字「垣磵（かきはさま・かきはざま）」などがある。

富山県にも、小矢部《おやべ》市野端《のばな》字「磵《はざま》」など、「磵」が散見される。

茨城県東茨城郡城里町上入野《しろさとまちかみいりの》字「磵《はざま》」には「磵池《はざまいけ》」というため池がある（WEBサイト「稀少地名漢字リスト茨城県」）。

静岡県には「磵」を「さん」と読む「一ノ磵《いちのさん》」、山口県には「はざま」のほか「たに」とも読む「磵」がある。

「磵」は室町期の辞書『温故知新書《おんこちしんしょ》』や『運歩色葉集《うんぽいろはしゅう》』に「ハサマ」、『塵芥《じんかい》』に「ハザマ」と読みがある。同時期に成立した『太平記』では「たに」と読むテキストがある。

「磵」は人名にも見られる。山口藩士の画家に「磵《はざま》西涯《せいがい》」（一八一一～一八七八）がいた（『大辞典』平凡社、『日本人名大辞典』など）。日本で林学を始めたのは、江戸生まれの林学者・松野磵（一八四七～一九〇八）である（「磵」の読みは「かん」、または「はざま」）。「磵《はざま》」姓は今でも和歌山、北海道などに見られる。

「磵」は音はカン・ケン、「谷、谷川」の意の漢字で、「澗」に通じる。中国の古辞書『玉篇』『正字通《せいじつう》』などに載るが、熟語としては『大漢和辞典』（大修館書店）では清代の人名（字《あざな》）での使用三例を挙げるのみである。日中韓ともに音読みによる人名や書名での使用が多い。旁《つくり》は旧字の「閒」ではなく「間」とも書く。

「はざま」には漢字の「峻」を当てたものもある。愛知県には刈谷《かりや》市小垣江町《おがきえちょう》「北諸峻《きたもろはざま》」があり、バス停名にもなっている（今尾二〇二〇）。

［笹原］

〈参考文献〉塚田雅樹「登記・供託オンライン申請システムに現れる地名を表すUnicode未符号化文字」『日本漢字学会報』／笹原宏之『国字の位相と展開』

躙

はしだて➡あまのはしだて　6頁

硑

はつく➡はえ　160頁

手部
掵
11画

はば　ばば
JIS第2水準

秋田県に見られる地域文字。

「はば」は「崖」の意。秋田県では、「掵」を当てる地域がある。手偏と「命」とで会意により造られたものともいわれる（佐藤稔「計数管」『河北新報』一九九七年一月八日）。秋田県の他の地域や岩手県では「幅」「羽々」「巾」「羽場」なども当てられている。山梨県では「坡」などを当てる。

秋田県南部の湯沢市に、二井田《にいだ》字「二ノ掵《にのはば》」「掵上《はばうえ》」、三梨町《みつなしちょう》字「犬掵《いぬはば》」、同町飯田字「掵下《はばした》」、駒形町《こまがたちょう》字「大門掵《だいもんはば》」「大門掵下《だいもんはばした》」「東福寺掵《とうふくじはば》」、川連町《かわつらちょう》字「掵下《はばした》」「大掵下《おおはばした》」「高掵下《たかはばした》」がある。県東南部の横手市に、増田町熊渕《ますだまちくまのふち》字「掵堂ノ下《はばどうのした》」、同町亀田字「掵《はば》」「上掵《かみはば》」、同町荻袋《おぎのふくろ》字「掵上《はばうえ》」「掵下《はばした》」、同町熊渕字「掵上《はばうえ》」「掵下《はばした》」、同町荻袋菅生《すごう》字「掵下《はばした》」、十文字町腕越《じゅうもんじまちうでこし》字「上掵《かみはば》」、同町上鍋倉《かみなべくら》字「上掵《かみはば》」「掵大道西《はばだいどうにし》」「掵下《はばした》清水田《しみずた》」「掵下中道添《はばしたなかみちぞえ》」「掵下屋布後《はばしたやしきうしろ》」、平鹿町下鍋倉《ひらかまちしもなべくら》字「上掵《かみはば》」「中掵《なかはば》」「下掵《しもはば》」があり、上掵には「沖掵《おきはば》神社」がある。同町醍醐《だいご》字「掵下《はばした》」があり、雄勝《おがち》郡に羽後町貝沢《うごまちかいざわ》字「掵ノ上《はばのうえ》」、東成瀬《ひがしなるせ》村田子内《たごない》字「上掵《かみはば》」がある。県東部の仙北《せんぼく》市に、角館町白岩《かくのだてまちしらいわ》字「下掵《しもはば》」「新下掵《しんしもはば》」がある。「掵」のつく微細地名数十カ所のうち多くが県南東部に位置する横手盆地の南部、雄物《おもの》川の支川流域の河岸段丘に集中している。

雄勝郡の「上掵《うわはば》」「掵ノ上《はばのうえ》」「菅生田掵《すごうだはば》」遺跡など、遺跡名になっているものもある。さらに小字《こあざ》名・通称地名には、俚言《りげん》がさらになまった言葉であろうか、「掵堂ノ下」（横手市増田町）「掵ノ上」（雄勝郡羽後町《うごまち》）で「はぶ」と読むケースもある（『角川日本地名大辞典　秋田県』）。江戸時代から見られる地名もあり、江戸後期の国学者・菅江真澄《すがえますみ》の地誌『雪の出羽路　雄勝郡四』に「掵上《はゞのうへ》」とある。

「掵」は江戸中期に、秋田藩領の出羽国《でわのくに》出身の医師・安藤昌益《しょうえき》（一七〇三～一七六二）が普通名詞の「幅」の意で使用している（翻刻では誤読された）。そのほかにも普通名詞の「幅」（「巾」は略記）の意として、「川掵」のように川や用水路の幅などを示すのに用いられており、地名としても秋田の近世前期の文書や書籍（秋田藩の記録『国典類抄』［一八一一年から編纂《さん》］など）に頻出する。江戸後期の享和三（一八〇三）年の町触《まちぶれ》には「長三尺掵弐寸五分」とある（『秋田藩町触集』中）。記された地域は未詳だが、「堤川除普請之部《つつみかわよけふしんのぶ》」という文政一〇（一八二七）年の文書にも「川掵」とある（そこに記されている「杁樋」の「杁」［→14頁］は崩し字で「扌（てへん）」にも見える）。

「掵」はＪＩＳ漢字制定（一九七八年）の際に参照された行政管理庁（現・総務省）の『対応分析結果』（一九七四）によると、国土地理協会の一九七二年版『国土行政区画総覧』に二回出現したために、ＪＩＳ第2水準に採用されたものである。加除式のこの資料をさかのぼって調べると、一九七三年七月に除去された頁に「秋田県湯沢市二井田通称掵上《はばうえ》」、一九七七年七月の除去頁に「秋田県大曲市四ツ屋通称掵田《ばばだ》」、一九八六年五月の除去頁に「秋田県仙北郡角館町白岩通称下掵《したはば》」、一九八六年五月の除去頁に「秋田県平鹿郡平鹿町浅舞通称掵《はば》」とあり、その出現が確かめられた。

「掵」の手偏から転じたのであろうが、木偏で「椧」に作ることがあり、地名では、「ばば」とも読み、県南東部の大仙市に「四ツ屋《よつや》字椧田《ばばだ》」がある。代用字表記で「四ツ屋字ばば田」とも表記される。「椧」は秋田県に多く使われており、他に広島県などでも使用されている。「椧《ミョン》」は韓国にもあるが、字義は「筧《かけひ》」（水を引くために架け渡した樋）であり、形声文字なので出自が異なる。

「はば」が「ばば」となるように、和語の語頭が濁るのは「連濁」の形で前項が濁音に変わった結果か、濁音化して語義やイメージの価値を下げる「濁音減価」の法則によるのであろう。同様に、「はけ」も「ばけ（ばっけ）」（→「岾」164頁）、「かけ」も「がけ」（→「垳」31頁、「圷」33頁）となった。「ハ」行音は古く唇を使う「パ（バ）」行、「ファ」行の発音だったが、次第に咽喉を使う音に変わった。しかしそれ以降も類推によって「パ（バ）」行音が生じることはある。

「掵」は明治四五（一九一二）年ごろから戸籍の字名《あざな》

として使用されていたようである（菅原義三編『国字の字典』）。「椧」は「自治体地名外字」、「日本行政区画便覧」、「登記外字」などにも見られる。

〔笹原〕

〈参考文献〉WEB「稀少地名漢字リスト」秋田県／「秋田県市町村字名称調」秋田県『秋田県史　大正昭和編　資料』／WEB「地名こぼれ話9・なぶられたらかなわん「嬲沢（なぶりざわ）」（2）」（koba0333ブログ）／笹原宏之・横山詔一・エリク＝ロング『現代日本の異体字――漢字環境学序説』

〓

はや ➡ はえ 164頁

畭

田部　12画

はり（ばり）　＊シャ　＊ヨ

JIS第2水準

徳島県に見られる地域文字。「はり」は徳島県の方言で「開墾すること」や「田畑のある所」を表す（『日本方言大辞典』）。柳田国男『分類農村語彙』（一九三七）も「阿波の麻植郡では開墾地をハリといふ」と述べている。

現在、阿南《あなん》市内のみに十三カ所の「畭」地名が存在する。

「畭町《はりちょう》」は、元々は那賀《なか》郡富岡町《とみおかまち》西路見《さいろみ》の一部。紀伊水道に面し、無人島である青島・中津島・丸島などを含む。『角川日本地名大辞典 徳島県』では「字に新畭と奥畭とがある」とあるが、現在の小字《こあざ》は「亀崎」「三田」「新はり」であり、「奥畭」は見えない。「新畭」の名前は市道の路線名「市道新畭北筋線」「市道福村新畭線」に残っている。

横見町「上畭《かみばり》」「下畭《しもばり》」は那賀川沿いに隣接する。

住吉町「西畭《にしばり》」「東畭《ひがしばり》」は、横見町「上畭」「下畭」のやや下流にやや離れて存在する。「東畭」は那賀川と桑野川に挟まれた場所にある。

向原町《むかいばらちょう》「天羽畭《あもうばり》」は桑野川と打樋川《うてびがわ》に挟まれた場所にある。「畭町」とわずかに接する。

西路見町《さいろみちょう》「外畭《そとばり》」は打樋川沿いにあり、「畭町」にも接する。

七見町《ななみちょう》「安井畭《やすいばり》」「庄九畭《しょうくばり》」「元畭《もとばり》」の三字は隣接している。「元畭」は「外畭」に近い。

那賀川町上福井《なかがわちょうかみふくい》「元畭《もとばり》」は紀伊水道に面する。

羽ノ浦町中庄《はのうらちょうなかのしょう》「小平畭《こへいばり》」は幾島川《いくしまがわ》沿いに、同町古庄《ふるしょう》「高畭《たかはり》」は那賀川沿いにある。

「上大開《かみおおばり》」（徳島市雑賀町《さいかちょう》）や「新開《しんばり》」（小松島《こまつしま》市立江町《たつえちょう》）など、徳島県内には「開《ばり》」という地名も見られる。また「ハリ」（板野《いたの》郡板野町大坂）、「向ハリ」（海部《かいふ》郡海陽町櫛川《かいようちょうくしかわ》）など、カナで表記される例もある。平安末期の漢字字書である『類聚名義抄《るいじゅみょうぎしょう》』に「開」の読みとして「ハリヒラク」がある。

姓に「畭《はり》」「畭尾《はりお》」「畭元《はりもと》」がある。

漢字「畭」は「畬」の異体字（→「畬」8頁）。「畬」には二年目もしくは三年目の田という意味がある。昭和三三（一九五八）年の市制施行で阿南市が発足し、国土地理協会の『国土行政区画総覧』に「畭町《ハリチョウ》（徳島県）」が誕生したために「畭」は昭和五三（一九七八）年にJIS漢字（JIS C 6226-1978）に採録された。

〔塚田〕

椣

ひで ⬇して 82頁

女部

媛

12画

ひめ　＊エン　＊オン

JIS第1水準

愛媛県に関連して多用されるため、地域文字性が高い。美しい女性を意味する。

音読み「エン」は一般に「才媛」で多く使われ、訓読みは愛媛県と県名に関係する固有名詞に多い。

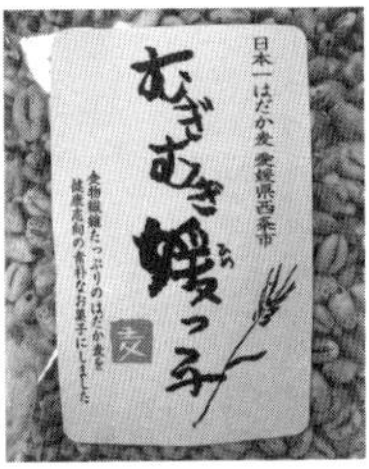

「むぎむぎ媛っ子」（藤田精麦）

県名は『古事記』（七一二）の国生み神話の「伊予国は愛比売と謂ひ」にあり、女神名が由来。松山県を改称した石鉄《せきてつ》県と宇和島《うわじま》県を改称した神山《かみやま》県が明治六（一八七三）年に合併し愛媛県となった。「愛比売」に「愛媛」の字を当てたのは、今治《いまばり》藩医・国学者の半井《なからい》梧庵《ごあん》が編纂《さん》した地誌『愛媛面影《えひめのおもかげ》』（一八六六）が最初といい、地名の二字好字制（地名を良い意味をもつ二字に改める）に倣《なら》い「ひめ」に「媛」を当てたものと考えられる（『愛媛県史 資料編 文学』一九八四）。

一般に女性の「ひめ」を表す字は「姫」であり、「媛」は愛媛県に関する固有名詞として限定的に使用することが多く、「媛」一字で愛媛県を表せるという特徴がある。県内では「媛」を冠した企業名も見られる。また、高級魚のスマを養殖した「媛スマ」のほか、「媛の月」（菓子）、「むぎむぎ媛っ子」（菓子）、「媛小春」（かんきつ類）、「媛幸梅」（梅干し）など県産ブランド・商品名としての活用例がある。県酒造組合では、県産の酒米「しずく媛」を一〇〇%使用し精米歩合が六〇%以下の純米酒を統一銘柄酒「しずく媛」とし、各蔵元で製造している。

姓には「媛田《ひめだ》」「媛野《ひめの》」などがあり、名は「媛子《あきこ》」「媛野《ひめの》」「媛美《ひめみ》」「媛海《ひめみ》」「媛代《ひめよ》」「愛媛《えひめ》」「恵媛《えひめ》」など、姓名とも愛媛県内外にある。

昭和五三（一九七八）年に制定されたJIS漢字コードでは旧字の「媛」が第1水準漢字として設定されたが、昭和五八（一九八三）年の規格改正から新字の「媛」に字形変更され、平成二（一九九〇）年に人名用漢字となった。この間、愛媛県では法令や公用文書に関し旧字の「媛」を用いた「愛媛県」を正式名称とする一方、住所表記やその他の印刷物に関しては「媛」でも「媛」でもよいとしていた（安岡二〇一一）。また、一時期自動車のナンバープレートには雨水が流れやすい形にするために特殊な略字が用いられていた。「媛」は平成二二（二〇一〇）年に常用漢字となり、改定された常用漢字表では読み方は音読みの「エン」のみ示され、備考欄に「愛媛（えひめ）県」という形で注記され、当該の県名にのみ用いる訓であることが示されている。

［小林］

〈参考文献〉小林肇 WEB「新聞漢字あれこれ101「媛」魅力的なブランド文字」『漢字カフェ』／『角川日本地名大辞典 愛媛県』／笹原宏之ほか編『現代日本の異体字』

泙

ひら　⬇なぎ　140頁

阜

阜部　8画

フ　＊ブ　＊フウ　おか

JIS第1水準

主に岐阜県に見られる地域文字。大地が盛り上がった丘や山の意味。部首としては、漢字の左側に置かれて「阝」の形になり「こざと」「こざとへん」と呼び、「阜」の形では「おか」のほか近年は「ぎふのふ」を載せる漢和辞典がある（『増補改訂JIS漢字字典』二〇〇二、『角川新字源 改訂新版』二〇一七など）。

岐阜県とその県庁所在地である岐阜市、関係する固有名詞に多く用いられる。地名は、永禄一〇（一五六七）年に織田信長が稲葉山に居城を移した際、禅僧で

ある沢彦宗恩《たくげんそうおん》の献言により「井口《いのくち》」を「岐阜」に改めたとされる。「岐」は中国・周代（紀元前一〇四六～二五六）の都・岐山《きざん》、「阜」は孔子の故郷である春秋戦国時代（紀元前七七〇～二二一）の魯の都・曲阜《きょくふ》からとったといわれるが、信長の命名以前から禅僧の間で岐阜は地名として使われていたともいわれ、由来は諸説ある。

岐阜の地名は北海道に複数見られる。岩見沢市栗沢町《くりさわちょう》「岐阜」、北見市常呂町《ところちょう》「岐阜」、南富良野町《みなみふらのちょう》幾寅《いくとら》「岐阜」は、いずれも明治期に岐阜県から開拓者が入った地区で県名が由来である。

長野県の下伊那《しもいな》郡「泰阜《やすおか》村」は、「阜」の字義どおり起伏の多い丘陵地。村名の由来は「漢詩にある「泰山丘阜」からきており、泰阜の「泰」は、水路を自分の両手で拓くという意味があり、「阜」は、豊かで盛んな様を意味」するとされるが（泰阜村オフィシャルサイト「泰阜村の紹介 沿革」）、『泰阜村誌』（一九八四）に漢詩の典拠はなく、「泰山丘阜」は「泰山曲阜」の誤字であるともいわれる。「泰山《たいざん》」はユネスコの世界遺産である中国山東省泰安《たいあん》市にある山、「曲阜」は孔子の故郷を指す。

姓に、「阜山《おかやま》」「新阜（におか・にいおか）」など。名に「阜《あつし》」「阜義《あつよし》」「阜明《あつとし》」「阜陸《あつのり》」「阜子《あつこ》」「阜一《ふいち》」などがある。

「阜」は平成一六（二〇〇四）年に人名用漢字になり、都道府県名に使われる漢字として平成二二（二〇一〇）年に常用漢字に加わった。改定された「常用漢字表」では読み方は音読みの「フ」が示されているが用例はなく、備考欄に「岐阜県」と注記され、当該の県名にのみ用いる音であることが示されている。

〔小林〕

〈参考文献〉円満字二郎『部首ときあかし辞典』／『角川日本地名大辞典』長野県、岐阜県

几部

⿵几雪

13画

ふぶき

秋田県に見られる地域文字。

「ふぶき」は「吹雪」と書くと「常用漢字表」が定めている。江戸時代にはこれを含めて、秋田藩の家老

による『梅津政景日記《うめづまさかげ》』にある「風吹」など、さまざまな表記があり、中には一文字で書く人たちもいた。それが「⿵几雪」である。「凩《こがらし》」という国字を元に造ったのだろう。

「⿵几雪」は秋田藩では『佐竹南家御日記』の寛永五（一六二八）年正月の条をはじめとする日記などに使われており、そこでは「⿰風雪」という字体も書き記されていた（原島陽一氏教示）。当地では冬によく吹雪《ふぶ》くために、簡易化された「⿵几雪」を用いたのであり、国字の「轌」とともに雪国らしい字といえる。天気を一文字で記すことは、現在でも曇りを「曇」、晴れを「晴」と記号化して記録、表示することと通じ、「⿵几雪」も一字になることで記号のように使えた。佐竹領秋田郡七日市村（現・鷹巣町）の肝煎《きもいり》（庄屋）の長崎七左衛門も、天明五（一七八五）年に『老農置土産並びに添日記』（『日本農書全集』一）に「大⿵几雪になりて」と用いた。「⿵几雪」は秋田県の県会議員による『児玉辰右衛門日記』（一八五三〜一八八〇）にも見えるという（菅原義三編『国字の字典』）。

「⿵几雪」に類する字は、『運歩色葉集《うんぽいろはしゅう》』など室町時代の複数の辞書に、ときに「雪吹」「雪風」などの熟字訓とともに、門の中に雪が吹き込む構成の「⿵門雪」の形でも登場する。門の中に水が流れ込む構成には、宮城県の「閖《ゆり》」（→227頁）という先例があった。

連歌の世界では、室町時代ころから執筆《しゅひつ》（連歌を記録する者）らが、しばしば「⿵几雪」を懐紙に書き込んだ。たとえば「慶長五年千句」（一六〇〇、熱田神宮蔵）や『歌枕名寄《うたまくらなよせ》』の近世初期の写本である佐野本に用いられている。秋田藩では江戸初期に藩主・佐竹義宣《よしのぶ》や家老・梅津政景らが連歌を嗜《たしな》んでおり（『梅津政景日記』〔『大日本古記録』〕、渡部景一『続「梅津政景日記」読本』）、連歌で用いられていた「⿵几雪」が当地で日常化、公式化した可能性が考えられる。

「⿵几雪」は近世における使用字としてみると、一部の連歌師の位相文字、また秋田の方言漢字という位置付けが可能であろう。

〔笹原〕

〈参考文献〉笹原宏之 WEB「漢字の現在271 秋田の「ふぶき」の造字」『三省堂 Dictionaries & Beyond WORD-WISE WEB』

⿰田通　ふる ⬇ あぜ 5頁

糸部

綣

14画

へそ　＊ケン
JIS第2水準

青森県と滋賀県に見られる地域文字。「へそ」は「綜麻」「巻子」とも書き、「苧環《おだまき》」（紡いだ糸を巻いたもの）を意味する。

地名では青森県八戸市《はちのへ》大字鮫町《さめまち》の字「綣久保《へそくぼ》」と滋賀県栗東市《りっとう》の「綣《へそ》」にのみ用例が見られる。

青森県の「綣久保」は八戸鮫浦《さめうら》漁港のやや内側にあり、縄文時代の遺跡（綣久保遺跡《へそくぼ》）がある。

滋賀県の「綣」は栗東市の北西に位置し、現在は綣一～十丁目で構成される。「綣」は鎌倉期から見える村名であり、『近江栗太郡志《おうみくりた》』では北隣の木綿園庄《ゆうその》（現・滋賀県守山市《もりやま》の一部）との関係を推測している（『角川日本地名大辞典 滋賀県』）。

綣の旧小字の一つには字「七里《しちり》」があり、方格地割が見られ（『平凡社 日本歴史地名大系 滋賀県の地名』）、古代の条里制（土地を一町［約一〇九メートル］四方の正方形で区切る制度）の遺構を示している。

綣七丁目にある大宝神社《だいほう》の案内板「綣のいわれ」では、

・この地では布を織るための糸づくりが盛んで、植物繊維から糸を紡《つむ》ぐとき糸を巻き取った球状の物を『へそ』と言った事から「糸」を「巻」くの二字を一字にして「綣」となったと言われています。

・「へそ」の北に隣接する荘園の木綿園庄《ゆうその》（現在の守山市南西部）では、木綿《ゆう》の材料となる楮《こうぞ》の栽培が盛んで、「へそ」では楮から糸を紡ぎ紡錘に巻き取り『へそ』にしていたことから「綣」となったとも言われています。

・「へそ」の小字の花園にあった花薗院極楽寺に帝に縁のある高貴な女性が住み、都の思い出にひたりながら糸を紡いで機《はた》を織っていましたが、機を織るときに使う紡いだ糸を巻き取った『へそ』に因《ちな》んで「綣」の地名になったと言われています。

といった説を挙げている。

姓に「綣熊《まきくま》」があるが全国に数世帯の希少姓。また明治政府によって編纂《さん》が始まった百科事典『古事類苑』は「日用重宝記 二 名字俗名の事」を引いて「綣村《へそむら》」という姓を挙げており、昭和二一（一九四六）年に発表された久生十蘭《ひさおじゅうらん》『ハムレット』には「綣村《へそむら》愛子」という人物が登場する。ただし、この姓について、歴史学者・姓氏研究家の太田亮《あきら》は『姓氏家系大辞典』では「近江國栗本郡綜《(ママ)》村より起るか。日用重寶記に見ゆ。」、『姓氏家系辞書』でも「【出自不詳】日用重寶記に見ゆ。」と述べており、同書以外の典拠をもたないことがうかがえる。一方、『東海道中膝栗毛』の続編である『木曽街道続膝栗毛』七編下では弥次郎兵衛が橋の欄干の落書きに書かれた「江州臍村穴右衛門」という名前を読み上げるシーンがあり、十返舎一九が「ヘソムラ」を姓として認識していた可能性を垣間見ることができる。

漢字「綣」は「つきまとって離れない」の意。「へそ」は国訓。旁《つくり》は新字体の「巻」と書かれることもある。安土桃山期に刊行された国語辞典易林本《えきりんぼん》『節用集』の「へ（遍）」部には「乾坤門」に江州（近江国）の「綣村《へそむら》」が挙げられ、また同書「食服部」には「巻子《へそ》綣（同）」が見え、「絲具」（糸巻きの一種）の注記がある。

［塚田］

山部

岪

8画

へつり　＊フツ
JIS第3水準

主に福島県に見られる地域文字。

南会津郡下郷町白岩《しもごうまちしらいわ》字小牧の「塔の岪《へつり》」は日本海に注ぐ阿賀野川《あがのがわ》上流部の大川《おおかわ》によって形成された渓谷。国の天然記念物に指定されており、奇岩が塔のように立ち並ぶ景勝地として有名。また同町湯野上《ゆのかみ》の国道一二一号に「岪橋《へつりばし》」が架かる。小字《こあざ》名では喜多方《きたかた》市山都町朝倉《やまとまちあさくら》字「塩ノ岪《しおのへつり》」や南会津郡南会津町大字宮里《みやさと》字「岪山《へつりやま》」など福島県会津地方に多い。

「へつり」は会津方言で「川に迫った断崖」を表す。福島県以外では山形県の西置賜《にしおきたま》郡小国町叶水《おぐにまちかのみず》に字「へツリ」、新潟県の十日町《とおかまち》市芋川《いもがわ》に字「へつり道」、栃木県鹿沼《かぬま》市板荷《いたが》に字「辺釣《へつり》」などがある。『長野縣町村誌 北信篇』（一九七三）、滝澤主税《ちから》『明治初期長野県町村字地名大鑑』（一九八七）には上水内《かみみのち》郡鬼無里《きなさ》村の字名に「ヘツ

リ」が見える。また、登山用語でも「へつる」は岩場をはりつくように進むことを指す。

漢字の「弟」は「山腹の道」の意味。異体字に「岪」があり、山の名前として「石岪沢山《いしへつりさわやま》」（福島県南会津郡只見町《ただみまち》大字田子倉《たごくら》）、また静岡県の姓に「岪下《ほつした》」がある。

岡山県真庭《まにわ》市三崎《みさき》に字「弟ノ下」が存在するなどの他地域でのわずかな例も見られる。

津山藩（現・岡山県津山市に藩庁をおく）によって元禄四（一六九一）年に編纂《さん》された美作国《みまさかのくに》の地誌『作陽誌』西作誌中巻には久米《くめ》郡西坢和村《はがそん》（現・美咲町西坢和《みさきちょうにしはが》。この「坢」も方言漢字）に稲目川《いなめがわ》を見下ろす「智者弟」という地名が見られる。同じ場所に「聖泣」もあり、『久米郡誌』（一九二三）では「聖泣坂《ひじりなきざか》」について昔高野山の僧がつづらを背負ってこの坂を通った際、進退窮まって泣いて躊躇《ちゅうちょ》したという言い伝えを載せている。

また、『角川日本地名大辞典 静岡県』小字《こあざ》一覧が榛原《はいばら》郡本川根町《ほんかわねちょう》（現・川根本町《かわねほんちょう》）の小字として犬間《いぬま》字「栗代岪」、奥泉字「善代岪」（いずれもルビなし）などを挙げる。一方、榛原郡中川根町《なかかわねちょう》水川（現・川根本町）には「岪」ではなく「払」を用いた水川字「音長払《おとながほっ》」「神戸払《がんどほっ》」があり、旧本川根町の小字も同様に「ほつ」と訓《よ》んでいたと思われる。

現在の不動産登記記録では「岪」に代わって「峠」「払」が用いられた「栗代峠」「善代払」などと書き換えられている。「ほつ」は峠を表す方言（『静岡県方言辞典』）。

［塚田］

木部

⿰木黒

15画

べんど　べんと　べんどう

JIS第4水準

主に兵庫県の姓に見られる地域文字。

「べんど」は兵庫県淡路島の方言でクスノキ科の常緑高木である「ヤブニッケイ（藪肉桂）」（→「梻」113頁）を指す。「ベンド」が庭に生えていたことからベンド屋敷と呼ばれていた地があったが、のちに、地名は消失したと伝えられる（丹羽基二『人名・地名の漢字学』ほか）。庭に生えていたベンドの木が黒い実を付けることにより、明治になってこの会意文字の「⿰木黒」を姓としたという。「⿰木黒」姓は当地に何軒かあり、実際に戸籍も見たという佐久間英の著作『珍姓奇名』（一九六五）や『お名前風土記』（一九七二）では字体は

「⿰木黒」となっているが、旁《つくり》は旧字体の「黑」とも書く。

「⿰木黒」姓は北海道や神奈川県にも見られ、札幌市では「べんどう」、神奈川県では「べんと」と読ませるともいう（丹羽基二『日本全国苗字おもしろ風土記』など）。「⿰木黒」はNTT電話帳にあったことからJIS第4水準に採用された（二〇〇〇年）。

江戸前期の忍術書『万川集海《まんせんしゅうかい》』（国立公文書館〔旧内閣文庫を含む〕蔵）に載せる、かつて忍者が使ったといわれる「しのびいろは」は、五行・「人」「身」と色の名を組み合わせた暗号（集団文字、場面文字）であり、「⿰木黒」は「あ」を示すものとして使われている。

〔笹原〕

〈参考文献〉見坊豪紀『ことばのくずかご』／菅原義三編『国字の字典』／丹羽基二『姓氏の語源』

雨部 靊 21画	ホウ	雨部 霳 20画	リョウ	JIS 第3水準

岩手県に見られる地域文字。一関《いちのせき》市の地名に字「北靊霳《ほうりょう》」「南靊霳《ほうりょう》」がある。

字北靊霳に雷神である「八雷神（やくさのいかづちのかみ）」を祀る「靊霳《ほうりょう》神社」がある。天正一二（一五八四）年に葛西氏家臣の二関兵庫によって勧請《かんじょう》。江戸時代には「宝龍権現」と呼ばれた。『一関市史』資料編所収の『宝暦《ほうれき》風土記《ふどき》』および『安永風土記』では二関村の神社として「宝龍権現」「宝龍権現社」が現れる。

天明三（一七八三）年に創設された一関藩校「教成館」初代学頭である蘭学者・関養軒《せきようけん》（関元龍）が記した『関邑略志《かんゆうりゃくし》』に「寶（宝）龍権現・地名宝龍」とあり、祭神を未詳とするも「按に雷落ノ地ニシテ即チ雷師豊隆ナル欤《か》」とする。『一関市史』地域誌には「豊隆神社」として見え、豊隆権現社を明治維新の際に「豊隆神社」と書き改めたものとする。また、かたわらに貞享四（一六八七）年建立の雷神供養塔があるという。雨乞いの古い伝承を元にした豊隆太鼓という郷土芸能がある。

「ほうりょう」と読む地名は東北地方に散見され、青森県に「法量」（十和田市ほか）、「法霊」（八戸市ほか）、岩手県に「法領」（花巻市ほか）、「豊料」（一関市）、「方両」（一関市）、

「宝良」（奥州市）、宮城県に「宝領（宝領前）」（石巻市ほか）、「保料（保料前ほか）」（柴田郡大河原町）、秋田県に「宝量」（大仙市）、「堀量」（湯沢市）、山形県に「宝了」（飽海《あくみ》郡遊佐町《ゆざまち》）、福島県に「方料」（二本松市）などのさまざまな表記がある。柳田国男『遠野物語』一一二（一九一〇）には「ホウリョウ権現は遠野をはじめ奥羽一円に祀らるる神なり。蛇の神なりという。名義を知らず。」という一文が見える。

　阿部（一九八二）は一関市の「豊料地名」として同市赤萩の「豊料」や厳美町《げんびちょう》の「宝竜《ほうりゅう》」とともに「北豊隆・南豊隆」を挙げ、降雨や豊作、安産を願う神であり竜神または雷神に起源をもつとしている。また豊隆の「隆」のみについて「もともとは雨冠に隆の「リョウ」でした」と述べている。

　一一世紀中国（北宋）の韻書（漢字を韻によって分類した字書）『広韻《こういん》』では「豐（豊）隆」は雷の神であり、俗に雨冠を加えるとしている。道教の経典『法海《ほうかい》遺珠《いじゅ》』巻三二には呪句として「雷仙靊䨺」が見える。

　新谷（一九九九）はホウリュウ神について、東北に遣わされた渡来人の系統の官人によって官衙《かんが》の周辺から広まったという説を挙げている。

　漢字「䨺」は下部を康熙《こうき》字典体である「隆」（「生」の上に横画のある字形）に作るが、現地では「隆」に作る。また雨冠のない「豊隆」と書かれることも多い。「豊隆神社」が一関市花泉町《はないずみちょう》金沢と同町老松《おいまつ》にある。

［塚田］

山部
〓
6画
ほき（ぼき）　ほうき（ぼうき）
JIS第4水準

鳥取県、岡山県に見える地域文字。

「ほき」は、崖を意味する方言で、西日本に広く分布している（↓「〓」188頁、「壗」204頁、「峁」）。「がけ（かけ）」（↓「垳」31頁、「圷」33頁）と同じように中古中世から文献に登場し、和歌にも詠まれた。当時は和歌がこうした口語性の高い語も使われ始めた時期であり、平安末期の『山家集《さんかしゅう》』（西行法師）や鎌倉前期の『壬二集《みにしゅう》』（藤原家隆《ふじわらのいえたか》）などの歌集に見える。「がけ」道を示すのに「崖路《ち》」という語があるのと同様に、「ほきぢ（路）」という語も生じた。江戸中期には九州でも、佐賀藩士による武士道論『葉隠《はがくれ》』に「ほき」が用いられている。江戸後期の辞書『俚言集覧《りげんしゅうらん》』（一八〇〇年ごろ成立）に、「ほき」は美作《みまさか》で崖道をいうとある。

関東に多く見られる「はけ」（↓「岾」164頁）の類と同源の語であろう。「ほき」は鳥取県東部の因幡《いなば》地方や岡山県北東部の美作地方あたりに、小地名として点在している。

鳥取県には「ほき」に「岃」を当てた地名が多く見られる。鳥取市佐治町《さじちょう》には地区通称として「岃元《ほきもと》地区」があり、同町葛谷《かずらたに》に「岃元《ほきもと》橋」（橋名）、加茂字「岃《ほき》」がある。河原町《かわはらちょう》には神馬《かんば》字「上岃《かみほき》」があるほか、片山字「岃《ほき》」、「岃ノ谷《ほきのたに》」、渡一木《わたりひとつぎ》字「岃ノ下タ《ほきのした》」、「岃ノ上ミ《ほきのかみ》」、佐貫《さぬき》字「岃ノ前《ほきのまえ》」、北村字「小岃ヨリ葵谷迄」（読みは「こぼきよりあおいだにまで」か）がある。用瀬町《もちがせちょう》には樟原《くぬぎわら》字「椎ノ木岃《しいのきぼき》」、赤波《あがなみ》字「長岃ノ西平」（読みは「ながほきのにしだいら」か）、美成《みなり》字「岃詰ノ下モ《ほきづめのしも》」がある。同町には鷹狩《たかがり》字「医王岃」もある（読みは不明）。八頭《やず》郡智頭町《ちづちょう》に大字市瀬《いちのせ》字「岃《ほき》」「篠ケ岃」（読みは「ささがほき」か）、大字大背《おおせ》字「岃谷口《ほきだにぐち》」、大字尾見《おみ》字「岃詰《ほきづめ》」「岃詰上ヱ《ほきづめうえ》」、大字毛谷《けだに》字「岃ノ谷《ほきのたに》」がある。鳥取自動車道の智頭（鳥取）・西粟倉（岡山）間にある大字福原には「岃詰橋《ほきつめばし》」（橋名）があり、道路標識に「ホキ詰橋」と記されている。鳥取市には農業集落廃水処理施設「岃元《ほきもと》ポンプ場」がある。他にも小字《こあざ》、通称地名が各地に見られる。東伯《とうはく》郡湯梨浜町《ゆりはまちょう》の別所《べっしょ》には「ホキノウエ」、方面《かたも》に「ホキノシタ」という小字がある。明治中期の「土地台帳付属地図」では、別所の「ホキ」に「岃」を当てている。方面《かたも》では「山川」の二字で「ホキ」と読ませている（湯梨浜町立図書館）。

鳥取の一角をなす伯耆国《ほうきのくに》（現・県西部）の名称「ほうき」も離れているが語源はこの「ほき」だという説もある（↓「耆」42頁）。伯耆国と因幡国《いなばのくに》（現・県東部。古くは稲葉、稲羽とも）との国境の道には山が断崖（ほき）を呈し、そこまで流れてきた川が滝となって落ち、日本海へと注いでいたとされる。この「山」と「川」が迫った所が「ほき」であるために、この俚言《りげん》に対して造られて当てられてきたのが「岃」という地域独特の字である。「岃」の下部は「〓」のように書く字体も地図などで見受けられる。それには中国の仏典などに似た字があるが、「岃」は国字である。漢字の構成要素を象形的な配置とすれば山偏の横に「川」とする漢字にもなりそうで、実際に兵庫県南西部にある佐用《さよう》町《ちょう》の小地名にこの字（西河内字「〓ノ元」）が見られ

るが（同町役場にある旧公図のうち、「江川村之内西河内村全図」には字「𡶛ノ元」とあり、字限図には字「ホキノ本」とある〔釸持一幸氏教示〕）、「崕」よりも「崖」という字がすでに定着していたようで、「𡵉」は「崖」の字を下敷きにしたものともいわれる。「𡶛」は岡山県久米郡美咲町の小地名にも見られる（塚田二〇二二）。

江戸中期の鳥取藩士・野間《のま》宗蔵《しゅうぞう》（一七三二年没）による『因州《いんしゅう》記』（『無駄安留記隊報告書・智頭篇』付録、鳥取県立博物館所蔵）に普通名詞の「ホキ」「ホケ」が載るほか、地名にも「赤松ホキ」「ヱノキホキ」「ヱノキホケ」「カシノ木ホキ」「カシノキホケ」「ササガホケ」「サ、ガホキ」があり、「ホケ」に「岨」を当てた「岨《ホケ》ノ町数」もある。『播州佐用軍記』（寛政四年写本、国立公文書館〔旧内閣文庫を含む〕蔵）上には「峀《ホキ》尾崎」（『続群書類従本』は「山田尾崎」）がある。

岡山県北部の津山市にある、因美《いんび》線の美作河井駅・知和《ちわ》駅間に架かる鉄橋「松𡵉《まつぼうき》橋梁」は方言漢字巡り（巡礼）で映える見所の一つといえる。県北東部の勝田《かつた》郡には勝央町河原《しょうおうちょうかわら》字「𡵉ヶ平」（読みは「ほきがひら」か）がある。鳥取県や兵庫県と県境を接する県北東部の美作市には、中川字「小𡵉《こぼき》」がある（国土地理院は「𡵉」を「𡵂」「ぼき」に作る）。明治五（一八七二）年まで「小𡵉村」が存在したが、中川村（現・美作市中川）に併合され、失われた村名漢字となってしまった。このほか、中川に字「小ぼき上」「小ぼき下」、同市三保原《みほばら》に字「小ぼき下」がある。

「小𡵉村」は江戸時代から存在し、江戸前期の『正保郷帳《しょうほう》』にこの村名が見える（『平凡社 日本歴史地名大系 岡山県の地名』、『日本地名大辞典 岡山県』）。江戸中期の林盛竜軒による『美作鬢鏡』（一七一七、『吉備群書集成』第壹輯、一九二一・一九三三再版）に「小山川」、後期の福島政民『美作鏡』（一八五二）には「小𡵉村」とある。

江戸後期成立の『東作誌』（一九一二、『新訂訳文 作陽誌』一九一三・一九六三）は地方史家・正木輝雄《まさきてるお》が自発的に当地に「潜行」までして資料を集めてまわり編纂《さん》した美作国東部の地誌である。『東作誌』によれば、「小𡵉村」は南の「上山村《うえやま》」から分村したという。「𡵉の字　当国（に）のみ通用す」「此国にてホキと云は、山に副ひたる河縁《カハヘリ》をさして云ふ、故に𡵉の字を宛てたり」「小邑いさゝか川に靠かる峯下《ホケ》にて」（「峯下」ともある）とあり、当地の「名産」は「小𡵉紙」とある。英田《あいだ》郡の観音堂に「𡵉に在」「𡵉の上にあり」（「山上に在り」という表現も見られる）ともあるように、「⿱山川」を俚言《りげん》の普通名詞「ほき」を表記する字としても使用している。『東作誌』の明治一〇（一八七七）年写本（国立公文書館〔旧内閣文庫を含む〕蔵）の巻二八では「小山川村」「小⿱山川《ホキ》村」（合字）とあり、巻三四では「小⿱山川村」とある。地名の「ほき」は、「山川」と分字して熟字訓のようになることもあった。

　同時期の儒者・西島蘭渓《らんけい》（長孫）は『蘭渓先生漫筆』（東北大学図書館狩野文庫所蔵稿本）の中で、作州（美作）英田郡に、「ソノ国ヲ限リテ用ル文字アリ　国字ノ辻榊ノ類ノ普通スルニ異也」と述べて、「⿱山川《ホキ》村ト云⿱山川ハ山ノ下川ノ上路アル所ヲ云」とし、「是等ハ人ノ知ザルヿ《コト》也コノ他ニモ遠境ニハ如何ナル文字アランモ知ラズ」（戊子九月）と、地名の国字を珍しがって挙げている。

　「⿱山川」は安土桃山時代の『美作国献上記』のほか、江戸後期成立の『美作太平記』にも見られる（菅原義三編『国字の字典』）というが、少なくとも後者には見当たらない。「⿱山川」は岡山（美作）から鳥取に流入した。その結果、「⿱山川」を当てた地名は、美作、因幡、伯耆の順に多いようである。

　「ほおき」「ぼおき」という地方もある。そのほか、「ほうき」「ほうぎ」「びき」のほか「やま」（これは「⿱山川山」なので誤植か）などの読みも『角川日本地名大辞典』の小字名に見られる。「ほき」は「歩危《ほき》」や「ほけ」「ぼけ」「はけ」「はげ」「ばっけ」も同源とされる。

　鳥取県の智頭町に「⿱山川本」「⿱山川元」姓がある。智頭町の⿱山川本氏は「「⿱山川」は「流」の旁の右下の書き方でよく間違えられる」という。

　「⿱山川本」姓が鳥取県などにわずかだが残っていたためにＮＴＴ電話帳に載ったことから、「⿱山川」はＪＩＳ第４水準漢字に採用され（二〇〇〇年）、仮名表記が減ってきた。「⿱山川本」は「保木本《ほきもと》」姓と同源とされる。

〔笹原〕

〈参考文献〉［WEB］「稀少地名漢字リスト」鳥取県／鏡味完二・鏡味明克『地名の語源』／岩永實『鳥取県地誌考』／「いろ★ドリ」（ＮＨＫ鳥取・総合テレビ、二〇二二年三月七日放送、笹原宏之監修）小林肇［WEB］「新聞漢字あれこれ121「山と言えば川」ですね」『漢字カフェ』／塚田雅樹「登記・供託オンライン申請システムに現れる地名を表すUnicode未符号化文字」『日本漢字学会報』

穴部

窟

16画

ほき　ほつ　ほっき

鹿児島県に見られる地域文字。崖を意味する方言「ほき」にこの字が当てられている。

「ほき」については、江戸時代の俳諧師である越谷《こしがや》吾山《ござん》によって安永四（一七七五）年に編まれた方言辞典『物類称呼《ぶつるいしょうこ》』の「がけ（岸險）」の項に「筑紫にてほきといふ」という記述が見られる（→「𡶜」184頁）。松尾（一九五二）は「ホキ（ホッキ）」と東日本で丘陵の片岸を表す方言「ハケ」などとの関連性を指摘している。また鹿児島弁（薩隅《さつぐう》方言）の特徴として語末の「キ」などが「ッ」のように発音される促音化があり、「ほき」は「ほつ（ほっ）」とも発音・表記されることがある。

青屋昌興『南九州の地名』（二〇〇八）は「ホキ（ホッ）」を鹿児島地方に見られるシラス断崖が奥に侵食した崩壊地形を表すとし、崩壊地名の一つとして現・南さつま市金峰町大坂《きんぽうちょうだいざか》の小字《こあざ》「窟山《ほつきやま》」を挙げる。この土地は山間部の入り込んだ崖の上にあることが『eMAFF農地ナビ』（農地情報をインターネット上で公表するWEBサイト）で確認できる。

南さつま市笠沙町《かささちょう》片浦の坊野間《ぼうのま》県立自然公園には「窟ノ山公園《ほきのやま》」があり、現地の看板でも「窟」の字を見ることができる。枕崎市《まくらざき》の小字では「崩毀」、指宿市《いぶすき》では「保喜」などの表記も見られる。

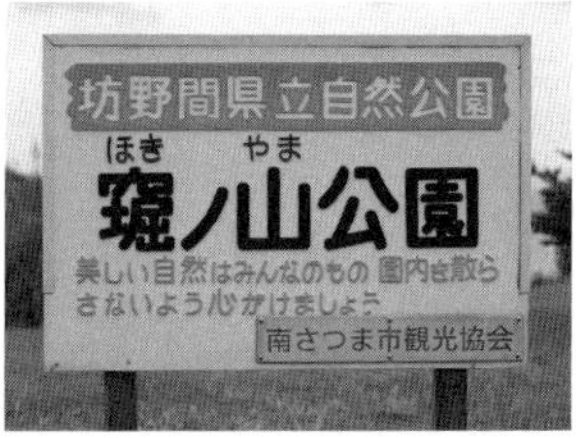
坊野間県立自然公園
窟《ほき》ノ山《やま》公園
美しい自然はみんなのもの 園内を散らさないよう心がけましょう
南さつま市観光協会

『角川日本地名大辞典 鹿児島県』小字一覧では「窟」のほか、川辺郡知覧町《ちらんちょう》（現・南九州市）の小字で「坑《ほき》」が用いられているものが複数現れる。これらの小字は現在の不動産登記記録では「穴」に改められている。

過去には鹿児島市下伊敷町《しもいしきちょう》に「明ヶ窟（みょうがほき・もがほっ）」があった。『鹿児島県史料集』所収の「鹿児島県地誌」には下伊敷村の字地の一つとして「明ゲ窟（ミョウーボキ）」が見え、また『鹿児島市史』資料編所収の鹿児島市保管の字絵図には下伊敷町の北西に「明ヶ窟」が描かれている。大正九（一九二〇）年に発行された地理調査所（国土地理院の前身）時代の五万分一地形図『鹿児島』には「明窟《もがほっ》」という注記があったが、その後「明ヶ窪《みょうがくぼ》」（地形図ではルビなし）と改められた。現在も下伊敷町に隣接する下田町の小字に「明ヶ窪」を挙げるケースがある（日本瓦斯株式会社「最終保障供給約款」）。

国土地理協会の『国土行政区画総覧』はこの地名を「明穴堀《もがほつ》」と分字していた（佐藤一九八五）ため、同資料を典拠の一つとしていたＪＩＳ漢字（JIS C 6226-1978）に「⿱穴堀」が採録されることはなかった。また『新版日本分県地図地名総覧２００６年版』にも「明穴堀《もがほつ》」が見える。

菅原義三編『国字の字典』は理由は不明ながらこの文字の下部を「堀」ではなく「掘」に作る「𫁗」と記載した。大規模漢字検索ソフトウェア「今昔文字鏡」は『国字の字典』を引いたと思われ、同書に由来する多くの文字とともに「𫁗」を採録している（文字鏡番号065483）。「𫁗」はその後「今昔文字鏡」を間接的な典拠とする形でユニコードに「U+2B057」として採録されるに至った。

なお、「⿱穴堀」（窟、堀などの異体字）であれば、鎌倉時代の字書『類聚名義抄《るいじゅみょうぎしょう》』などに「つちむろ」とある。

「明ヶ窪」のあった地区は現在伊敷台《いしきだい》七丁目となっているが、「明ヶ窪町内会」「明ヶ窪中央公園」などに名前が残っている。伊勢神社近くの崖下にある明ヶ窪《みょうがくぼ》湧水は名水として親しまれている。

［塚田］

水部

㴁

18画

ボク

ＪＩＳ第３水準

東京都の川の名などに見られる地域文字。

「㴁」は都内を流れる隅田川を指す。「隅田川」は漢詩文にそのまま使うと、いかにも日本的な文字面となってしまう。そのため、古来、「墨（墨）」を用いた「墨（墨）田川」とも書かれていたことを受けて、中国の「黄河」や「長江」「漢水」「四川」などを元に、中国風の雅称として、「墨河」「墨川」のように変える人たちもいた。

江戸後期の儒学者・林述斎《じゅっさい》（一七六八～一八四二）は、隅田川のほとりに居を構え、隅田川に専用の字「㴁」を造って使用した。中国でも、河川の名前には「漢」「濮」「湘」（→92頁）のように「氵（さんずい）」を当てた字が造られ使われていたことを踏まえて中国風の表現こそが雅であるとして「㴁」を造ったのであ

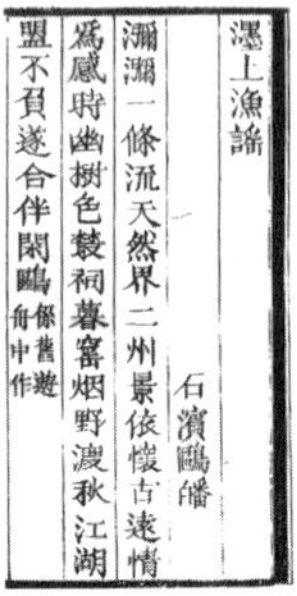
濹上漁謡
石濱鷗儒
瀰瀰一條流天然界二州景依懐古遠情爲感時幽樹色藪祠暮窩烟野渡秋江湖盟不負遂合伴閑鷗係舊遊舟中作

林述斎『濹上漁謡（謡）』（『四種喩冊』所収、1827年序）国立国会図書館 鶚軒文庫蔵

る。その際、旁《つくり》の字体（現在の旧字体か新字体か）にはこだわるところがなかった。述斎は『了語』（『述斎偶筆』静嘉堂文庫蔵写本）で自らこの字を造ったと述べており（『随筆大観』本［『やまと叢誌』一五］には「墨田川」の表記のみ）、文政一〇（一八二七）年の序文を付して『濹上漁謡《ぼくじょう》』という漢詩集を刊行した。

この字の使用は次第に広がりを見せたが、とくに述斎の没後、江戸情緒を記し続けた漢詩人で新聞記者の成島柳北《なるしまりゅうほく》（一八三七～一八八四）が、述斎の「濹」を受け継ぎ、文章に用い続けた。柳北には自伝的な『濹上隠士伝』がある。当時、江戸の川の名に対するこの造字は全国的に知られるようになっており、若き正岡子規らも漢詩に「濹」を用いている。

柳北が亡くなるのと前後して生を受けた永井荷風《かふう》（一八七九～一九五九）も、隅田川に深い愛着を抱いて文章に取り上げた。なかでも荷風が昭和一二（一九三七）年に、小説『濹東綺譚《ぼくとうきだん》』を発表したことで、「濹」は全国的に広く認知されるに至った。この書は、文学史上の価値が高く、永井荷風の代表作として国語教科書にもその名が掲載され、また小説と同名のタイトルで映画化されることにより、「濹」は認知度が全国的に高まり、世間一般に知られるようになっていった。戦後に「濹斎」を号とする隅田川にゆかりをもつ研究者も現れた。「濹」は、のちにＪＩＳ補助漢字（一九九〇年）やＪＩＳ第3水準（二〇〇〇年）に採用されたが、「墨東病院」のように、もとからある漢字「墨」で代用することもある。

江戸中期の書家・永田観鵞《かんが》『大東詩家地名考』（一七六〇）には、日本の地名を漢詩文において中国風に変えた例が集められている。このほか淀川には「⿰氵奠」（音はデン・テン）が当てられた。これは江戸後期の歴史家で詩人の頼山陽《らいさんよう》（一七八一～一八三二）も使ったものであり（『俗書正譌《せいか》』［一八〇〇］、『地名箋《ちめいせん》』［『東藻会《とうそうかい》彙《い》』］など）、『補修新撰漢和辞典』（三省堂、一九三七・一九五六）に収められた。漢字で「澱」とも表記される。さらに、京都の桂川に「溎」（音はケイ・エン）が江戸中期の漢詩人・田中省吾によって、都内の神田川には「⿰氵神」（長野県北佐久郡立科町の小字にもこの文字が使われている）が現代の中国人学者である和平氏によって当てられた。川の名のほか地区・地域の名でも、神奈川県の相模には「湘」（→92頁）、三重県の四日市には「泗《し》」（→77頁）、徳島には「渭」など、各地で「氵（さんずい）」の漢字が造られたり、既存の漢字が転用されたりした。

唐代の『刊謬補欠切韻』（七〇六）に「水名在雍州」として見られるのは字体の衝突で、「潶《コク》」の誤り。

［笹原］

〈参考文献〉笹原宏之『国字の位相と展開』

窟

ほつ、ほっき➡ほき　188頁

𠍱

人部　16画

ほとけ　＊ブツ
JIS第4水準

青森県などに見られる地域文字。

「𠍱」は「仏（佛）」の異体字。青森県上北《かみきた》郡東北町の地名に「𠍱沢《ほとけさわ》」がある。明治期には、「𠍱」の旁《つくり》にある「国」が旧字体の「𠍱澤（沢）」であった（『青森県字小名調』〔一八八二～一八八四年ごろ〕『明治前期全国村名小字調査書』一所収影印〔『内務省地理局編纂善本叢書』明治前期地誌資料』一九八五）。現在、地元では公的に、「𠍱沢」といわゆる拡張新字体となっており、町民もほとんどがそのように書くようになっている。字体が拡張新字体に変わる例は少なくないが、「𠍱」という多くの字書になかった字においても同様の変化があったことが注目される。現地の東北町役場では、「𠍱」という字体は見たことがないとのことであった（一九九七年）。この地名の「𠍱」の字を発達段階に合わせて、「ほとけ」「仏」「𠍱」、と三段階に分けて覚えて書き記した住民もいる（新潟、八郎潟においても「潟」の字体を三段階に分けて覚えた人たち、公的な度合いによって書き分けている人がいるほか、鹿児島では姓の「薗」（ソノ・～ゾノ〔ン〕）を「艹口」、簡便にサインするときには「艹〇」と書く人たちがいる）。『読売新聞』は記者がこの地名を原稿に書いてきた際に、「仏沢」でも構わないことを確かめ、これに直して記事に用いたという（一九九七年一月〔堀田倫男氏教示〕）。『新版　青森県地名辞典』（二〇一三）にも、「𠍱沢《ほとけさわ》」とある。

「𠍱」が当地の地名に用いられた由来はすでに定かではない。「佛」が「人にあらず」と

否定的に解しうる構成であるためとも思われるが、上北郡の『甲地村史《かっち》』（一九五一）には、「西国人の三字を集めてホトケと訓ませたのは正しく新作字だが、古く此地《このち》に佛寺があつてそれに因《ちな》んだ沢だつたのか。或《あるい》はアイヌ語のオオホケ（深き所）ナイ（沢）で、深沢のオオホケナイからホトケサワと充てたのか」としかなく、『東北町史』下Ⅰ（一九九四）にも、「𠍱の字は、新たに作り上げた字で、人が西の彼方《かなた》の国（西方浄土）にある極楽に往生するという意味から「𠍱《ほとけ》」と呼んでおり、その沢であることを指している」といい、「したがって、仏教にゆかりのある地であることが分かる」とする。

「𠍱」は「全国町・字ファイル」の外字資料などに基づいて、当地に存続していた地名を唯一の根拠として、ＪＩＳ第４水準に採用された（二〇〇〇年）。

小字《こあざ》では、ほかに佐賀県の浦村、いまの唐津《からつ》市佐志《さし》に「石𠍱《イシホトケ》」もあった（「東松浦郡各町村字調帳」『明治前期全国村名小字調査書』）。明治一四（一八八一）年の「東松浦郡町村図（乙）唐房村、浦村」の地図では「字石佛」、現在のさまざまな資料では「字石仏」とする。

「𠍱」は、中国・清代の『康熙《こうき》字典』（一七一六）や『大漢和辞典』（大修館書店）などに載っていないため国字とされることがあるが、江戸初期に中国より伝来したことが、松浦黙《もく》編の辞書『斉東俗談《せいとうぞくだん》』（一六八五年跋、早大蔵版本）の「近代中土ノ造字ナリ《ツクリ》」という記述から知られている（杉本つとむ・木村義之『斉東俗談の研究　影印・索引』など）。その中国から渡来した書は、民間の道書（道教の教義）か辞書にある「𠍱」の異体字を用いていたか、それを当時の当世風に直したものであろう。

『篇韻（五音篇海・五音集韻）』の明代・正徳（一五〇六～一五二一）以降の版本などに、元代（一三～一四世紀）の劉鑒撰とされる『篇韻拾遺并蔵経字義』（『篇韻』の成化年間の重刻本［国家図書館所蔵］から付録となった［大居司氏教示］）が統合され、この中に「𠍱」といった「西」の篆書に基づく字体や「僊」の類が収められていた。道書に見える「仙」の異体字に「僊」があり、この旁《つくり》を通俗的に解釈した「僊」などもあり、「𠍱」はそれに対比させて造られた異体字であろう。後の清代（一七～二〇世紀初頭）ごろの石碑に使用された例などが見つかっており、辞書、とくに閩語《びんご》（福建省を中心に話されている中国の方言）圏の辞書によく収められた。「𠍱」は、台湾が日本の植民地（一八九五年から）だったことによるのか、この「國」の部分を

「国」（中国産だが日本で多用された）にする日本風の字体で呪符に用いられた。ベトナムでは他の同系統の異体字「仸」（一六〇七年から）や「俁」（一六六一年から）とともに一七〇二年以降、「𫢸」が石碑などで多用され、日本でもこれらの字体が使用された（「俁」は、富士講［富士山信仰の講］で「はは」と読む位相文字「俁」と字体が衝突する）。中国の浄土信仰の隆盛に伴って、一〇世紀に始まる宋代から「侽」という字体も現れていた。

江戸初期には、大淀三千風《おおよどみちかぜ》の『日本行脚文集』（一六九〇）、上島鬼貫《うえしまおにつら》編『大悟物狂《たいごものぐるい》』（一六九〇）といった俳諧などの書籍や仏教関係の文書に「念𫢸」として「𫢸」を使用する人たちが現れる。「𫢸」は多用された「佛」という字に紙面で変化を付けるレトリックとしての面もあり、他の同系の異体字も明治期までは散見される。各種の辞書に収められるようになり（『和漢音訳 書言字考節用集』［一七一七］は「支那俗字」とする）、また随筆類や各種の書籍（戯作《げさく》者の滝沢馬琴《ばきん》の作品など）で使用言及されるようになる。日本で浄土信仰や禅宗が広まったこともあって、宮城県、福島県、茨城県、埼玉県（塚田義治氏教示）、千葉県、山梨県、静岡県、新潟県（栗山勝博氏教示）、石川県、岡山県、大分県（戦国時代のものか）など日本各地で石碑（山梨県の四尾連《しびれ》湖近くには「大念𫢸供養塔」がある）や幟《のぼり》、箱書《はこがき》などに字体の揺れを伴いながら使用されてきた。その一方で、戒名には難字などとして避けるべきとされてきた。江戸時代には化粧まわしにも見られ、浮世絵師・一陽斎豊国《いちようさいとよくに》（三代豊国）による、錦絵「勧進大相撲土俵入之図《かんじんおおずもうどひょういりのず》」（一八四八）にも書かれていた。「𫢸法山《ブッポウサン》」の山号をもつ千葉県松戸市にある東漸寺《とうぜんじ》では、「𫢸」は中国で漢字のできる前に日本で造られた漢字と伝えられている。

「𫢸」は、中国における位相文字が、日本で字体を変えて地域文字として残った例として注目できる。つまり局所的ではあるものの、中国では辞書類に記録がほとんどなされないまま忘れられ、むしろ日本に残った文字、いわば佚存《いつぞん》文字のようになったものである。「𫢸」はＩＳＯ（国際標準化機構）に中国語の辞書などから追加提案があり、ユニコードにも採用されるであろう。

［笹原］

〈参考文献〉笹原宏之『方言漢字』、「〈佛〉の一異体字〈𫢸〉について」『中国語学研究　開篇』／田子了祐「「西の国の人」は「佛」」『頸城文化』／何華珍・劉正印ほか『越南碑銘文献的文字学研究』

广部
广
3画
マ　＊ゲン
JIS第2水準

兵庫県神戸市などに見られる地域文字（地域字体）。「須磨《すま》」を手書きする際などに使用される略字の一種。

「須磨」は兵庫県神戸市西部の区名であるが、当地では手書きのメモや石碑の碑文、看板の文字などに「須广」という表記が散見される。「广」は「磨」の略字として使用されているが、正式な文書や印刷された活字ではほとんど見られず、手書き風の文字でのみ確認できる。実際の字形は、左払いが内側に入り込んだ「テ」形になることも多い。使用者の多くは、親や地域の大人たちの字を見てこの字体を自然と身につけており、地域文化集団内で伝統的に受け継がれた位相的要素を強くもった用字だといえる。

元来「广」は、「ゲン」と音読みし、「建物」や「屋根」といった意味をもつが、現代の中国大陸では「廣」（現代日本では「広」）の簡化（体）字として使用される。一方、日本では部首「まだれ」を示すことが多く、「まだれ」は「麻垂れ」であり、「麻」がこの部首から連想される代表字であったことがうかがえる（ただし、「麻」は「麻部（まぶ）」に配属される）。また、「广」がつく漢字は、この部分以外が省略されることがしばしばあり（省字・抄物《しょうもつ》書きなどと呼ばれる）、先述の「廣」や、「麻」を一部に含む「磨」「摩」「魔」、その他にも「應（応）」「鹿」「庵」などで使用例があり、平安時代以降の『図書寮本類聚名義抄《ずしょりょうぼんるいじゅみょうぎしょう》』や『打聞集《うちぎきしゅう》』といった字書や文献類で多数確認できる。

そもそも「須磨」は古来この地域一帯を示す名称であって、その語源については、『角川日本地名大辞典 兵庫県』に「地形にちなんだ洲浜が洲間になったとする説（神戸史蹟講演）、栖間《すま》により居住地を意味する説（『日本古語大辞典』）、摂津国の西南の隅がスマとなり、のちに諏瑭と改めたという説（地理志料）」など諸説が挙げられている。地名の表記を調査すると、『万葉集』（西本願寺本を底本とする鶴久・森山隆編一九七七から）では「須麻」と「為間」という万葉仮名が確認できるが、「須末、州磨、須麻、周麻、周間、珠馬、為間とも書いた」（『角川日本地名大辞典 兵庫県』）、「古く須麻・阪麻・須馬・須間・瑕瑭などとも表記」（『平凡社日本歴史地名大系 兵庫県の地名』）と、一定しなかったことがわかる。鎌倉時代には「須磨村」（「广」形を含む）が文献に見え始めるが、「大中臣景盛愁状案《おおなかとみかげもりしゅうじょう》」（一二二二）では「須馬村」、藤原定家の『明月記《めいげつき》』寛喜三（一二三一）年の記述では「阪麻」といまだ揺れがある。室町時代以降では、公的な記録である「兵庫北関入船納帳」（一四四五）に「須广」の例があり、文明・伊京・明応・天正・黒本・易林本の各種『節用集』に「須磨」があるため、このころには現行の字種による表記がほぼ定着したとみられる。

この地には九世紀に開山したと伝えられる「須磨寺《すまでら》」（上野山福祥寺《じょうやさんふくしょうじ》）があり、その境内にある石碑や歌碑には「須广」が多数見られる。また、「播广」が刻まれた墓碑もある。同寺に伝わる「当山歴代」という平安末期の嘉応二（一一七〇）年から江戸中期の宝暦二（一七五二）年までの年代記では、貞応元（一二二二）年の記録に「須磨村」があり、応永三四（一四二七）年には「須广」が出現し、その後は「广」の使用が多くなる（全編で「須磨」十例、「須广」四十五例）。享保一五（一七三〇）年の記録には「護广堂」という「广」を「摩」の略字として使用した例も確認できる。

須磨寺桜寿院

江戸後期に流行った名所図会《めいしょずえ》の類では、『摂津《せっつ》名所図会』（一七九六）や『播州《ばんしゅう》名所巡覧図絵』（一八〇四）などにこの地が紹介されているが「須磨」と「須广」とが混在する。同じ行に両方の字体が出現するケースもあり、あえて異体字を使用する変字法《かえじ》の一種かと目される。

「广」は「須磨」以外でも各地で地名を手書きする際に略字として使われることがあるが（秋田県白鷹町の「白广」、旧島根県邇摩《にま》郡仁摩町《にまちょう》の「仁广」などを確認）、「須磨」におけるほど歴史的に長く地域的に広く定着した使用状況は認められないようだ。

類似の例として、東京都の多摩地区には「多庁」が見られるが、これは比較的近年に発生したもののようである。この字体は漫画などで「魔」の略字としても使用されている。ほかに「三广（广タカ）市」（東京都三鷹市）がある。

このように、地域限定の文字というわけではないが、須磨周辺では「磨」とともに「广」は長らく選好され使用されてきたもので、きわめて地域色の強い字体といえる。

　また、「須」に注目すると、右記の歴史的文献類では「須」字体以外にも「湏」「湏」「湏」といった形があり、手書きだとむしろ偏は「氵（さんずい）」とするよりも「彡（さんづくり）」とするものの方が多い。崩し度合いがさらに進むと、「次」と酷似した形になる。須磨区の證誠《しょうせい》神社にある二基の石灯籠《いしどうろう》（「安永四乙未」〔一七七五〕の紀年銘あり）には、楷書で明確に「東次摩村」と刻まれているが、これは行書の「湏广」に慣れた書き手が、楷書で示す際に、「須」を「次」、「磨」を「摩」と取り違えてしまったものであろう。かつての「广」の定着度を示す傍証として興味深い。

〔岡墻〕

〈参考文献〉神戸市立博物館編『特別展　須磨の歴史と文化展――受け継がれる記憶』（図録）／三浦真厳編『須磨寺「當山歴代」』

土部

圢

5画

まち　＊チョウ

山梨県に見られる地域文字。甲斐市内の旧甲州街道沿いに、「まち」をこの字で表す地名が存在する。

　国土交通省による地価公示制度に対して山梨県WEBサイトにて公開されている『地価公示結果地点一覧』では「志田字深圢《ふかまち》」「下今井字治良兵衛圢《じろべえまち》」（平成二二〔二〇一〇〕年まで）が見える。「圢」が平成一二（二〇〇〇）年に制定されたJIS漢字（JIS X 0213:2000）に含まれない文字であることからか、平成一九（二〇〇七）年の資料では「深町」「治良兵衛町」、平成一八（二〇〇六）年では「深マチ」「治良兵衛マチ」、平成一六（二〇〇四）年では「深打」「治良兵衛打」と表記されている。また『山梨県市郡村誌』（一八五二～一八九四）に北巨摩郡《きたこま》（現在の韮崎市《にらさき》・北杜市《ほくと》・および甲斐市の一部）『鹽《しお》（塩）崎《ざき》村誌』の地名として「志田組字深圢」とともに「圢」が「打」になった「志田組字深打」が見える。

　志田字「深圢」および下今井字「治良兵衛圢」の地内にはJR東日本中央本線が走っている。甲府駅・韮崎駅間の建設に伴う土地収用公告（明治三十四年十一月十八日付官報第五五一四號）にはそれぞれの地名が見えるが、ここでも「圷」ではなく「打」が用いられている。昭和二六（一九五二）年に開業した塩崎駅は「下今井字治良兵衛圷１００番３」を所在地とする。

　山梨県はかつて原因不明の風土病であった日本住血吸虫病と闘った歴史をもつが、甲斐市もその範囲であり、山梨県のＷＥＢサイトで公開されている山梨県例規集『日本住血吸虫病の有病地の指定』（昭和六十年四月一日　山梨県告示第百四十六号）には「圷」部分が「●」になった「大字下今井のうち字治郎兵衛●」という表記が見える。この文字は紙の例規集（『山梨県例規集』帝国地方行政学会）では偏を「工」に作る。

　平成二七（二〇一五）年に認定された地域再生計画『山梨県地方活力向上地域特定業務施設整備推進計画』の地方活力向上地域には下今井の小字名に「治郎兵衛圷」のほか「立圷」「古圷」が見える。この小字は『角川日本地名大辞典 山梨県』の小字《こあざ》一覧にも見えるが、現在の不動産登記記録上は「立町」「古町」とされている。

　漢字の「圷」は一〇世紀中国（遼代）の字書『龍龕手鑑《りゅうがんしゅかん》』などが「平坦《へいたん》」を意味する字として挙げるが、「町」の異体字ともされる。なお、もともと「町」は畦《あぜ》道を表す文字であり、市街地を表す「まち」は国訓。その他、室町期に成立した字書『倭玉篇《わごくへん》』が音「チヤウ」の他に「タイラカ」「マチ」「シカアト」の読みを挙げている。

［塚田］

茨　まつ ➡ いばら　13頁

淞　まつ ➡ ショウ　90頁

土部　圸　6画

まま
ＪＩＳ第２水準

山形県などに見られる地域文字。

「まま」は崖のような地形や傾斜地を意味する東日本の方言。山形県と神奈川県には「まま」に「圸」を当てる地名がある。

　山形県西置賜郡《にしおきたま》に飯豊町《いいでまち》大字中《なか》字「圸ノ上《ままのうえ》」、白鷹町《しらたかまち》（地元ではしばしば「白广」と略記される）高岡字「内圸《うちまま》」「外ノ圸」（読みは「そとのまま」か）が

ある。昭和五九（一九八四）年一二月二日まで長井市に「圸《まま》の上」が存在したが、現在は「ままの上」である。ここは、最上川《もがみがわ》の川岸であり、「まま」は土手を指し、河岸段丘の下には「圸ノ下《ままのした》」もあった。遺跡名に「圸ノ上《ままのうえ》」の名が残っている。

「圸」は、JIS漢字制定（一九七八年）の際に参照された行政管理庁（現・総務省）の『対応分析結果』（一九七四）によると、国土地理協会の一九七二年版『国土行政区画総覧』に一回だけ出現したために、JIS第2水準に採用されたものである。加除式のこの資料をさかのぼって調べると、一九七三年一一月に除去された頁に「山形県長井市小出通称圸《まま》の上《うえ》」とあり、その出現が確かめられた。

「圸の上」の地名は、古くは一六世紀の文書に「まゝのうへさいけ」「まゝのうへ在家」と出現し（『角川日本地名大辞典 山形県』）、江戸時代に受け継がれた。

明治初期に当地には、平仮名表記の「まま」地名はすでに複数あったとされ、その後、土地公図（一八九〇）などから、「圸の上」と変わり、公的にも使用され続けた（山形県郷土研究会『山形県地名録』、菅原義三編『国字の字典』）。

「圸」は会意の造字とみられ、旁《つくり》の「山」の「やま」の読みと意味が利用された可能性が考えられる。地名における「まま」（崖）に対する造字による比較的大胆な表記上の工夫は、東日本でより多くなされていた（→「墹」次項、「壗」204頁）。

「圸」は遠く離れた神奈川県の小地名にも使用されている（塚田雅樹氏教示）。同県相模原市相原《あいはら》地区の歴史を扱った井上正路『仰祖遺後――相原と二本松のむかしといま』に、畦畔《けいはん》（あぜ）の上下に「圸《まま》上」「圸《まま》下」があるとする。これも、明治期以降の新しいものであろうか。日常語の「まま」という語と基礎的な漢字「山」の読みと意味を利用しようとする意識は個別に生じうるものと考えられ、神奈川県での「圸」の使用は山形県からの伝播《でんぱ》ではなく、字体に偶然生じた「暗合」の現象かと疑われる。

なお、池田証壽《しょうじゅ》氏の「国土行政区画総覧を唯一の典拠とする漢字をインターネットで検索する」には、別の漢字である「汕《セン》」の誤入力としてのWEB上における用例が示されている。

［笹原］

〈参考文献〉 WEB 「稀少地名漢字リスト」 山形県

土部
墹
15画
まま
JIS第2水準

静岡県、埼玉県、群馬県などに見られる地域文字。「まま」は崖のような地形、畦《あぜ》や土手など斜面となった部分を指す東日本の方言。東国では奈良時代からこうした地形を「まま」と呼んでいた。古くは「間間」「真間」などの万葉仮名で表記され、千葉県市川市などではそのまま「真間」（万葉集に歌われた美少女「真間《まま》の手児奈《てこな》（手児名）」の伝説もある）の地名が受け継がれている。

「まま」を表す地域文字すなわち地域的造字、地域的用法による表記は多様である。静岡県では「墹」と表記する例が目立つが、東隣の神奈川県では「壗」（→204頁）という地域的造字で、西隣の愛知県では「堩」という地域訓、地域的用法をもつ字でしばしば表される。

静岡県の伊豆半島に伊豆の国市「墹之上《ままのうえ》」がある。大字《おおあざ》ではこの一カ所にすぎないが、この大字（もとは村）の地を中心として、小字《こあざ》や普通名詞としてもこの「墹」が使われるようになった。伊豆市に土肥《とい》字「墹田《ままだ》」がある。下田市に大賀茂《おおがも》字「墹原《ままはら》」（「墹々原」とする資料もある）があり、デジタル庁が作った地名データベース「町字マスター」では下田市に「墹原」のほか「墹ノ上」が載る。裾野《すその》市に深良《ふから》字「墹ノ上前《ままのうえまえ》」がある。駿東《すんとう》郡に小山町《おやまちょう》用沢字「墹下《まました》」、同郡松崎町石部《いしぶ》字賀茂郡に東伊豆町白田《しらだ》字「墹下《まました》」、同郡松崎町石部《いしぶ》字「墹山《ままやま》」があり、同郡同町に伏倉《しくら》字崩間に「崩墹《くずれまま》」（急傾斜地の崩壊が起きる土砂災害警戒区域）がある。「萌《こん》（崩）墹山《まやま》」と読む（下田市役所などによる）地もある（「全国Q地図」では下田に「萠墹山」［振り仮名はなし］）。小字《こあざ》は、「墹下《まました》」など県内十四市町の二十五カ所に用いられる。

「まま」地名は、古くは伊豆で、戦国大名・北条氏康《うじやす》が作らせた『小田原衆所領役帳《おだわらしゅうしょりょうやくちょう》』（一五五九、国立公文書館［旧内閣文庫を含む］蔵一六九二写本、活字本［一九六九］など参照）に「垠」を用いた「垠之上」と現われ、『伊豆国郷帳《いずのくにごうちょう》（元禄）』（一七〇二、国立公文書館［旧内閣文庫を含む］蔵）

でも、「垠」が当てられている。「がけ」を表す「垠」は一般になじみの薄い漢字で、『伊豆国郷帳（元禄）』では君澤（沢）郡「恨之上」と誤って書かれ、「マ、」と傍訓としても解される注記があるように、見慣れず読みにくかったことがわかる。「沼」の崩し字との字形上の衝突、訓義上の混乱も起こりやすい。実際に江戸後期に、塙《はなわ》保《ほ》己《き》一《いち》（一七四六〜一八二一）によって編集された叢書《そうしょ》である『群書類従』本や写本にも「沼之上」という誤記がある。

江戸前期の延宝五（一六七七）年『伊豆鏡』（一八七〇写本、『清水町史別編資料集』一）には「墹之上」のほか「塚之上」、後期の嘉永六（一八五三）年写の『秘書』（同）には「根之上」に作る。

江戸中・後期の国学者・地誌学者である秋山章《あきら》による伊豆国（静岡県東部や伊豆半島）の地誌『豆州志稿《ずしゅう》』（一八〇〇年完成、国立公文書館［旧内閣文庫を含む］蔵。「沼ノ土」という誤記を引く。一九三六年増訂本）に「墹上《マノウヘ》」などと記され、「墹」という字について、「字書」になく、他の地域の地名表記「間々」から、「郷俗」で「間」に「畳字」としての「上」の「草書」を「土」として「左辺」に加えたものと考えており、この村にも長い「まま」があることに由来するなどという。表記のもつ保守性、固定性から村の名の表記として定着していく。このほか、江戸後期の『天保郷帳』や年未詳の「大橋海老助宛代官割状」にある、江戸初期の幕臣で治水や灌漑《かんがい》に貢献した伊奈《いな》忠次《ただつぐ》による天正一八（一五九〇）年の検地に、「墹上」が見え（『平凡社日本歴史地名大系　静岡県の地名』）、明治時代に「墹之上」村から大字となる。

明治期以降、大字となった「墹上」の表記の影響を大半の小字が受けた。明治時代の県内各地の土地台帳や公図、「伊東市全図」（一九三〇、伊東図書館蔵）などに「墹」を用いた小字の表記が見られる。この旧村、大字表記を知っていた近辺の為政者や官吏らが、「まま」のついた耕地名等（一八八九年に小字となる）に当てていったものであろう。

明治時代から戦前までは読み仮名は「マノウヘ」「マノヘ《（エ）》」ともある（内務省地理局『郡区町村一覧』一八八〇、『明治前期地誌資料』影印）。明治七（一八七四）年の「足柄《あしがら》県管下各区並村名等詳細取調帳」（「今称」［現在の呼称］による。誤植も生じている。『明治前期全国村名小字調査書』第二巻所収影印、『内務省地理局編纂善本叢書　明治前期地誌資料』）、明治後期の富本時次郎『帝国地名大辞典』（一九〇三）には、「墹」の旁《つくり》にある「門」の中の「日」が「月」となった「墹」に作り「コマ」と傍訓があるが、「墹」の字は「拡張新字体」とは逆に演繹的に康熙字典体に変えたいわゆる拡張旧字体であり、また「コマ」は「ママ」の誤植である。吉田東伍『大日本地名辞書』（一九〇〇～一九〇七、一九七一増補）には「間之上」という誤記もあり（早稲田大学図書館蔵の自筆原稿にはない）、「墹之上」に「マノヘ」と傍訓し、「ママノウヘ」の訛《なま》りとする。大日本帝国陸地測量部の地図（一九一一、『明治大正日本地図集成五万分之一』所収）、柳田国男『地名の研究』（一九三六）、福神和三『市町村名鑑』（一九四二）などは「ママノウヘ《（エ）》」とする。

ほかに、大西林五郎『実用帝国地名辞典』（一九〇二）、井上頼圀ほか編『難訓辞典』（一九〇七）、小川琢治『市町村大字読方名彙』（一九二三）、日本地名学研究所『日本歴史地名総索引』（一九四二以降）、全国市町村会調査部『全国市町村字名総攬』（一九四九）など、傍訓を「マノウヘ《（エ）》」とするものが多く、「まま」の語義に関する意識が薄れていたことを示すようである。現在は公称、地元での呼称ともに「ママノウエ」に戻っている。

「墹」はＪＩＳ漢字制定（一九七八年）の際に参照された行政管理庁（現・総務省）の『対応分析結果』によると、国土地理協会の一九七二年版『国土行政区画総覧』（一九七四）に一回だけ出現したために、ＪＩＳ第２水準に採用されたものである。加除式のこの資料をさかのぼって調べると、一九七四年二月に除去された頁に「静岡県田方郡伊豆長岡町墹之上《ままのうえ》」とあり、その出現が確かめられた。のちに、一九八二年一二月の除去頁に「静岡県下田市大賀茂通称」の「墹ヶ原」が追加された。この「々」は、たとえば「もも」は「百」でよいのに「百々」と書くことがあるのと同様の、同音の反復を示す際にしばしば用いられる用法である。

「墹」を含む表記には、「墹々ノ上」「墹ノ上」「淵ノ上」「堺之上」「燗ノ上」（「爛」の異体字としての漢字や「カン」を表す国訓の一字体と衝突するが、逆にそれに牽引《けんいん》されたものか）「土間之上」「間之上」「墹上」「橺ノ下通」「撊原」「橅之上」などの異表記や書き誤りが生じている。この中には、崩し字を介したものや外字設定にかかわるミスも含まれる。門構えを略字にして「坰」と書かれることもある。

地名のほかに、南伊豆町の「土地台帳」に「墹敷」、下田市の旧「土地公図」には「墹」と用いられているように、普通名詞の表記に転用されるに至った。ほかにもたとえば、群馬県吾妻郡にあった六合村《くに》の『続六合村誌』（二〇一五）でも、小字・小地名の備考の中に「墹《まま》」が用いられている（鈎持一幸氏教示）。

　吉田東伍は、「墹」を「俗用の会意」とみて、「何れの世に作りたるや未考」とする。「ま」という訓や字義に加えて、「まま」という副詞には「間」が当てられてきたことを踏まえた造字とみられる。「墹」は、以前から「間」「間々」が「まま」という副詞の表記に用いられてきたこと（築島一九六三、峰岸一九八六、鎌倉期の観智院本『類聚名義抄《るいじゅみょうぎしょう》』〔『天理図書館善本叢書』影印〕、鎌倉期の語源辞書『名語記《みょうごき》』〔一九八三年版〕、安土桃山時代の易林本『節用集』〔『日本古典全集』影印〕、江戸中期の国語辞書『和爾雅《わじが》』〔早稲田大学蔵版本など〕）が背景にあろう。つまり、旁には、「艮」（音はコン・ゴン、「うしとら」〔八卦《はっけ》の一つ〕の意）であることの必然性を感じがたい人々は、読みを直接的に示す身近な「間」の字を選択したのである。なお中国では、『大漢和辞典』（大修館書店）によると、「往々」の意味の「まま」を表す「間或」があるが、古いものではない。

　「墹」は「墹中《ままなか》」（電話帳では「墹仲」）という姓にも用いられているが、やはり伊豆の白田（賀茂郡東伊豆町）の姓であった。

「墹」は伊豆を中心に影響を与えているほか、遠隔地間における一致が見られる。単純な構成よりなるこの字には、字の形音義が偶然一致する現象である「暗合」が起こりやすかったことが想定しうる。

　神奈川県では、「まま」を示すのに多く「壗」（→204頁）を用いるが、『大磯町《おおいそまち》土地宝典』（一九七九）には地名「長壗」に「長墹」という表記がある（田中ゆかり氏教示）。

　埼玉県では、比企《ひき》郡ときがわ町のデマンドバスのバス停名に「横墹《よこまま》」があり、バス停近くの住人の方の屋号にも「横墹」が見られた（よねざわいずみ氏教示）。このバス停の「横墹」は崖地形に建つ家の屋号からという（昼間良次氏教示）。江戸初期の「寛文検地帳」には「横まゝ」とあった（『都幾川村史　地理編』　鈎持一幸氏教示）。

　山梨県でも、大正時代ころの「実測甲府市外全図」（山梨県立博物館蔵）の凡例に「堤塘又は墹々」とあり、静岡県と同様に普通名詞としての使用があった（林伊倫氏教示）。

ま

群馬県にも、「壗」を用いた地名が実在している。明治八（一八七五）年以降に成立した『上野国《こうずけのくに》郡村誌』、都丸十九一《とまるとくいち》『地名のはなし』（一九八七）、『角川日本地名大辞典 群馬県』に、「高壗《タカマヽ》」「川壗《カハマヽ》」が見える。ほかにも県内で「まま」に「壗」を用いた地名もあったという（『地名のはなし』）。

伊豆と群馬のそれぞれの地域・地点での方言漢字というときには、ある時点での状態を指すことになる。時間軸を加えてしまうと、伝播《でんぱ》の過程まで含むことになるため、推測が加わり、伊豆の方言漢字が伝わった可能性があるとか、暗合が生じたのであろうといった記述がなされる。

近隣地域にこのような比較的大きな地名がない、伊豆国《いずのくに》（静岡県東部や伊豆半島）の隣の（旧）国では、「壗」の影響を蒙っていない。遠江国《とおとうみのくに》（現・静岡県西部）では、元禄一一（一六九八）年の「遠州榛原《はいばら》郡泉頭村新田場改帳」（『本川根町史』）に「まゝ下」とあり、駿河国《するがのくに》（現・同県中部）では、文化六（一八〇九）年の桑原黙斎《くわばらもくさい》『駿河記』（一九三二年版）に「マ、丁」、万延二・文久元（一八六一）年の中村高平『駿河志料』（一九三〇年版）に「ママ原」がある。このように、方言漢字の分布域は、方言区画や旧国とよく合致することがある。

日本の地名とその表記法には、地域ごとに特性があることは一部知られている。しかし用いた資料により小地名としては大字《おおあざ》までが多く、小字《こあざ》まで検討した例は少ない。小字は地図にもほとんど載らず、なくなりつつあるが、なお大字の数十倍あり、倉田（一九七二）などの論にあるように研究上無視することはできない。

中国のほぼ中央に位置する陝西《せんせい》省にも「陳家壗」(jian1）という聚落の通名があるが、「壗」は義未詳とされる。陝西省の東部にある河南省の『新鄭《しんてい》県志』にある「垣壗寺」は、引用先の造像記の拓本でもそのように見えるが、字体の同化かと思われる。

なお、「澗《ま》」も方言訓で船の停泊所を指し、西廻《まわ》り航路の関係か北海道から新潟県佐渡あたりにかけて地名や姓などに見られる。佐渡市に「⿰口間口《まぐち》」姓もある。

［笹原］

〈参考文献〉WEB「稀少地名漢字リスト」静岡県／笹原宏之『国字の位相と展開』

土部

壗

17画

まま
JIS第2水準

ま

神奈川県に見られる地域文字。

「まま」は崖のような地形や傾斜地を意味する東日本の方言。

神奈川県西部に南足柄《あしがら》市「壗下《まました》」がある。この地は扇状地をなし、断崖がある。同市にある怒田《ぬだ》の台地の端が斜面つまり「まま」になっており、「壗下」の地は、その崖の下に位置する。

当地には「壗下公民館」がある。以前はコンビニエンスストアに「壗下店」があり、バス停「壗下」もあったが、現在はいずれも「まました」となっている。ほかに、南足柄市に生駒《いこま》字「壗下《まました》」、塚原字「壗下《まました》」、小田原市に風祭《かざまつり》字「壗下《まました》」がある。

偏を「イ（にんべん）」にした「儘」が略字で「侭」となるのと同様に、「壗」の略字「𡋽」も見られ、「壗下」は、「𡋽下」と字体が略されることがある。このほか、「壗」が「壗」となったり、「燼下」「濜下」「盡下」「儘下」「ママ下」「まま下」「まました」などと書かれたりするように（ただし、漢字では「盡」と「儘」は通用した）、異表記、異体字や誤記も増えた。「儘」「侭」による代用も見受けられる。

「壗下村」という村名は、江戸時代のうちに、字《あざ》、小名（ともに後の小字《こあざ》）として、「壗下」のほか「壗上」も出現し（前者は村名でもある）、川の名などとして、「壗下川」（満々志多可波）、「黒壗堤」「黒壗堰」（久呂未（末）万勢義）という表記にも転用されている（『新編相模国風土記稿』一八四一）。「壗下」は古くは、江戸初期の慶長一七（一六一二）年「西郡之内壗下村検地帳」に現れ（『南足柄市史』、『平凡社日本歴史地名大系神奈川県の地名』）、江戸中期の『元禄郷帳』にも見られる。
「𡋽下」のほか、江戸前期の「潰れ百姓質流地譲り証文」（一六六〇）に「まゝ下」（賀茂真淵《かものまぶち》『萬葉考』一七六八、『南足柄市史』写真など）、「名主仁右衛門キリシタンの疑いにつき取調べ申渡」（一六六二）に「儘下」「侭下」（一八五三年写『秘書』、『南足柄市史』、『清水町史別編資料集』二）、江戸後期の国学者・鹿持雅澄《かもちまさずみ》による『萬葉集古義』（一八二八年ごろ成立、早稲田大学蔵版本など）

に「萬々下」などの表記もなされた。

「壗」はＪＩＳ漢字制定（一九七八年）の際に参照された行政管理庁（現・総務省）の『対応分析結果』（一九七四）によると、国土地理協会の一九七二年版『国土行政区画総覧』に一回だけ現れたために、ＪＩＳ第2水準に採用されたものである（字体は「壗」）。加除式のこの資料をさかのぼって調べると、一九七七年七月に除去された頁に「神奈川県南足柄市壗下《まました》」があり、その出現が確かめられた。「壗」は江戸時代以前からのこの辺りでの造字だが、住民には全国にあるものと意識されていた。大字すなわち江戸時代の村での使用が周囲に影響を及ぼすため小字など小地名においては用例が多い。

「壗」は中世末に、戦国大名の北条氏康《うじやす》が作らせた『小田原衆所領役帳《おだわらしゅうしょりょうやくちょう》』に「職人衆」の一つの「組壗師」として現れる。これは、この地域特有の造字を利用したものであろう。「壗」はこの地の職域内で通用する位相文字でもあった可能性もある。後の写本では誤記が多く、「壗」が見慣れない文字であったことがわかる。「間々」などのような仮借では意味が異なり、仮名では語義が特定できず、また他の「まま」の表記との対称性に欠けるためであろう。一方で、表記に見られる、保守的な性質とは逆の改良に向かおうとする性質に基づき、形声（形訓）を兼ねる「壗」（→199頁）が造られたと考えられる。

地名に関しては、「壗」は「儘」の偏を改めたとする見方と、「土」が「盡《つ》（尽）きる」ところという会意とする見方がある。当時多用されていた「儘」の字を土台として利用したことは間違いないであろう。「ママがくむ」は「崖が崩れる」意の方言だが、この「組壗師」は崩れ崖師あるいは崖組み師（崖の崩壊を防止、補修する職人）という意味であろう。

佐佐木信綱『評釈万葉集』などによると、県南西部の湯河原市に「まま」に「儘」を当てる「儘根《ままね》」があり、松尾俊郎『集落・地名論考』（一九六三）によると県北部の相模原市にもあったようである。また、県北部の村の『清川《きよかわ》村地名抄』（一九八三）には、「横まま」が見られる。圃場《ほじょう》整備事業、宅地化の進展や住居表示制度などによる統廃合を経たのか、『角川日本地名大辞典 神奈川県』の小字一覧には収められていない。いずれも「壗」を使用する地域から離れており、表記上の影響を受けなかったと考えられる。

「まま」の国訓表記は、愛知県以東でさらにさかんとなる。愛知県では、安土桃山時代の「今川氏真《うじざね》安堵状」（一五六二）に「まゝの上」として出現した表記が、江戸時代に「埵之上《ままのうえ》」に変わっている。その後、「埵之上」は大字としては消滅したが、小字に「埵下《ママシタ》」（『明治十五年愛知県郡町村字名調』、『愛知県地名集覧』）などが残った（旁《つくり》は「重」にも作る）。現在、同県豊橋市牛川町《うしかわちょう》には字に「壗下」ないし「まま下」と「向壗下」（「向まま下」あり）があるとされることがあるが、同市の市役所市民課によれば「町字コード表」ではともに「埵」を用いている。このほかに、「埵」の異表記である「埋」を用いた、「埋之下《ママノシタ》」（『明治十五年愛知県郡町村字名調』）なども今に伝わっている。これは、形が似ていて誤りやすい「埵」と「埋」を混同したものであろう。

また、静岡県には、「まま」に「墥」を当てた「墥田《ま、だ》」（『角川日本地名大辞典 静岡県』）。登記では「壗田」〔塚田雅樹氏教示〕が見られる。「墥」は「ありづか」という意味であり、神奈川県南部の鎌倉では「ままっこ」は蟻《あり》地獄のことを指した。しかし漢字は意味も形も偶然類似、一致しうるものであり、これとは関連はなく、「墥」には「あぜ」という意味もあることや、静岡県西部に所在した郡の記録『引佐《いなさ》郡小字名台帳』（一九三五ごろ）や役場税務課の資料などではこの地名の「まま」は「埵」に作ること、字形が似ていて混同されがちな「鍾」と「鐘」の例からみて、「墥」は「埵」の一種とみられる。この分布は方言区画と合致し、注目すべきである。

宮城県には遠田《とおだ》郡美里町《みさとまち》南小牛田《みなみこごた》「中墫《なかまま》」がある（『現代日本地名よみかた大辞典』）。「墫」は、明治前期（一八八五～一八八六年ごろ）に成立した「宮城県各村字調書」（『宮城県史』）や『角川日本地名大辞典 宮城県』では、偏が「土」から「扌（てへん）」になった「撙」に作る。中国では「撙」は「おさえる」などの意で、「墫」でも「舞うさま」という意味だが、山偏の「嶟」ならば「山の高いさま、そばたつさま」であり、日本の「まま」と近い（この字は静岡県の小字にもある）。青森県の小字などに使われる漢字に「埞《どて》」があり、「土定」の合字か、淀川の「淀」を「奠」や「⿰氵奠」と表記した例が頼山陽の詩などにあるように、同一字音を通用する「音通」により、「埞」を「⿰土奠」に替えたものが、さらになじみのある構成要素をもつ「墫」へ変形したものかと思われる。「墫」は『日本姓氏大辞典』には「ハナワ、バン、ハン」という読みがある。柳田国男・倉田一郎『分類山村語彙』（一九四一）の項目「ママ」に挙げられた例は、ここの「墫」を指すのであろう。

「圸」（→197頁）のほかに、山形県には西置賜《にしおきたま》郡飯豊町《いいでまち》「兀ノ下《ママノシタ》」（金井弘夫『日本地名索引』）。他の資料では「ハゲノシタ」）がある。「兀」は、「高くそびえた石、山のはげたさま」の意で、小字でも多くは「まま」ではなく、「はげ（はけ）」と読む（→「岾」164頁）。あるいはこの地では、崖を意味する「はげ」から同義語、類義語の「まま」へ転用したものか。「がけ」という読み方でも用いられている。

福島県には、「まま」に「墱」を当てた、南会津郡南会津町川島字「中墱《なかまま》」があり、このほかに、「墱下《まました》」「高墱《たかまま》」（『角川日本地名大辞典 福島県』、「課税台帳の所在地索引簿」、一九九三年の役場回答）もある。この「墱」は「石段、水を分流するところ」という意味があり、偏を「山」にした「嶝」（→72頁）は「小さい坂（小地名に「こさか」と読むものがある）、さかみち、小穴」、「阝（こざとへん）」の「隥」は坂道のほか「ほとり」も表す。同県にある、南会津郡下郷町《しもごうまち》大松川《おおまつかわ》「二階岨《にかいまま》」（『角川日本地名大辞典 福島県』）。『現代日本地名よみかた大辞典』では、「二階岨甲《ニカイマコウ》」）の「岨」は、「いただきに土をかぶった石山、そばだつ、けわしい」という意味であり、地名に「そま」などの読みでも現れる。

「岨」は「阻」（はばむの意）に通じるところから、訓「はば」を崖の意に当てて、それが転じたものかと思われる。または、偏を「土」にした「坥」に通じるとすれば漢字で「つつみ」という意味であり、吉田茂樹『日本地名語源事典』などにある字形の似た「垣」だとすると「かき、かきね」の意である。兵庫県には「岨」を「ほき」（→「岀」184頁）と読む「岨下《ホキノシタ》」「岨ノ下モ《ホキノシモ》」があり（『兵庫県小字名集 Ⅲ西播磨編』）、やはり「岨」は「がけ」の意とみられる。

群馬県の「まま」地名には「隙」を当てる「隙倉《ま、くら》」（『角川日本地名大辞典 群馬県』）もある。「固定資産（土地・家屋）大字・字別見出表」では読みは「すきくら」（一九九三年の役場回答）である。明治初年の『上野国郡村誌』では、旁にある「小」を「少」とする「隙倉」で、読みは「ひまくら」とする。「隙」は、「あな、境を接する」の意で、この字の「名乗り訓」（漢字の名前に用いられる場面に特有の訓読み）には「ま」がある。

長野県には「上坿下《かみまました》」「中坿下《なかまました》」「下坿下《しもまました》」（『明治初期長野県町村絵地図大鑑』）〔一八七九年の資料による〕、『明治初期長野県町村字地名大鑑』）があった。この「坿」は中国では「つける、石英、いかだ」という意味である。

しかし、日本では、江戸初期の禅僧・鈴木正三《しょうさん》の語録『驢鞍橋《ろあんきょう》』（一六六〇、早稲田大学等蔵版本）には、「坿」に「ガケ」と傍訓があり、福島県の字《あざ》でも「坿」は「がけ」と読まれている。埼玉県の字《あざ》の「垳《がけ》」（↓33頁）と関連を思わせる用法であり、同じく「がけ」を意味する漢字「圻《キ》」に来源を有するものであろう↓「坿」31頁）。佐藤新『日本地名盡 所沢篇』1では、「地名解釈の為の新造字（語）」として、「【山+尽】まま。崖。岨。」として独自の用法で用いる。

「壗」は中国においても、遅れて上海方言の表記に見られる字体だが（John Macgowan『A Collection of Phrases in the Shanghai Dialect』1862．この「壗」の発音はhay, hehなど）、字音の有無以前に訓義も日本の「壗」とは別であり、字体の衝突である。ほかにも池田証壽《しょうじゅ》氏のＷＥＢサイト「国土行政区画総覧を唯一の典拠とする漢字をインターネットで検索する」に、韓国人の名の用例が挙げられているが、「輩行」（宗族《そうぞく》で世代ごとに名前に特定の字を用いること）による僻字《へきじ》（ピョクチャ、滅多に使われない字）を用いた命名にこうした造字が現れることがあることから、こちらも字体の衝突という可能性がある。

［笹原］

〈参考文献〉笹原宏之『国字の位相と展開』／田中ゆかり『日本のことばシリーズ14 神奈川県のことば』／木村博・神野善治『狩野川 その風土と文化』

瓦部
瓺
12画

艸部
𦼮
16画

みか（熟字訓）／＊チョウ／＊ズイ
瓺のみＪＩＳ第4水準

埼玉県に見られる地域文字。「瓺𦼮」と二文字合わせて「みか」と読む。

県北西部の児玉郡美里町にある「瓺𦼮神社」の名前に使われている。神社境内にある案内板によれば、神社の創立年代は不明であるが、『延喜式神名帳《えんぎしきじんみょうちょう》』にその名が見える古い社で、祭神を櫛御気野命《くしみけぬのみこと》と櫛瓺𦼮《くしみか》玉命《たまのみこと》の二神とする。

「瓺」は「みか」（かめ）を意味する漢字である。同案内板は「社名のみかとは酒を造るために用いた大きな甕（かめ）のこと」と述べる。瓺𦼮神社では現在は「瓺」を用いているが、過去にはその動用字である「𤮕」も用いられてきた。

県北部の熊谷市には、「三ケ尻《みかじり》」という地区があり、この地はかつて「瓺尻・甕尻・三箇尻」等とも書かれ

てきたという。『新編武蔵風土記稿』（雄山閣版第四期）では「三ヶ尻」（瓺尻）の地名の由来について「按に式内に那賀郡〓〓神社あり、今も其郡内広木村に社ありと云、もしそれ等の神領の地にてもありしにや、何れよの常ならぬ地名なれば、かくもおもはる」（現代語訳：按ずるに延喜式神名帳の式内社に那賀郡〓〓神社がある。今もその郡内の広木村に神社があるという。ひょっとしたらそれらの神領でもあったのだろうか。いずれにせよ通常ではない地名だから、このように思われる）と記し、瓺〓神社と関連させた説を紹介している。江戸後期には渡辺崋山《かざん》が同地を調査した記録『訪瓺録《ほうちょうろく》』が書かれたが、崋山と縁のある三ヶ尻の龍泉寺《りゅうせんじ》では「当の龍泉寺及び龍泉寺関係、引いては地元熊谷近在では、昔から「ホウヘイロク」と読んでおります」と住職（一九九七年当時）は言う（『渡辺崋山と〈訪瓺録〉三ヶ尻』）。文書の題名における「瓺」の読み方ではあるが、「ヘイ」という地域音が存在していることがうかがえる。

「〓」は構成が「草冠・麦・玉」からなる難しいものである。「瓺〓（神社）」の名が確認できる最古のものは九条家本《くじょうけ》『延喜式』であり、同書には「瓺〓」ではなく「〓〓《ミカノヰ》」という形で登場する。「〓」は「草木の花の垂れるさま」等の意味をもつ「〓」の俗字とされる。時代が少し下った明応七（一四九八）年「大般若経」巻第一一〇奥書には「武陽児玉郡塩谷郷阿那志県〓玉大明神」という名でも現れる（『新編埼玉県史 資料編9（中世5 金石文・奥書）』より。ただし〓の字形は不鮮明）。神社の参道沿いには宝暦八（一七五八）年建立の石碑があり、こちらには「正一位みかの神社」と刻まれ、「〓ノ字舊事紀延喜式神名帳ニ出尤日本記(ママ)ノ内ニ字書ニ不見字ヲ用ユルコト其ノ例間有之」とあり（現代語訳：「〓の字は旧事紀、延喜式神名帳に現れる。もっとも日本紀の内に字書に見られない字を用いるという例はままある」）「〓」字に関する説明がなされている。また江戸時代の国学者・奈佐勝皐《なさかつたか》も『山吹日記』（『群馬県史料集第六巻日記篇（Ⅱ）』）にて「〓《タマ》は千禄《ママ》字書に〓《タマ〔原文ママ〕》の俗字なるよしいへり。さるにこの〓の字いかによみたるにやあらん。此外ふるき物にまれ〳〵この字を用たれと、すへておほ〳〵しきは今の世にもてあつかふ字書にはその義を失ひしならむ」（現代語訳：〓は『干禄字書』に〓の俗字であると言っている。ではこの〓の字はいかに読むのであろうか。この外に古い物にごくまれにこの字を用いたが、すべてはっきりしないのは今の世に取り扱う字書にはその意味を失ったのだろう）とし、江戸時代には字義や音読みがわからないとする者も現われた。

これらのことから「莚」は「麸（麩）」から派生した異体字と考えられよう。

現在の瓺莚（神社）の表記は本項の通りである。しかし『延喜式』の写本、刊本によっても「莚」の字体は異なっており、その形の複雑さからか昔より色々な字体で記されてきた。近代以降においても、たとえば、明治期に作成された旧土地台帳や『武蔵国郡村誌』では「麸」を用いている（この字形は空海による字書『篆隷万象名義《てんれいばんしょうめいぎ》』〔八三〇以降成立〕にも掲げられている）。『神社名鑑』（一九六二）では「瓺麩《みか》」、『全国神社名鑑』（一九七七）では「𤭖莚《みか》」である。

現代の『角川日本地名大辞典』と『平凡社 日本歴史地名大系 埼玉県の地名』でさえも異なる表記を用いている。前者は「瓺麩」としており、「莚」では本来「麦」となるべき箇所が「麥」（「麦」の旧字体）となっている。後者は「𤭖麩」と、「瓺」を動用字「𤭖」で表し、「莚」は草冠の下に「夫」がくるという独特な字体を採用している。日本の著名な二大地名辞典の表記は、身近ではない文字や複雑な文字は形が変容するということを強く意識させるものである。

〔釼持〕

〈参考文献〉熊谷市立図書館『熊谷の地名と旧跡　市内の文化財をめぐる9』／釼持一幸「「瓺莚」神社、字体の揺れとその原型」『月刊　地図中心』／美里町史編纂委員会編『美里町史　通史編』／神道大系編纂会編『神道大系 古典編十一 延喜式（上）』／式内社研究会編纂『式内社調査報告　第十一巻　東海道　六』

鳥部

鵢

18画

みさ　＊シン

JIS第4水準

岩手県に見られる地域文字。

遠野市に綾織町《あやおりちょう》「鵢崎《みささき》」がある。小学校名となり、「鵢崎小学校」もあった（一八七六～一八八七年）。

地名の由来は、この地にある石上山《いしかみやま》の山の形が「箕《み》」（穀物の選別や運搬などに使用される農具）に似ていたことから、山麓のこの地を「箕崎《みささき》」と称したのが転じて「鵢崎」となったと伝えられている（『上閉伊《かみへい》郡綾織村郷土誌』一九三二、『角川日本地名大辞典 岩手県』)。「鵢崎」は江戸中期の盛岡藩の地誌『(御)邦内郷村志《ほうないごうそんし》』にも見える。江戸後期の『天保郷帳』(国立公文書館〔旧内閣文庫を含む〕蔵)に「閉伊郡　鵢崎村」とある。

この「みさ」は、タカ目ミサゴの大型の鳥の「ミサゴ」のことで、漢字は主に「鶚」「雎鳩」を当ててきた。「鵢」は音読みがシン、『大漢和辞典』(大修館書店)では、中国・明代の『海篇』の名を挙げて典拠とし、鳥の名とするが未詳。熟語にこの陸中国《りくちゅうのくに》(現在の岩手県ほぼ全域と秋田県の一部)の地名「鵢崎《ミサザキ》」を載せる。平安期の『色葉字類抄《いろはじるいしょう》』などの古辞書からこの字を「みさご」とすることが見られる。

鹿児島県には、「鵢」を「びしゃご」と読む「鵢岳《びしゃごだけ》」がある(フロッピー版『二十万分一地勢図基準 自然地名集』一九九三)。明治二二(一八八九)年に刊行された「二十万分一図」では「ビシヤゴ岳」だった(「鹿児島」『幕末・明治日本国勢地図初版輯製 二十万分一図集成』)。

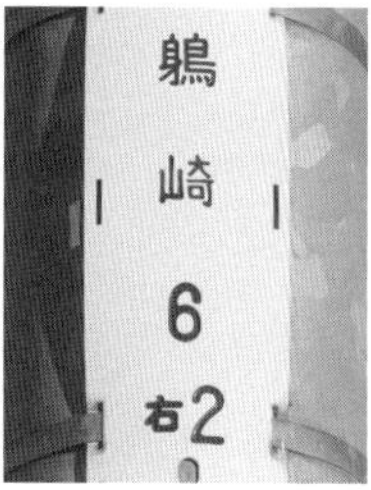

「みさご」と読む地名の漢字は、各地でさまざまに字体が変化している。「鵢」と字体の似た「鵈」は、国字としては『日本霊異記』など古くからあり、古辞書には「トビ」などとする字体の衝突の用例が重ねてある。高知県の大月町柏島に「鵈」を用いた小字《こあざ》「鵈谷」があるとする資料があり、登記・供託オンライン申請システムでも同じであるが、当地の役場税務課では「ミサゴ谷」(みさごだに)と片仮名で登録されている(二〇〇六年六月照会)。

「鵈」はＪＩＳ漢字制定(一九七八年)の際に参照された行政管理庁(現・総務省)の『対応分析結果』(一九七四)によると、国土地理協会の一九七二年版『国土行政区画総覧』に一回だけ出現するとされ、加除式のこの資料をさかのぼって調べると、一九七四年一月に除去された頁に「福島県相馬市石上字鵈沢《みさござわ》」と出ていた。それによりＪＩＳ第2水準に採用された。従来知られていなかったが、このように地名からＪＩＳ漢字表に入った字であった。後に同資料の一九八九年一二月に除去された頁で訂正され、「鵈沢」から他の資料と同様の舟偏の漢字「鵃」を用いた「鵃沢」と変わっており、「鵈」は誤記であった可能性がある。現地の役所の「地区名一覧表」や担当課でも、今までに「鵃沢」しかなく、「鵃」の字体が正しいという(一九九七年照会)。「みさご沢」のほか、地元では「鶚沢」

も見られる。「鵃」は、音読みが「チョウ」で、「鵃鵞《チョウガ》」は伝説上の鳥である。なお、この「鵃」はトウ（トキの意）として秋田県の小地名に見られる。

中国では、鳥のミサゴには、漢字「鴡《ショ》」（この「鳥」は「隹（ふるとり）」にも作る）を当てた（『詩経』、『説文解字』）。しかし日本では、江戸後期の国学者・菅江《すがえ》真澄《ますみ》の地誌『雪の出羽路　平鹿《ひらか》郡　一二』（『菅江真澄全集』六）に、「鴡」に「鳩」を加え「みさご」と読ませる「鴡鳩《ミサゴ》ノ清水」がある。この「鴡」の形態は安定しなかったようで、また左側にある「且」による音読みの理解が広まらず、字体が鳥のイメージに合っていなかったためか、中世以降の文献や各地の地名で左側の要素（偏）が「且」から「身」「耳」「目」「舟」など字体に類似性をもつ、「鵢」「⿰耳鳥」「⿰目鳥」「鵃」などに変わっていった（高橋忠彦・高橋久子・古辞書研究会『意味分類体辞書の総合的研究』など）。さらに岩手県の「二万五千分一地形図」に見える「鵃島〈みさごじま〉」の「鵃」（偏が「舟月（ふなづき）」であるならば音はカン、「鳥の名」の意）など、種々の字体の変動が見られる。またその語形も「びしゃご」などの訛語が派生した。

このように、「鳥」の部首の字では、左側の要素に会意化を伴うなどして字体変化がよく起こった。飛鳥時代からある国字「鵤（いかる・いかるが）」も元は舟偏などの漢字が想定される。

なお、鳥名「トキ（ツキ、タウ、トウ、トキトウ）」も、奈良時代の木簡など歴代各地の文献で字体を「鴾」「鴇」「鵇」などと変えながら書かれ、地名や姓に定着したものもあり、各地の地名にその名を残す。野生のトキは一時期、絶滅に向かったが、日中両国の取り組みにより、トキの野生復帰は着実に進んでいる。

そのほか、「鷹」は「广・⿸广力」（東京都三鷹市など）、「⿸广卜」（山形県白鷹町）などの略字を生んだほか、バランスを取った動用字が変形して異体字「軅」（読みは「たか」）となって地元の資料に載り、ついにＪＩＳ第2水準に入ったというケースもある（「軅」と似た国字「軈《やがて》」の異体字としての古い用例はない）。

〈参考文献〉笹原宏之『方言漢字』

［笹原］

魚部

鮴

17画

めばる
ＪＩＳ第2水準

広島県などに見られる地域文字（地域訓・地域用法）。

瀬戸内海に浮かぶ大崎上島《かみじま》に「鮴崎《めばるざき》」（豊田郡大崎上島町《かみじまちょう》東野）があり、同町に「鮴崎港」がある。バス停に「鮴崎口《くち》」もある。

岩礁域に広く生息する海水魚の「メバル」は、春が旬の魚で、瀬戸内海の名物である。漢字では「目張・眼張」と書くことが多いが、この地では、「鮴」を当てた。「鮴崎」の地名の由来も「江戸期に鮴がよく釣れたことからこの名がつけられた」という（『角川日本地名大辞典 広島県』）。この字源にはメバル漁師を休ませる宿が建ち並んだことからという話もある。「船に停泊してもらいたいという願いからこの字になった」ともいう（菅原義三編『国字の字典』）。江戸後期の安芸国《あきのくに》広島藩の地誌『芸藩通志《げいはんつうし》』（一八二五）に、湊《みなと》として「鮴崎《めばるざき》」が書き上げられている（『平凡社 日本歴史

地名大系 広島県の地名』）。

「鮴」はＪＩＳ漢字制定（一九七八年）の際に参照された行政管理庁（現・総務省）の『対応分析結果』（一九七四）によると、国土地理協会の一九七二年版『国土行政区画総覧』に二回出現したために、ＪＩＳ第２水準に採用されたものである（メバル「その他の国字」）。加除式のこの資料をさかのぼって調べると、一九七四年五月に除去された頁に「広島県豊田郡東野町通称鮴崎《めばるざき》」とあり、その出現が確かめられた。のちに郵便局名としても登場しており、これで合計二回とカウントされたのかもしれない。

愛媛県今治市伯方町木浦《はかたちょうきのうら》にも、字「鮴《めばる》」がある（『角川日本地名大辞典 愛媛県』）。

なお、日本海側の地名に見られる、「鮴」を淡水魚の「ゴリ」（→「鮴」58頁）に当てる例は字体が衝突する。この「鮴《ごり》」は、現在広く辞典に収められており、戦国期の易林本《えきりんぼん》『節用集』（一五九七）など古辞書にも「ゴリ」として掲載されてきており、「メバル」とは別系統の国字である。江戸時代には、「鮴」は地域によって、「ゴリ」としても「メバル」としてもすでに用いられていたわけである。

江戸中・後期の田宮仲宣《たみやちゅうせん》（橘庵）編『偶奇仮名引節《ぐうきかなびき》

用集』（一八〇四）は「鯄」を「鯄《めばる》　キウ」、「鯄《ごり》　キウ」と両方の訓で載せている（字音の「キウ」は旁《つくり》「休」から類推したもので、この辞書は体系的にこの類推音を国字に付加している）。

山田忠雄『近代国語辞書の歩み』下（一九八一）は、明治期の鈴木重光編『作文必携二訓字類』（一八七七）から「鯄《メバル》」を、同時期の木村登代吉編『啓蒙字類』（一八八七）から「鯄」（読みはゴイ）を取り出して紹介している。『作文必携二訓字類』、『啓蒙字類』に確かにそのように示されている。

「鯄《めばる》」姓もあるともいう。

ある字がひとたびＪＩＳ漢字表に入れば、その用法を規定するわけではないので、「メバル」として使っても、「ゴリ」として使っても、さらに別の読み方で使っても、何も問題はない。

［笹原］

〈参考文献〉笹原宏之『謎の漢字』、『方言漢字』

や・ら・わ行

艸部

萢

11画

やち　やつ　ホウ
JIS第2水準

青森県に見られる地域文字。

同県西部の津軽地方には「萢」を用いた地名が散見される。五所川原《ごしょがわら》市「姥萢《うばやち》」があり、バス停「姥萢南口」もある。青森市「後萢《うしろやち》」、つがる市「富萢町《とみやちちょう》」、弘前《ひろさき》市「萢中《やちなか》」、西津軽郡鰺ケ沢町《あじがさわまち》「芦萢町《あしやちまち》」、北津軽郡鶴田町「横萢《よこやち》」、同郡板柳町《いたやなぎまち》「舘野越《たてのこし》」「下萢《しもやつ》」があり、弘前市を流れる「前萢《まえやち》川」などもある。地名のほか、遺跡名や堰の名にも用いられ、「後萢《うしろやち》遺跡」（青森市）、「五月女萢《そとめやち》遺跡」（五所川原市）、「釜萢《かまやち》堰」（弘前市）などがある。他にも小字《こあざ》、通称地名が各地に見られる。

「や」「やち」「やつ」「やと」は東日本で谷地（湿地帯）を意味する。「萢」はこれと同源とみられ、低湿地を表す（沼または泥を意味するアイヌ語「ヤチ」はこの和語からの借用とされる）。

柳田国男『地名の研究』（一九三六）は「萢」を「新字」とする。「萢」は草と水ないし泡を表し、「草」の下に「泡」が見えるような湿地帯を表す会意文字と考えられている。「范《ハン》」（「鋳る」の意、姓）と誤植されることが多いが、これや「苹《ヘイ》」（うきくさの意）あたりが土台となって発想された可能性がある。草冠の下にある「泡」の「己」は「巳」になるなど揺れがあった（「己」の字体は汎用電子情報交換環境整備プログラムの開始［二〇〇二年］前に総務省に提供してもらった「自治体地名外字」という資料や「登記外字」にも出る）。ＪＩＳ漢字では「巳」の部分は「対応分析結果」に従って当初から「己」に作る。「[illegible]」「[illegible]」に作るものもある。

室町時代から「萢」が津軽地方で使われていたことが伝えられる。『津軽一統志』（一七三一）付巻所載の、「浪岡御所」と称された浪岡北畠氏《なみおかきたばたけ》による天文一五（一五四六）年成立の「津軽《つがる》（郡）中《ちゅう》名字《なあざ》」（『新編弘前市史資料篇1古

代・中世編』）に鼻和郡《はなわ》「名久井萢《ナクイヤチ》」という地名がある。そこには、「奥法郡《おきのり》」の「埜萢」（「萢」に作る写本、「ヤハセ」と傍訓を付す写本もある）という地名も収められており、「萢」との関連が想起される。

江戸後期に東北を旅した国学者の菅江真澄《すがえますみ》は、一連の紀行文で「萢」を用いている。『外浜奇勝《そとはまきしょう》』一や『雪のもろ滝』（『菅江真澄全集』三、『菅江真澄遊覧記』（三）東洋文庫）の寛政八（一七九六）年六月二九日、一〇月二七日などに「富萢邑《ヤチ》」や「蘆萢《アシヤチ》といふ村」（「土嵢《つちくら》といふ長坂」を下ると見えるとある）などと「萢」を地名に用い、後者について注を設け、「野地《ヤチ》といひ谷《ヤツ》といふ、みなおなじ。しかはあれど萢《ヤチ》てふ文字をつくりかよはせるは、此あたりのみに聞えたり」と指摘する（『外浜奇勝』三では「あしやち」とある）。このほか、『津軽の奥』の寛政七（一七九五）年一〇月一五日では「萢役てふ村」と書く。ここは、「八役」と書き、「はちやく」ともいい（『新撰陸奥国誌』一八七六）、地名の由来は、谷地（萢《やち》）に拓かれた田によるとも、江戸期に藩の開拓役が八人いたことによるともいう（東津軽郡の『荒川村誌』、『角川日本地名大辞典 青森県』）。寛政八年の『すみかのやま』（『菅江真澄全集』三）では「後萢邑《ウシロヤチ》」に注を付け、「萢をヤチとぞよめる、秋田路にて森をガツギとよみ嫐をナギとよめり、（中略）ヤチの辞、もと鎌倉詞に谷をヤチといふ、陸奥出羽人、山沢湿地を谷地《ヤチ》といへり」とある（↓「嫐」144頁）。

一方で、文化一一（一八一四）年の『雪の出羽路 雄勝郡二』（『菅江真澄全集』五）では「森《がつき》」について、「此出羽の通用字といふ、仙台の閖上《ゆりあげ》、津軽の萢《やち》のたぐひ也。」（↓「閖」227頁）とあり、『雪の出羽路 雄勝郡三』には、「沢は鎌倉の谷《やつ》のたぐひにて出羽に谷地と書き、陸奥に濐《やち》てふ四合字《よせじ》あり」とする。寛政元（一七八九）年の随筆集『かたゐぶくろ』（同一〇）にも「津軽に濐といふ文字あり。やちとよむ。谷地は、すたれたる処にて、水石まじりたる土に草生ひたるとなれば、かゝる文字製出たり。南部田山暦のたぐひにやあらん」とある。「萢」を「濐」などとするのは、記憶が変わっていたのか写本の写し間違い。また、姓にあるという「蕐」（後述）と関連するかと思われる。

江戸中期の漢学者・博学者である太田全斎が記した辞書『俚言集覧《りげんしゅうらん》』（一七九七年以降に成立）にも「やち 津軽にて草ありて水ある処をヤチといふ萢字を訓り草包水の会意なりといへり釜萢といふ所あり苗字にもありと云」（稿本［クレス出版］、版本。「谷《やつ》」は別項目）とある。

江戸後期の儒学者・松崎慊堂《こうどう》は肥後国《ひごのくに》（現・熊本県）で生まれ、江戸で学問を学んだのちに遠江《とおとうみ》（現・静岡県）掛川藩の儒官となった。その日記『慊堂日暦』（「東洋文庫」）の文政九（一八二六）年正月に「〇ヤチ萢水、包水なり。田野の中、草下に水あるなり。津軽及び佐倉にこれあり。」と記し、この字に関心を示しており、さらに文政一一年正月二三日には、「臥床すること終日。寒きこと甚だし。　〇萢。椏斎云、津軽ノ字、ヤチト読む。佐倉ニヤチト云ウ字ナシ。越後ニモヤチト云ウ字ナシ。佐倉ニテハ谷地（野地）ト書ク。遠州ニヤチアリ、何トカクヤ。此ノヤチ、…」と踏み込んだ言及をする。当時の江戸などの遠隔地における方言漢字への関心の程度とそれに対する認識の状況がうかがえる。

『増補大日本地名辞書』巻七では「萢中《ヤチナカ》」は「「新撰国誌」云、津軽にて萢字をヤチと訓ず、他邦にて谷地といふに同じ、沼沢叢莽の地をいふ、萢字出所詳ならず、邦人の説に「萢訓ヤチ、以六書例之、従草水包、含水之地」云々」（萢の訓読みはヤチ、六書で引き比べていうと艸・水・包に従っていて、水を含む地のこと）と載る。同辞書の巻八では「萢」は「松前藩の往時より、久しく習ふ所あり、又一方の俗字なり、」とあり、「萢沼」の二字に「ヤチ」と傍訓を振る。

青森県内では、津軽藩域（現・県西部）で地名の「やち」には「萢」のほか「谷地」も見られ、南部藩域（現・県東部）でほぼ「谷地」のみとなる（鏡味明克「地名と漢字」『漢字講座』3に分布地図がある）。

ＪＩＳ漢字制定（一九七八年）の際に参照された行政管理庁（現・総務省）の『対応分析結果』（一九七四）によると、「萢」は下部を「泡」に作るいわゆる拡張新字体で、国土地理協会の一九七二年版『国土行政区画総覧』に七回出現していたためにＪＩＳ第２水準に採用されたものである。加除式のこの資料をさかのぼって調べると、一九七三年八月に除去された頁に「青森県青森市後萢《うしろやち》」、「青森県弘前市萢中《やじなか》」、「青森県五所川原市姥萢《うばやち》」、「青森県五所川原市一野坪通称前萢《まや》」、「青森県西津軽郡鰺ケ沢町芦萢町《あしやちまち》」などがあり、その出現が確かめられた。「芦萢」は郵便局名・中学校名・小学校名でもある。一九八八年二月に除去された頁には「萢子《やっこ》」とあり、「やち」から「やつ」という「萢」の読みの変化が見られる。

このように、『国土行政区画総覧』では、すべて「泡」を旧字体とする「萢」に作っているが、ＪＩＳ漢字制定以来、ＪＩＳ規格票ではつねに拡張新字体

（萢）となっていた。これは『対応分析結果』までの転記作業において拡張新字体に変わったものである。『対応分析結果』は孔版（ガリ版刷り）であるためか、原本の字形を拡張新字体や筆写字形に直したものがあり、これもその一つであろう（なお、「垉」「峅」〔↓224頁〕などの旁《つくり》は旧字体、いわゆる康熙《こうき》字典体に直されて「JIS漢字」に入った）。辞典類やメーカー実装字形などには「包」の部分をいわゆる康熙字典体に作るものが少なくなく、運用上は包摂が必要とされた。

姓では「釜萢」で「かまやち」「かまやつ」などの読みで使用される。音楽家の「釜萢弘」はジャズシンガーのティーブ・釜萢《かまやつ》の子で、「かまやつひろし」と仮名に開いて芸名とした（その長男も音楽家の「TAROかまやつ」）。この姓に見られる「ち」「つ」は東北方言のいわゆるズーズー弁では発音の区別が明瞭でないことがあるため、表記に揺れが生じたものである。北津軽郡の「釜萢氏由緒書」（『鶴田町誌』）によれば、江戸初期に三代安倍兵部が釜萢堰《かまやち》（現在、沖の北で瀬良沢堰から分水）を通して新田開発し、その子釜萢景高が寛永一七（一六四〇）年に当地と梅田村（現・五所川原市）で開発、高一〇〇石を下されたという（『平凡社 日本歴史地名大系 青森県の地名』）。下川原（現・弘前市）の高谷家に伝えられた染付（陶磁器）には、天保九（一八三八）年の釜萢《かまやち》源左衛門《げんざえもん》の書銘が認められる（『新編弘前市史 通史編三（近世二）』）。

このほか、「萢《やち》」「萢中《やちなか》」姓などもある。「萢中」姓は江戸時代から弘前にあった。「蒕《やち》」という字体も姓にあるという（丹羽基二『続難読姓氏・地名大事典』）。

普通名詞の表記にも「萢」「萢地」と用いられる。津軽の農民である中村喜時は、農書『耕作噺』（一七七六年成立。『日本農書全集』一）で過湿のぬかる田に入って作業をするときに履く下駄に「萢平駄《やちひらだ》」と用い、津軽藩江戸定府の侍である比良野貞彦は『奥民図彙《おうみんずい》』上・下（同・青森県立図書館郷土双書、内閣文庫蔵写本）で「萢《ヤチ》地」「萢《ヤチ》沼」を用いた。津軽藩、津軽平野での使用がほとんどであるが（『日本山林史』、『青森県史』二など）、幕末の探検家・松浦武四郎（伊勢出身）は、『東蝦夷《ひがしえぞ》日誌』一編（版本、一八六五）で踏査した北海道の地について「萢地」と用いている。

また、福島県の東部には、双葉郡大熊町大字熊の小字に「武道萢《ぶどうほう》」（『角川日本地名大辞典 福島県』）が見られる。「ぶどうほ」と読むWEBサイトもある（笹原二〇〇七）。大熊町文化センターへの照会と回答（一九九三年）によると、「読み方は、ブドウヤチで現地ではブドウサワとも呼ばれている」、「意味は、谷地（湿地）か」という（聞き手・酒井利家氏）。なお大熊町は古くは常陸国《ひたちのくに》（現・茨城県のほぼ全域）や陸奥国《むつのくに》（現・福島、宮城、岩手、青森の各県と秋田県の一部）などに属した（当地は平成二三［二〇一一］年に東京電力福島第一原子力発電所の事故の被災地となった）。この地の「萢」は、東北と関東の境目の地にあって津軽での用字を知った者が当てたもので、青森から離れた地で小字の資料を作成した者が既知字でなかったために類推して我流に読むこと（いわゆる「百姓読み」）をしたものと思われる。

中国に「野萢」という果物があるが、日本の「萢」とは字体が衝突したものである。

なお、「谷」を「や」と読ませた方言訓とみられるものに、早く天平勝宝四（七五二）年に下野国《しもつけのくに》（現・栃木県）の「塩谷《しおや》」が「造寺所公文」にある（工藤力男『和名類聚抄地名新考——畿内・濃飛』）。東日本では「や」系の訓であるが、西日本では古来「たに」系がベースとなっており、その象徴的なケースとしては鈴鹿山脈を源流とする北谷川《きたやがわ》と南谷川《みなみたにがわ》が、滋賀県多賀町《たがちょう》（↓「安」2頁）の川相《かわない》で合流し、犬上川《いぬかみがわ》となるものが挙げられる。

【笹原】

〈参考文献〉大嶋孜『「津軽方言考」考』／小二田章ほか編『書物のなかの近世国家』／鏡味明克「地名と環境」『講座日本の民俗学』／農林省山林局『徳川時代に於ける林野制度の大要』／山口弥一郎『開拓と地名——地名と家名の基礎的研究』／森岡浩 WEB「方言漢字の名字「釜萢」」『森岡浩の人名・地名 おもしろ雑学』

車部　輌　10画

やま

岐阜県などに見られる地域文字。

日本各地で行われる祭りには、御輿《みこし》の他に「だし」（漢字は「山車」など）、「だんじり」（「楽車」「車楽」「檀尻」など）、「やたい」（屋台）、「くるま」（車）、「やま」などと呼ばれる装飾を施した車がある。「やま」は「山」と書くことが多いが、西美濃《にしみの》地方（岐阜県西部）の祭りや、さらに中濃（同県中南部）の岐阜市、関市、美濃最東端の中津川市加子母《かしも》、隣県の愛知県名古屋市の一部などでの祭りでは、「輌」が用いられてきた。富山県南砺《なんと》市福野《ふくの》の福野夜高祭《よたかまつり》でも「曳輌巡幸」

がある。

岐阜県の養老郡養老町室原《むろはら》の室原祭りでは「曳軕《ひきやま》」、同町高田の高田まつりでは「猩々軕《しょうじょうやま》」「神楽獅子軕《かぐらじしやま》」が曳《ひ》かれる。不破《ふわ》郡垂井町《たるいちょう》の「垂井曳軕まつり」に「曳軕《ひきやま》」があり、揖斐《いび》郡揖斐川町《いびがわちょう》の揖斐祭りでは「高《たか》砂軕《さごやま》」「住吉軕《すみよしやま》」「鳳凰軕《ほうおうやま》」「龍宮軕《りゅうぐうやま》」「市軕《いちやま》」の五基がある。大垣市の大垣まつりには、「神楽軕《かぐらやま》」「大黒軕《だいこくやま》」「恵比須軕《えびすやま》」「玉の井軕《やま》」「松竹軕《しょうちくやま》」「相生軕《あいおいやま》」「布袋軕《ほていやま》」「菅原軕《すがわらやま》」「鯰軕《なまずやま》」「榊軕《さかきやま》」「浦嶋軕《うらしまやま》」「愛宕軕《あたごやま》」「猩々軕《しょうじょうやま》」という、それぞれ特徴のある十三両の軕がある。このほか、同市の綾野祭りには、「神楽軕《かぐらやま》」「獅子軕《ししやま》」「小獅子軕《こじしやま》」「猩々軕《しょうじょうやま》」「鯰軕《なまずやま》」の五基があり、久瀬川祭りでは、「愛宕軕《あたごやま》」が曳かれる。県南西部の瑞穂《みずほ》市の美江寺《みえじ》観世音のお蚕《かいこ》祭では「軕」のほか「山車」も用いられている。

『大垣市史』（一九三〇）など地元各地の町史などにもこの字を用いた記述が見られ、養老郡の高田まつりでは、江戸後期の弘化三（一八四六）年に西町軕組の文書にすでに「軕」という字で記されており、そのころから、大垣などで多数の古文書に使用されている。岐阜町では江戸時代に「山」、明治時代に「⿱車山」「⿰山車」（音はシャ、「山名」の意の漢字と字体が衝突）とも書かれた。

「山」だけの表記のほうが古くからあることが知られており、「軕」はそれに車であることを明示するために車偏を付加した形声に会意を兼ねさせた造字である。WEB上では分字にして「車山」で代用することもある。

毎年五月に行われる大垣まつりの軕行事は、平成二七（二〇一五）年に国重要無形民俗文化財に指定され、翌年にユネスコ無形文化遺産に登録された。「祭礼軕」は昭和五一（一九七六）年に県指定重要文化財などともなっている。

「軕」は毎年、主な祭りのある五月を中心に用いられるため、新聞社でも外字として保持している場合がある。大垣市出身者が、当地では「常用漢字」といえると述べるほど、「軕」は街なかで普通に見られる字である。「軕」を「じく」と読んで大垣の地元の人に笑われたという話もある。

愛知県犬山市では「⿱車山」または二字で「車山」と書く「やま」（「車山蔵《やまぐら》」）がある。西濃から広まったようだが、遠く離れた山口県の地でも、江戸中期の享保四（一七一九）年の奥書をもつ『山口祇園会《ぎおんえ》一巻』という古文書に「軕」が現れているが、関連は不明である（藤田二〇〇七）。

中国では「軕」は中華民国期の時代（一九一二〜一九四九）に山東省で、「駕籠《かご》」の一種を表す形声文字の「土字」（その地独自の字）として「軕子」（音は「苫《セン》」と同じ。『牟平《むへい》県志』ほか）と使われていた。日本の「軕」とは文献上の継承関係や用法上の関連性は認められず、字体の衝突用例に過ぎない。

〔笹原〕

〈参考文献〉笹原宏之『日本の漢字』／菅井保宏 WEB「岐阜県垂井町〜「車山」が1文字に　中編」『朝日新聞デジタル ことばマガジン』／WEB「ことば談話室」『朝日新聞デジタルことばマガジン』／大垣市教育委員会『大垣祭総合調査報告書』

山部

岾

8画

やま　チョウ

JIS第2水準

京都府の地名にあるとされた地域文字。

かつて京都市左京区浄土寺《じょうどじ》に「広岾町《ひろやまちょう》」があったとされる。現在では「広帖町《こうちょうちょう》」に改められている。

「岾」はJIS漢字制定（一九七八年）の際に参照された行政管理庁（現・総務省）の『対応分析結果』（一九七四）によると、国土地理協会の一九七二年版『国土行政区画総覧』に一回だけ出現していたものである。加除式のこの資料をさかのぼって調べると、一九七六年一〇月に除去された頁に「京都府京都市左京区浄土寺広岾町《ひろやまちょう》」とあり、その出現が確かめられた。その後、「広岾」の傍訓が一九九五年九月の『国土行政区画総覧』では「広岾《こうちょう》」と改められ、「岾」が「帖」となった「広帖」が一旦書き込みされてから、消去されているなど、意図的・無意図的な既知字化と音読み化が行われた。『国土行政区画総覧』初号（一九五一年）では「広岾《ひろやま》」、「全国町・字ファイル」一九九五年八月号では「広帖《こうちょう》」となっている。

明治時代の字限図には「広コ」とあり、明治前期に完成した『愛宕《おたぎ》郡村誌』原本（京都府立京都学・歴彩館所蔵。『皇国地誌』のための稿本）では「広岾《ヒレコ》」とあり、愛宕郡役所による写本や明治期の政治家・高橋正意《せいい》による写本でも同様に「広岾」である（鈎持一幸氏教示。以下同氏の教示は※印で示す）。京都市役所の地籍図の字名では「広拈」とあるが、同図で直前の「第拾三番字」という字番号の「拾」の字からの字体同化と思われる（「拈」の左に「岵」とある）（※）。旁が「古」である「広岵」、大正期の『京都市及接続町村地籍図』（一九一二）という土地宝典（地番図の民間版の古いもの）では旁が「右」となった「広岵」であった（※）。明治二二（一八八九）年ごろから昭和三〇（一九五五）年代ごろまで利用された「旧土地台帳」では「広岵」（旁は「右」に近い）であり、大正三（一九一四）年の「閉鎖登記簿」では、「岵カ」を抹消して「岾（「ト」の「｜」は「ノ」）」、大正七（一九一八）年の「京都市告示」（第三〇六号）では「広岾」である（※）。昭和初期の『最近検定市町村名鑑』の昭和七（一九三二）年度版では「帖」を当てた「広帖」が印刷されている。

　昭和二四（一九四九）年には「京都市区の所管区域条例」が制定され、浄土寺字「広岾」と定められたが、昭和三九（一九六四）年に行われた条例の一部改正において、浄土寺「広帖町」となった（※）。戦後の当用漢字が用いられた時代（一九四六〜一九八一）には、京都市の人口統計上の地名表記において「広岾」「広帖」から「広帳」にまで変化した（※）。なお、「岾」を会意文字とする漢和辞書があるが、俗解であろう。

「広岾《ひろちょう》」と読む資料も現れた。

　『角川日本地名大辞典 京都府』も、「岾」を用いた「浄土寺広岾町《こうちょうちょう》」である。芝野耕司氏が現地の役所に照会したところ、明治期に当地が滋賀県から編入されたときの資料によると、「岾」であると説明されたという（ただし滋賀県だった時期は確認できない）。このように「岾」の字体と読みなどに混乱が生じている。

　「広岾町」は京都の大文字山《だいもんじやま》の麓にあるが、この地名にある「町」は人の住むマチを意味するものではなく、住民のいない私有林であり、地名の表示もないという（安岡孝一氏・素子氏ほかの実地調査による）。

　「岾」を「やま」と読むのは旧浄土寺村内にあった近隣の小地名である「大山」などからの類推かと思われる。「岾」を「はけ、はげ、はぎ」と読む地名が埼玉県や千葉県などに見られる（→「岾《はけ》」164頁）。

　「やま」と入力すると多く「岾」が変換候補として出る上に、「山」に「占」が加わっている字体の神秘性からか、WEB上でペンネームやハンドルネームなどでの使用が増加している。漆原《うるしばら》侑来《ゆら》のマンガ『桃源暗鬼』（二〇二〇年〜）に登場するキャラクターに「手術岾《きりやま》ロクロ」がいる。ＪＩＳ第２水準への採用と変換ソフトの効果といえよう。

［笹原］

肉部

膤

15画

ゆき
JIS第2水準

熊本県に見られる地域文字。

水俣市に戦前から存在していた小地名に「膤割《ゆきわり》」がある。

JIS漢字制定（一九七八年）の際に参照された行政管理庁（現・総務省）の『対応分析結果』（一九七四）によると、「膤」は国土地理協会の一九七二年版『国土行政区画総覧』に一回だけ出現していた。加除式のこの資料をさかのぼって調べると、一九九三年四月に除去された頁に「熊本県水俣市栄町・野口町（旧大字・町名浜・大黒町）旧字名　膤割」とあり、旧地名としてだが載っていたために、「膤」はJIS第2水準に採用されたものである。

水俣市役所によると、昭和一九（一九四四）年の登記簿謄本などに見られ、読みは「ゆきわり」である。昭和四〇（一九六五）年七月二三日「自治省告示」の「官報」号外・第八八号に「膤割」が見られた。また、「自治省告示」第百二号に、住居表示に関する法律（昭和三十七年法律第百十九号）に基づき、次のとおり住居表示が実施されたとして、「昭和四十年七月二十三日　熊本県水俣市　実施期日 昭和四十年四月一日　膤割」とあった。現在、当地は小学校や工場の一角となっている。

この地名は、植物名からできたものとも、偏は「肉月（にくづき）」ではなく「月」であるとも考えられるが（『大漢和辞典』補巻も「月」部に入れる）、この用例からは、部首が「肉月」か月偏かの判断は不可能である。

「膤」は『大漢和辞典』（大修館書店）などそれまでの漢和辞典のたぐいになかったために、JIS漢字に対応した漢和辞典やワープロ用の辞典などでは、字面からの意味の推測すなわち中国語で言う「望文生義《ぼうぶんせいぎ》」の類で、国字の「鱈」の異体字で「セツ」、「たら」と読むとして「鱈」と同定されたり、「つきゆき」と読む、あるいは未詳などとされてきた。

「⿰氵雪」「糯」「⿰米雪」「轌」（→103頁）の例から考えると、「膤」は「臑《すね》」という漢字の旁《つくり》の「需」が「雪」という熟知度の高い漢字による類推や混淆によって変化した字体であり、本来そこは「臑割《すねわり》」という地名であったとも推測される。実際にその読みを与える資料も見受けられ、それがなじみ深い旁に置き換えられて「膤割」となり、さらに旁から「ゆき」という読みが生じたという変遷が考えられる。

方言としては「ゆきわり（雪割）」は大分県に存在し、植物の「ふきのとう」、「ゆきわりそう」を指す。

ＷＥＢ上では、雪月花を用いた字面が好まれるのか、「膤」は、バーチャルシンガーのＩＡ（イア）が歌唱する卑屈Ｐの楽曲「膤割新月抄」（二〇一二年リリース）に見るような新たな用例が生み出されており、地域性を超えた広がりが生じる可能性を秘めている。

［笹原］

〈参考文献〉笹原宏之『国字の位相と展開』

樰　ゆき➡たら　118頁

褜　ゆな➡えな　22頁

山部

峅

8画

ゆり

ＪＩＳ第２水準

京都府に見られる地域文字。

「ゆり」は丹波（京都府中部と北部、兵庫県北東部にまたがる地域）、丹後（京都府最北部）の山地における小平坦地を指す方言である。この「ゆり」を表す「峅」は山中の平地という地形が伝わりやすい会意文字である。

江戸後期の『丹波通辞』（『日本古典全集』一九三二）には、「ゆり」を「山の峡道《そはみち》」の意とする。

松永美吉『民俗地名語彙事典』によると、「ゆり」は、兵庫県などでは多く「峅」や「嶝」（→72頁）の字を当てているという。このほか「ゆり」には「泙」「汰」「崩」などの字を当てているが、崩れた山の土を水流が淘汰《とうた》して平らにしたわずかな平地と思われるともいう。これらは、主に丹波高原（丹波山地）における地形語、方言の「ゆり」に当てるための造字や転用である。

京都市に右京区京北熊田町「峅ケ鼻《ゆりがはな》」がある。綾部市には、安国寺町《あんこくじちょう》「峅《ゆり》」、位田町《いでんちょう》「峅《ゆり》」、上杉町「峅ケ前《ゆりがまえ》」、小貝町《おがいちょう》「峅《ゆり》」「峅上通《ゆりうえどおり》」「峅山《ゆりやま》」、鍛治屋町《かじやちょう》「峅ケ丘《ゆりがおか》」「峅ノ上《ゆりがうえ》」、里町「峅《ゆり》」、星原町《ほしばらちょう》「峅蔭《ゆりかげ》」「峅崎《ゆりさき》」、橋上町《はしかみちょう》「峅ノ下《ゆりのした》」、睦寄町《むつよりちょう》「峅ノ下《ゆりのした》」がある。福知山市に三和町《みわちょう》「峅《ゆり》」があり（一九八六年の郵政省『ぽすたるガイド』などにも載っていた）、バス停、交差点名などにもなっている。ほかに猪野々《いのの》小字「高峅《たかゆり》」がある。同市には「川合峅城跡」（三和町）や

「梨ノ木岼道」（上天津《かみあまづ》〔旧上天津村〕）もある。南丹《なんたん》市には、美山町《みやまちょう》鶴ケ岡「岼ノ上《ゆりのうえ》」、同町豊里「岼谷《ゆりたに》」、同町福居「新岼越《しんゆりごし》」「新岼ノ下《しんゆりのした》」「岼越《ゆりこし》」「岼ノ下《ゆりのした》」、八木町木原「岼山《ゆりやま》」がある。船井《ふない》郡京丹波町《きょうたんばちょう》に、井尻「段ノ岼《だんのゆり》」、大朴《おぼそ》「岼《ゆり》」、坂井「道岼《みちゆり》」、保井谷《ほいだに》「岼ノ下《ゆりのした》」、本庄《ほんじょう》「岼《ゆり》」「岼ノ上《ゆりのうえ》」、水原「岼ノ下《ゆりのした》」がある。地元では、旁は「平」と書かれることが多い。他にも小字、通称地名が各地に見られる。

江戸後期の経済学者・佐藤信淵《のぶひろ》の『丹波巡察記』は「川合ノ郷七村」の一つとして「岼村」を挙げる（『平凡社 日本歴史地名大系 京都府の地名』）。永戸貞ほか『丹波志』（一七九四）に「河合谷ハ天正年中惣村断絶（中略）河合一村ナリ。後岼村ヨリ出戸シ六箇ト成」（『角川日本地名大辞典 京都府』）、「岩間村　福知山領　高弍百八十七石　民家六十六戸　民家南ノ端ヨリ川ヲ左ニ見テ、岼道十町斗行楽々《ササ》場《バ》道、」（『平凡社 日本歴史地名大系 京都府の地名』）と見える。吉田東伍『増補大日本地名辞書』三に「大字　岼」（岼村）について「土俗訓みてユリと云ふ」（『丹波志』〔一七九四〕を引く）とある。

「岼」は平安前期の『新撰字鏡《しんせんじきょう》』など古辞書に同字体があるが、「彼萠反　豆也」（音読みはハウ〔ホウ〕、「たかつき」か「まめ」の意）とされており、字体の衝突例であろう。

「岼」はＪＩＳ漢字制定（一九七八年）の際に参照された行政管理庁（現・総務省）の『対応分析結果』（一九七四）によると、国土地理協会の一九七二年版『国土行政区画総覧』に一回だけ出現したためにＪＩＳ第２水準に採用されたものである（「岼」に作る拡張新字体。ユリ。「その他の国字」）。加除式のこの資料をさかのぼって調べると、一九九〇年四月に除去された頁に「京都府天田郡三和町大字岼《ゆり》（字形は「岼」）」とあり、その出現が確かめられた。「自治体地名外字」や「日本行政区画便覧」でも「岼」である。

『角川日本地名大辞典 京都府』では天田《あまた》郡（現・福知山市）夜久野町板生《やくのちょういとう》の「岼」に「ツボ」と仮名を振るが、同町教育委員会（一九九三年回答）による現地調査の結果、読みは「ゆり」で、少なくとも江戸時代から使われつづけている。

京都府北部の福知山市や兵庫県北東部の丹波篠山市には、一級河川の「岼ヶ鼻川《ゆりがはながわ》」が流れる。「岼」は地名から姓にもなっている。

兵庫県丹波篠山市には「ゆり」に「𡸴」を当てる地（中字《なか》「𡸴ノ坪」）もある。明治一八（一八八五）年丹波国多紀郡中村一村全図には字「𡸴」があり、丹波篠山市役所や法務局にある字限図には「ユリ」と「𡸴」という表記が混在して見られる（鈎持一幸氏教示）。現在同字は丹波篠山市中字「ユリ」と表記されるが、字「ユリ」から分割されたと考えられる字「𡸴ノ坪」には「𡸴」が用いられている（鈎持一幸氏教示）。

岡山県八束村《やつかそん》にも「岼」「岼林」などがあったが（『角川日本地名大辞典 岡山県』、『八束村史』）役場農林課（一九九三年回答）によると、読みは「なる」と思われるとのことである。「𨸶《なる》」という方言漢字も小地名に見られる。

佐藤新『日本地名盡 所沢篇』1では、「地名解釈の為の新造字（語）」として「【岼】ひら。傾斜地。坂。」として独自の用法で用いる。

なお、「坪」で「つぼ」と読むのは奈良時代からの国訓であり、「鮃」で「ひらめ」は漢字義だが、「𨸶」で「なる」（前述）、「抨」で「ならす」（福山藩、広島藩、長州藩などの文書にある）、「泙」（漢字では音はホウ、「水の勢いのさかんなさま」の意 →「泙」140頁）で「なぎ」「ひら」（愛知県の地名に「泙野」、群馬県の姓・地名に「泙川」がある）など、「平」は日本で国字、国訓を生み出す際に活用されてきた。「伊勢」の「伊」も「イ（にんべん）に平」という解釈が中世に見られ、また平家の落人が姓に用いたという伝承も生まれた。

「岼」は転用例として、オンライン小説の登場人物名（河奈麻岼《まゆり》など）での使用も見られる。「岬」を「岼」とする誤入力も見られる。

中国でも、『隋書』地理志（〔清〕徐文靖『管城碩記』所引）に「岐岼県」があるが、『隋書』の原文の「岐坪」の同化形のようである（『中国歴史地名大辞典』など参照）。また、「岸」の崩れた形としても見られた。

〔笹原〕

〈参考文献〉WEB「稀少地名漢字リスト」京都府／柳田国男『分類山村語彙』／松尾俊郎『日本の地名』／鏡味完二『日本の地名』／笹原宏之『日本の漢字』／塚田雅樹「登記・供託オンライン申請システムに現れる地名を表すUnicode未符号化文字」『日本漢字学会報』／田中利樹　京都府立大学卒業論文「方言漢字の研究」（二〇二二）

門部

閖

12画

ゆり　どんど　ゆる　＊ロウ
JIS第2水準

宮城県などに見られる地域文字。

名取市に「閖上《ゆりあげ》」地区がある。平成二三（二〇一一）年三月一一日に発生した大地震による大津波によって甚大な被害を受け、復興が進められた。その後、令和四（二〇二二）年一〇月に大震災からの復興を祝う「閖上復興まつり」が行われ、伝統の「閖上太鼓」が披露された。石巻市には、桃生町《ものうちょう》太田「閖前《ゆりまえ》」（「閖」の字訓は地元では「ゆり」だが、ゆるぎの意か「ゆるき」とする資料〔菊池一九七〇など〕もあった）、「閖谷地《ゆりやち》」という小字《こあざ》がある。地元では「閖谷地」はかつて海であったと伝えられ、またそこに流れる川が氾濫したことがあるという。

「閖上」地区に多く見られる「閖」という字は、「従来の漢字にはない文字で、所謂国字」「仙台地方だけの天下一品の珍文字」とされていた（菊地一九七〇）。

江戸前期に陸奥国《むつのくに》仙台藩の藩主であった伊達綱村《だてつなむら》が元禄一〇（一六九七）年に落成した仙台の大年寺《だいねんじ》に参拝に行った際に、山下に目に入った「ゆりあげ浜」に漢字の表記がないと知って、山門の中に海水が見えた風景から「閖」の字を造ったものとする伝承がある（菊池一九七〇では「昔、仙台の藩主」とする）。赤貝で全国に知られた宮城県の閖上《ゆりあげ》に伝わるのどかな話として、同市も類話を『名取市史』（一九七七）や公式サイトなどで紹介しており、さまざまな媒体を通して世に広まっている。

「閖上」の地名自体は、奈良時代の養老三（七一九）年ないし貞観一三（八七一）年に、海岸に観音像がゆりあげられたことに由来するとの伝承もあり、その元となった話は江戸中期に仙台藩の儒者・田辺希文《まれふみ》が著した地誌『封内《ほうない》風土記』（一七七二）巻五（早大蔵写本巻二）に載る。戦国時代の文禄五（一五九六）年の伊達家文書の名寄帳《なよせちょう》に、「ゆりあけ浜」と文字の記録が現れる（『角川日本地名大辞典 宮城県』）。

しかし、「閖上」の表記が綱村による創作という話は、近代の文献に現れるものである。「閖」の字の作者は、初代仙台藩主の伊達政宗（一五六七～一六三六）

だという話もあり、政宗の治世を讃《たた》える意識がうかがえる。このほか、伊達政宗が豊臣秀吉からもらい受けた門をそのまま船で運び、この港から陸上げしたので閖上の地名が生まれたとの話や、江戸前期の承応年間（一六五二～一六五五）に、神託によって当地にある湊《みなと》神社の水門《みなと》明神の「水門」の二字から「閖」が作られたとする伝承（長谷川一九八〇、『日本地名大事典 東北』朝倉書店など）もあるが、いずれも戦後の文献に出現したものである。江戸後期の国学者で東北を旅した菅江《すがえ》真澄《ますみ》の随筆『かたゐ袋』（一七八九、『菅江真澄全集』一〇）に「みちのおくの浜に、閖上《ユリアゲ》といふあり。此こゝろはなみたつ家の前まで波うち入るやうなれば、かどの中に水あげたるといへることならん。むかし国のかみ、つくり出し給ひしとぞ」とあり、「閖」は江戸時代に主君が造ったとの伝承と門の中に水があがるさまとの解釈を伝える。

戦後に、地元の伝承が多く活字に残されるようになる。その一つが先の伊達綱村が「閖」を造ったという逸話である。ただし、綱村に編纂《さん》を命じられた仙台藩の佐久間義和による地誌『奥羽観蹟聞老志《おううかんせきもんろうし》』（一七一九）巻五に、「閖上村《ユリアケ》」の「閖」の説明として「閖字不見字書俗間用来」とあり、「取水波激蕩之状」とあって、つまり、「閖」は字書には見ないが、これまで俗間で使われてきたもので、波が激しく揺れ動くさまを表すといい、「閖」には「港」の字が相当するかとも記されているところから、政宗の造字とする話とともに綱村の話も後代の仮託、後付けであることがうかがえる。

史実としては、「閖」は今から千年余り前の中国・遼代の仏典を読むための字書『龍龕手鏡《りゅうがんしゅきょう》』（九九七、高麗本など）に現れ、「閖」は「俗音澇《ロウ》」（音読み［俗音、あるいは俗字で音読み］は「澇」）とあり、この字が仏典にあった可能性をうかがわせる。この「澇」という漢字は、大波という意味をもち、水害の描写などに用いられていた。この字書では、しばしば音読みを注記する形式によって字義も表した。つまり、「閖」は門に水が押し寄せることを表そうとして造られた会意文字であったと考えられている（張涌泉『漢語俗字叢考』ほか）。なお、「唐張達妻李夫人墓誌」（羅氏『偏類碑別字』）には「閖」の異体字として使われていた。

「閖」は、早い時期に日本に伝わった。中国の字書に影響を受けた鎌倉時代の『類聚名義抄《るいじゅみょうぎしょう》』（観智院本など）に引き継がれて掲載され、そこではっきりと「閖」は「谷（俗）澇字」とあり、「澇」の俗字として位置づけられた。そこからさらに室町時代の『字鏡鈔《じきょうしょう》』など他の字書に転記がなされていく。この「閖」の大波といった義には、平安期に三陸沿岸を襲った大規模な津波を伴った貞観《じょうがん》大地震（八六九年）で被災した人々やそれを語り継いだ先人の警句が込められていた可能性が考えられる（なお、「閖」は字書では「しなたり」［女陰］など別の訓を派生していくが、それは別種の発想による当て読みの結果か、個別に造られた会意文字の字体がたまたま一致し、別系統をなしたものであり、字体の衝突に過ぎない）。

　室町期の奈良興福寺の別当による『政覚大僧正記《せいがくだいそうじょうき》』の延徳四（一四九二）年二月四日条に「於京都閖之」とある（似鳥二〇一四）。これは、京都に隕石《いんせき》の落下による大鳴動があったことを指していることが他の記録からも明らかとされている。ここでの「閖」の字は「動」「震」「振」「ゆり・ゆる」に対応していた。この「ゆり」は揺れの意であり、「ゆりあげ」の語は各地で大地震による波浪や地面の振動を表してきた。

　江戸時代に仙台辺りでは、「閖上」のほか「淘上」「淘揚」と書かれた。同時代にベトナムに漂着した漁民は出身地を「ゆり上」と記したように、仮名表記も見られる。江戸後期の文化年間（一八〇四～一八一八）の仙台には「閖揚」をしこ名に用いた力士がいた。同時期の菅江真澄の地誌『雪の出羽路　雄勝郡二』（一八一四、『菅江真澄全集』五）では方言漢字の「森《がつぎ》」の説明に、「此出羽の通用字といふ、仙台の閖上《ゆりあげ》、津軽の渚《やち》のたぐひ也。」、『同　平鹿郡五』（同六）に方言漢字の「䌷《クヾ》」は「所謂作り字《モジ》」「津軽にむかしは渚《やち》といふ字あり、閖（読みはユリアゲ）は仙台の浜村の名也」（同八では「森」は「方《クニ》の諺文《トホリジ》」）とあり、ここにも「閖」が見られる（↓「萢」215頁）。海岸は「閖上浜」、「淘上浜」とも書いた（日本書房編『日本地名大辞典』六）。

　地名以外では、陸奥国《むつのくに》の南部藩（現在の岩手県中北部から青森県東部）など東北地方にある鉱山の関係文書では、「閖」は「閖鉢」「閖場」「閖板鉛」など「（砂金などを）淘《よな》げる（よる、よりわける）」と同様の動詞として盛んに用いられた（笹原二〇〇六、『日本鉱業史料集』）。越後国（佐渡を除く現在の新潟県）でも、天保庄内沖地震（一八三三年）の津波の記録では「閖揚」が見られた（『村上市史』）。この新潟などの地では、地名の「ゆり」には「汰」の字が当てられている。

「閖」は名取市や仙台市では、戦後も子供の名前にまで使われるほど愛着をもたれている。かつて、閖上小学校では児童の名にある「閖」の字を「本当の字ではない」と批判する教員もおり、また改字の検討を求

やらわ

める新聞投書もあったが、これに対しては民俗学者の丹羽基二から反論が寄せられた。一方で、仙台法務局によると、「閖」を命名に使いたいとする記録もあった（笹原二〇〇六）。閖上にあった食堂では、魚介の幸が盛りつけられた「閖上御膳」というメニューもあった。当地で「閖」は日本酒の銘柄にもなっており、「閖《ゆり》」は名取市産の米から醸された純米酒である。門構えを略字にして書くこともある。

「閖上」という地名が存在するために「閖」はJIS漢字第2水準に入った。そのためもあって形が似ている「閑」との混同が増えたが、「ゆり」でこの字が変換されるようになってきており、さらに子の名に使おうとする人がいるほか、ペンネーム、ハンドルネームなどで広く使用されるようになった。

「閖」は漢字が地名の語義を表示する例といえる。この字を災害のあった地名に当てた先人のメッセージを、この一字からしっかりと読み取って備えをしていく姿勢も大切であろう。

なお石川県では、「閖」を「閖《どんど》」と読ませる姓があった。これは、用水路の「水門」を管理する職にある人のために造られた別系統の字であろう（同じ読み方の「闐々」「⿱山洋」とも関連する。［→「⿱山洋」135頁］）。今日、田や貯水池などの水を抜くことを「閖抜《ゆるぬ》き」といい、この「閖《ゆる》」（樋管《ひかん》）は取水栓を意味する。この字体も「水門」からで、読みは「ゆり」ないし「いり」（圦）（→「杁」14頁）からと考えられる。これは専門用語のようになっており、香川県仲多度《なかたど》郡まんのう町にある日本最大の灌漑《かんがい》用ため池の満濃池《まんのういけ》をはじめ各地で使われている。「閖」は日本各地の特定の社会集団で使われ、とくに地名「閖上」の影響で転用を加えながらさらに広まったのであろう。

［笹原］

「宝船 浪の音 純米酒 閖」
（佐々木酒造店）

〈参考文献〉河内一男 WEB「日本海東縁のプレート」「越後の大津波伝説」『日本海東縁プレート境界の地震地学』／本馬貞夫 WEB「大津波を表す地名「閖上《ゆりあげ》」」『長崎学Ｗｅｂ学会』／長谷川典夫「名取・閖上」山口恵一郎ほか編『日本図誌大系　北海道、東北Ⅱ』／『谷川健一全集』一六

嶝　ゆり ➡ さこ 72頁

やらわ

水部

𣲖

7画

よどみ

千葉県四街道《よつかいどう》市鹿渡《しかわたし》の小字《こあざ》地名として用いられた地域文字。

この「よどみ」という地名は明治以降さまざまな資料で確認ができ、漢字の「汜」（音はシ・ジ・イ、「はけ口のないみずたまり」の意）で表記されることが多い。市史や古地図など資料によってその表記はまちまちであり、同じ資料の中でも異なる表記が混在していることもある。具体的な表記例としては、明治初期の和紙図（和紙で作成された法的な図面）で「汜」、昭和初期の「土地宝典」（当時の法的な図面を土地台帳と合体させ編集した地図帳）には「汜」「汜」といったものがある。明治～昭和中期の土地台帳には「汜」「汜」「汜」があり、このほか昭和三四（一九五九）年のものに「𣲖」と楷書で書かれたものが一例確認できる。また、固定資産台帳をはじめとした昭和五五（一九八〇）年以降の例では「氾」（ハン）を用いる例が主流になっている。「𣲖」はこの「よどみ」という地名を表す文字として出現するものの一つである。

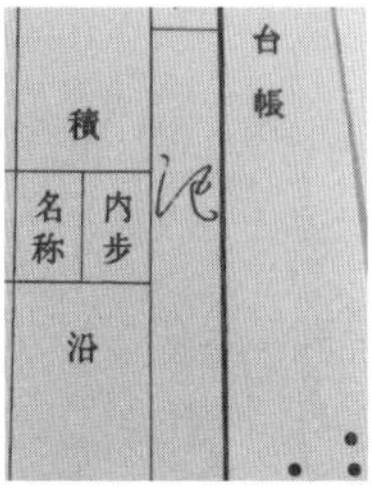

草書体の「𣲖」のように見える「よどみ」（昭和30年前後の土地台帳より）

地域資料以外の「𣲖」の記載例として、小字まで地名を掲載した『角川日本地名大辞典』と、それを典拠とした菅原義三編『国字の字典』がある。しかし『角川日本地名大辞典 千葉県』が「𣲖」を掲載する経緯で参照した地域の資料がなんであるかは同書内に示されていない。

「よどみ」の名をもつ地形としては近くに川があり、現地の方によれば、このあたりに小さなみずたまり、または用水路があった可能性があるとのことで、こうした水が溜《た》まった地形が地名の由来となったと考えられる。なお、日本では「𣲖」を用いた他の地名は現時点で確認できていない。

「汜」は『合類《ごうるい》節用集』『広益二行《こうえきにぎょう》節用集』をはじめとした江戸時代の複数の辞書に「淀」などと並んで「よどみ」と読み仮名が振られる形で掲載されており、少なくとも当該地名の出現が見られる明治初期のころまで「汜」は「よどみ」の字として一定の知名度を得ていたと考えられる。一方でこの「汜」は、地名同様、辞書でも「汜」「氾」に字形が揺れる例が散見され、その中に江戸後期の『早字節用集』など少数ではあるが「⿰氵巴」で書かれているものもある。このことから「⿰氵巴」は「汜（＝よどみ）」の異体字の一つであるという位置づけもできよう。

なお、「⿰氵巴」という字体は、「淋巴」の字体の順行同化形にも見られた（西嶋二〇二二）。

他の漢字文化圏で見られる「⿰氵巴」としては、たとえば中国の『漢語方言大詞典』と『客語辞典』に載せるものがある。ここにはそれぞれ「排泄《はいせつ》物などの単位」、「水を含んでやわらかいこと」とあり、日本の用例である「よどみ」の意味との関連性は見られない。日本でも医書などに同じ字体が見られるが同様に衝突に過ぎない。

地名の実例や江戸時代の辞書の例、中国の例を踏まえると「⿰氵巴」は「汜」の異体字であり、日本独自に発展したものと言える。

［山本］

〈参考文献〉小川秀雄協力『小川三郎右衛門家文書』／相川日出男『四街道市史』／笹原宏之『国字の位相と展開』／杉山滋編『旭地区土地宝典』1／千葉地方法務局佐倉支局「土地台帳」「公図」／四街道市史編さん委員会編『四街道の歴史』7／四街道市役所『地区探訪』／四街道市立図書館『四街道の小字の名』／『節用集大系』／西嶋佑太郎『医学をめぐる漢字の不思議』／山本佳奈『「よどみ」の表記に見る人々の意識と習慣』

枥　レイ➡とち　130頁

梠　ロ・ろぎ➡こうろ　54頁

桉　ワン➡たら　117頁

方言漢字地図（主立った方言漢字を記載）

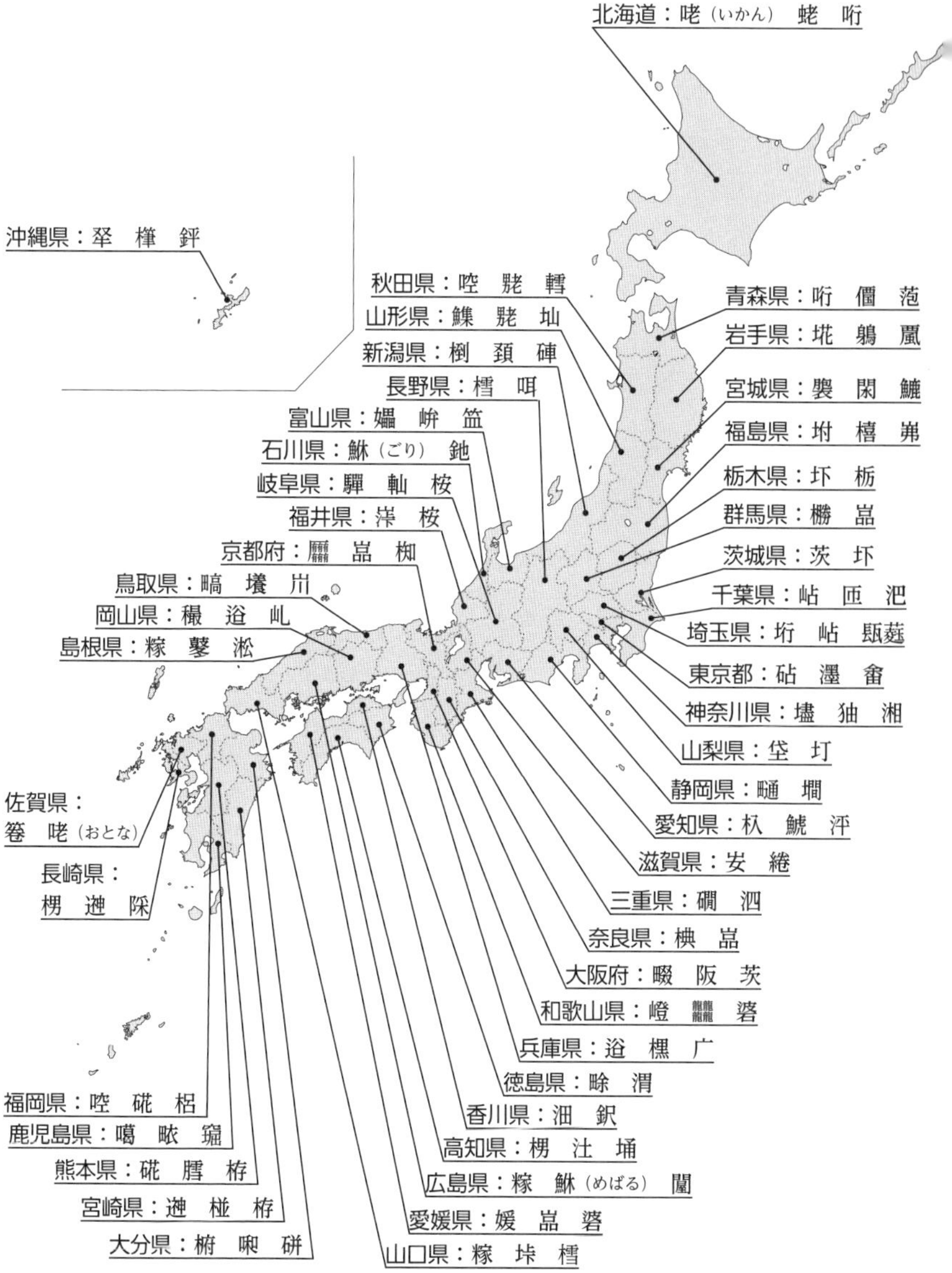

主要参考・引用文献

（配列は編著者名の五十音順、著者名のないものは資料名の五十音順）

相川日出男『四街道市史』四街道市史編纂委員会、一九九〇年

「藍染の原料「蒅」の漢字は徳島発祥　1733～1800年代初期誕生か　史料に「阿波国の方言」」『徳島新聞』二〇二一年三月一七日

『愛知県地名集覧（明治十五年愛知県郡町村字名調）』日本地名学研究所、一九六九年

相原歴史研究会編『相原歴史文化調査報告書 第二集　相原の地名（小名・小字・地字）附相原の屋号・通称』相原歴史研究会、二〇一九年

青木輝男「唖語聴能の検査用語選定ならびにそれによる一検査法」『岡山医学会雑誌』71（5－2）、一九五九年

青野春水「広島藩の地ならしについて」『史学雑誌』86（6）、史学会、一九七七年

青森県史編さん近世部会編『青森県史』資料編 近世2、青森県、二〇〇二年

青森放送編『新版　青森県地名辞典』RAB青森放送、二〇二三年

青屋昌興『南九州の地名』南方新社、二〇〇八年

『秋田県史』大正・昭和編、秋田県、一九六二年

「秋田県市町村字名称調」『秋田県史』大正・昭和編　資料編、秋田県、一九六二年

浅野虎太編著『榊史話』榊史話刊行會、一九五三年

『朝日新聞縮刷版二〇〇二-九』朝日新聞社、二〇〇二年

蘆田伊人編輯『大日本地誌大系（一一）新編武蔵風土記稿　一一』雄山閣、一九五七年

『吾妻鏡　吉川本』国書刊行会、一九二三年

『吾妻鏡』高桑駒吉等校・編大日本図書、一八九六年

跡目治「日本近海における浅瀬の名称についての一考察」『地図』4（1）、一九六六年

阿部和夫『一関の地名と風土』トリョーコム、一九八一年

綾織村教員会編『上閉伊郡綾織村郷土誌』綾織村教員会、一九三二年

鮎貝房之進『俗字攷・俗文攷・借字攷』国書刊行会、一九七二年

新谷正隆「ホウリュウ神に関する資料」『北方風土――北国の歴史民俗考古研究誌』39、イズミヤ出版、一九九九年

安藤昌益研究会編『安藤昌益全集』一五、農山漁村文化協、一九八六年

――編『安藤昌益全集』一六下、農山漁村文化協会、一九八六年

安野雅人「「ぬで」の異体字に関する一考察」『情報化社会・メディア研究』放送大学 5、二〇〇八年

池田正一郎『古文書用語事典』新人物往来社、一九九一年

池田証壽編「国土行政区画総覧を唯一の典拠とする漢字をインターネットで検索する」（最終更新：一九九九年三月二日）https://hdic.jp/rose/shikeda/kkd4-3.htm#5211

池田末則『日本地名伝承論』平凡社、一九七七年

――『地名の考古学――奈良地名伝承論』勉誠出版、二〇一二年

石川県江沼郡編『石川県江沼郡誌』江沼郡、一九二五年

石野哲『駅名来歴事典――国鉄・JR・第三セクター編』

JTBパブリッシング、二〇二二年
石橋昌也「南紀、熊野、ときどき漢字（1）」『ことばマガジン』朝日新聞デジタル、二〇一二年六月一五日　http://www.asahi.com/special/kotoba/archive2015/moji/2012061000001.html
『いたちかわらばん』通刊72号、狆川OTASUKE隊横浜市栄土木事務所下水道・公園係、二〇一六年　https://www.city.yokohama.lg.jp/sakae/kurashi/machizukuri_kankyo/midori_eco/kawa-index/kawaraban.files/0014_20181012.pdf
一関市史編纂委員会編『一関市史 第四巻 地域史』一関市、一九七七年
――編『一関市史 第七巻 資料編二』一関市、一九七七年
井手至『遊文録　国語史篇 1』和泉書院、一九九五年
乾善彦「国訓「拵（こしらふ）」の周辺――文字使用の歴史の一視座」『帝塚山学院大学日本文学研究』19、一九八八年
――『漢字による日本語書記の史的研究』塙書房、二〇〇三年
井上一平『日本商標の研究』実業之日本社、一九五六年
井上隆明 ほか編『新秋田叢書』15、歴史図書社、一九七二年
井上正路『仰祖遺後――相原と二本松のむかしといま』相原の歴史をさぐる会、一九八九年
井上頼圀ほか編『難訓辞典』啓成社、一九〇七年
茨城県史編さん中世史部会編『茨城県史料 中世編二』茨城県、一九七四年
伊吹順隆『大坂と大阪の研究――官印と公文書を中心に』伊吹順隆、一九七九年
今尾恵介「地名学で読む日本」『新潟日報』二〇二三年四月五日
――「地名とバス停――地形にまつわる停留所名」『全国路線バス停留所総覧　甲信越・北陸・東海』CHINTAI、二〇二〇年
今村義孝・高橋秀夫編『秋田藩町触集』中、未來社、一九七二年
岩永實「鳥取県の地名研究1」『鳥取県地誌考』岩永實先生記念論文集刊行会、一九七六年
――『鳥取県地誌考』岩永實先生記念論文集刊行会、一九七八年
印刷博物館『活字文明開化――本木昌造が築いた近代』図録、凸版印刷印刷博物館、二〇〇三年
『陰徳太平記』香川正矩編・尭真補遺、合本1（巻1－18）、犬山仙之助、一九一一年　国立国会図書館デジタルコレクション　https://dl.ndl.go.jp/pid/772376
武瀟瀟《うしょうしょう》「「瀟湘八景」の伝来に関する新知見――平安時代における瀟湘イメージを中心に」上島有編著『東寺文書聚英』同朋舎出版、一九八五年
外郎まちこ『ういらう　東洋神秘思想と共に二千年』東京図書出版、二〇一六年
上田正昭・西澤潤一・平山郁夫・三浦朱門監『日本人名大辞典』講談社、二〇〇一年
宇佐美徹也『プロ野球記録大鑑』講談社、一九九三年
宇野哲人・長澤規矩也編『補修　新撰漢和辞典』三省堂、一九三七／一九五六年
漆原侑来『桃源暗鬼』秋田書店、二〇二〇年～
越後頸城郡誌稿刊行会編『越後国頸城郡誌稿』豊島書房、一九六九年

NHK番組制作班編／森岡浩監修、『日本人のおなまえっ！日本がわかる名字の謎』、集英社インターナショナル、二〇一九年
愛媛県史編さん委員会編『愛媛県史 資料編 文学』愛媛県、一九八四年
遠藤忠「『圷』地名考」『全国地名保存連盟　会報』15、一九九〇年
――『写真アルバム　草加・八潮・三郷の昭和』いき出版、二〇一六年
遠藤安太郎編『日本山林史』日本山林史刊行会、一九三四年
円満字二郎『部首ときあかし辞典』研究社、二〇一三年
『奥民図彙　青森県立図書館郷土双書5』比良野貞彦著、青森県立図書館、一九七三年
大岡昇平『武蔵野夫人』新潮社、一九五三年
大垣市教育委員会『大垣祭総合調査報告書』大垣市文化遺産活用推進事業実行委員会、二〇一四年
大垣市編『大垣市史』上・中・下、大垣市、一九三〇年
大久保誠『佐渡国中方言集』内田治一郎監修、考古堂書店、一九九六年
大蔵省『開拓使事業報告』1－5、附録 上下（復刻一九八一～一九八五）、北海道出版企画センター、一八八五年
大嶋孜『『津軽方言考』考』青森県国民教育研究所、一九八四年
太田亮《あきら》『姓氏家系辞書』磯部甲陽堂、一九二〇年
――『姓氏家系大辞典』姓氏家系大辞典刊行会、一九三六年
太田孝太郎 等校『南部叢書』全11巻、南部叢書刊行会、一九二七～一九三一年
大槻文彦編『言海：日本辞書』第一～四冊、大槻文彦、一八八九～一八九一年

大西林五郎『実用帝国地名辞典』吉川半七等、一九〇一年
大野史朗・藤田豊編『難読姓氏辞典』東京堂出版、一九七七年
大橋幸泰「【史料紹介】高谷家由緒書」早稲田大学教員用WWWサービス（教員限定アクセス）http://www.f.waseda.jp
大原望「和製漢字の辞典　二〇一四」http://www.hat.hi-ho.ne.jp/mfukuda/ohara.htm
大矢末吉「圷考」『八潮市郷土研究会紀要　跡標』10、一九八〇年
岡墻裕剛「静岡県函南町における方言漢字「函」の研究」『神戸女子大学文学部紀要』50、二〇一七年
――「神戸市須磨区における方言漢字「磨」の研究」『神戸女子大学文学部紀要』51、二〇一八年
緒方綜哲編『土佐州郡志』復刻版、土佐史談会、一九八三年
『岡山県古文書集』2、藤井駿・水野恭一郎編、思文閣出版、一九八一年
岡山地名事典刊行会『岡山県地名事典』日本文教出版、一九七四年
小川琢治『市町村大字読方名彙』成象堂、一九二三年
小野田町史編纂委員会編『小野田町史』小野田町、一九七四年
恩賜財団母子愛育会編『日本産育習俗資料集成』第一法規出版、一九七五年
貝原益軒・伊東尾四郎『筑前国続風土記』文献出版、一九八八年
何華珍・劉正印ほか『越南碑銘文献的文字学研究』中国社会科学出版社、二〇二〇年
鏡味明克『地名学入門』大修館書店、一九八四年
――「地名と漢字」佐藤喜代治編『漢字と日本語　漢字講座3』

明治書院、一九八七年
――「地名と環境」赤田光男ほか編『講座日本の民俗学』4、山閣出版、一九九六年
鏡味完二「日本の山峰の語尾名とその地理學的意義」『地理学評論』25（1）、一九五二年
――『日本の地名』角川新書、一九六四年
鏡味完二・鏡味明克『角川小辞典13　地名の語源』角川書店、一九七七年
鹿児島県史料刊行委員会『鹿児島県史料集』一六、鹿児島県立図書館、一九七六年
鹿児島市史編さん委員会編『鹿児島市』Ⅲ、鹿児島市一九七一年
加藤景續『芸藩通志』2、広島図書館、一九一〇年
角川源義・村上学編『赤木文庫本義経物語』角川書店、一九七四年
角川日本地名大辞典編纂委員会編『角川日本地名大辞典1　北海道』上下、角川書店、一九八七年
――『同2　青森県』角川書店、一九八五年
――『同3　岩手県』角川書店、一九八五年
――『同4　宮城県』角川書店、一九七九年
――『同5　秋田県』角川書店、一九八〇年
――『同6　山形県』角川書店、一九八一年
――『同7　福島県』角川書店、一九八一年
――『同9　栃木県』角川書店、一九八四年
――『同10　群馬県』角川書店、一九八八年
――『同11　埼玉県』角川書店、一九八〇年
――『同12　千葉県』角川書店、一九八四年
――『同14　神奈川県』角川書店、一九八四年
――『同15　新潟県』角川書店、一九八九年
――『同16　富山県』角川書店、一九七九年
――『同17　石川県』角川書店、一九八一年
――『同18　福井県』角川書店、一九八九年
――『同19　山梨県』角川書店、一九八四年
――『同20　長野県』角川書店、一九九〇年
――『同21　岐阜県』角川書店、一九八〇年
――『同23　愛知県』角川書店、一九八九年
――『同24　三重県』角川書店、一九八三年
――『同25　滋賀県』角川書店、一九七九年
――『同26　京都府』上下、角川書店、一九八二年
――『同27　大阪府』角川書店、一九八三年
――『同28　兵庫県』角川書店、一九八九年
――『同29　奈良県』角川書店、一九九〇年
――『同30　和歌山県』角川書店、一九八五年
――『同31　福岡県』角川書店、一九八二年
――『同32　島根県』角川書店、一九七九年
――『同33　岡山県』角川書店、一九八九年
――『同34　広島県』角川書店、一九八七年
――『同35　山口県』角川書店、一九八八年
――『同36　徳島県』角川書店、一九八六年
――『同37　香川県』角川書店、一九八五年
――『同38　愛媛県』角川書店、一九八一年
――『同39　高知県』角川書店、一九八六年
――『同40　福岡県』角川書店、一九八八年
――『同41　佐賀県』角川書店、一九八二年

――『同42 長崎県』角川書店、一九八七年
――『同43 熊本県』角川書店、一九八七年
――『同44 大分県』角川書店、一九八〇年
――『同45 宮崎県』角川書店、一九八六年
――『同46 鹿児島県』角川書店、一九八三年
――『同47 沖縄県』角川書店、一九八六年
金井弘夫編『日本地名索引』上下巻、アボック社、一九八一年
――『新日本地名索引』アボック社出版局、一九九四年
神奈川県企画調査部県史編集室編『神奈川県史資料編』3上、神奈川県、一九七五年
――『神奈川県史資料編』7、神奈川県、一九七五年
河井庫太郎編『日本地学辞書』鈴木敬作ほか、一八八一年
川口文雄校注『日本古典文学大系72 菅家文草 菅家後集』岩波書店、一九六六年
河内一男「日本海東縁のプレート境界」『日本海東縁プレート境界の地震地学――新潟の地震を考える』二〇一一年一〇月一六日開始（二〇二三年七月三〇日最終更新） http://kanbara.sakura.ne.jp/page5.html
――「越後の大津波伝説」『日本海東縁プレート境界の地震地学――新潟の地震を考える』二〇一一年一〇月一六日開始（二〇一五年九月一一日一部追加） http://kanbara.sakura.ne.jp/page5.html
河原田慎一「「杁」←この字読めたら愛知県民? でも意味は…」『朝日新聞デジタル』、二〇一一年七月四日 http://www.asahi.com/special/080804/NGY201107040009.html
韓小荊『《可洪音義》研究――以文字為中心』巴蜀書社、二〇〇九年
漢語大字典編輯委員会編『漢語大字典』七・八、四川辞書出版社・湖北辞書出版社、一九九〇年
関西意匠学会編『デザイン理論』70、関西意匠学会会誌編集委員会、二〇一七年
規工川宏輔「熊本県内における自然地名の分布について」『熊本大学教育学部紀要 人文科学』44、一九九五年
菊地勝之助『宮城県地名考 地方誌の基礎研究』宝文堂、一九七〇年
菊池郡泗水町役場『泗水町誌』徳永高志編、一九六五年
菊地恵太「略字を巡る字体意識の問題――「万（萬）」の場合」『日本漢字學會報』1、二〇一九年
――『日本略字体史論考』武蔵野書院、二〇二二年
木倉豊信「立山古文書について」木倉豊信編『越中立山古文書』立山開発鉄道、一九六二年
――編『越中立山古文書』国書刊行会、一九八二年
喜多朝子「絵図と地籍図にみられる窪垰畑の変容――山口県美祢郡青景村を事例として」『神戸山手女子短期大学紀要』38、一九九五年
北野進・是永定美編『利根川――人と技術文化』雄山閣出版、一九九九年
「吉備之國地理之聞書」（平賀元義）吉備群書集成刊行会編『吉備群書集成』一、一九三二年
木村晟『増刊節用集』の原拠調査〔二〕近思文庫編『近思学報』2、港の人、二〇〇五年
木村博・神野善治『狩野川 その風土と文化』静岡新聞社、一九七九年
木村正辞《まさこと》編『万葉集文字弁証』早稲田大学出版部、一九〇四年

木本秀樹「立山信仰関係用語用字覚書（二）——「峅」と「媼」」『富山県（立山博物館）研究紀要』四、一九九七年
経尊『名語記』勉誠社、一九八三年版
行政管理庁行政管理局「行政情報処理用標準漢字選定のための漢字使用頻度および対応分析結果」一九七四年
京都府宇治郡役所編纂『京都府宇治郡誌　復刻版』臨川書店、一九八四年
清川村教育委員会編『清川村地名抄』清川村、一九八三年
金鍾塤『韓国固有漢字研究』集文堂、一九八三年
近世文学書誌研究会編『近世文学資料類従』勉誠社、一九七七年
草野正一『長崎県の小字地名総覧——主な小字地図と小字地名』草野正一、一九九九年
楠原佑介・桜井澄夫・柴田利雄・溝手理太郎編著『古代地名語源辞典』東京堂出版、一九八一年
楠原佑介・溝手理太郎／溝手理太郎編『地名用語語源辞典』東京堂出版、一九八三年
工藤力男『和名類聚抄地名新考——畿内・濃飛　いずみ昴そうしょ』7、和泉書院、二〇一八年
久保裕之「方言漢字『椥』の地に住んで」八潮の地名から学ぶ会、第5回 方言漢字サミット（二〇二二年一二月一一日）での発表資料
熊谷晃『旧制高校の校章と旗』えにし書房、二〇一六年
熊谷市立図書館　美術、郷土係編『熊谷の地名と旧跡　市内の文化財をめぐる』9、熊谷市立図書館、一九九三年
——『渡辺崋山と（訪瓺録）三ヶ尻』熊谷市立図書館、一九九七年
「熊本藩の支配機構14　「類族方」」『津々堂のたわごと日録』サイト（二〇一四年一二月一三日「先祖附」）https://blog.goo.ne.jp/shinshindoh/e/a28333cb1cd04815c997087ceafbe43f
久米郡教育会編『久米郡誌』久米郡教育会、一九二三年
倉田正邦「小字地名の発生及び発達」『地名学研究』日本地名学研究所、一九七二年
栗岩英治『信濃国地字略考』村及町研究所、一九三六年
黒埼町編『黒埼百年——村をおこし町をつくった人々のものがたり』黒埼町、二〇〇〇年
畔田伴存著／正宗敦夫編纂校訂『古名録』日本古典全集刊行会、一九三四年
桑原藤泰著／足立鍬太郎校『駿河記』上下2巻、加藤弘造、一九三二年
桑山弥三郎『書体デザイン』グラフィック社、一九七一年
群馬県山岳連盟編『群馬の山 1』上毛新聞社、一九八七年
建築用語辞典編集委員会編『建築用語辞典』技報堂、一九六五年
見坊豪紀『辞書をつくる』玉川大学出版部、一九七六年
——『ことばのくずかご』筑摩書房、一九七九年
鈎持一幸「「瓺𦾔」神社、字体の揺れとその原型」『月刊　地図中心』五五四、一般財団法人日本地図センター、二〇一八年
——「人名の漢字を中心とした現代日本の漢字政策についての考察　明治・大正・昭和初期の名づけにおける人名表外字の特徴」早稲田大学修士論文、二〇二三年
校史「嵩のふもとに」編集刊行委員会編『創立七十周年記念誌　嵩のふもとに〈旧制松江高等学校史〉』旧制松江高等学校同窓

会、一九九〇年

神戸市立博物館編『特別展　須磨の歴史と文化展――受け継がれる記憶――』(図録)、神戸市立博物館、二〇一六年

小風秀雄「湘南の誕生」「湘南の誕生」研究会編、藤沢市教育委員会『湘南の誕生』、二〇〇五年

『国史大系』13、経済雑誌社編、経済雑誌社、一九〇〇年

国土地理院『古地図コレクション』「肥前　平戸」 https://kochizu.gsi.go.jp/items/497

国土地理協会編集局編『国土行政区画総覧』国土地理協会、一九七二年版

国文学研究資料館編『古典籍総合目録』二、三、岩波書店、一九九〇年

児玉幸多編『くずし字解読辞典　普及版』東京堂出版、一九九三年

「ことば談話室」『朝日新聞』二〇〇五年六月一二日大阪本社版、七月三日東京本社版　三三面

小二田章ほか編『書物の中の近世国家』勉誠社、二〇二一年

小林肇「新聞の外字から見えるもの」『日本語学』35(6)、明治書院、二〇一六年

――「叙勲記事に見える漢字の地域性――新聞外字調査から」第115回漢字漢語研究会資料、二〇一八年

――「新聞漢字あれこれ3　秋田県から全国区になったもの」『漢字カフェ』日本漢字能力検定協会、二〇一八年一〇月一〇日　https://www.kanjicafe.jp/detail/8233.html

――「新聞漢字あれこれ13「3・11」に思う名前の漢字」『漢字カフェ』日本漢字能力検定協会、二〇一九年三月九日　https://www.kanjicafe.jp/detail/8471.html

――「新聞漢字あれこれ52　富山県の方言漢字」『漢字カフェ』日本漢字能力検定協会、二〇二〇年九月九日　https://www.kanjicafe.jp/detail/9218.html

――「新聞漢字あれこれ91　幽霊漢字があやうく紙面に」『漢字カフェ』日本漢字能力検定協会、二〇二一年四月六日　https://www.kanjicafe.jp/detail/10128.html

――「新聞漢字あれこれ97「驒」組み合わせは1つだけ?」『漢字カフェ』日本漢字能力検定協会、二〇二一年六月二九日　https://www.kanjicafe.jp/detail/10186.html

――「新聞漢字あれこれ115　新種のエビを発見しました!」『漢字カフェ』日本漢字能力検定協会、二〇二三年三月二二日　https://www.kanjicafe.jp/detail/10468.html

――「新聞漢字あれこれ121「山と言えば川」ですね」『漢字カフェ』日本漢字能力検定協会、二〇二三年六月一四日　https://www.kanjicafe.jp/detail/10504.html

小堀友樹「漢字の「石」に「、」がついている地域の謎」『デイリーポータルZ』、二〇一七年五月二五日　https://dailyportalz.jp/kiji/170525199706

小諸市教育編纂委員会編『小諸市誌　歴史篇一』小諸市教育委員会、一九七九年

近藤忠「對馬の「サエ」地名について」『長崎大学学芸学部社会科学研究報告』1、一九五一年

埼玉県編『新編 埼玉県史(資料編4 古代2)』埼玉県、一九八三年

――『新編埼玉県史 図録』埼玉県、一九九三年

埼玉県教育委員会編『埼玉県史料叢書二　埼玉新聞社撮影戦後報道写真　フィルムのなかの埼玉一九四七―一九六四』埼玉

県、二〇二〇年

埼玉県立文書館『近代埼玉地誌遊覧——彩りのマップ&ガイド』埼玉県立文書館、一九九七年

相模原市教育委員会編『地名調査報告書』相模原市教育委員会、一九八四年

佐久間英『お名前風土記』読売新聞社、一九七一年

——『珍姓奇名』早川書房、一九六五年

佐佐木信綱『佐佐木信綱全集5 評釈万葉集』六興出版社、一九五二年

笹原宏之「地名表記漢字の方言資料としての可能性——「畦」「畔」の訓「あぜ」「ぼた」「くね」「くろ」「はぜ」「むろ」の歴史と分布」石井久雄・笹原宏之編『日本語の文字・表記 文字・表記研究会報告論集』国立国語研究所、二〇〇二年

——「日本製漢字の地域分布」『日語日文学研究 語学・教育篇』46、韓国日語日文学会、二〇〇三年

——『現代日本の異体字——漢字環境学序説』三省堂、二〇〇三年

——「人名と漢字」『オープン・フォーラム「漢字文化の今2」—東アジアの人名・地名と漢字—』京都大学人文科学研究所、二〇〇五年

——『日本の漢字』岩波新書、二〇〇六年

——『国字の位相と展開』三省堂、二〇〇七年（電子版二〇二三）

——「日本製漢字「蛯」の出現とその背景」『訓点語と訓点資料』一一八、訓点語学会、二〇〇七年

——「「蛯」の使用分布の地域差とその背景」『国語文字史の研究』一〇、和泉書院、二〇〇七年

——「「崖」と「垳」と「坿」——時には漢字を見つめよう」『文化・教育：オピニオン：教育×WASEDA ONLINE』二〇〇九年二月一六日 https://yab.yomiuri.co.jp/adv/wol/opinion/culture_090216.html

——「学術用語と漢字」『JSL漢字学習研究会誌』2、二〇一〇年

——「漢字の現在　第243回　岡山の「嵶」と「穝（さい）」」『三省堂 Dictionaries & Beyond WORD-WISE WEB』二〇一二年一二月四日 https://dictionary.sanseido-publ.co.jp/column/kanji_genzai243

——「漢字の現在　第244回　中国・四国地方の漢字」『三省堂 Dictionaries & Beyond WORD-WISE WEB』二〇一二年一二月七日 https://dictionary.sanseido-publ.co.jp/column/kanji_genzai244

——『方言漢字』角川選書、二〇一三年

——「漢字の現在　第271回　秋田の「ふぶき」の造字」『三省堂 Dictionaries & Beyond WORD-WISE WEB』二〇一三年五月一〇日 https://dictionary.sanseido-publ.co.jp/column/kanji_genzai271

——『漢字に託した「日本の心」』NHK出版新書、二〇一四年

——『日本人と漢字』集英社インターナショナル、二〇一五年

——『謎の漢字』中公新書、二〇一七年

——「漢字にも方言のような地域による違いがありますか」『ことば研究館』国立国語研究所、二〇一八年一〇月九日 https://kotobaken.jp/qa/yokuaru/qa-70/

——「方言文字」木部暢子編『明解方言学辞典』三省堂、二〇一九年

――『方言漢字』角川ソフィア文庫、二〇二〇年
――「京都の「天橋立」を表す日本製漢字の展開と背景――「〓」「〓」を中心に」加藤重広・岡墻裕剛編『日本語文字論の挑戦　表記・文字・文献を考えるための17章』勉誠出版、二〇二一年
――「氏名の「伝説」に対する検証（三）「龍」四つからなる64画の漢字「てつ」を用いた名は実在したか」『戸籍』九九八、二〇二一年七月
――「日本語と中国語に借用された字喃で表記されるベトナム語」『早稲田大学日本語学会設立60周年記念論文集　言葉のしくみ』ひつじ書房、二〇二一年
――「日本化漢字・日本製漢字の使用の変動――上代の使用字の時代環境における示準性」『日本文学研究ジャーナル』24、古典ライブラリー、二〇二二年
――編者『なぞり書きで脳を活性化　画数が夥しい漢字121』大修館書店、二〇二三年
――「書評　菊地恵太著『日本略字体史論考』」『日本語の研究』19（1）、二〇二三年
笹原宏之・横山詔一・エリク・ロング『現代日本の異体字』三省堂、二〇〇三年
佐藤新『日本地名盡 所沢篇』1、二〇二一年
佐藤喜代治編『漢字講座三　漢字と日本語』明治書院、一九八七年
佐藤武義ほか編『近世方言辞書』影印、港の人、一九九九年
佐藤典彦「地名表記とＪＩＳ漢字」『水路部研究報告』二〇、一九八五年
佐藤博信『安房妙本寺日我一代記』思文閣出版、二〇〇七年
――「安房妙本寺日我と蔵書――「曾我物語」「八雲抄」などをめぐって」『千葉大学人文研究』40、二〇一一年
佐藤稔「「擬製漢字」一寸見」『いずみミニ通信』二、一九九七年
猿田知之「「峠」の成立」『茨城キリスト教短期大学研究紀要』23、一九八三年
澤田久雄編『日本地名大辞典』日本書房、一九三九～一九四一年
山陵会編『近畿ハイキング・コース』大文館、一九四一年
滋賀県近江栗太郡編『近江栗太郡志』栗太郡、一九二六年
式内社研究会編『式内社調査報告　一一　東海道　六』皇学館大学出版部、一九七六年
重本多喜津『防長方言資料 第一輯 長門方言集』防長文化研究会、一九三七年
宍戸あつし『胆沢の地名を歩く』（自費出版）、一九八四年
泗水町史編集委員会編『泗水町史』泗水町教育委員会、二〇〇一年
静岡県師範学校・静岡県女子師範学校共編『静岡県方言辞典』吉見書店、一九一〇年
『至誠　三重県立四日市商業高等学校一一〇周年記念誌』三重県立四日市商業高等学校創立一一〇周年記念事業実行委員会、二〇〇六年
史籍研究會編『内閣文庫所蔵史籍叢刊　天保郷帳』全二巻、汲古書院、一九八四年
志立正知『〈歴史〉を創った秋田藩――モノガタリが生まれるメカニズム』笠間書院、二〇〇九年
篠崎晃雄『実用難読奇姓辞典』日本加除出版、一九六七年
柴田武「集団生活が生むことば」『ことばの講座 五 現代社会と

ことば』東京創元社、一九五六年
——『生きている方言』筑摩書房、一九六五年
——『現代日本語』朝日新聞社、一九七六年
——『方言論』平凡社、一九八八年
柴田光彦・神田正行編『馬琴書翰集成』一、八木書店、二〇〇二年
芝野耕司編著『JIS漢字字典 増補改訂』日本規格協会、二〇〇二年
島崎藤村『千曲川のスケッチ』左久良書房、一九一二年
島崎博則編『山梨県市郡村誌 第3編　上巻　北巨摩郡各村誌』山梨県市郡村誌出版所、一八九二～一八九四年
島根大学開学三十周年史編集委員会編『島根大学史』島根大学、一九八一年
清水町史編さん委員会編『清水町史別編資料集』一、清水町、一九九八年
清水義範『金鯱の夢』集英社、一九九二年
周祖謨編『唐五代韻書集存』中華書局、一九八三年
白須大地「愛知県の地域文字「杁」「圦」について」『KOTONOHA』171、愛知県立大学古代文字資料館、二〇一七年
『白浜町上水道事業水質検査計画書 令和2年度』白浜町上下水道課、二〇二〇年
神宮司庁編『古事類苑』古事類苑刊行会、一九〇八～一九三〇年
神社本庁調査部編『神社名鑑』神社本庁神社名鑑刊行会、一九六二年
新潮社編『新潮日本語漢字辞典』新潮社、二〇〇七年
新対馬島誌編集委員会編『新対馬島誌』新対馬島誌編集委員会、一九六四年
『新訂訳文作陽誌』（長尾勝明・正木輝雄著／矢吹金一郎校訂）、日本文教出版、一九一三／一九六三年
神道大系編纂会編『神道大系 古典編 一一 延喜式（上）』神道大系編纂会、一九九一年
人文社編集部編『日本分県地図　地名総覧昭和57年版』人文社、一九八二年
——『新版日本分県地図地名総覧2006年版』人文社、二〇〇五年
『新編弘前市史 資料篇1 古代・中世編』弘前市市長公室企画課、一九九五年
水路部編『日本水路誌』水路部、一八九二年
末永福男「旧相馬藩領南部に於ける「廹」という地名の意味と表記について」『地図』51 (Supplement)、二〇一三年
菅井保宏「岐阜県垂井町～「車山」が1文字に　中編」『ことばマガジン』朝日新聞デジタル二〇一〇年七月二日　http://www.asahi.com/special/kotoba/archive2015/moji/2010062900001.html
菅江真澄『菅江真澄遊覧記』三、東洋文庫、平凡社、一九六七年
——『菅江真澄全集一 日記Ⅰ』内田武志・宮本常一編、未來社、一九七一年
——『同三 日記Ⅲ』内田武志・宮本常一編、未來社、一九七二年
——『同一〇 随筆』内田武志・宮本常一編、未來社、一九七四年
——『同五 地誌Ⅰ』内田武志・宮本常一編、未來社、一九七五年
——『同六 地誌Ⅱ』内田武志・宮本常一編、未來社、一九七六

年
――『同七 地誌Ⅲ』内田武志・宮本常一編、未來社、一九七八年
――『同八 地誌Ⅳ』内田武志・宮本常一編、未來社、一九七九年
菅原範夫「中世文書に見る地域言語」『国語国文』68（5）、一九九九年
菅原義三編『小学国字考』一九七八年
――編『小学国字考』補完版、一九八七年
――編『国字の字典〔付 増補・索引〕』飛田良文監修、東京堂出版、一九九〇年
杉尾毅「[水と人と] 胞衣川水源　大地の恵み、安産祈願＝熊本」『西部読売新聞』二〇〇六年五月一七日付朝刊二九面
杉本つとむ・木村義之『斉東俗談の研究　影印・索引』おうふう、一九九五年
杉山滋編『旭地区土地宝典』1　帝国市町村地図刊行協会、一九六三年
杉山博校訂『小田原衆所領役帳』近藤出版社、一九六九年
鈴鹿連胤『神社覈録 下編』皇典研究所、一九〇二年
鈴木勝忠編『雑俳語辞典』東京堂出版、一九六八年
鈴木博『妙本寺蔵永禄二年いろは字　影印・解説・索引』清文堂出版、一九七四年
『静嘉堂文庫本　運歩色葉集』白帝社、一九六一年
「節用集（易林本）」与謝野寛等編『日本古典全集』日本古典全集刊行会、一九二五～二六年
『節用集大系』二一～六〇、大空社、一九九四年
全国市町村会調査部編『全国市町村字名総攬――最新改正版 官公庁学校一覧』全国市町村会調査部、一九四九年
全国神社名鑑刊行会史学センター編『全国神社名鑑』全国神社名鑑刊行会史学センター、一九七七年
川内郷土史編さん委員会編『川内市史』上巻、川内市、一九七六年　国立国会図書館デジタルコレクション https://dl.ndl.go.jp/info:ndljp/pid/9769622/1/104
『宋書』二八～二九、第一八三頁
『増訂豆州志稿』巻之1-13、（秋山章纂修・萩原正平増訂）、一八八八～一八九六年
『続六合村誌』（続六合村続編纂委員会編）、中之条町、二〇一五年
『タウンページ　東京都墨田区』東日本電信電話（NTT東日本）、一九八六年
高田智和「文字さんぽ　材」『国語研の窓』三七、二〇〇八　国立国語研究所 https://kotobaken.jp/mado/37/37-05/
多賀町史編さん委員会編『多賀町史』上巻、多賀町、一九九一年
――『多賀町史』別巻、多賀町、一九九五年
高梨公之『名前のはなし』東京書籍、一九八一年
高信幸男編『難読稀姓辞典』日本加除出版、一九九三年
高橋忠彦「国訓の構造――漢字の日本語用法について（上）」『東京学芸大学紀要　第2部門　人文科学』51、二〇〇〇年
高橋忠彦・高橋久子「国訓考証五則」『国語文字史の研究』六、和泉書院、二〇〇一年
高橋忠彦・高橋久子・古辞書研究会編著『意味分類体辞書の総合的研究』武蔵野書院、二〇二一年
高橋久子「易林本節用集と新撰類聚往来」『東京学芸大学紀要2部門』49、一九九八年
高橋文雄『山口県地名考――市町村名大字名の由来と語源』山

口県地名研究所、一九七八年
――『続　山口県地名考――部落名小字名の由来と語源』山口県地名研究所、一九七九年
高橋実「越後小泉蒼軒宛馬琴書簡五通」『近世文藝』三三、日本近世文学会、一九八〇年
滝澤主税編『明治初期長野県町村絵地図大鑑』郷土出版社、一九八五年
――編『明治初期長野県町村字地名大鑑』長野県地名研究所、一九八七年
竹内理三編『平安遺文』1～11、東京堂出版、一九四七～一九六七年
――編『鎌倉遺文　古文書編33』東京堂出版、一九八七年
竹之内信男『珍姓さん登場』竹之内信男、二〇一六年
『武生市史　資料編』「小字名一覧」武生市役所、一九八二年
田子了祐「「西の国の人」は「佛」――寺院文書に見る異体字について」『頸城文化』43、一九八五年
橘千蔭『万葉集略解』20巻、東壁堂永楽屋東四郎ほか一名、一八一二年
立山町編『立山町史』立山町、一九七七～一九八四年
田中利樹「方言漢字の研究」京都府立大学卒業論文、二〇二二年
田中ゆかり『日本のことばシリーズ14　神奈川県のことば』明治書院、二〇一五年
田中芳男編・藤野富之助補輯『水産名彙（大日本水産會報第227-237号附録）』大日本水産會、一九〇一年　http://nrifs.fra.affrc.go.jp/book/D_archives/2011DA021.html　http://nrifs.fra.affrc.go.jp/book/D_archives/2011DA021/images/00012.jpg
谷川健一編『民俗地名語彙事典』三一書房、一九九四年
――『谷川健一全集　第一六巻　地名3―列島縦断　地名逍遥』冨山房インターナショナル、二〇一二年
田部井文雄・菅野禮行・江連隆・土屋泰男編『社会人のための漢詩漢文小百科』大修館書店、一九九〇年
田村哲夫『山口県地名明細書』（復刻版）、マツノ書店、一九九九年
多和田真助『沖縄　姓名と風土』沖縄タイムス社、一九八三年
「「タワ」、「ダワ」の付く地名はどんな場所なのか。また、具体的にどんな地名があるのか。」国立国会図書館『レファレンス協同データベース』（「レファレンス事例詳細」）https://crd.ndl.go.jp/reference/detail?page=ref_view&id=1000184919
『丹波通辞』正宗敦夫編『日本古典全集　片言　物類称呼　浪花聞書　丹波通辞』日本古典全集刊行会、一九三一年
「地名こぼれ話9　なぶられたらかなわん「嬲沢（なぶりざわ）（2）」」koba0333ブログ「壁紙自然派」（二〇一七年二月一一日）https://plaza.rakuten.co.jp/kabegamimura/diary/201702110000/
「地名こぼれ話26「ソリ地名」の数々「橇・轌・反・曽利・・・」」koba0333ブログ「壁紙自然派」（二〇一七年三月一五日）https://plaza.rakuten.co.jp/kabegamimura/diary/201703150001/
『中国歴史地名大辞典』劉鈞仁原著／塩英哲編著、凌雲書房、一九八〇年
張涌泉『漢語俗字叢考』中華書局、二〇〇〇年

張振興・何瑞『全国漢語方言用字表稿』中国社会科学出版社、二〇二三年
『長宗我部地検帳』高岡郡 下の2、高知県立図書館、一九六四年
千代田町役場編『千代田町史の資料から』広島県千代田町、一九九七年
曺喜澈《チョヒチョル》「韓国の字典における日本国字」『中央大学国文』36、一九九三年
塚田雅樹「「作ヶ畬（さくがあらく）」考——地形図に現れた小地名の異体字に関する考察」『日本漢字学会報』1、二〇一九年
——「登記情報提供サービスに見える地名外字——Unicodeに見えない例を中心に」『日本漢字学会報』2、二〇二〇年
——「登記・供託オンライン申請システムに現れる地名を表すUnicode未符号化文字」『日本漢字学会報』4、二〇二二年
塚本学「尾張藩の水支配機構について」『徳川林政史研究所研究紀要』徳川黎明会、一九七一年
築島裕編『平安時代の漢文訓読語につきての研究』東京大学出版会、一九六三年
——『訓点語彙集成』汲古書院、二〇〇七~二〇〇九年
津田正生『尾張国地名考』一八一六年、愛知県海部郡教育会、一九一六年
筒井功『アイヌ語地名の南限を探る』河出書房新社、二〇二〇年
鶴久・森山隆編『万葉集』桜楓社、一九七七年
鶴嶋俊彦「肥後の栫（カコイ）」『南九州の城郭』23、南九州城郭談話会、二〇〇五年
鶴田町町誌編纂委員会編『鶴田町誌』鶴田町、一九七九年
鄭賢章『《新集蔵経音義随函録》研究』湖南師範大学出版社、二〇〇七年
「天間林村史」編纂委員会編『天間林村史』上下巻、天間林村、一九八一年
天理大学附属天理図書館編『新天理図書館善本叢書　7　和名類聚抄 高山寺本』天理大学出版部、二〇一七年
土井浩「「湘南」はどこか」『有鄰』389、有隣堂、二〇〇〇年　Web版「有鄰」https://www.yurindo.co.jp/static/yurin/back/389_4.html
東北町史編纂委員会編『東北町史』下Ⅰ、東北町、一九九四年
當山日出夫「京都における「葛」と「祇」の使用実例と「JIS X 0213:2004」——非文献資料にもとづく考察」『情報処理学会研究報告人文科学とコンピュータ』57、二〇〇六年
戸川芳郎監修『全訳漢辞海 第四版』三省堂、二〇一七年
『都幾川村史　地理編』都幾川村、一九九九年
徳川宗賢監修『日本方言大辞典』小学館、一九八九年
所三男『近世林業史の研究』吉川弘文館、一九八〇年
鳥栖市史編纂委員会編『鳥栖市史資料編』三、鳥栖市役所、一九七一年
栃木県史編さん委員会編『栃木県史　通史編　近現代1』栃木県、一九八二年
——編『栃木市史　通史編』栃木市、一九八八年
『土地宝典（下田市）』一九八九年
鳥取県湯梨浜町立図書館「「山」の下に「川」？　果たして何と読む?」『本の広場』鳥取県湯梨浜町立図書館「広報ゆりはま」、二〇〇九年八月号 https://www.yurihama.jp/kouhou/21/21-8/

都丸十九一『地名のはなし――群馬の地名のルーツを探る』煥乎堂、一九八七年

富永春部纂述／富永準清校『和名抄諸国郡郷考』近藤活版所、一八八七年

富本時次郎編『帝国地名大辞典』又間精華堂、一九〇三年

富山県編『富山県史 史料編4 近世 中』富山県、一九七八年

富山県立山博物館編「立山の地母神――おんばさま」富山県立山博物館、二〇〇九年

内務省地理局編纂物刊行会編『内務省地理局編纂善本叢書24 郡区町村一覧――明治前期地誌資料』ゆまに書房、一九八五年

――編『内務省地理局編纂善本叢書31 明治前期地誌資料 復刻31 明治前期全国村名小字調査書』2、ゆまに書房、一九八六年

長井澄明『翻訳作文用字群玉』一八七七年

中嶋逞「『大日本海岸実測図』の紹介と岬角名への埼の使用について」『水路部技報』6、海上保安庁、一九八八年

中島町史編集委員会編『石川県中島町史 資料編』中島町、一九六六年

中田祝夫『文明本節用集研究並びに索引』所収影印、勉誠出版、一九七〇年

――「日本の漢字」大野晋・丸谷才一編『日本語の世界』四、中央公論社、一九八二年

中田祝夫・北恭昭編『倭玉篇 研究並びに索引』風間書房、一九六六年

中田祝夫・根上剛士『中世古辞書四種研究並びに総合索引』風間書房、一九七一年

長野県編『長野縣町村誌 東信篇』明治文献、一九七三年

――『長野縣町村誌 北信篇』明治文献、一九七三年

「『中の垰隧道（なかのたおずいどう）』と、それをつくった沖田嘉一について知りたい。」国立国会図書館『レファレンス協同データベース』（「レファレンス事例詳細」）https://crd.ndl.go.jp/reference/modules/d3ndlcrdentry/index.php?page=ref_view&id=1000241288

中道等『甲地村史――講和記念』甲地村、一九五一年

中村高平『駿河志料』6、静岡郷土研究会、一九三〇年

中村達太郎著『日本建築辞彙』丸善、一九〇六年

中村喜時ほか著『日本農書全集』一、農山漁村文化協会、一九七七年

中山信名編『新編常陸国誌』上、積善堂、一八九九年

長与町教育委員会『ふるさと今昔ものがたり 長与町まるわかり本』二〇一九年 http://www.bestyle-web.info/new_nagayo/machi_syokai/rekishi/konjyaku/pdf/nagayo_maruwakari.pdf.pdf

夏目漱石「吾輩は猫である」『ホトトギス』一九〇五年

名取市史編纂委員会編『名取市史』名取市、一九七七年

七北田村誌編纂委員会編『七北田村誌』七北田村、一九五三年

七戸町史刊行委員会編『七戸町史』2、七戸町、一九八四年

奈良県史編集委員会編『奈良県史』14、名著出版、一九八五年

奈良国立文化財研究所『奈良国立文化財研究所史料5――平城宮木簡1』奈良国立文化財研究所、一九六六年

奈良文化財研究所『木簡庫』（「備前国赤坂郡周匝郷調鍬十口天平十七年十月廿日」）https://mokkanko.nabunken.go.jp/ja/6AABUS48001423

西岡芳文「建長寺の学問――玉隠英璵を中心に」村井章介編『東

アジアのなかの建長寺――宗教・政治・文化が交叉する禅の聖地』勉誠出版、二〇一四年
西尾寿一『鈴鹿の山と谷』1、ナカニシヤ出版、一九八七年
西井辰夫『「しんにょう」がついている国字 不思議な字「辷」不死身な字「込」』幻冬舎、二〇一八年
西嶋佑太郎「「杁」という字について」『漢字教育研究』9、二〇〇八年
――『医学をめぐる漢字の不思議』大修館書店、二〇二二年
西田英明「「いたち川」川名由来についての試論――鉄の視点から」『歴史民俗資料学研究』20、神奈川大学院歴史民俗資料学研究科、二〇一五年
「二十万分の一地勢図基準自然地名集」(フロッピー版) 日本地図センター、一九九一年・一九九三年
日外アソシエーツ編『現代日本地名よみかた大辞典』日外アソシエーツ、一九八五年
――編『河川名よみかた辞典』日外アソシエーツ、一九九一年
似鳥雄一「一天下「天狗流星」に「閑」る――中世の隕石落下とそのインパクト」『多元文化』三、二〇一四年
日本加除出版部編『日本行政区画便覧』日本加除出版、一九〇一～
日本瓦斯「最終保障供給約款」、二〇一九年 https://www.nihongas.co.jp/resource/clause/201910saisyuhosyo.pdf
日本経済史研究所編『日本経済史辞典』上・下巻［別冊］、日本評論社、一九四〇年
日本経済史研究所編『日本経済史辞典』日本評論新社、一九五四年
日本鉱業史料集刊行委員会編『日本鉱業史料集』近世篇、白亜書房、一九八六年
日本史用語大辞典編集委員会編『日本史用語大辞典』柏書房、一九七八年
日本情報処理開発センター『情報交換のための漢字符号の標準化に関する調査研究報告書』日本情報処理開発センター、一九七六年
日本書房編『日本地名大辞典』六、日本書房、一九三八年
日本地名学研究所編『日本歴史地名総索引』名著出版、一九八〇年
――編『補訂大和地名大辞典』名著普及会、一九八四年
日本林業技術協会編『林業百科事典』丸善出版、一九七五年
日本歴史大辞典編集委員会編『日本歴史大辞典』河出書房新社、一九八五年
丹羽基二『角川小辞典14 姓氏の語源』角川書店、一九八一年
――『日本姓氏大辞典』角川書店、一九八五年
――『日本姓氏大辞典 表記編』角川書店、一九八五年
――『日本の苗字おもしろ雑学』日東書院、一九八九年
――『難姓・難地名事典』新人物往来社、一九九四年
――『人名・地名の漢字学』大修館書店、一九九四年
――『日本の苗字読み解き事典――先祖を知り歴史を知る』柏書房、一九九四年
――『別冊歴史読本 日本全国苗字おもしろ風土記』(丹羽基二執筆) 一九九五年
――「おもしろ珍姓・難姓・奇姓百科」『歴史読本』一九九六年一六号
――『続難読姓氏・地名大事典』新人物往来社、二〇〇五年

「「垈」読める？ 意味は？ 山梨にしかない漢字、ルーツ探ってみた」朝日新聞社『with news』、二〇一八年七月一九日 https://withnews.jp/article/f0180719000qq00000000000000G00110601qq000017525A”
農商務省農務局編纂課 編『水産俗字集』大日本水産會、一八八七年
農林省山林局編『日本林制史資料』一九七一年
――編『徳川時代に於ける林野制度の大要』林野共済会、一九五四年
「能登国四郡公田田数目録案（能登国大田文）」石川県立図書館「SHOSHO ISHIKAWA」https://www.library.pref.ishikawa.lg.jp/shosho/detail/orgn/B101001578
野中準等編『大日本租税志』金沢税務調査会、一九〇八年
野間光辰編『新修京都叢書 二一 京都坊目誌』臨川書店、一九七六年
芳賀勝助編『近世古文書辞典 米沢領』国書刊行会、一九八八年
『幕末・明治日本国勢地図 初版 輯製 二十万分一図集成』柏書房、一九八三年
長谷川典夫「名取・閖上」山口恵一郎ほか編『日本図誌大系 北海道・東北Ⅱ』朝倉書店、一九八〇年
秦野市・中井町・二宮町・大磯町広域行政推進協議会湘南軽便鉄道1世紀記念事業専門部会編『湘南を走った小さな汽車』同協議会、二〇一三年
蜂谷清人「和製漢字「峠」をめぐって」『日本語学』7（1）、明治書院、一九八八年
塙保己一編『群書類従』10、経済雑誌社、一八九三～一八九四年
羽原又吉『日本漁業経済史』中、岩波書店、一九五三年
林道春『多識編』5、一六四九年
原安雄『周防大島方言集』中央公論社、一九四三年
「汎用電子情報交換環境整備プログラム成果報告書」二〇〇四～二〇〇九年
東恩納寛惇『南島風土記――沖縄・奄美大島地名辞典』沖縄文化協会、一九五〇年
東川雅彦・坂倉淳・高橋宏明「囁語における高低の知覚――加工音による実験」『音声言語医学』38（2）、日本音声言語医学会、一九九七年
東広島郷土史研究会編『東広島の歴史事典』東広島郷土史研究会、一九九七年
樋口雄彦「近世・近代移行期の治水行政と土木官僚――静岡藩水利路程掛とその周辺」『国立歴史民俗博物館研究報告』203、二〇一六年
兵庫県地名研究会編『兵庫県小字名集Ⅲ 西播磨編』神文書院、一九九四年
「表示できない漢字」『津々堂のたわごと日録』、二〇一九年九月二日 https://blog.goo.ne.jp/shinshindoh/e/195443b4d68ca5d7abecfa8b7968fd27
平泉町史編纂委員会編『平泉町史 史料編』一、平泉町、一九八五年
昼間竹雄「浮塚・圷の史跡巡り」『八潮市郷土研究会紀要 跡標』15、二〇〇八年
比留間直和「朝日字体の時代 24」『ことばマガジン』朝日新聞デジタル、二〇一五年四月二九日 http://www.asahi.com/

special/kotoba/archive2015/moji/20150426000001.html
広島市編『安佐町史』広島市、一九七七年
広瀬誠『立山黒部奥山の歴史と伝承』桂書房、一九八四年
福岡県編『福岡県史資料』六、福岡県、一九三六年
福岡県庶務課別室史料編纂所編『福岡県史料叢書』七、福岡県庶務課別室史料編纂所、一九四九年
福神和三『最近検定市町村名鑑 昭和18年版』文録社、一九四二年
藤田黎三「『軸』の文字考（1）（2）」『美濃民俗』497～498、美濃民俗文化の会、二〇〇七年
藤谷和彦編著『改訂周防大島町地名（穂ノ木）考』藤谷和彦、二〇〇五年
復旦大学・京都外国語大学編『漢語方言大詞典』中華書局、一九九九年
舟木伝内著／米田尚史編・見瀬和雄校訂『料理無言抄――加賀藩お抱え料理人舟木伝内の食材百科』能登印刷出版部、二〇一六年
文化庁編『常用漢字表の字体・字形に関する指針　文化審議会国語分科会報告（平成28年2月29日）』三省堂、二〇一七年
平凡社編『大辞典』平凡社、一九三四～一九三六年
――『日本歴史地名大系1 北海道の地名』平凡社、二〇〇三年
――『同2 青森県の地名』平凡社、一九八二年
――『同5 秋田県の地名』平凡社、一九八〇年
――『同10 群馬県の地名』平凡社、一九八七年
――『同11 埼玉県の地名』平凡社、一九九三年
――『同12 千葉県の地名』平凡社、一九九六年
――『同16 富山県の地名』平凡社、一九九四年
――『同17 石川県の地名』平凡社、一九九一年
――『同19 山梨県の地名』平凡社、一九九五年
――『同22 静岡県の地名』平凡社、二〇〇〇年
――『同23 愛知県の地名』平凡社、一九八一年
――『同26 京都府の地名』平凡社、一九八一年
――『同29－1 兵庫県の地名』平凡社、一九九九年
――『同32 鳥取県の地名』平凡社、一九九二年
――『同33 島根県の地名』平凡社、一九九五年
――『同34 岡山県の地名』平凡社、一九八八年
――『同35 広島県の地名』平凡社、一九八二年
――『同36 山口県の地名』平凡社、一九八〇年
――『同40 高知県の地名』平凡社、一九八三年
――『同44 熊本県の地名』平凡社、一九八五年
――『同46 宮崎県の地名』平凡社、一九九七年
北海道教育研究所編『北海道教育史』一、北海道教育研究所
堀健彦編『平安越後古図集成』新潟大学「大域的文化システムの再構築に関する資料学的研究」プロジェクト、二〇〇八年
堀井令以知「資料　対馬方言一九五〇年の調査研究」『関西外国語大学・関西外国大学短期大学部研究論集』73、二〇〇一年
堀江秀雄編『国字改良論纂』金港堂書籍、一九〇二年
堀川貴司『瀟湘八景――詩歌と絵画に見る日本化の様相』臨川書店、二〇〇二年
本川根町史編集委員会編『本川根町史』本川根町、一九八〇年
本馬貞夫「大津波を表す地名「閖上（ゆりあげ）」」『長崎学Web学会』長崎県文化振興課　http://tabinaga.jp/tanken/view.php?hid=20110801140449
前橋市教育委員会編『前橋市民俗文化財調査報告書3　前橋南

部の民俗——上川淵・下川淵・旧木瀬地区』一九九三年
松浦武四郎『校訂蝦夷日誌　1〜3編』北海道出版企画センター、一九九九年
松尾俊郎「自然堤防にちなむ地名——とくに〝曽根〟の地名を中心に」駒沢大学地理学会『駒澤地理』10駒澤大学文学部地理学教室、一九七四年
——「崖を意味する地名」『新地理』1（2）、一九五二年
——『集落・地名論考』松尾俊郎教授出版記念会、一九六三年
——『日本の地名——歴史のなかの風』新人物往来社、一九七六年
松尾幸忠「瀟湘考」『中国詩文論叢』14、中国詩文研究会、一九九五年
松崎慊堂著／山田琢訳注『慊堂日暦』一〜六東洋文庫　一九七〇〜一九八三年
松永守道「蒲生人物伝」第一集（栫木六左衛門）http://www.kamou.co.jp/tengaramon/jinbutu/jinbuthu12.htm
松永美吉著／日本地名研究所編『民俗地名語彙事典』ちくま学芸文庫、二〇二一年
『マップルリング　中部道路地図』昭文社、一九九五年
松本雅明監修『肥後読史総覧』鶴屋百貨店、一九八三年
三浦勝男編『鎌倉の地名由来辞典』東京堂出版、二〇〇五年
三浦真厳編『須磨寺「當山歴代」』須磨寺塔頭正覚院、一九八九年
三重県立四日市商業高等学校「平成三〇年度 学校要覧」二〇一八年
みくまり・よつやな『八潮市垳の本　垳ときどき桁?』キュウリの血と肉、二〇二二年
美里町史編纂委員会編『美里町史　通史編』美里町、一九八六年
三矢重松『国語の新研究』中文館書店、一九三二年
『南足柄市史』全9巻+別冊1・2、南足柄市、一九八八〜一九九〇年
峰岸明『平安時代古記録の国語学的研究』東京大学出版会、一九八六年
宮城郡教育会編『宮城郡誌』宮城郡教育会、一九二八年
宮城県史編纂委員会編『宮城県史 24 資料篇 2』宮城県史刊行会、一九五四年
——『宮城県史 32 資料篇 9』宮城県史刊行会、一九七〇年
『宮崎県林政史資料』小寺鉄之助編著、宮崎県、一九六四年
『宮崎県山林沿革資料』小寺鉄之助校訂、宮崎県史料編纂会、一九六五年
宮田憲誠『京急電鉄　明治・大正・昭和の歴史と沿線』JTBパブリッシング、二〇一五年
宮本又次『上方と坂東』青蛙房、一九六九年
宮本洋一『日本姓氏語源辞典』https://name-power.net
三輪昭次『愛漢字爺の写真集——70爺さんが青春18切符と脚で集めた漢字の写真集』自主出版、二〇一九年
民俗学研究所編『綜合日本民俗語彙』平凡社、一九五五〜一九五六年
向原町誌編さん委員会編『向原町誌』向原町、一九九二年
『武蔵国郡村誌』（埼玉県編）埼玉県立図書館、一九五三〜一九五五年
『南路誌』（武藤致和・高知県立図書館編）、高知県立図書館、一九九一年

邨岡良弼『日本地理志料』一八～二〇東陽堂、一九〇二～一九〇三年
——『続日本後紀纂詁』3～4近藤出版部、一九九二年
村上市編『村上市史』村上市、一九八九年～
村田了阿編ほか『俚言集覧』中巻、皇典講究所印刷部、一八九九～一九〇〇年
森岡浩『47都道府県・名字百科』丸善出版、二〇一九年
——「方言漢字の名字「釜萢」」『森岡浩の人名・地名 おもしろ雑学』日本実業出版社サイト、二〇二〇年七月六日 https://www.njg.co.jp/column/column-33219/
——『全国名字大辞典』東京堂、二〇一一年
森田柿園著／石川県図書館協会編纂『越中志徴』上下巻、富山新聞社、一九五一年
森田誠一編『原典による近世農政語彙集』塙書房、一九六五年
森本一瑞『肥後国誌』下 九州日日新聞社印刷部、一九一七年
毛呂権蔵（義郷）著『上野国志』環水堂、一九一〇年
諸橋轍次『大漢和辞典』巻一～一三、大修館書店、一九五六年
——『同』十一、大修館書店、一九五九年
やごいにーにー「稀少地名漢字探訪レポ 1 はぶの木池」二〇一五年二月三日ニコニコ動画 https://www.nicovideo.jp/watch/sm25490614
八潮市教育委員会編『八潮の金石資料』八潮市教育委員会、一九七六年
八潮市立資料館編「第四一回企画展 明治一五〇年記念展示二 近代日本の成立と八潮」八潮市立資料館、二〇一九年
安岡孝一「人名用漢字の新字旧字 第80回「媛」と「媛」」『三省堂 Dictionaries & Beyond WORD-WISE WEB』、二〇一一年一月二七日 https://dictionary.sanseido-publ.co.jp/column/第80回-「媛」と「媛」
泰阜村誌編さん委員会『泰阜村誌』上・下巻、泰阜村、一九八四年
八千代町史編纂委員会編『八千代町史』八千代町、一九九〇年
八東村史編纂員会編『八東村史』八東村、一九八二年
柳田国男『遠野物語』一九一〇年 青空文庫
——編『山村語彙』大日本山林会、一九三二年
——『産育習俗語彙』愛育会、一九三五年
——『地名の研究』古今書院、一九三六年
——『分類農村語彙』信濃教育会、一九三七年
——『柳田国男先生著作集 山の人生』実業之日本社、一九四七年
——『柳田国男全集』筑摩書房、一九九九年
柳田国男・倉田一郎『分類漁村語彙』民間伝承の会、一九三八年
矢吹金一郎校『作陽誌』西作誌中 作陽古書刊行会、一九一二～一九一四年
山形県郷土研究会編『山形県地名録』山形県郷土研究会、一九三八年
山口恵一郎『地図と地名』古今書院、一九七四年
山口恵一郎・楠原祐介編『難読地名辞典』東京堂出版、一九七八年
山口弥一郎『開拓と地名——地名と家名の基礎的研究』日本地名学研究所、一九五七年
山崎諭『郷土の地名考——長崎県北高来郡小長井村・北高来郡高来町・諫早市小野・北高来郡森山村』日本地名学研究所、

一九六〇年
山崎豊子『大地の子』文藝春秋、一九九一年
山下真里「熊本で「圣」を探して」『漢字之窓』(2)、二〇二二年
山科言継『新訂増補　言継卿記一』、続群書類従完成会、一九六六年
山科の歴史を知る会編『山科・地図集成』山科の歴史を知る会、二〇一六年
山田武麿・萩原進編『群馬県史料集六　日記篇（Ⅱ）』群馬県文化事業振興会、一九七一年
山田忠雄『近代国語辞書の歩み——その摸倣と創意と』下、三省堂、一九八一年
山田美妙編『日本大辞書』日本大辞書発行所、一八九三年
山田康弘編『熊本の近世用語事典』自主出版、一九八六年
「山梨）「垈」は山梨独自の漢字?」『朝日新聞デジタル』二〇一七年一二月九日山梨版
山梨県「日本住血吸虫病の有病地の指定」山梨県告示第百四十六号　昭和六十年四月一日
山梨県総務課編『山梨県例規集』帝国地方行政学会、一九四九年
「山梨県地方活力向上地域特定業務施設整備推進計画」（地域再生法に基づく地域再生計画の第三四回認定）、内閣官房・内閣府総合サイト「地方創成」、二〇一五年一一月二七日 https://warp.da.ndl.go.jp/info:ndljp/pid/11637531/www.kantei.go.jp/jp/singi/tiiki/tiikisaisei/dai34nintei/plan/a012.pdf（リンク切れ）
山本佳奈『「よどみ」の表記に見る人々の意識と習慣』早稲田大学修士論文、二〇二〇年
山本修之助編『佐渡の民謡』地平社書房、一九三〇年
雄山閣編輯局編『大日本地誌大系』39、雄山閣、一九三一～一九三三年
遊林子詠嘉編『反故集』近世文学書誌研究会編『近世文学資料類従 古俳諧編47』勉誠社、一九七六年
湯沢市教育委員会編『佐竹南家御日記』巻一～巻一四、湯沢市、一九九五年
横山詔一・高田智和・米田純子「東京山の手と葛飾・葛西における文字生活の地域差」『じんもんこん2006論文集』情報処理学会、二〇〇六年
吉田克彦『湘南讃歌』江ノ電沿線新聞社、二〇〇六年
吉田茂樹『日本地名語源事典』新人物往来社、一九八一年
——『日本地名大事典コンパクト版（下）』新人物往来社、二〇〇五年
吉田東伍『増補大日本地名辞書』冨山房、一九〇〇～一九〇七年
——『同』冨山房、一九六九～一九七一年
吉原健一郎・俵元昭・中川恵司編児玉幸多監修『復元・江戸情報地図』朝日新聞出版、一九九四年
吉本明弘「城館用語に見る戦国期の島津氏領国——「栫」を事例として」『南九州城郭研究』3、南九州城郭談話会、二〇〇五年
——「城館用語から見る南九州の地域性」齋藤慎一編『城館と中世史料 機能論の探求』高志書院、二〇一五年
四日市市編『四日市市史 第四巻 史料編文化財』四日市市、一九八九年
四街道市史編さん委員会編『四街道の歴史』7、四街道市教育

委員会、二〇〇九年
四街道市立図書館『地区探訪』四街道市立図書館、二〇一九年
読売新聞社会部編『日本語の現場』二、読売新聞社、一九七六年
——『同』一、読売新聞社、一九七五年
「読みは「ぬた」山梨だけで使われる「垈」の漢字」ウェブサイト『ライブドアニュース編集部』二〇一八年七月一九日 https://news.livedoor.com/article/detail/15032075/（リンク切れ）
『来迎山伝法院　仰願寺誌』第二版、二〇二二年
羅氏原著／北川博邦編『偏類碑別字』雄山閣出版、一九七五年
陸明君『魏晋南北朝　碑別字研究』文化藝術出版社、二〇〇九年
「立志山大雄寺（小諸善光寺）　長野県小諸市」ブログ『LOTUS 御朱印紀行2』二〇一八年一一月二九日 https://tamalotus2.exblog.jp/27690114/
劉復・李家瑞『宋元以來俗字譜』中央研究院歴史語言研究所、一九九二年
冷玉龍編『中華字海』中華書局・中国友誼、一九九四年
若一光司『大阪 地名の由来を歩く』ベスト新書、ベストセラーズ、二〇〇八年
和歌山県有田郡編『和歌山県有田郡誌』一九一五年
若山浩章「椨について」『宮崎県地域史研究』12・13合併号、宮崎県地域史研究会、一九九九年
脇野博「基調講演——日本における森林資源開発と森林鉄道の展開・衰退」『高知人文社会科学研究』四、二〇一七年
和田精二「湘南に関する考察」ウェブサイト『湘南遺産』NPO法人湘南遺産プロジェクト http://shonanisan.net/「湘南」に関する考察
渡部景一『続「梅津政景日記」読本——秋田藩の自然と文化』無明舎出版、二〇一六年
渡辺光等編『日本地名大事典6　東北』朝倉書店、一九六七年
渡辺光・木内信蔵・山口恵一郎・式正英・正井泰夫・竹内啓一編『世界地名大事典6　アジア・アフリカ　I』朝倉書店、一九七四年
『이미지뷰어 - 불교학술원 아카이브』 https://kabc.dongguk.edu/viewer/view?dataId=ABC_IT_K0106_T_003&imgId=009_0383_a【
Holm, David. *Mapping the Old Zhuang Character Script: A Vernacular Writing System from Southern China*. Leiden:Brill Academic Pub, 2013
Macgowan, John. *A Collection of Phrases in the Shanghai Dialect: Systematically Arranged*. Shanghai:Presbyterian Mission Press, 1862

＊　＊　＊

「WEB版デジタル伊能図」河出書房新社・東京カートグラフィック【お試し版 https://adeac.jp/ino-demo/top/】
srd「埼玉県の小字」 https://wiki3.jp/srd2
NHK総合「健康長寿！　山梨のおなまえ」『ネーミングバラエティー　日本人のおなまえっ！』二〇二〇年二月二七日放送
NHK鳥取放送局『いろ★ドリ＋』サイト「いろ★ドリ」動画、二〇二二年三月七日放送 https://www.nhk.or.jp/tottori/irodoriplus/details/irp220307.html（リンク切れ）

岡山県神社庁サイト（岡山県神社検索）「泉いわ神社」 https://www.okayama-jinjacho.or.jp/search/16968/
「稀少地名漢字リスト」 http://pyrite.s54.xrea.com/timei/
近畿中国森林管理局ウェブサイト「大杉谷の自然」 https://www.rinya.maff.go.jp/kinki/mie/mori-enjoy/oosugidani.html
熊本県美里町公式ウェブサイト https://www.town.kumamoto-misato.lg.jp/
国税庁法人番号公表サイト https://www.houjin-bangou.nta.go.jp/ 二〇二〇年一二月八日アクセス
全国Q地図ウェブサイト https://info.qchizu.xyz/
道教學術資訊網站 涵芬樓道藏資料庫 http://www.ctcwri.idv.tw/CTCW-HFL000.htm
南国市役所情報政策課「使い方ガイド【機種依存文字の使用について】」二〇二三年五月一日 https://www.city.nankoku.lg.jp/life/life_dtl.php?hdnSKBN=C&hdnKey=322
沼田市教育部文化財保護課文化財保護係「吹割渓ならびに吹割瀑」二〇一六年五月二三日 http://www.city.numata.gunma.jp/kyouiku/bunkazai/ichiran/kuni/1000915.html
能登 鉇打ふるさとづくり協議会サイト http://natauchi.com/
延岡市立三椪小学校サイト https://cms.miyazaki-c.ed.jp/1741/
伯耆町公式ウェブサイト「伯耆町の紹介」 https://www.houki-town.jp/new1/1/1
町田市／町田デジタルミュージアム https://adeac.jp/machida-digital-museum/top/
谷田部町『1:50,000 chikeizu』国土地理院、Stanford Digital Repositoryhttps://purl.stanford.edu/xb080fh8320
山梨県知事政策局二拠点居住推進グループ「土地に関する情報の提供（地価調査、地価公示、土地売買等の届出）」 https://www.pref.yamanashi.jp/nikyoten/85669782264.html
有限会社あぜみち http://www.azemichi.net/wagaya/wagaya_14.htm（リンク切れ）
ラジオ関西トピックス「熊本県の駐車場でよく見る謎文字『圣』って?」、二〇二三年二月一日 https://jocr.jp/raditopi/2023/02/01/479945/
林野庁東北森林管理局朝日庄内森林生態系保全センター「朝日庄内いきもの図鑑」 https://www.rinya.maff.go.jp/tohoku/syo/asahi/shasinkan/hisi.html
和歌山県神社庁オフィシャルサイト「嵓上神社〈いわがみじんじゃ〉」 http://wakayama-jinjacho.or.jp/jdb/sys/user/GetWjtTbl.php?JinjyaNo=6048

＊　＊　＊

他にも、多くの方々やさまざまな情報媒体より恩恵を受け、一次資料に当たり直すことができました。感謝申し上げます。

総画索引

(1) 本事典の見出し字のほか、本文中に現れる方言漢字の類も適宜収録し、総画数順に配列した。同画数内の漢字では部首内画数の順に配列した。
(2) 見出し字として掲載されたページは＊印で示した。

4画

部首別索引

(1) 本事典の見出し字のほか、本文中に現れる方言漢字の類も適宜収録し、部首の画数順に配列した。同じ部首の漢字は画数順に配列し、画数を付した。
(2)「扌」の漢字は「手部」(4画)、「氵」は「水部」(4画)、「犭」は「犬部」(4画)、「艹」は「艸部」(6部)、「辶」は「辵部」(7画)、「阝(左)」は「阜部」(8画)に記載した。
(3) 見出し字として掲載されたページは＊印で示した。

音訓索引

(1) 本事典の見出し字120字のほか、本文中に現れる方言漢字の類も適宜収録し、五十音順に配列した。同じ読みの漢字は画数順に配列し、画数を付した。一部連濁形および歴史的仮名遣いも示した。
(2) 音読みはカタカナ、訓読みはひらがなで示した。
(3) 見出し字として掲載されたページは＊印で示した。

【あ】

【か】

写真提供者一覧（敬称略）

p.2 圷：よねざわいずみ／p.4 安：笹原宏之／p.8 畬：塚田雅樹／p.10 咾(2点)：幕別町・小林雄貴／p.12 独：塚田雅樹／p.13 茨：小林 肇／p.14 杁：笹原宏之／p.18 啌：domino／p.19 箞(2点)：寒鱒／p.21 媼：domino／p.22 褜：笹原宏之／p.24 蛯：笹原宏之／p.27 咾：笹原宏之／p.30 硴：domino／p.31 垳：笹原宏之／p.33上段 垳：笹原宏之／p.33下段 垳：昼間良次／p.37 桛：domino／p.39 硨：伊貝秀一／p.42 耆：domino／p.43 砧：髙橋 均／p.45 椡：よねざわいずみ／p.47 頚：西嶋佑太郎／p.48 峅：domino／p.49 峅：domino／p.50 峅：domino／p.52 嵓：domino／p.53 畩：domino／p.56 垰：よねざわいずみ／p.60 埼：昼間良次／p.61 埼：昼間良次／p.65 穝：笹原宏之／p.69 泗：寒鱒／p.71 迯：よねざわいずみ／p.73 嶝：domino／p.75 听：笹原宏之／p.80 檍：よねざわいずみ／p.83 椣：domino/ p.89 鯱：笹原宏之／p.94 湘：四方 智／p.97 糘：domino／p.102 埇：domino／p.104 轌：domino／p.107 材(6点)：前田春香／p.108 驊：小林 肇／p.109 垰：よねざわいずみ／p.115 椨：よねざわいずみ／p.118 桉：よねざわいずみ／p.120 樗：笹原宏之／p.121 岻：domino／p.122 岻：domino／p.125 嵶：笹原宏之／p.129 鬖：笹原宏之／p.135 鯆：横田竜巳／p.136 垶：笹原宏之／p.139 都(8点)：鶴田久美子／p.140 泙：domino／p.141 啣：寒鱒／p.143上 椥：西嶋佑太郎／p.143下 椥：久保裕之／p.147 鈍：domino／p.148 凬：domino／p.149 暇：小林 肇／p.150 汢：笹原宏之／p.153 垈：笹原宏之／p.156 釟：寒鱒／p.158 橳：domino／p.164 砦：domino／p.165 岾：笹原宏之／p.169 岾：昼間良次／p.173 掵：笹原宏之／p.178 阜：堀部辰之介／p.180 綣：domino／p.181 峬：塚田雅樹／p.183 靊靎：domino／p.185 峀：domino／p.188 竈：domino／p.191 僵：笹原宏之／p.195 广：岡墻裕剛／p.198 圸：よねざわいずみ／p.199 墹：笹原宏之／p.202 墹：昼間良次／p.204 墻：よねざわいずみ／p.209 瓲蘣：鈎持一幸／p.211 鵤：domino／p.213 鮴(2点)：よねざわいずみ／p.215 萢：domino／p.220 軸：堀部辰之介／p.225 岼：domino／p.227 閑：笹原宏之／p.231 弝：山本佳奈

主な業績として、『マスコミ用語担当者がつくった 使える！ 用字用語辞典（共著、三省堂、2020)、『日本語ライブラリー 文章と文体』（共著、朝倉書店、2015)、「新聞の外字から見えるもの」（明治書院『日本語学』2016. 6)、「新聞の使用字体に三類型——表外漢字全国調査を終えて」（共著、日本新聞協会『新聞研究』1999. 8）などがある。

四方 佐知子（しかた・さちこ）
1971年、大阪府堺市生まれ。大阪女子大学大学院文学研究科社会人間学専攻修了。漢字教育士、漢字教育サポーター。

塚田 雅樹（つかだ・まさき）
1984年、東京都生まれ。在野研究者・会社員（ITエンジニア)。業績として、『「作ヶ畬（さくがあらく)」考——地形図に現れた小地名の異体字に関する考察』（『日本漢字學會報』1、2019）などがある。

鶴田 久美子（つるた・くみこ）
1964年、福岡県生まれ。漢字教育士、漢字教育サポーター。

西嶋 佑太郎（にしじま・ゆうたろう）
1991年、愛知県生まれ。京都大学大学院人間・環境学研究科博士後期課程。主な業績として、『医学をめぐる漢字の不思議』（大修館書店、2022)、『医学用語の考え方、使い方』（中外医学社、2022）などがある。

昼間 良次（ひるま・りょうじ）
1974年、埼玉県八潮市生まれ。獨協大学職員。「八潮の地名から学ぶ会」事務局長、特定非営利活動法人「八潮市域の歴史文化とまちづくり」副代表理事。

前田 春香（まえだ・はるか）
1993年、愛知県生まれ。公務員。

山本 佳奈（やまもと・かな）
千葉県生まれ。早稲田大学大学院社会科学研究科修士課程修了。

編著者・執筆者紹介

〈編著者〉

笹原 宏之（ささはら・ひろゆき）

1965年、東京都生まれ。早稲田大学社会科学総合学術院教授。博士（文学）。デジタル庁の「行政事務標準文字」、経済産業省の「JIS漢字」、法務省法制審議会の「人名用漢字」、文部科学省文化庁文化審議会の「常用漢字」の制定・改正・改定にも携わる。日本漢字学会理事、日本語学会評議員、NHK放送用語委員。主著として、『日本の漢字』（岩波新書、2006）、『国字の位相と展開』（三省堂、2007、金田一京助博士記念賞、立命館白川静記念東洋文字文化賞）、『漢字の歴史』（ちくまプリマー新書、2014）、『謎の漢字』（中公新書、2017）、『方言漢字』（角川ソフィア文庫、2020）、『漢字ハカセ、研究者になる』（岩波ジュニア新書、2022）、『画数が夥しい漢字121』（大修館書店、2023）など、編著として、『当て字・当て読み 漢字表現辞典』（三省堂、2010）などがある。

〈執筆者〉（五十音順）

伊貝 秀一（いかい・しゅういち）

1955年、新潟県佐渡市（旧両津市）生まれ。佐渡市副市長。新潟漢字同好会会長。

岡墻 裕剛（おかがき・ひろたか）

1980年、大阪府和泉市生まれ。神戸女子大学文学部日本語日本文学科准教授。博士（文学）。主な業績として、『B.H.チェンバレン『文字のしるべ』 影印・研究』（編著、勉誠出版、2008）、『日本語文字論の挑戦——表記・文字・文献を考えるための17章』（加藤重広と共編、勉誠出版、2021）などがある。

劔持 一幸（けんもち・かずゆき）

埼玉県生まれ。早稲田大学大学院社会科学研究科修士課程修了。

小林 肇（こばやし・はじめ）

1966年、東京都生まれ。日本経済新聞社 用語幹事。

方言《ほうげん》漢字《かんじ》事典《じてん》

2023年10月31日　初版発行　　　2024年2月29日　2刷発行

編著者　**笹原《ささはら》 宏之《ひろゆき》**

発行者　吉田尚志

発行所　株式会社 研究社

〒102-8152 東京都千代田区富士見2-11-3
電話　営業 (03) 3288-7777㈹　編集 (03) 3288-7711㈹
振替　00150-9-26710
https://www.kenkyusha.co.jp/

KENKYUSHA
〈検印省略〉

印刷所　図書印刷株式会社

本文組版・デザイン　株式会社明昌堂
装丁　金子泰明
作字　小酒井英一郎、星 葉月

ISBN 978-4-7674-5025-4 C0581
Printed in Japan